KERKHISTORISCHE OPSTELLEN

Essays on church history

KERKHISTORISCHE OPSTELLEN

Essays on church history

aangeboden aan
presented to

Prof. dr. J. van den Berg

onder redactie van
edited by

C. Augustijn
P.N. Holtrop
G.H.M. Posthumus Meyjes
E.G.E. van der Wall

UITGEVERSMAATSCHAPPIJ J.H. KOK – KAMPEN

CIP-GEGEVENS KONINKLIJKE BIBLIOTHEEK, DEN HAAG

Kerkhistorische

Kerkhistorische opstellen aangeboden aan prof. dr. J. van den Berg = Essays on church history in honour of prof. dr. J. van den Berg. — Kampen : Kok. — Ill.
Met bibliogr., reg.
ISBN 90 242 4974 0
SISO 256   UDC 283/289(091)   NUGI 631
Trefw.: kerkgeschiedenis; opstellen.

©Uitgeversmaatschappij J.H. Kok — Kampen, 1987
Omslagontwerp: Henk Blekkenhorst
ISBN 90 242 4974 0
NUGI 631

Inhoud

6

Woord vooraf

De scheidende hoogleraar, Prof. dr. J. van den Berg, heeft er geen geheim van gemaakt dat hij zich wel eens hinderlijk overvallen heeft gevoeld door verzoeken om bij te dragen aan feest- of herdenkingsbundels, hoezeer hij zich ook verbonden mocht gevoelen met de persoon of gebeurtenis in kwestie. Deze verzoeken immers, die volstrekt gelijke tred gehouden hebben met de schaalvergroting die wij op alle terreinen, met name op dat der wetenschap, hebben beleefd, plegen te impliceren dat ander werk opzij moet worden gezet, opdat voldaan wordt aan de verlangens van goedwillende maar strenge redacteuren, die één of meer thema's voor hun bundels hebben vastgesteld en daaraan medewerkers wensen te binden.

De redactie van deze bundel heeft — niet tot haar verrassing, wèl tot haar vreugde — vastgesteld dat ditmaal geen van de medewerkers zich door een verzoek om medewerking overvallen heeft gevoeld. Integendeel. Bij te mogen dragen aan een bundel, die Jan van den Berg zou worden aangeboden ter gelegenheid van zijn afscheid als hoogleraar in de geschiedenis van het christendom en van de leerstellingen van de christelijke godsdienst, laatstelijk te Leiden, was voor hen een eer en een genoegen. Allen hebben zich er zonder zuchten aan gezet. En dit is geheel aan hemzelf te danken. Het vakmanschap van deze gentleman-kerkhistoricus, zijn eruditie en zijn persoon maakten dat vrienden, collega's uit binnen- en buitenland en leerlingen, graag aan het werk gingen om bijdragen te leveren die zouden aansluiten bij de belangstelling en publicaties van Van den Berg.

Zo treft men in deze bundel artikelen aan die betrekking hebben op joodse, joods-christelijke en christen-humanistische aangelegenheden in de zestiende en zeventiende eeuw, op Verlichting en Piëtisme, Réveil en Doleantie, alsmede bijdragen op het gebied van missiologie en oecumenica. De redactie waardeert het zeer dat Van den Berg bereid bleek een autobiografische schets aan de bundel toe te voegen, die men samen met zijn Bibliografie aan het slot van het boek aantreft. De medewerkers die beoogden met dit boek hem een geschenk aan te bieden zijn verheugd dat hij, op zijn beurt, juist in deze vorm iets aan hen — en aan ons allen — heeft willen aanbieden.

C. Augustijn
P.N. Holtrop
G.H.M. Posthumus Meyjes
E.G.E. van der Wall

Prognostica tijdens de Nederlandse Opstand

M.E.H.N. Mout

Prudens futuri temporis exitum
Caliginosa nocte premit deus
Ridetque, si mortalis ultra
Fas trepidat.

Horatius, *Oden* III, xxix, r. 29-32

Het geloof in voortekenen, visioenen en astrologische voorspellingen, zo wijd verbreid in de zestiende eeuw, wordt vaak in verband gebracht met de gedachte, dat een tijdperk van crisis een dergelijk geloof bevordert. Jacob Burckhardt, schrijvend over het godsdienstig leven ten tijde van de Franse invallen in Italië, merkte op: 'In jenen für das Schicksal Italiens entscheidenden Dezennien erwacht überall die Weissagung, und diese lässt sich, wo sie vorkommt, nirgends auf einen bestimmten Stand einschränken'.[1] Voor een niet minder dramatische episode in de geschiedenis, die der Nederlandse Opstand, is nog geen onderzoek naar een eventuele samenhang tussen de Opstand en prognostica gedaan, en dat heeft in recente tijd verwondering gewekt.[2] Voor de nabuurlanden Duitsland en Frankrijk is immers wel aantoonbaar dat profetieën, prognosticaties en dergelijke, al dan niet gedragen door chiliastische verwachtingen, welig bloeiden gedurende de woelingen van Reformatie en godsdienstoorlogen.[3] Daarenboven werd in het hele zestiende-eeuwse Europa — ook in de Nederlanden — het debat over de betekenis van de astrologie gevoerd. De geleerden mochten wel tekeer gaan tegen de populaire astrologie waar ieder hemelteken pardoes werd voorzien van een — meestal vreselijke — betekenis, maar de almanakken, visioenen en wat dies meer zij bleven van de persen rollen. Het publiek vroeg erom en de drukkers koesterden deze vraag.[4]

De prognosticaliteratuur is vooral een verschijnsel van de tweede helft van de zestiende eeuw geweest, waarin ook allerlei wonder- en griezelboeken de markt veroverden.[5] Voorspellingen werden vaak in de vorm van pamfletten gedrukt, en deden qua uiterlijk sterk denken aan de 'Neue Zeitungen', die in dezelfde periode zo'n opgang maakten. Evenals de 'Neue Zeitungen' werden de prognosticaties gepersifleerd: tegenover *Holla, Holla, Newe Zeytung, der Teuffel ist gestorben* staat *Die seer vreemde . . . prognosticatie. . . bi mi, heer Sorgheloos van Kommerkercke*.[6] Zeer opvallend is de vloed van publikaties over kometen en andere hemellichamen en natuurverschijnselen, met name in het Duitse Rijk, waarin voorspellingen waren opgenomen.

9

Het zou teveel eer zijn om deze, vaak voddig gedrukte, vlugschriften direct in verband te brengen met de ontwikkelingen in de geleerde wereld, waar terzelfdertijd even hartstochtelijke als gecompliceerde discussies werden gevoerd over de betekenis van magie, astrologie en profetie.[7] Toch is er soms wel een wisselwerking tussen de wereld der geleerde traktaten en die der prognosticaties te bespeuren, met name waar het gaat om kometen en nieuwe sterren, en om astrologische geneeskunst. Een Nederlands voorbeeld is de in het Latijn uitgevochten controverse tussen de Brugse arts Frans Rapard en de Brusselse medicus Peter Haschaert aan het begin van de jaren vijftig. Rapard was een tegenstander van astrologische geneeskunst, van weersvoorspellingen en politieke voorzeggingen, terwijl Haschaert zich als een verdediger ervan ontpopte. Het wekt dan ook geen verwondering dat Haschaert over de komeet van 1556 schreef en een reeks prognosticaties op de markt bracht waarvan sommige nog in de jaren tachtig werden herdrukt.[8] Cornelius Gemma Frisius poogde ruim twintig jaar later — dus middenin de Nederlandse Opstand — in zijn *De naturae divinis characterismis* (Antwerpen 1575) een methode te ontwerpen om uit voortekenen te kunnen voorspellen. Hij refereerde daarbij aan in de afgelopen jaren verschenen hemeltekenen die ook in de contemporaine prognostica-vlugschriften een rol speelden.[9] Gemma noch enige andere Nederlandse astronoom nam overigens deel aan het streven van enige Middeneuropese geleerden (Rheticus, Leowitz, Hájek) een nieuw soort astrologie te scheppen die rekening hield met het copernicaanse wereldbeeld.[10] Een andere vraag, of er na de oudtestamentische profeten en na het lijden en sterven van Christus nog voorzeggingen mogelijk waren, en zo ja, hoe dan een valse van een ware profeet te onderscheiden was, hield overal de gemoederen sterk bezig, mede in verband met de rol van de duivel bij het verkondigen van valse profetieën.[11]

In vergelijking met de omringende landen lijken prognosticaties in de Nederlanden betrekkelijk zeldzaam te zijn geweest — waarbij natuurlijk de niet te beantwoorden vraag rijst of deze indruk misschien is ontstaan doordat er maar zo weinig bewaard is gebleven.[12] Uit de tijd van Karel V stammen enkele profetieën met een politieke, pro-Habsburgse inhoud, terwijl Karel van Gelre in 1524 een geschrift tegen Luther in de vorm van een voorspelling liet drukken.[13] In de tweede helft van de zestiende eeuw begon de opmars der almanakken, die vaak prognosticaties bevatten — een tendens die overigens in de zeventiende-eeuwse Republiek weer zou verdwijnen.[14] Dat het in de Nederlanden in vergelijking met elders niet vaak kwam tot optreden van de overheid tegen astrologen en andere voorspellers, zegt misschien ook iets. De Amsterdamse vroedschap verbood in 1555 niet de astrologie, maar wel de 'onbehoirlycke practycke van wichelrye' door mensen die geen doctorstitel of een andere academische kwalificatie bezaten; een keur tegen beunhazerij en boerenbedrog dus.[15]

Historici hebben in het verleden wel opgemerkt dat er tijdens de Nederlandse Opstand prognosticaties in pamfletvorm met een min of meer politieke inhoud zijn verschenen, maar wisten er niet goed raad mee. Geurts behandelt deze vlugschriften als een onbetekenend aanhangsel bij zijn relaas over de pamfletten in de Nederlandse Opstand. Van Deursen signaleert het algemeen geloof in voortekenen en het bestaan van politiek getinte prognosticaties die verwezen naar de Openbaring of naar de profeten van het Oude Testament, maar voegt er aan toe dat er niet veel bekend is over hun invloed en verbreiding — hetgeen overigens voor de hele pamfletliteratuur geldt.[16] Buiten de pamfletliteratuur voorkomende voorspellingen met een politieke betekenis hebben nog minder de aandacht van de historici getrokken. Er staan echter mooie verhalen over voortekens en droomgezichten in onverdachte bronnen voor de geschiedenis van de Nederlandse Opstand als Bor, *Oorsprongk, begin ende vervolgh der Nederlantscher oorlogen* en Velius, *Chronyck van Hoorn*. Hooft achtte het niet beneden zijn waardigheid in zijn *Neederlandsche Histoorien* Bors relaas over te nemen van de veldslag, door eerzame Utrechtse burgerwachten waargenomen in de nachthemel in februari 1574. De onder ede afgelegde getuigenissen verschilden alleen in de kwestie, of er ook vier stukken geschut te zien waren geweest. Het verschijnsel werd later gezien als een voorspelling van de slag op de Mookerheide (april 1574). Velius verhaalt in zijn Hoornse kroniek van een sperwer, die een paar dagen voor de moord op Prins Willem van Oranje dwars door het glas-in-lood wapen van de Prins de kerk binnenvloog, en achterin het godshuis door hetzelfde wapen heen weer wegvloog. En Boomkamp weet in zijn Alkmaarse kroniek te vertellen, dat iemand daar vlak voor de slag bij Nieuwpoort een veldslag in de lucht had gezien.[17] Men vraagt zich af of de fraaie wolkenformaties boven het Nederlandse landschap de bewoners extra ontvankelijk voor dit soort luchtgezichten maakten.

De Nederlandse markt voor nieuwstijdingen en prognosticaties werd aan de vooravond van de Nederlandse Opstand reeds goed bediend. Het drukken en uitgeven van dergelijke werken was lucratief — het publiek kocht gretig en de uitgever kon gemakkelijk aan teksten komen. Vaak bewerkte hij eenvoudig een of meerdere in het buitenland verschenen publikaties voor de Nederlanders. De lezers merkten het toch niet; ook bij nieuwstijdingen konden zij vaak het kaf van het koren niet scheiden en kregen een bijgewerkte versie van soms jaren oud 'nieuws' voorgezet.[18] Niet anders ging het met prognosticaties. De vijftiende-eeuwse voorzegging van Antonio Torquato van Ferrara bijvoorbeeld, over de ondergang van de Osmanen die het einde der tijden zal aankondigen, werd in de Nederlanden — net als in de rest van Europa — herdrukt in opgepoetste versies met aangepaste jaartallen.[19] Bijna gelijk van inhoud is een profetie van de bekende Duitse astroloog Johannes Carion (1499-1537/38), nog in 1559 in Antwerpen gedrukt, waarin Karel V — ofschoon al drie jaar dood — als vernietiger van het Osmaanse Rijk werd opgevoerd en en passant vrede voor 1559 werd voorspeld.[20] Dat laatste is dan wel aardig uitgekomen — 1559 was het jaar van de Vrede van Cateau Cambrésis.

De profetie van Carion hoort thuis in het rijtje pro-Habsburgse voorspellingen die — vaak onder de aegis van de overheid — in de Nederlanden werden verspreid. Een typisch voorbeeld van het genre is ook de prognosticatie van de Maastrichtse arts Willem de Vriese uit 1555, waarin nadrukkelijk werd voorzegd dat het Karel V goed zou gaan, maar Frankrijk niet! Over de Nederlanden werd gemeld dat de burgers soms wel over politiek en godsdienst zouden twisten, 'maer hare wijse regenten sullen met grooter voorsinnicheyt alle dinck middelen ende ten besten keeren'.[21] Ook Ambrosius Magirus voorspelde in 1555 vanuit Deventer de keizer veel geluk, maar de Franse koning ziekte. Hij verwachtte krijgsgedruis in allerlei landen, maar gelukkig niet in de Nederlanden.[22] De arts, pamflettist en poëet Peter van Moerbeecke begon zijn prognosticatie voor 1556 met een verdediging der astrologie als een der vrije kunsten en profeteerde vervolgens oorlog, vooral in het westen, maar ook een beetje in het oosten en het zuiden. Doch eigenlijk ging het hem erom, de oorlog tegen de Turken te propageren, zoals uit de rest van de tekst blijkt.[23]

In de beginjaren van de Nederlandse Opstand zijn de prognosticaties niet bepaald dik gezaaid.[24] De indruk bestaat, dat pas door het verschijnen van de 'nieuwe ster' (een supernova) van 1572 de pennen goed in beweging kwamen. De ster zorgde bij alle astronomen voor grote opschudding, ook in verband met de vraag welke voorspellende betekenis aan deze eerste nieuwe ster sinds die van Bethlehem — zoals hij wel werd beschouwd — was toe te kennen.[25] De Leuvense theoloog en geschiedschrijver Johannes Molanus viel in zijn in het Latijn en in het Nederlands gepubliceerde verhandeling over de 'vreemde ster' uit tegen de gedetailleerde voorspellingen van 'som superstitieuse sotte Arstrologyns', hoewel hij toegaf dat God 'dickmael in een lichaemelijcke substantie (*bijv. een ster*)... die ghedaente van toecomende dinghen' toont en daarmee de mensen wil vermanen.[26] Molanus moet werkjes als Magirus' *Die cleyne practica* (Deventer 1573) op het oog hebben gehad, waarin oorlogshandelingen in delen van de Nederlanden werden voorspeld. Veel ingenomener zal hij geweest zijn met de *Practica* van Johan Lossius (1576?), die zich beperkte tot weervoorspellingen en meende, dat oorlog niet te voorzeggen was — men moest maar in godsvertrouwen afwachten.[27]

Na de komeet en de maansverduistering van 1577 verschenen er enige prognosticaties met een zeer duidelijke politieke ondertoon. Johannes Heurnius, medicus en astronoom te Utrecht, verdedigde het standpunt dat na kometen vaak troebelen volgden — na de komeet van 1556 begonnen immers de godsdienstoorlogen in Frankrijk. Ook de staartster van 1577 zou bloedvergieten brengen. Het volk werd onderdrukt, schreef Heurnius, maar uit de stand der planeten was af te lezen dat het nooit geheel onder het juk zou komen, evenmin als de kerk zich geheel zou vereenzelvigen met tirannie. En hij besluit: 'wie weet dan ofte de Toekompste Christi ons Heeren voorhanden is?' Volgens de kabbala, meent Heurnius, moet die tijd nu nabij zijn. Heurnius was naar alle waarschijnlijkheid een aanhanger van de spiritualistische, sterk eschatologisch gerichte secte het Huis der Liefde en hield zich bovendien met occulte wetenschappen bezig.[28]

Politiek geladen zijn ook de prognosticaties voor 1578 van de Vlaamse arts Nicolaus Bazelius en van de veel bekendere geleerde Johannes Goropius Becanus.[29] Bazelius bracht het roerige jaar 1566 in verband met de voorafgaande maansverduistering, en voorspelde in verband met de grote maansverduistering van 1577 en de stand der planeten voor 1578 grote rampen, zoals ook de verschillende kometen sinds 1527 allerlei, ook staatkundige, gevolgen hadden gehad. De tiran zou uit het zuiden komen, 'eerst soeckende onder schyn van vrientschap, peys, ende goedertierentheyt hetselve te volbrenghen, daernaer met cracht ende ghewelt ende fortse van oorloghen ende bloetvergieten' — een duidelijke verwijzing naar Don Juan, zijn Eeuwig Edict en de val van Namen. De Nederlanden zouden te maken krijgen met 'groote ende swaere veranderingen inder politie, soo wel als inde Religie', maar tenslotte zou, na dit dieptepunt, alles nog goed aflopen. De stad Gent — in 1578 juist bezig met het kortstondige experiment van een calvinistische 'nieuwe orde' — kreeg een extra waarschuwing:

'Ende ghy Hooftstadt Ghent, zyt met alder besorchsaemheyt nacht ende dach op uwe hoede ende wakende. Ende siet wel toe dat ghy door de nieuwicheyt van vele saken misleyt niet en wort van der quaetwilligher boose strycken overvallen, ende dat ghy niet met heymelijcke conspiratien ende bedecte verraedtschepen (als ghy minst sulcx dunct) ter neder ghesmeten ende geruineert wort. En wilt niet overtreden die oude palen en limiten die uwe voorvaeders u gestelt hebben.'

Uit deze bewoordingen is wel op te maken dat Bazelius de gebeurtenissen te Gent met enige bezorgdheid volgde.[30]

Becanus liet zijn voorkeur voor de partij der opstandelingen en voor de pro-Franse politiek van Oranje nog duidelijker blijken. Hij gaf de tekst van een korte profetie, gericht aan Maximiliaan I, waaruit af te lezen zou moeten zijn dat 'Hercules Celticus' (Anjou) de 'bloedige leeuw' (Spanje) zou weerstaan op het moment dat de 'jonge leeuwen' (de Nederlanden) er slecht aan toe waren. De ook bij Bazelius genoemde vijftiende-eeuwse profetie van de Brugse abt Lubertus Hautschild vermeldt Goropius eveneens. De tiran, die hierin werd voorspeld, zou natuurlijk Alva zijn geweest, en tenslotte zou Vlaanderen met Franse hulp van tirannie worden bevrijd. Met de Pacificatie van Gent (1576) waren de eerste tien jaar van onderdrukking om:

'in welcken tijt van de eerste thien Jaren den Edeldom ende vrome Borgheren deur Placaten zijn ghebannen ende hare goedinghen verbeurt ghemaect, ende een ontallicke menichte met vier ende zweert ghedoot. Onsalighen Philippus van weynighe zijt ghy gheeert...'

Alle heil zou nu van Anjou moeten komen: ''t Hooft Vrancrijc werd wederomme een lichame met Vlaanderen zijnen afghebeten steert, of 't beghinsel met het eynde'.[31]

Sinds de Duitse astroloog Gaspar Brusch in 1553 een kreupelrijm — zogenaamd van de astronoom Johannes Regiomontanus — gepubliceerd had waarin de ondergang van de wereld voor het jaar 1588 werd voorzegd, bleef deze profetie de gemoederen bezighouden.[32] Ook in de Nederlanden zijn daar sporen van terug te vinden. In 1580 verscheen een versie van een in Duitsland vaak gepubliceerde *Prognostica* van Georgius Ursinus, waarin een Nederlandse versie van het kreupelrijm. De prognosticatie zelf was zeer algemeen van toon: veel rampen van allerlei aard werden voorspeld, maar de Nederlanden werden niet apart genoemd.[33] Naarmate het gevaarlijke jaar 1588 naderde, werden er

13

trouwens meer prognosticaties geïnspireerd op buitenlandse voorbeelden op de Nederlandse markt gebracht. Daarin werd veel, maar vaag geprofeteerd over politieke en godsdienstige veranderingen, natuurrampen, veroveringen door de Osmanen en wat niet al. Als klapstuk kwam dan soms aan het eind van het stuk een verwijzing naar het einde der tijden, dat voor de deur stond — en dan werd natuurlijk de gelegenheid aangegrepen om de lezer tot boete en inkeer te vermanen.[34] Een goed voorbeeld van zo'n moralistische profetie is *Ein Grausame unnd Erschröckliche Prophezeyhung* uit 1577, in Duitsland vaak herdrukt. In 1587 werd het te Amsterdam in vertaling uitgegeven (samen met een andere voorzegging) met de reeds ten tonele gevoerde Maastrichtse arts Willem de Vriese als zogenaamde auteur. Er werd wel bij vermeld dat De Vriese al dood was en dat de profetie 'nu eerst aen den dach ghecomen (*was*) teghen dit Jaer van Wonderen'. Het stuk had in de eerste plaats betrekking op het Duitse Rijk, dat ten onder zou gaan aan zijn eigen zonden, en werd in hetzelfde jaar in het Duits in Bazel gedrukt.[35] Van dik hout zaagt men planken ging het ook toe in *Sommighe Oude ende Nieuwe Prognosticatien* (Woerden 1587), waar de auteur — niet zonder politieke bijbedoelingen — voorspelde:

> 'Roma met Italia, Hispanien ende Franckrijck (allso die principale Astronomi Nicolaus Weiss, Cyprianus Leovitius, ende Georgius Ursinus prognosticeren), Sullen haeftige ende Bloedighe Muyterijen, Plaghen ende Veranderinge crijghen, ghelijck sy wel verdient hebben'.[36]

In twee prognosticaties van Nederlandse oorsprong uit de jaren tachtig — van de hand van Rudolphus Grapheus, medicus en astronoom te Deventer — overheerst ook de moralistische toon. De Nederlanders werden in 1583 vermaand hun leven te beteren:

> 'Dan ghy o edele Nederlanden sampt andere Landen ende Steden deser moyten onderworpen, u Cranckheyt ofte verderfenisse kan door anders geen middel wech genomen worden, dan dorch uwe bekentenisse ende berow onser Sonden an God almachtich met ootmodige Geboden tho versoken, dat hy der Konningen ende hoge Potentaten herten (die hy doch in seiner handt heft tho erbarming syns volcks) wil veranderen, want wy dorch anders geen middel geholpen ende uut den Fuyrigen Oven verlost mogen worden...'[37]

In 1588, na het vertrek van Leicester uit de Nederlanden, bespeurde Grapheus in zijn voorspelling van 1588 'vele Teyckenen die tot beteringe unde vrede zijn ghenegen in ettelycke Provintien', maar toch ook nog 'merckelicke swericheden' op politiek gebied.[38] Drie jaar later, in de tijd van Maurits' militaire successen en de staatkundige wording van de Republiek der Verenigde Nederlanden, voorspelde Grapheus dat er veel zou veranderen 'in allen wetten unde statuten, Besonder in die Nederlanden', maar meende verder, dat de toekomst niet zo eenvoudig te duiden was.[39] In het eerste decennium van de zeventiende eeuw bleef hij ongeveer in deze toonaard verder profeteren. In 1600 zou het volgens Grapheus in sommige delen van de Nederlanden 'tot vrede ende accoort' komen, hoewel het oorlogsgevaar nog niet was geweken — een waarschuwing die hij in later jaren herhaalde.[40]

14

Naarmate het jaar 1600 naderde, namen de prognosticaties toe. De verschijning van een komeet in 1596 droeg mede daartoe bij. De Delftse arts en astronoom Pieter Heymensz. schreef *Een prognosticatie ... op de Komeet-Sterre met de steert*, waarin hij, gelijk zoveel astronomen voor en na hem, nog eens uitlegde dat de verschijning van een komeet onheil betekende. De argumenten daarvoor vond hij in het verloop van de Nederlandse Opstand. De staartster van 1577 bracht hij in verband met de conflicten tussen Don Juan van Oostenrijk en de Staten-Generaal; die van 1580 met het bewind van Parma: 'Dese Parma simuleerde, ende kreech meer met sijn beveynsde vrientschap dan andere met tyrannie'. De komeet die in 1582 verscheen had rechtstreeks te maken met Anjou, die voorgaf de Nederlanden tegen Parma te willen beschermen maar de Franse Furie op touw zette, en met de aanslag van Jaureguy op de Prins van Oranje. Onder aanroeping van de beroemde astronoom Cyprian Leowitz, auteur van *De Coniunctionibus Magnis* (Lauingen 1564) — lijfboek van vele geleerde voorspellers — voorzegde Pieter Heymensz. een slecht jaar na de verschijning van de komeet van 1596 en riep de lezers op tot het bijtijds doen van boete en tot betering van hun leven.[41]

Rond 1600 werden de visioenen van de Duitse profeet Paulus Secundus Grebner (Gribnerus, ca. 1550-na 1586) in de noordelijke Nederlanden verspreid. Het bijzondere van deze profetische visioenen was, dat zij een duidelijk militant-protestantse signatuur hadden. Zij werden in 1599 tezamen met de profetie van Jacobus Brocardus, gericht tot de Staten van Holland, uitgegeven. Brocardus was van mening, dat de Bartholomeusnacht (1572) reeds door de oudtestamentische profeten was voorzegd en raadde de Staten de steden goed van voedsel en dergelijke te voorzien in verband met de vele vluchtelingen die door de oorlogshandelingen naar Holland zouden komen. Alles zou echter goed aflopen, vooral gezien op het vlak van de internationale politiek: de Duitse protestanten zouden de paus en de Turk verslaan, vervolgens zouden Spanje, Frankrijk en Italië verslagen worden en het katholicisme zou uit het Duitse Rijk verdwijnen. Grebners voorspellingen waren in dezelfde geest: de paus zou vallen en het Osmaanse Rijk zou in 1606 worden vernietigd. In 1599 zou er, volgens Grebner, niet één Spaanse soldaat meer in de Nederlanden te vinden zijn; een jaar later zouden de Spanjaarden definitief uit de Nederlanden zijn verdreven, met behulp van een (verder niet nader aangeduide) Duitse vorst.[42] Bij een andere profetie van Grebner uit 1599 is nog een troostwoord gevoegd voor die calvinisten in de Nederlanden die nog onder het katholieke juk zuchtten.[43] Een jaar later zag een Amsterdamse drukker er brood in, Grebners voorspelling nog eens te drukken met uitdrukkelijke verwijzing naar de slag bij Nieuwpoort — die hij zo goed voorzegd zou hebben — in de titel en in de illustratie op het titelblad (een afbeelding van een veldslag). Verder was het gewoon weer de reeds bekende profetie over de ondergang van de paus.[44] Nog in 1604 werd onder Grebners naam het stokoude visioen van Willem de Vriese gedrukt, waarin heel in het algemeen werd voorzegd dat 'tirannie' ten slotte verslagen zou worden en bovendien 1610 als 'wonderjaar' werd aangekondigd.[45] Een amalgaam van het visioen van Grebner en dat van Willem de Vriese verscheen nog in 1605, zogenaamd van de hand van ene Jerassemus van Eyndenborch — een mooie naam voor een profeet. De voorspellingen kwamen erop neer dat de protestanten de katholieken zouden verslaan, Spanje en de paus hun ondergang zouden vinden en tussen 1605 en 1611 alle Spanjaarden uit de hele Nederlanden verdwenen zouden zijn.[46]

Wat betreft inhoud en toon sluiten de profetieën van Grebner, Brocardus en Van Eyndenborch aan bij de algemene stemming van voorzeggingen, die rond 1600 in het Duitse Rijk heerste en haar hoogtepunt zou vinden in de manifesten der Rozenkruizers, waarin een 'generale reformatie' werd aangekondigd. De profetieën behoren bovendien bij de opmaat tot de sfeer van profetie en chiliasme die gedurende de zeventiende eeuw bij zovele protestanten ging heersen.[47] Ook de Republiek bleef er niet van verschoond, al wist de publieke kerk er wel paal en perk aan te stellen.[48] Grebner, Brocardus en Van Eyndenborch schreven hun prognosticaties in de hoop op een overwinning van het protestantse kamp, waarin een bevrijding van de gehele Nederlanden van de Spanjaarden was begrepen. Hun uitspraken weerspiegelen een bepaald soort militant calvinisme zoals dat in de Republiek bijvoorbeeld bij de oorlogspartij aan de vooravond en tijdens het Bestand was te vinden. In het Duitse Rijk waren de calvinisten in de Palts en in Bohemen daarvan een exponent, en het is geen toeval dat juist in die kringen calvinisme en profetie goed konden samengaan.[49]

Zo makkelijk als de prognosticaliteratuur aan het einde van de behandelde periode te interpreteren is, zo moeilijk ligt het met het materiaal uit het begin van de Opstand. Opvallend is het ontbreken van prognosticaties uit de eerste, dramatische, periode van de beeldenstorm en het begin van het gewapend verzet. Anders dan in het Italië van Burckhardt inspireerde de politieke en religieuze crisis in de Nederlanden kennelijk niet tot voorspellingen. Eerder bleef men, zoals ook vóór de Opstand, aansluiting zoeken bij de prognosticaliteratuur in het Duitse Rijk en de daar heersende modes en genres. Werkelijk direct reagerend op de gebeurtenissen van de Nederlandse Opstand zijn slechts enkele prognosticaties: die van Heurnius, Bazelius en Becanus uit 1578, en die van Pieter Heymensz. uit 1596. Men zou deze ook kunnen beschouwen als verkapte propagandistische vlugschriften, afkomstig uit de kringen der rebellen. Daarna stroomde de reeks prognostica weer rustig mee in de bedding van de Middeneuropese vogue voor astronomisch geïnspireerde voorspellingen, met 1588 en 1600 als hoogtepunten. Deze hoogtepunten waren geenszins ingegeven door het verloop van de Opstand.

Men kan slechts gissen naar de redenen voor het ontbreken van een in eigen toonaard gezette prognostica-literatuur in de Nederlanden. Er was geen inheemse traditie voor politiek geladen voorspellingen aanwezig vóór de aanvang van de Opstand, dat is zeker. Merkwaardig is voorts, dat, waar politiek-religieuze ideeën in de Opstand soms een connectie met Frankrijk hadden, de prognostica qua vorm en inhoud geheel geïnspireerd lijken te zijn op die uit het Duitse Rijk. Daar haalden de drukkers grotendeels hun materiaal vandaan:

nieuwstijdingen én prognostica. Is dat misschien een aansporing voor de ideeënhistoricus meer aandacht te besteden aan de betrekkingen tussen de Nederlanden en het Duitse Rijk ten tijde van de Nederlandse Opstand?

Noten

1. Jacob Burckhardt, *Die Kultur der Renaissance in Italien. Ein Versuch* (pocketed.; Stuttgart 1966) 446.
2. H. van Kampen e.a., *Het zal koud zijn in 't water als 't vriest. Zestiende-eeuwse parodieën op gedrukte jaarvoorspellingen* (Den Haag 1980) 26.
3. Rudolf Schenda, 'Die deutschen Prodigiensammlungen des 16. und 17. Jahrhunderts', *Archiv für Geschichte des Buchwesens* 4 (1963) 637-709; id., *Die französische Prodigienliteratur in der zweiten Hälfte des 16. Jahrhunderts* (München 1961); A. Warburg, 'Heidnisch-antike Weissagung in Wort und Bild zu Luthers Zeiten', in zijn: *Gesammelte Schriften* II (Leipzig 1932) 487-558; M. Reeves, *The Influence of Prophecy in the Later Middle Ages* (Oxford 1969); J. Janssen, *Geschichte des deutschen Volkes seit dem Ausgang des Mittelalters* VI (Freiburg 1888) 409-439; P.H. Pascher, *Praktika des 15. und 16. Jahrhunderts* (Klagenfurt 1980).
4. J.D. North, 'Astrologie', in: *Lexikon des Mittelalters* I (München 1979) spec. 1143; D.C. Allen, *The Star-Crossed Renaissance* (2e dr.: New York 1966) 47-100; E.L. Eisenstein, *The Printing Press as an Agent of Change* (pocketed.; Cambridge 1980) 453, 509.
5. Voor de Nederlanden zie G.D.J. Schotel, *Vaderlandsche volksboeken en volkssprookjes* I (Haarlem 1873); Th.M. Chotzen, 'De 'Histoires prodigieuses' van Boaistuau en voortzetters en haar Nederlandse vertaler', *Het Boek* 24 (1936-'37) 235-256. Een goed voorbeeld van een spookboek is de Ned. vert. van Ludovicus Lavater, *Een Boeck Vande Spoocken ofte Nachtgheesten* (Franeker 1591).
6. M. Lindemann, *Deutsche Presse bis 1815* I *Geschichte der deutschen Presse* (Berlijn 1969) 75; Van Kampen, *Het zal koud zijn*, 118-141.
7. E. Garin, 'Magie et astrologie de la Renaissance', in zijn: *Moyen Age et Renaissance* (Parijs 1969) 120-134; id., 'The Criticism of Astrology and the Natural History of the Oracles', in zijn: *The Zodiac of Life* (Londen etc. 1983) 83-112; Ch. Webster, *From Paracelsus to Newton. Magic and the Making of Modern Science* (Cambridge etc. 1982) 15-47.
8. L. Thorndike, *A History of Magic and Experimental Science* V (New York 1941) 328-329; J.C. Houzeau-A. Lancaster, *Bibliographie générale de l'astronomie* (2 dln.; repr. Londen 1964) nos. 14761, 14801, 14872.
9. Thorndike, *A History of Magic and Experimental Science* VI (New York-Londen 1941) 406-408; F. Secret, 'Cornelius Gemma et la prophétie de la 'Sybille tiburtine'', *Revue d'histoire ecclésiastique* 64 (1969) 423-431.
10. North, 'Astrologie', 1143; Thorndike, *A History of Magic and Experimental Science* VI, 99-144; A.G. Debus, *Man and Nature in the Renaissance* (Cambridge 1978) 74-100.
11. Webster, *From Paracelsus to Newton*, 15-30; een zeer duidelijke afwijzing van moderne profeten bijv. bij Joh. Wier, *De praestigiis daemonum* (Bazel 1577) cap. viii, 40-42.
12. Houzeau-Lancaster, *Bibliographie générale*; G. Hellmann, *Versuch einer Geschichte der Wettervorhersage im XVI. Jahrhundert*, Abhandlungen der preussischen Akademie der Wissenschaften Phys. math. Kl. no. 1 (Berlijn 1924); E. Zinner, *Geschichte und Bibliographie der astronomischen Literatur in Deutschland* (2e dr.: Stuttgart 1969).
13. Schotel, *Vaderlandsche volksboeken* I, 97-102; Van Kampen, *Het zal koud zijn*, 26; M.E.H.N. Mout, 'Turken in het nieuws. Beeldvorming en publieke opinie in de zestiende-eeuwse Nederlanden', *Tijdschrift voor Geschiedenis* 97 (1983) 372-377.
14. Schotel, *Vaderlandsche volksboeken* I, 20-25; J.N. Jacobsen Jensen, *Bibliografie van Nederlandse almanakken* I (Amsterdam 1975); W. Frijhoff, 'Prophétie et société dans les Provinces-Unies aux XVIIe et XVIIIe siècles', in: M.-S. Dupont-Bouchat-W. Frijhoff-R. Muchembled, *Prophètes et sorciers dans les Pays-Bas XVIe-XVIIIe siècle* (Parijs 1978) 273-274.
15. J.G. van Dillen ed., *Bronnen tot de geschiedenis van het bedrijfsleven en het gildewezen in*

Amsterdam I *1512-1611* RGP Grote Serie 69 (Den Haag 1929) 236-237; zie ook Frijhoff, 'Prophétie et société', 276-277.

16. P.A.M. Geurts, *De Nederlandse Opstand in de pamfletten 1566-1584* (2e dr.; Utrecht 1978) 297-298; A.Th. van Deursen, *Het kopergeld van de Gouden Eeuw* IV *Hel en hemel* (Assen 1980) 29-35.

17. G.A. Evers, 'Voortekens in de lucht', *Historia* 12 (1947) 249-254; L. de Hoogh, 'Voortekens in Westfriese kronieken', *Westfriesch Jaarboek* Serie I, 9 (1942) 84-91; P.C. Hooft spreekt in zijn *Neederlandsche Histoorien* (Amsterdam 1642) 352, van een 'spooksel' in het nachtelijk uitspansel boven Utrecht. Het verhaal ook in Johannes Heurnius, *De Historie, Natuere, ende Beduidenisse der erschrickelicke Comeet ... 1577* (Keulen z.j.; 1578?).

18. M. Schneider-J. Hemels, *De Nederlandse krant 1618-1978* (4e dr.: Baarn 1979) 22-35; zie ook P. Roth, *Die neuen Zeitungen in Deutschland im 15. und 16. Jahrhundert* (Leipzig 1914).

19. Mout, 'Turken in het nieuws', 380.

20. Johannes Carion, *Een vreemde ende seer wonderlijcke Prophetie* (Antwerpen 1559).

21. Van Kampen, *Het zal koud zijn*, 203-208, citaat 207.

22. Ambrosius Magirus, *Practica ofte Prognosticatie von dem Jaer o.H. 1556* (Deventer 1555).

23. Peeter van Moerbeecke, *Pronosticatie van den Jare onzes Heeren 1556* (Antwerpen 1555); zie over de auteur ook Valerius Andreas, *Bibliotheca Belgica* (repr. Nieuwkoop 1973), 749.

24. Hellmann, *Versuch einer Geschichte der Wettervorhersage*, 31-32; Houzeau-Lancaster, *Bibliographie générale*, nos. 14780, 14794.

25. Thorndike, *A History of Magic and Experimental Science* VI, 67-98.

26. J. Molanus, *Des vremde sterrens Nu eerst hem verthoonende, ende vast gheduerighens observatie* (Leuven 1573).

27. Ambrosius Magirus, *Die cleyne practica op dat Jaer Dusent Vijff hondert vier en tsoeventich* (Deventer 1573); *Practica op dat Jaer onses Heeren MDLXXVI Gepracktiseert door Johan Lossium* (1576?).

28. Heurnius, *De Historie ... der erschrickelicke Comeet*. Zie over Heurnius en het Huis der Liefde A. Hamilton, *The Family of Love* (Cambridge 1981) 62.

29. Over Bazelius zie Andreas, *Bibliotheca Belgica*, 678-679; over Becanus ibid., 508-509.

30. Niclaes Bazelius, *Een nieuwe Prognosticatie vanden wonderlijcken ende ellendighen Jare Uns Heren 1578* (Antwerpen 1578); id., *Prognosticon novum* (Antwerpen 1578); er bestaat ook een voorzegging in liedvorm: 'Prognosticatie van den allendighen jare 1578', zie P. Blommaert, *Politieke balladen, refereinen, liederen en spotgedichten der XVIe eeuw* (Gent 1846) 171-176. Zie over de gebeurtenissen te Gent J. Decavele, 'De mislukking van Oranje's 'democratische' politiek in Vlaanderen', *Bijdragen en Mededelingen betreffende de Geschiedenis der Nederlanden* 99 (1984) 626-650.

31. Johannes Goropius Becanus, *Prophetie uut de Latijnsche sprake ghetranslatiert in Duydtsche, beghinnende Anno 1478 ... eyndende met Francois Anjou* (1578?). Over Hautschild zie Andreas, *Bibliotheca Belgica*, 628.

32. Thorndike, *A History of Magic and Experimental Science* V, 373-374.

33. Georgius Ursinus, *Prognosticatie van acht Jaren, namelick vanden Jare 1581 tot ... 1588* (Erfurt 1580) (plaats van uitgave zeker fictief); Duitse ed.: *Zwo Practicken, Vom 1581. Jar ...* (Neurenberg 1580).

34. M.W., *Een schoone Beschrijvinghe van vijf naestcoomende Jaren ... 1584 tot ... 1588* (Delft 1583?); Cephas Wiltenburgensis, *Die groote Pronosticatie ofte Practica, op dat Jaer ... 1584* (Amsterdam 1583); Jan Doleta, *Wonderlijcke Nieumaren uut Calabren geprophiteert int Jaer 1586 dienende voor het Jaer 1587* (Gouda 1587); *Sommighe Oude ende Nieuwe Prognosticatien ... van dat jaer 1588* (Woerden 1587).

35. *Corte Prophetie, van tgene int Jaer 1588 sal toe dragen ...* (Amsterdam 1587); *Neue Zeitung und erschreckliche Propheceyung ... über Teutschlandt, Polen, Niderlandt* (Bazel 1587). Zie ook E. Weller, *Die ersten deutschen Zeitungen. Mit einer Bibliographie (1305-1599)*. Bibliothek des literarischen Vereins in Stuttgart 3 (repr. Hildesheim 1962) no. 656.

36. *Sommighe Oude ende Nieuwe Prognosticatien*; Nicolaus Weis (Weisse), *Prognosticon astrologicum. Von dem 1572. bis auff das 1588. Jahr* (Erfurt 1571); zie voor Leowitz hierna blz. (15), voor Ursinus noot 33.

18

37. Rudolphus Grapheus, *Practica. Ende grontlicke Erklerung vandem Jaer . . . 1584* (Deventer 1583).
38. Idem, *Praedictio Astrologica. Die groote Prognosticatie ofte Practika . . . 1588* (Amsterdam 1588).
39. Idem. *Praedictio astrologica* (Deventer 1591?).
40. Idem, *Praedictio astrologica* (Deventer 1600); *Praedictio astrologica* (Deventer 1602); *Prognosticon astrologicum* (Deventer 1608).
41. Pieter Heymensz., *Een prognosticatie . . . op de Komeet-Sterre met de steert* (Delft 1596).
42. *Prophetie Jacobi Brocardi, voortijdts professor in de Universiteyt tot Leyden, door hem over veel Jaren ghepropheteert, ende aen de Heeren Staten van Hollandt ghesonden* (Amsterdam 1599); Paulus Secundus, *Een wonderlijcke Prophecije van die Nederlanden* (Amsterdam 1599).
43. Paulus Secundus, *De tweede wonderlijcke nieuwe Prophecije van de Nederlanden* (Delft 1599?).
44. *Beduydinghe op de Prophecye Pauli Secundus Gribneri, over den Veldtslach gheschiet in Vlaenderlandt den 2. Julij. 1600* (Amsterdam 1600?).
45. Paulus Secundus, *Een wonderlijcke nieuwe Prophecije van de Nederlanden* (Breda 1604).
46. Jerassemus van Eyndenborch, *Een wonderlicke nieuwe Prophecije vande Nederlanden* (Emden 1605).
47. W.-E. Peuckert, *Die Rosenkreutzer, zur Geschichte einer Reformation* (Jena 1928); F.A. Yates, *The Rosicrucian Enlightenment* (Londen-Boston 1972); R.J.W. Evans, *The Making of the Habsburg Monarchy 1550-1700* (Oxford 1979) 394-396. De Rozenkruizer-manifesten verschenen in 1617 in vertaling in de Republiek, zie A. Santing ed., *De manifesten der Rozenkruizers* (Amersfoort 1913).
48. Van Deursen, *Kopergeld IV Hel en hemel*, 33-35.
49. J. den Tex, *Oldenbarnevelt III Bestand 1609-1619* (Haarlem 1966); J.I. Israel, *The Dutch Republic and the Hispanic World* (Oxford 1982) 1-65; Evans, *The Making of the Habsburg Monarchy*, 394-396. De uitspraak van Van Deursen: 'Afwijzing van profetie zal wel in heel Europa het calvinisme eigen zijn geweest', gaat niet op (Van Deursen, *Kopergeld IV Hel en hemel*, 34).

19

Herman Herberts (ca. 1540-1607) in conflict met de gereformeerde kerk

A.J. van den Berg

De figuur die in dit artikel centraal staat, Herman Herberts, was van 1560 tot 1564 kloosterling te Burlo. Daarna werd hij pastoor te Winterswijk. Na de komst van Alva week hij uit en werd hij, na een verblijf te Bocholt, predikant te Wesel. Daarvandaan werd hij in 1577 te Dordrecht beroepen, waar hij een geliefd predikant was. Dikwijls werd hij door andere gemeenten ter lening gevraagd.[1] Zo was hij in 1578 enige tijd in Gouda werkzaam; hij was daar zo geliefd dat men hem graag nog eens zag komen. De magistraat van Gouda diende dan ook een verzoek in bij de Staten van Holland: dat Herberts 'dwelcke soe alle mensschen bekent sy, het woordt des Heeren ... soe vuytgedeelt heeft, dat nyet alleen de swacke gemeente deser kercke grootelix heeft aengenomen, maer heeft oock de herten vanden ghenen, devangelische leere contrarie zynde soe beroert, dat oock veele van hen dat goddelicke woort aengenomen ende hen totter gemeente christi begeuen souden hebben, Daer up ter contrarie mits tvertreck vanden seluen Hermanus, de gemeente vermindert iae inder voughe dat nauwelix nyemant inder predicatie compt'; de magistraat wilde graag 'dat de voorñ. Hermanus ons weder mochte werden toegeschicket, aleer de kercke in ruyne quame'.[2] Dit verzoek werd door de Staten gesteund.[3] Herberts wilde echter niet nog eens naar Gouda komen daar zijn 'beroep tot Dort waere en begheerde sich van sijnder ghemeynte niet te scheyden'. Maar de classis droeg hem op wél naar Gouda te gaan[4] en op 2 september werd bericht dat hij eerstdaags voor twee maanden daarheen zou vertrekken.[5] De vierde november was hij in ieder geval weer terug in Dordrecht.[6] Daar werkte Herberts tot 1582 in alle rust en hij stond op goede voet met zijn ambtgenoten.[7]

In die tijd begon hij het preken uit de catechismus, dat geen dwingend voorschrift was, maar wel in de meeste gemeenten was ingevoerd, na te laten. De kerkeraad informeerde of er iets in de catechismus stond dat hem bezwaarde, waarop hij ontkennend antwoordde. Korte tijd later echter hield hij een preek over Philippenzen 4, 13 waarin hij verklaarde dat een christen in dit leven tot volmaaktheid kon komen en dat werd in strijd geacht met zondag 44 van de catechismus.[8] De kerkeraad verzocht hem om met zijn ambtgenoten een gesprek te voeren. Zij kwamen echter niet tot overeenstemming en de kerkeraad, die de magistraat op de hoogte had gebracht, verbood hem de volgende zondag te preken. Daarop vertrok Herberts de achttiende augustus naar Gouda. Door de Dordtse magistraat werd hij voorlopig geschorst.[9] Enkele dagen later was Herberts al weer terug in Dordrecht, waar hij voor de raadsheer

Van der Myle moest verschijnen, die door de prins naar Dordrecht was gezonden. Daar werd hem gevraagd of hij belangende de leer, die in de gereformeerde kerk aangehangen werd, één was van gevoelen met zijn ambtgenoten. Naast van der Myle waren er zes predikanten — vier uit de classis en twee uit Dordrecht — aanwezig.[10] Met de gedeputeerden heeft Herberts de 37 artikelen ondertekend en hij verzoende zich met zijn ambtgenoten. Tevens verklaarde hij zich aan de kerkelijke ordonnantie en catechismus onderworpen te houden, zo berichtten de gedeputeerden op de classicale vergadering van 2 oktober.[11] Bovendien had hij toegezegd vanaf de kansel zijn schuld te bekennen en de onschuld van de anderen te benadrukken — wat hij echter nooit gedaan heeft, omdat hij het vergeten zou zijn.[12] Op 30 augustus 1582 was de acte van vereniging getekend.

Over die acte was binnen de gemeente grote onrust ontstaan omdat sommigen van mening waren dat daaruit naar voren kwam dat niet Herberts maar Van den Corput en Naerenus ongelijk gehad hadden.[13] Desalniettemin werd zijn verblijf in Dordrecht niet langer op prijs gesteld en de magistraat ontsloeg hem op 7 september terwijl de kerkeraad weigerde hem een attestatie mee te geven.[14] Enige burgers dienden in oktober een request in bij de magistraat waarin gevraagd werd Herberts toch tot de dienst toe te laten. De magistraat ging er echter niet op in en degenen die het request hadden ingediend werden 'seer harde bestraffet'. Herberts is daarop spoorslags naar Gouda vertrokken waar hij predikant werd.[15]

De zaak was daarmee echter niet afgedaan. In maart 1583 werd de classis Dordt gevraagd een nieuw onderzoek in te stellen naar aanleiding van uitlatingen van Herberts over het akkoord van 30 augustus. Herberts werd verzocht op de classicale vergadering te verschijnen. Tijdens die vergadering werd uitvoerig over deze zaak gesproken. De classis was van mening dat het gerucht over Herberts' onschuld volstrekt onjuist was en er werd een uitvoerige toelichting op het akkoord gegeven.[16] Ook op de provinciale synode van 1583 werd de zaak besproken. Herberts werd opgeroepen daar te verschijnen maar dat werd hem, hoewel hij zelf bereid was te komen, door de Goudse magistraat verboden.[17] Na lang delibereren heeft de synode geoordeeld dat Naerenus en Van den Corput niet beschuldigd werden 'ghelijck oock in deselve de voorsz. Hermannus niet ontschuldicht werdt' en hierover besloot de synode aan Dordrecht een brief te schrijven opdat de onenigheid weggenomen zou worden.[18]

Tevens werd hij er in de classicale vergadering in maart van beschuldigd het Wonderboek van David Jorisz te hebben willen drukken en daarover gelogen te hebben;[19] in 1582 had hij verklaard de geschriften van David Jorisz en Hendrik Niclaes te verwerpen.[20] Ook de Dordtse drukker Jean Canin uitte een dergelijke beschuldiging waarop Herberts, die 16 maart ter vergadering verschenen was, reageerde 'sijn hooft ontdeckende, schlaende op zijn borst, seggende: Ick betuyghen voor mijnen Godt (die altijdt eere moet hebben) op mijn conscientie, dattet onwarachtich is, ende daer sijn wel duysent ende duysent loeghen inne'. Voorts merkte hij op dat hij, indien bevonden zou worden dat hij wel opdracht had gegeven het Wonderboek te laten drukken, zijn schuld wilde bekennen 'op den predickstoel voor de gemeente, op der straete etc. Waerop Lievinus antwoorde: Hebdij solcx gedaan, soe hebdij niet wel gedaen'.[21] Herberts beloofde een schriftelijke verklaring in te dienen, die hij, na opzettelijke vertraging, op 22 maart overhandigde. Daaruit komen drie punten naar voren: 'Ten eersten dat het Wonderboeck uut Hermanni huys gecomen; ten tweden dat hij consent gegeven heeft, datselve te drucken; ten derden zijn profijt daermede aff te hebben'.[22] Hoewel uit deze verklaring een geheel andere voorstelling van zaken komt dan uit zijn eigen woorden heeft Herberts later ontkend het Wonderboek uitgegeven te hebben.[23] De classis besloot de zaak ter beoordeling te laten aan de particuliere synode.[24] Daar verscheen Canin die beweerde dat Herberts het Wonderboek 'hooghelick als met eenen excellenten gheest begaeft ghewest zijnde ghelooft ende ghepresen hadde ende de dienaers des woordts letterknechten ghenaemt etc' en hij verklaarde dat Herberts hem 'opentlick op der strate becreten ende een schelm gescholden hadde' waarin de kerkeraad niet meer had willen optreden omdat zij zich daartoe niet meer bevoegd achtte.[25] De oorzaak van deze scheldpartij, zo had hij de classis al eerder medegedeeld, was 'dat het voorhebben Hermanni van het Wonderboek D. Joris uutgecomen was'.[26] De synode besloot zijn klachten te behandelen zodra Herberts verschenen was. Dat is echter niet gebeurd en de klacht over de scheldpartij is nooit meer behandeld, noch op de synode noch op de classis. Herberts' interesse voor het Davidjorisme zal niet van lange duur geweest zijn. Toen hem pas op de synode van 1589 zijn mening daarover gevraagd werd heeft hij verklaard 'dat hy met David Joris ende Hendrick Niclaessen geen gemeynschap noch hem verbonden en heeft ende dat de waerheyt by hen niet en is, dewyl sy onder malcanderen oock strydich syn'.[27] Er is nog één keer, op de synode van 1591, aan Herberts' Davidjorisme gerefereerd;[28] daarna is hij er niet meer mee in verband gebracht.

Intussen had de synode van 1583 vier gedeputeerden naar Gouda gezonden om de zaak tussen Herberts en zijn voormalige ambtgenoten tot een goed einde te brengen.[29] Omdat Van den Corput en Naerenus daar echter niet verschenen uit boosheid over uitspraken van Herberts, die gezegd zou hebben dat zij heidens en onchristelijk met hem gehandeld hadden, zijn de gedeputeerden onverrichterzake weer teruggekeerd.[30] Besloten werd de zaak over te laten aan de prins, die in november Dordrecht bezocht. Daar ontving hij van een groot deel van de gemeente een verzoekschrift, een klacht inhoudende tegen de kerkeraad omdat aan Herberts en sommige van zijn aanhangers de toegang tot het avondmaal ontzegd was. Tevens werd er verzocht of het mogelijk was dat Herberts zo nu en dan uit Gouda over zou mogen komen om in Dordrecht te preken. De prins verwees de zaak door naar de volgende synode en langzamerhand keerde de rust terug in Dordrecht.[31] Die synode zou wellicht een einde gemaakt hebben aan de 'twistingen ende scandaliseringen ende de wonden hebben toegeheelt, soe Herberts dyen nyet met een schroemelyke scheure had opgehaelt'.[32] Want wat was er voorgevallen dat op de synode van 1586[33] ter sprake zou komen? In 1584 had Herberts een boek uitgegeven getiteld *Corte Verclaringhe over die Woorden Pauli geschreven totten Romeynen, Cap. 2 vers 28*, met de zinspreuk:

'Dat oude sal wycken
Als beter can blycken'
en 'sat quercus'.[34]

In dit boek komt hij weer terug op de twist met zijn Dordtse ambtgenoten en hij keert zich tegen het bindend gezag van de belijdenis en de catechismus.[35] Bovendien verwerpt hij de voorbeschikking tot zaligheid en verdoemenis. Hij legt de keuze bij de mens: 'Daer wert Leven ende Doot, tot verkiesinghe voorghesteldt. Nu mach die Mensche een van beyden verkiesen'.[36] Naar aanleiding van dit boek ontstond grote beroering. Zelfs vrienden en aanhangers van Herberts gaven hun ontevredenheid te kennen en in Dordrecht 'daverden de preekstoelen van 't schandspreken en 't gekrysch'.[37]

Inmiddels waren de predikanten Donteclock, Bastingius, Helmichius[38] en de Leidse hoogleraar Saravia naar Gouda gegaan om met Herberts over zijn boek te spreken. De eerste dag spraken zij vooral over de rechtvaardigmaking; verder is er niet meer gesproken omdat de vier predikanten de volgende dag door de magistraat werden heengezonden, vermoedelijk vanwege het felle optreden van Donteclock. Onverrichterzake keerden zij terug.[39] De synode droeg Donteclock op, Herberts te schrijven en hem te gelasten voor de nationale synode te verschijnen, die dat jaar in Den Haag gehouden werd.[40] Herberts verscheen op die synode, waar enkele punten uit zijn boek besproken werden; over ieder punt werd een verklaring opgesteld, die hij onderschreef. Bovendien verklaarde hij geen bezwaar te hebben tegen de confessie en hij wilde die ook ondertekenen, waarbij hij het noodzakelijk vond bij artikel 16 de restrictie te maken dat God niet de oorzaak der zonde was. Ook nam hij de catechismus, waaruit hij niet preekte, aan en hij zegde toe een nadere verklaring af te leggen over enige duistere punten in zijn boek. Hij mocht deze verklaring niet zonder voorkennis van Bastingius, Helmichius en Saravia uitgeven. Hierop werd een acte opgesteld die door Herberts, de bovengenoemden en enige anderen werd ondertekend.[41]

Hiermede leek de zaak tot een goed einde gekomen te zijn, ware het niet dat op de provinciale synode van 1587 alles weer opgehaald werd. Er bestond ontevredenheid over de uitkomst van de nationale synode. Besloten werd dat Donteclock, Saravia, Helmichius en Bastingius Herberts zouden schrijven om te vernemen hoe het stond met zijn bredere verklaring. Ook moesten zij erop toezien dat die verklaring binnen drie maanden ingeleverd werd. Donteclock zou Bastingius en Helmichius — Saravia was inmiddels gevlucht — behulpzaam zijn om Herberts de punten waartegen bezwaar bestond toe te zenden. Op dezelfde synode werd erover geklaagd dat in Gouda nog steeds niet uit de catechismus gepreekt werd,[42] een klacht die ongeveer op iedere synode herhaald zou worden. De synode van 1588, waarheen Herberts door de classis Gouda afgevaardigd was, had bezwaar tegen zijn aanwezigheid omdat in zijn boek 'veel fauten ende erroren (alsoe de synode verstondt), strydende tegen de waerheyt des gheloeffs ende christelycke religie' voorkwamen. De synode liet hem dan ook niet toe als lid der vergadering totdat hij datgene, wat hem op de nationale synode opgedragen was, gedaan had.[43] Toen Herberts gevraagd werd waarom hij zijn verklaring nog niet ingediend had antwoordde hij dat Saravia hem beloofd had punten toe te zenden waarop hij dan zou antwoorden. Die had hij nooit ontvangen, wat hij aantoonde door brieven van Saravia te tonen en hij beloofde zijn verklaring te schrijven als hem maar de punten die Donteclock of anderen uit zijn boek getrokken hadden toegezonden zouden worden. Ook klaagde Herberts over de mondelinge en schriftelijke bezwaren die Donteclock hem al medegedeeld had, maar de synode had begrepen dat Donteclock dat ter goeder trouw gedaan had, hetgeen Herberts accepteerde. Aan Van den Corput, Carpentarius, Van den Borre en Swerinckhuysen[44] werd opgedragen het boek door te zien en de aanmerkingen die zij daarop zouden hebben op te sturen naar Donteclock, die daarvan een behoorlijk stuk zou maken om aan de gedeputeerden te overhandigen. Naast Bastingius en Helmichius werden Arent Cornelisz en Fraxinus daartoe benoemd.[45] In februari 1589 leverde Donteclock zijn aanmerkingen, gerangschikt onder acht punten, bij Herberts in. Hij voegde daar een brief bij, die hij aan de vier gedeputeerden geschreven had, waarin hij zich erover beklaagde dat Herberts vanaf de kansel een verkeerde voorstelling van de gang van zaken op de nationale synode gegeven had.[46]

Op de synode, die in september 1589 te Gouda gehouden werd, vroeg Herberts of in het stuk van Donteclock 'alle de impertinentien, duysterheden ende dolingen, die in syn boeck souden syn begrepen' stonden. Zo ja, dan was hij bereid daarop te antwoorden. Donteclock zei dat het hoofdpunten waren, want als hij alle duisterheden had moeten aanwijzen dan zou het 'een werk sonder eynde' geworden zijn. De synode liet Herberts weten het voldoende te achten het bij de hoofdpunten te laten, verder zouden er geen punten bijkomen. Herberts deelde mede dat zijn verklaring klaar was en dat hij die binnen acht dagen aan de gedeputeerden zou overhandigen.[47] De vier gedeputeerden kwamen met de hoogleraren Trelcatius en Gallus[48] op 17 oktober te Leiden bijeen, waar ook Herberts en twee gedeputeerden van de Goudse magistraat verschenen. De volgende dag echter moest Herberts van de Goudse gedeputeerden weer naar Gouda terugkeren. Daar kreeg hij een schriftelijke verklaring toegezonden waarna hij wederom met de Goudse afgevaardigden naar Leiden vertrok. Na veel over en weer gepraat te hebben vertrokken de heren weer naar Gouda. Daar kreeg Herberts bericht van de synodale gedeputeerden; zij deelden hem mede zijn verklaring nog steeds duister en met dwalingen vermengd te vinden en ze zouden de synode adviseren die niet in druk uit te laten geven. De toon van het stuk was mild, maar het liet Herberts niet de ruimte die hij wilde. Er volgden nog conferenties te Rotterdam, Gouda en elders waar Herberts verklaarde zich niet met de uitgebrachte censuur te kunnen verenigen. Toen de vier gedeputeerden op 9 september 1590 te Gouda verschenen waren, verbood de magistraat hen met Herberts in dispuut te treden — hij had immers aan het verlangen van de nationale synode voldaan — eraan toevoegend dat de magistraat hem, indien hij geschorst of ontzet zou worden, predikant te Gouda zou laten blijven.[49]

Terzelfdertijd was in Dordrecht de synode bijeen, maar de Goudse magistraat gaf Herberts geen toestemming daar te verschijnen. Die synode oordeelde dat zijn boek 'midtsdien het inhoudt vele dwalingen, onschriftmatighe redenen, duysterheden, strydighe dinghen, verkeerde allegatien der Schrift ende vele andere impertinentien, seer schadelyck is'. Besloten werd dat Swerinckhuysen hem een vermanende brief zou schrijven omdat hij niet verschenen was terwijl de synode hem tweemaal opgeroepen had. Ook besloot men dat er in Rotterdam geconfereerd zou worden tussen Herberts aan de ene kant en Swerinckhuysen, Bastingius, Cornelisz, Fraxinus en Helmichius aan de andere kant.[50] Die conferentie is mislukt, evenals één die een jaar later te Rotterdam gehouden is. Ook hebben de gedeputeerden hem nog in Gouda bezocht maar het gesprek werd de tweede dag door de magistraat verboden.[51] Daarop besloot de synode van 1591 in communicatie te treden met de Staten,[52] wat betekende dat er plannen bestonden om zwaardere maatregelen te nemen. Door bemiddeling van de president van de Staten werd de Goudse magistraat verzocht Herberts alsnog voor de synode te laten verschijnen, wat echter niet toegestaan werd.[53] De synode besloot door te gaan met het onderzoek naar Herberts hoewel één afgevaardigde van mening was dat de zaak uitgesteld moest worden tot er een generale synode gehouden zou worden.[54] De synode besloot hem te schorsen 'niet alleen van den aventmale des Heeren maer oock van den dienst des woordts Gods, zijner sacramenten ende alle kercklicke bedieningen ... ten eijnde hij van zyne dwalingen afstae'.[55] Er werd een gedeputeerde aangesteld om hiervan een geschiedenis te schrijven, daarin zijn dwalingen aan te wijzen en te weerleggen 'ende soveel zijnen persoon aengaet teghen hem als eenen onboodtveerdigen nae Gods woordt ende kercklicke ordre met vordere censuire ende excommunicatie finalicken procederen, ende daervan ten naestgelegenen plaetsen, Dordrecht, Schoonhoven ende daer sij sullen goetvinden, daervan denuntiatie doen nae behooren'.[56] De zaak bevond zich nu in een ver gevorderd stadium; niet alleen was Herberts geschorst, maar ook lag de excommunicatie in het verschiet.

In november van dat jaar gaf hij op dringend verzoek van de magistraat zijn *Bekentenisse des gheloofs* uit, waarin de verklaring, die door de synode afgewezen was, afgedrukt stond, wat de kerk niet vriendelijker stemde. Van zijn tegenstanders verscheen een *Kort ende warachtig verhael* van alles wat er rondom Herberts geschied was. Daarop antwoordde hij met een *Tegenbericht* en een *Waerachtige beschrijvinghe*.[57] Nadat hij nog een keer tevergeefs vermaand was, wilde men hem uit de dienst ontzetten. De zevende en eenentwintigste juni 1592 waren de eerste en tweede voorstelling — door de kerkorde voorgeschreven — reeds gedaan te Rotterdam, Dordrecht en Schoonhoven. Naar aanleiding van de eerste voorstelling verweet Herberts de gedeputeerden in een brief aan Swerinckhuysen 'dat zij zich stoutmoedig op den regterstoel van Christus hadden geplaatst, waarop de heer des huizes hen niet gezet had'.[58] Aan Bastingius had hij een brief geschreven waarin hij voorstelde de zaak in handen van vier, door Bastingius gekozen, onpartijdige predikanten te leggen, haar aan de kerk van Zürich voor te dragen of op de eerstvolgende nationale synode te bespreken. De Goudse magistraat zond hiervan een copie aan de Staten van Holland, die daarop de derde en laatste voorstelling verhinderden. Toen reisden de synodale gedeputeerden naar Den Haag waar zij, na een twistgesprek tussen hen en de afgevaardigden van de Goudse magistraat, van Oldenbarnevelt te horen kregen dat de Staten de zaak in handen van Uytenbogaert en Lansbergen hadden gelegd, die met Herberts in conferentie zouden treden.[59] Deze deelden op de synode mede dat Herberts een geloofsbekentenis en een verklaring had afgelegd en ondertekend, die bij de Staten in goede aarde was gevallen; de commissarissen lieten weten dat de synode, indien de verklaring conform Gods woord bevonden werd, haar best moest doen de vrede in de kerk te bewaren.[60] Uitgezonderd enkele punten was de synode het erover eens dat zijn verklaring 'schriftmatich' was. De synode zou de bekentenis en verklaring naar de Staten opsturen nevens een schuldbekentenis die Herberts moest tekenen en de synode besloot dat de wederopneming van Herberts vanaf de kansel van Gouda en van die gemeenten waar de voorstelling had plaatsgevonden voorgelezen moest worden.[61] De voorlopige verzoening was een feit.

In deze zaak hadden de Staten de kerk op de knieën gekregen. Dat veel predikanten met de gang van zaken niet ingenomen waren blijkt uit het verslag van Uytenbogaert over deze synode: 'Herberts quam tot verklaringhe ende bekentenis/dewelcke daerna/in 't Zuid-Hollandsche Synodus tot Leyden/ zijnde/in onse teghenwoordigheydt/ghe-examineert/suyver wiert gheoordeelt: Alleen wilde die Synodus neffens elcken artijckel van 't gheen Herberts bekende ghestelt hebben een formele Damnamus, of verdoemen van 't contrarie ghevoelen/'t welck Herberts weygherde. Hierover vielen vele Debatten tusschen het Synodus (dat sterck hier op drongh) aen d'eene/Lansbergium ende my aen d'andere zijde/die wij meynden 't selve Damnamus onnoodigh te zijn/oock datmen dat/om oorsake niet soude verkryghen. Ick kan hier niet verswijgen tot lof D. Hieremiae Bastingii zal: te dier tijt Predicant tot Dordrecht/dat hy/hier over d'eerste stem gevende als Assessor/dese spreucken uyt seker vermaert Autheur[62] voortbracht. Ego neminem Damno, in quo aliquid Christi reperio'.[63]

De Staten hadden de theologische faculteit van Leiden haar mening gevraagd over de door Herberts ingediende bekentenis en de hoogleraren hadden verklaard deze overeenkomstig Gods woord te achten. Daarop deden de Staten een buitengewone vergadering bijeenkomen waarin uit elke classis een gedeputeerde aanwezig was om de zaak af te handelen.[64] Daar verschenen ook Oldenbarnevelt, Lansbergen, Uytenbogaert en enige raden van de prins. 'Enige Predicanten toonden haer seer hart' vertelt Uytenbogaert.[65] Daar ondertekende Herberts een bekentenis zijns gevoelens over de voornaamste geschilpunten en hij verklaarde, wat artikel 16 van de confessie betreft, zich te willen houden aan datgene wat hij daarover op de synode van 1586 had gezegd, hetgeen werd goedgevonden. Uytenbogaert vertrok naar Gouda om daar de verzoeningspreek te houden[66] en op 22 augustus werd de verzoening in Rotterdam, Gouda, Schoonhoven en Dordrecht voorgelezen. De synode van Den Briel van 1593 bedankte Lansbergen en Uytenbogaert voor de moeite die zij in deze zaak hadden gedaan, maar had liever gezien dat de schuldbekentenis van Herberts helderder was uitgedrukt. De classis Gouda zou aangeschreven worden dat men Herberts voor verzoend hield.[67] Op de synode van 1594 werd gemeld dat Herberts nog steeds niet uit de catechismus preekte, dat zijn boeken nog openlijk in Gouda verkocht werden en dat hij, volgens geruchten, tegen de verzoening uit 1592 preekte. De Staten hadden echter verboden dat 'van de saecke van der Goude nieuwe procedure ofte resolutie genomen soude worden' zodat de synode niets kon ondernemen.[68] Over Herberts zelf werden geen klachten meer ingediend, wel over het feit dat er in Gouda niet uit de catechismus gepreekt werd. Dat had de Goudse overheid dan ook afgeschaft.[69] Herberts verscheen vanaf 1596 weer regelmatig als afgevaardigde op de synode. Hij is in 1607 te Gouda overleden.

In de zaak Herberts hebben niet alleen enkele Zuidnederlandse predikanten, van wie Lansbergen zijn gematigdheid en Bastingius zijn mildheid hebben getoond, een rol gespeeld maar ook de Vlaamse gemeenteleden in Gouda.[70] Rond 1592 had Swerinckhuysen enkele Vlaamse gemeenteleden een brief geschreven waarin zijn denkbeelden over Herberts ontvouwd werden.[71] Uit een rapport van de synodale gedeputeerden van 1593-1594 blijkt dat in Gouda veel Vlamingen erover klaagden dat Herberts geen communicatie met hen hield en de gedeputeerden hebben Herberts daarover vermaand. Tijdens een bijeenkomst van synodale gedeputeerden met de Goudse magistraat op 3 december 1598 beschuldigden de burgemeesters 'oock seer eenige Vlamingen selffs van grove stucken. Werde geantwoort dat voor haer stadthuis geschreven stont: Audi alterem partem. Waren de saken waerachtich, soo hadden de heeren deselve na hare wetten behooren te straffen ēn Hermannus discipline daerover te gebruyken, maer dat nu hier sulx tegen de gedeputeerden niet te passe en quam'.[72] De Vlamingen, die tot de orthodoxe geleding behoorden, waren tegen Herberts gestemd. Hania vermeldt dat de 'Vlaamsche broeders' uit Gouda in de acta deputatorum meer dan eens genoemd worden. Zij waren sterke voorstanders van de catechismusprediking en werden daarom door Herberts en de Goudse magistraat met minachting bejegend.[73] Wat betreft de predikanten zullen de Vlamingen zeker niet tevreden zijn geweest. Gouda werd natuurlijk niet voor niets 'het rattennest ende den dreckwaghen van alle ketterijen'[74] genoemd.

De afloop van deze kwestie was een overwinning van de staat op de kerk. Tijdens zijn verhoren heeft Oldenbarnevelt betoogd, dat uit de verzoening van Herberts bleek dat 'de tolerantie over (de predestinatie e.d.) niet t'enemael en was buiten exempel'. In wezen was Herberts niets veranderd; tot zijn dood in 1607 heeft hij te Gouda een pre-arminiaanse leer verkondigd, zonder er ooit ernstig over lastig gevallen te zijn. De kerk echter hield uit deze zaak een rancune tegen Oldenbarnevelt en Uytenbogaert, die later tot uitbarsting zou komen.[75]

Noten

1. *Biographisch Woordenboek van Protestantsche Godgeleerden in Nederland* (verder geciteerd als *BWPGN*), 's-Gravenhage s.a., deel III, 711; J.N. Bakhuizen van den Brink, 'Herman Herberts te Bocholt', *Nederlandsch Archief voor Kerkgeschiedenis* n.s. 20 (1927), 265-274.
2. Brief van de magistraat van Gouda aan de Staten van Holland, 3 juni 1578, F.L. Rutgers (ed.), *Acta van de Nederlandsche Synoden der zestiende eeuw*, 's-Gravenhage 1899, 325, 326.

3. Brief van de Staten van Holland aan de nationale synode van Dordrecht, 4 juni 1578, *Ibidem*, 327, 328.
4. J.P. van Dooren (ed.), *Classicale Acta 1573-1620. Particuliere synode Zuid-Holland I*: Classis Dordrecht 1573-1600 (verder geciteerd als Van Dooren), 's-Gravenhage 1980, 2 juni 1578, 57.
5. Ibid., 59.
6. Ibid., 61.
7. G.D.J. Schotel, *Kerkelijk Dordrecht, eene bijdrage tot de geschiedenis der Vaderlandsche Hervormde Kerk sedert het jaar 1572* (verder geciteerd als Schotel), Utrecht 1841, deel 1, 130. Zijn ambtgenoten waren Hendrik van den Corput, geboren te Breda in 1536, predikant te Dordrecht van 1578 tot zijn overlijden in 1601 en Servatius Johannes Naerenus, geboren te Weert, predikant te Dordrecht van 1578 tot zijn overlijden in 1608.
8. Ibid., 131.
9. Ibid.
10. Het verslag hierover in Van Dooren, 22 augustus 1582, 120, 121.
11. Van Dooren, 2 oktober 1582, 125.
12. Ibid., maart 1583, 135.
13. J. Reitsma en S.D. van Veen (eds.), *Acta der provinciale synoden gehouden in de Noordelijke Nederlanden gedurende de jaren 1572-1620* (verder geciteerd als RV), II, Groningen 1893, 257.
14. Brief van Van den Corput aan Arent Cornelisz (predikant te Delft van 1573 tot zijn overlijden in 1605) van 9 september 1582, H.Q. Janssen en J.J. van Toorenenbergen, *Brieven uit onderscheidene Kerkelijke Archieven. Werken der Marnix-vereeniging serie III deel II*, 210. Ook de classis weigerde dat omdat hij er geen schriftelijk verzoek voor had ingediend. Van Dooren, okt., 126.
15. Brief van Van den Corput aan Cornelisz van 21 okt. 1582, H.Q. Janssen en J.J. van Toorenenbergen, *Ibid.*, 216, 217.
16. Van Dooren, 133-136.
17. RV II, 247.
18. Ibid., 258.
19. Van Dooren, 8 maart 1583, 129.
20. *BWPGN III*, 704.
21. Van Dooren, 17 maart 1583, 136. Lievinus is Levinus van den Borre, afkomstig uit Vlaanderen, predikant te Geertruidenberg van 1575-1589, dat toen onder de classis Dordrecht viel.
22. Ibid., 23 maart 1583, 141.
23. Schotel, 135.
24. Van Dooren, 26 april 1583, 144.
25. RV II, 244.
26. Van Dooren, maart 1583, 129.
27. RV II, 340.
28. Ibid., 416.
29. Ibid., 258.
30. Schotel, 136.
31. *BWPGN III*, 707.
32. Gec. bij Schotel, 136.
33. Pas in 1586 omdat de twee jaren ervoor in Zuid-Holland geen synodes gehouden zijn.
34. Gec. bij Schotel, 136.
35. *BWPGN III*, 708.
36. Blz. 205, gec. bij J.N. Bakhuizen van den Brink e.a. (red.), *Documenta Reformatoria I*, Kampen 1960, 273.
37. Schotel, 137.
38. Reynier Donteclock, geboren te Ieperen ca. 1545, was van 1576 tot 1591 predikant te Delft, Jeremias Bastingius, geboren te Ieperen 1551, was van 1585 tot 1593 predikant te Dordrecht en Wernerus Helmichius, geboren te Utrecht in 1551, was van 1578 tot 1590 (ontslagen) predikant te Utrecht, van 1590 tot 1602 predikant te Delft.
39. *BWPGN III*, 708, RV II, 267.
40. RV II, 266.

41. H.C. Rogge, *Caspar Janszoon Coolhaes, de voorloper van Arminius en der remonstranten II* (verder geciteerd als Rogge), Amsterdam 1858, 154-157, J. Hania Pzn., *Wernerus Helmichius*, Utrecht 1895, 196.
42. RV II, 300, 301.
43. Ibid., 318.
44. Pieter Willemsz Carpentarius, Mesenaar van geboorte, was predikant te Schiedam van 1575-1591. Caspar Nicolai Swerinckhuysen (Grevinckhoven), geboren te Dortmund in 1550, was van 1579-1606 predikant te Rotterdam.
45. RV II, 318, 319. Libertus Fraxinus, geboren te Leuven in 1546, was van 1585-1606 predikant te 's-Gravenhage.
46. Rogge, 138.
47. RV II, 338, 339.
48. Gallus was van 1587-1591 hoogleraar in de theologie. Hij werd ontslagen wegens gebrek aan toehoorders. Trelcatius was van 1587-1603 (overleden) hoogleraar in de theologie.
49. Rogge, 159-162.
50. RV II, 382.
51. Ibid., 413, 414.
52. Ibid., 414.
53. Ibid., 414, 416.
54. Ibid., 417.
55. Ibid., 418.
56. Ibid.
57. Rogge, 163.
58. Gec. bij Rogge, 164.
59. RV II, 441, Rogge, 165, 166. Fransiscus Lansbergen, geboren te Gent, was van 1585-1619 (hij tekende de Acte van Stilstand) predikant te Rotterdam.
60. RV II, 442.
61. Ibid., 443, 444.
62. In margine: Jac. Sturmius.
63. [J. Uytenbogaert], *Iohannis Wtenbogaerts Leven, Kerckelycke Bedieninge ende zedige Verantvvoordingh*, s.l. 1647, 10.
64. RV III, 6.
65. [J. Uytenbogaert], *Ibid.*, 10.
66. *Ibid.*.
67. RV III, 6.
68. Ibid., 34, 35.
69. Ibid., 84.
70. Janssen deelt mede dat een grote menigte Vlamingen zich te Gouda had gevestigd, die de orthodoxe richting was toegedaan. H.Q. Janssen, *De Kerkhervorming in Vlaanderen, historisch geschetst meest naar onuitgegeven bescheiden*, Arnhem 1868, 52.
71. *BWPGN III*, 336.
72. Gec. bij H.Q. Janssen, *De Kerkhervorming in Vlaanderen, historisch geschetst meest naar onuitgegeven bescheiden*, Arnhem 1868, 218, 219.
73. J. Hania Pzn., *Wernerus Helmichius*, Utrecht 1895, 204 noot 4.
74. Gec. bij A.Th. van Deursen, *Bavianen en Slijkgeuzen. Kerk en kerkvolk ten tijde van Maurits en Oldenbarnevelt*, Assen 1974, 53.
75. J. den Tex, *Oldenbarnevelt III. Bestand 1609-1619*, Haarlem 1963, 53.

De receptie van Hugo de Groots *Meletius* *

G.H.M. Posthumus Meyjes

Zijn eerste theologische geschrift — getiteld *Meletius sive de iis quae inter christianos conveniunt epistola* — stelde Hugo de Groot in 1611, tijdens de beginjaren van het Bestand, samen.[1] Hij publiceerde het boekje nimmer, doch hield het in portefeuille. Te spreken over de receptie van een werk dat nooit van de pers kwam, klinkt natuurlijk paradoxaal, maar onjuist is het toch niet deze term te gebruiken. Het geval wil namelijk dat De Groot, toen hij zijn tractaat voltooid had, afschriften daarvan aan een viertal vrienden toezond met het verzoek om commentaar. De schriftelijke reacties nu van drie hunner bleven bewaard, zodat ons althans iets van de ontvangst die het boekje ten deel viel bekend is. Het is de bedoeling van dit artikel deze reacties aan een nader onderzoek te onderwerpen.

Het kwam mij passend voor een bijdrage juist over dit thema de scheidende hoogleraar aan te bieden, niet slechts vanwege Van den Bergs belangstelling voor De Groot — hij is al jarenlang een toegewijd lid van de Grotius-Commissie van de Koninklijke Akademie — maar ook om andere reden, waarover ik echter vooralsnog het zwijgen zal bewaren.

De vier vrienden aan wie De Groot het manuscript van zijn *Meletius* toezond, waren: Johannes Boreel, Antonius Walaeus, Apollonius Schotte en Petrus Cunaeus. Afgezien van het feit dat dezen stuk voor stuk te Leiden gestudeerd hadden en individueel met elkaar bevriend waren, hadden zij gemeenschappelijk dat zij ofwel in Zeeland geboren waren, ofwel hechte attaches met dat gewest onderhielden, ofwel daar woonden. Boreel was een zoon van de burgemeester te Middelburg, in welke stad Walaeus, tot 1619, predikant was. De vader van Apollonius Schotte — een vermogend man, op wiens kosten Apollonius en Walaeus een 'grand tour' maakten — was eveneens burgemeester van de Zeeuwse hoofdstad. Apollonius zelf was sedert 1610 lid van de Hoge Raad. Petrus Cunaeus tenslotte — sedert 1612 buitengewoon hoogleraar in het Latijn te Leiden — stamde uit Vlissingen.[2]

Met name Johannes Boreel had een belangrijke rol bij de samenstelling van de *Meletius* gespeeld. Omtrent de eeuwwisseling had hij een reis naar Klein-Azië, Syrië en Palestina ondernomen, alwaar hij in kennis was gekomen met de Oosterse patriarch Meletios Pegas (1549-1601). Deze had een diepe indruk op hem gemaakt, waarover hij De Groot bij herhaling had gesproken. Voor De Groot vormde dat aanleiding zijn eerste theologische pennevrucht naar deze

Oosterse patriarch te noemen. In de Inleiding tot zijn geschrift brengt hij een eresaluut aan Boreel — zonder overigens diens naam te noemen — en refereert hij aan de gesprekken die deze indertijd met patriarch Meletius gevoerd had.[3]

Het valt bepaald te betreuren dat, van de reacties van de vier vrienden, nu juist die van Boreel ontbreekt, terwijl ons ook niet langs andere weg bekend is hoe deze peetvader van de *Meletius* over dit geesteskind van De Groot gedacht heeft. De reacties van Cunaeus en Schotte daarentegen werden ons wel overgeleverd, maar — al onthullen zij stellig het een en ander — zij worden geheel in de schaduw gesteld door de brieven die Walaeus, de Middelburgse predikant, aan de *Meletius* wijdde. Walaeus verdiepte zich grondig in De Groots geschrift — tot tweemaal toe zelfs[4] — en legde zijn oordeel hierover neer in een drietal uitvoerige brieven,[5] die door De Groot met twee epistels werden beantwoord.[6] Het feit dat wij in dit geval over woord en wederwoord beschikken, verhoogt de waarde van deze brieven aanzienlijk. Zij brengen ons de gevoeligheden en spanningen van de tijd nabij, geven ons een beter inzicht in de bedoelingen en overwegingen van De Groot en gunnen ons een blik over zijn schouder, toen hij de laatste hand aan dit werk legde — redenen genoeg om iets uitvoeriger op deze correspondentie in te gaan. Alvorens echter dat te doen, verdiepen wij ons eerst in de biografie van Walaeus en diens relatie met De Groot.

Antonius Walaeus (1573-1639) kreeg zijn eerste opleiding aan de Latijnse school te Middelburg en studeerde vervolgens theologie aan de jonge Universiteit van Leiden, waar hij Trelcatius, Junius en Gomarus tot leermeesters had.[7] Direct na beëindiging van zijn studie maakte hij, zoals ons reeds bleek, op kosten van de vader van zijn vriend Apollonius Schotte, een *iter academicum* die hem via Frankrijk — waar hij een jaar verbleef en men hem te Vienne als hoogleraar wilde houden — naar Genève. Aan huis bij de singuliere Charles Perrot,[8] die hem in zijn vriendschap opnam, bleef hij daar een klein jaar. Hij volgde de colleges aan de Academie, leerde de 80-jarige paus der calvinisten, Théodore de Bèze, kennen, bekwaamde zich verder in het Frans en kreeg al spoedig toestemming lessen in de theologie te geven. Na een kort verblijf te Bazel, alwaar hij eveneens onderwijstaken vervulde, keerde hij in het najaar van 1601 in het vaderland terug. In 1602 werd hij tot predikant te Koudekerke beroepen, een post die hij drie jaar later verruilde voor één te Middelburg. Daar bleef hij vele jaren werkzaam en werd al spoedig met de neventaak belast om lessen te geven in de Griekse taal en wijsbegeerte aan de Latijnse school ter plaatse. Na de dood van Arminius (1609) werd door sommigen, onder wie De Groot, geijverd om Walaeus aan de Universiteit van Leiden benoemd te krijgen.[9] Dat vond echter geen doorgang, want de keus viel toen op de omstreden Conrad Vorstius, maar tien jaar later kwam het er wel van. Na beëindiging van de synode van Dordrecht, die Walaeus als afgevaardigde van de Staten van Zeeland had bijgewoond, viel hem de eer te beurt aan de 'gereinigde' faculteit van godgeleerdheid te Leiden als hoogleraar te worden verbonden. Deze functie vervulde hij tot zijn dood in 1639. Het was een goede keuze geweest, want de man was bekwaam en helder en paarde, gelijk zijn collega Johannes Polyander, een calvinistische overtuiging aan een zachtmoedige aard.

Hoe en wanneer Walaeus en De Groot elkaar hebben leren kennen, is onduidelijk. Wellicht heeft hun gemeenschappelijke vriend Apollonius Schotte daarbij een rol gespeeld,[10] wellicht ook de hoogleraar Franciscus Junius († 1602), bij wie De Groot enige tijd aan huis woonde, en voor wie beiden een grote achting koesterden. Er ontwikkelde zich in ieder geval een hechte vriendschap tussen beiden, die in stand bleef ook toen de Bestandstwisten in hevigheid toenamen en meer en meer duidelijk werd dat zij daarin verschillende standpunten innamen. Walaeus had grote eerbied voor De Groot, voor zijn kennis en positie, en hij was overtuigd van zijn integriteit.[11] De Groot op zijn beurt beschouwde Walaeus als een beschaafd en ontwikkeld theoloog, als een calvinist met wie te praten viel en wie, al behoorde hij dan tot het kerkelijke kamp, de vrede van het gemenebest even lief was als hemzelf.[12]

Het eerste tastbare bewijs van hun vriendschap — een bewijs dat een al langer bestaande vertrouwensrelatie doet veronderstellen — stamt uit 1611, toen De Groot de *Meletius* aan zijn Middelburgse vriend ter inzage zond.[13] Een paar jaar later (1615) legde hij Walaeus eveneens het manuscript van *De satisfactione* voor.[14] In beide gevallen verzocht hij om in alle vrijmoedigheid, als vriend, met kritiek voor den dag te komen, waaraan een en andermaal door Walaeus prompt werd voldaan. Toen, omgekeerd, Walaeus in 1615 *Het ampt der kerckendienaren* publiceerde,[15] een werk dat primair tegen Wtenbogaert gericht was, maar impliciet ook De Groots *Pietas* aanviel,[16] liet hij niet na een exemplaar daarvan aan zijn vriend toe te zenden. Hij voegde hieraan een brief toe, die van de merkwaardige, voor ons gevoel welhaast naïeve, verwachting blijk geeft, dat De Groot terzake van de verhouding van Kerk en Staat tot andere gedachten te brengen zou zijn.[17] Een schriftelijke reactie hierop bleef uit.

Toen de Bestandstwisten hun dramatisch hoogtepunt bereikt hadden en de processen waren gevoerd, was het Walaeus die door Jacob Schotte, afgevaardigde ter Generaliteit vanwege Zeeland en vader van Apollonius, werd aangezocht om Oldenbarnevelt, Hogerbeets en De Groot van hun vonnis — dat op dat moment voor alle drie nog de doodstraf behelsde — op de hoogte te stellen en pastoraal bij te staan. Wat zijn vriend De Groot betreft weigerde Walaeus categorisch, want 'hoe zou hij hem kunnen troosten, waar hij zelf getroost moest worden?'. Wat Oldenbarnevelt en Hogerbeets aangaat toonde hij zich bereid, maar hij verlangde wel dat een ander hun het vonnis zou aanzeggen en dat hij verschoond zou mogen blijven van het schouwspel van de executie. Dat verzoek werd ingewilligd. Intussen was het doodvonnis van De Groot en Hogerbeets in levenslange gevangenisstraf omgezet. Walaeus behoefde dus alleen de Landsadvocaat in zijn laatste uren bij te staan, en die taak volbracht hij als een goed pastor.[18]

In de brieven die De Groot uit de gevangenis aan Caspar van Vosbergen en aan Maurits schreef, herinnert hij aan het contact dat hij met Walaeus gehad had om een Nationale Synode bijeen te roepen tot slechting van de gerezen geschillen. Uit een latere brief aan Maurits, geschreven na zijn ontsnapping uit Loevestein, blijkt dat de Prins door bemiddeling van Walaeus bepaalde toezeggingen aan De Groots vrouw gedaan had. Ook in latere jaren wordt de naam van Walaeus in de briefwisseling nog wel eens genoemd, maar niets wijst erop dat er na het vonnis over De Groot nog persoonlijk of schriftelijk contact tussen beiden heeft bestaan.[19] Zo moeten wij constateren dat ook deze vriendschap als gevolg van de godsdiensttwisten werd gesmoord.

In de eerste brief die Walaeus aan De Groot schreef naar aanleiding van de toezending van de *Meletius* toonde hij zich over deze recente pennevrucht in hoge mate enthousiast. Hij noemde het boekje in vele opzichten bewonderenswaardig en prees de wijze van behandeling, die hij als volstrekt 'nieuw' kwalificeerde.

> 'Zoals de wijze om deze dingen te behandelen geheel nieuw is, zo twijfel ik er niet aan of het (geschrift) zal, als het gepubliceerd wordt, voor de gehele christenheid van de grootste betekenis zijn: in de eerste plaats voor hen die met zachte hand tot het christelijk geloof moeten worden gebracht of die, afgeschrikt door de ruzies van bepaalde theologen, een volstrekte tegenzin gekregen hebben om de hl. Schrift te lezen'.[20]

Dit zeer lovende oordeel ging vergezeld van een vermaan tot voorzichtigheid, hetgeen ons weer eens nabijbrengt hoe gevoelig toen reeds, twee jaar na het Bestand, de verhoudingen lagen. Walaeus merkte bescheiden op dat hij De Groot niets wilde voorschrijven, want hij wist zich zijn mindere, maar hij wilde hem wel waarschuwen voor bepaalde uitspraken in de *Meletius* die, als het tot publicatie zou komen, door sommigen wel eens verkeerd zouden kunnen worden opgevat, ten nadele van de heilzame invloed die van het boekje zou kunnen uitgaan. Teneinde dat te verhoeden signaleerde hij een drietal punten in het geschrift die naar zijn mening heroverweging en correctie behoefden. Met afnemend gewicht betreffen deze punten: 1. het irenisch programma in algemene zin, met name De Groots oordeel over Rome en de ketters; 2. het leerstuk der Drieëenheid; 3. de verhouding van genade en vrije wil.[21]

De Groot repliceerde op Walaeus' opmerkingen met een langere brief, waarop weer een dupliek van Walaeus volgde. Daarmee was de gedachtenwisseling echter niet geëindigd, want De Groot liet zich aan Walaeus' kritiek gelegen liggen, nam soms diens correctievoorstellen over en legde de gewijzigde passages wederom aan hem voor. Voor Walaeus vormde dat aanleiding zich nog eens over de gehele tekst te buigen en met een nieuwe reeks van opmerkingen voor den dag te komen.[22] Omdat hier geen reactie van De Groot op volgde, ga ik in het navolgende aan deze opmerkingen voorbij. Terwille van de overzichtelijkheid heb ik in de nu volgende weergave van de correspondentie gelijke punten uit meer brieven zoveel mogelijk samengenomen.

De waarschuwing van Walaeus om toch vooral op de formuleringen te letten in verband met de gevoeligheden van sommigen, was niet aan dovemansoren gesproken. De Groot schreef hem terug dat toen hij zijn geschrift naar Zeeland had verzonden, hij het zelf nog eens had doorgelezen en daarbij nagenoeg dezelfde punten als Walaeus had aangetekend, als zijnde gevoelig en vatbaar voor misverstand. Voor lezers met begrip voor zijn intentie zou het niet moeilijk zijn de tekst aan te passen. Alle mogelijkheid van aanstoot uit te sluiten zou natuurlijk nog beter zijn, maar niet gemakkelijk te realiseren:

> 'want ofwel door deze ofwel door die partij zou ik als onverzoenlijk worden beschouwd. Vandaar dat ik begon te overwegen of het niet beter zou zijn de geboorte van dit geesteskind te onderdrukken of in ieder geval de uitgave uit te stellen tot vrediger tijden'.[23]

Wat hier, een paar maanden na de voltooiing van zijn *Meletius*, voor het eerst wordt uitgesproken, zou er inderdaad toe leiden dat De Groot van publicatie afzag, maar op dit moment — eind 1611 — was het nog niet zover. Hij bleef met zijn tekst bezig en overwoog zorgvuldig de drie punten die hem door Walaeus werden voorgelegd.

1. Conform zijn irenische aard en intentie had De Groot beweerd dat christenen, in plaats van oog te hebben voor de wezenlijke geloofspunten die zij gemeenschappelijk hadden, steeds weer de confessionele verschillen op de voorgrond plaatsten, die doorgaans alleen maar op details betrekking hadden, onzeker waren of niet-strikt-noodzakelijk om te weten.

Walaeus tekende protest aan tegen deze these en liet zich daarin kennen als een rechtgeaard calvinist. Hij gaf toe dat sommige verschillen onbetekenend waren, maar zeker niet alle! Met name bepaalde dogma's van de 'pauselijken' vormden een direct gevaar voor 'de burcht van het ware geloof', en dat gold in niet mindere mate voor de leerstellingen van de Antitrinitariërs, die het christendom tot een Turkengeloof maakten. Hij had er geen enkele twijfel over dat De Groot het hiermee volkomen eens zou zijn en meende dat met een paar lichte retouches de aanstoot, die de tekst nu zou kunnen geven, gemakkelijk zou kunnen worden weggewerkt.[24]

Naar aanleiding van deze opmerking, waarmee een zeer centraal punt van De Groots irenische programma werd geraakt, ontspon zich een uitvoeriger discussie, die zich over meer brieven uitstrekte. De Groot gaf toe dat de papisten leringen verkondigden die zeer ernstige gevaren voor 'de burcht des geloofs' in zich droegen, maar dat nam naar zijn mening niet weg dat de fundamenten van die burcht ook in de kerk van Rome voorhanden waren. En dat feit achtte hij van veel meer gewicht dan dat zij er daarnaast nog een aantal verwerpelijke leringen op nahield. Met instemming haalde hij Franciscus Junius aan, die placht te zeggen: 'Met betrekking tot de fundamenten des geloofs dwalen de papisten op zo'n wijze dat zij van die fundamenten niet verwijderd raken'. De Groot meende dat met het religiebegrip, zoals hij dat in zijn *Meletius* had ontwikkeld, de particuliere meningen van de kerk van Rome werden ondermijnd en vernietigd. Daarbij stelde hij zijn verwachting op niet nader aangeduide Rooms-Katholieke theologen van naam — waarmee hij vermoedelijk doelde op Georgius Cassander en andere, hem sympathieke, Erasmiaanse geesten binnen de kerk van Rome[25] —, die openlijk hadden uitgesproken dat alles wat waar was en door protestanten werd geloofd, ook door Rooms-Katholieken werd erkend, maar dat dezen daaraan onwaarheden hadden toegevoegd, die soms van dien aard waren dat ze met de erkende waarheid niet konden samengaan. Hij trok daaruit de conclusie dat als men de religie zou beperken tot die waarheden waarin de christelijke kerken van alle tijden overeenstemden — een blauwdruk daarvan had hij in zijn *Meletius* pogen te geven —, het papisme ten val moest komen, als zijnde gebaseerd op particuliere meningen.[26]

Met betrekking tot de Antitrinitariërs en verwante groepen drukte hij zich aanzienlijk feller uit. Hij ontzegde hun de christennaam en wilde hen zelfs geen ketters noemen. Wat zij beweerden achtte hij niet slechts met het christelijke, maar met àlle geloof zozeer in strijd, dat zij nog het best als een soort Moslims te beschouwen waren. Op dit punt waren beide vrienden het dus volkomen eens en daarmee onderscheidden zij zich niet van het gangbare oordeel van hun tijd. De Groot deelde mee dat hij, vanwege het volstrekt verwerpelijke karakter van Sociniaanse en vergelijkbare leringen, ervan had afgezien dit soort denkbeelden te betrekken in zijn idee van *consensus*, die hij aan zijn religiebegrip ten grondslag had gelegd. Om dezelfde reden was hij ook niet ingegaan op dogmatische kwesties als de eeuwigheid van het Woord, de satisfactieleer, *praescientia* en *immensitas Dei*, punten die stuk voor stuk door deze apostaten in twijfel werden getrokken.[27]

Zo ingenomen als Walaeus met deze afwijzing van het Antitrinitarisme zal zijn geweest, zo bedenkelijk kwam hem De Groots oordeel over de papisten voor. Dat bracht hem ertoe zijn opvattingen over de kerk van Rome iets breder uiteen te zetten.[28] Hij toonde zich bereid de formulering over te nemen dat ook deze kerk op het waarachtig fundament des geloofs rustte, maar zijn punt was dat dit fundament hier van zijn exclusiviteit was ontdaan en daarmee van zijn kracht beroofd. De kerk van Rome gaf naar zijn mening met de ene hand wat zij met de andere nam. Zij erkende weliswaar het enige fundament maar plaatste daar andere fundamenten naast, en dat was catastrofaal. Aan de ene kant leerde zij de verzoening door Christus, maar aan de andere kant werd dat teniet gedaan door het systeem van verdiensten. Rome verkondigde Christus als enige Middelaar, maar bevorderde daarnaast de intercessie der heiligen enz. Aldus was een monsterverbond van waar en onwaar ontstaan, dat veel te onschuldig werd geduid als men daar de categorieën van wezenlijk en bijkomstig op toepaste en het deed voorkomen alsof de particulariteiten van deze kerk slechts op bijzaken betrekking hadden. De situatie was veel ernstiger: waar en onwaar waren hier op een fatale wijze vermengd, met als gevolg dat binnen dit systeem de heilsverkondiging niet veilig was. De Antichrist was hier aan het werk en zorgde ervoor dat de zielen ten verderve werden gevoerd. In plaats, daarom, van de verschillen tussen de christenen te bagatelliseren, zoals De Groot deed, diende duidelijk te worden uitgesproken dat de verschillen niet gering waren. Tegelijkertijd moest echter worden vastgesteld dat partijen het in veel opzichten en op zeer wezenlijke punten met elkaar eens waren, en de mensen worden voorgehouden dat als zij daaraan vasthielden zij zich, krachtens de belofte van het evangelie, van het heil verzekerd mochten weten.[29]

De Groot bleek niet bereid in deze geest zijn tekst te wijzigen en meende, merkwaardigerwijs, dat dat ook niet nodig was, omdat zij het in wezen geheel met elkaar eens zouden zijn! 'Met betrekking tot de papisten bestaat er tussen ons geen enkel verschil van mening, al gebruiken wij misschien niet dezelfde woorden, zoals dat wel meer voorkomt.'[30] Hij herhaalde nog eens zijn eerder geformuleerde standpunt, voegde zich in zoverre naar Walaeus' kritiek dat hij de 'eigenaardigheden' (*peculiaria*) van de kerk van Rome nu als '*Antichristiana*' betitelde, maar bleef verder geheel bij zijn these dat de overeenkomsten tussen de christenen oneindig veel belangrijker waren dan de verschillen. Hij scherpte dit zelfs nog aan door te zeggen dat hij in zijn *Meletius* met opzet de verschillen onderbelicht had gelaten om des te meer kracht bij te zetten aan zijn exhortatie elkaar lief te hebben.[31] En daar bleef hij bij, zodat wij moeten vaststellen dat op dit zo gewichtige punt van het irenisme en de verhouding tot de kerk van Rome, Walaeus' kritische opmerkingen door De Groot niet of ternauwernood werden gehonoreerd.

2. In de eerste versie van zijn *Meletius* had De Groot zich terughoudend over de Drieëenheid uitgelaten. Walaeus betreurde dit en achtte het wenselijk dat hij duidelijker tot uitdrukking zou brengen dat het hierbij niet om 'krachten' (δυνάμεις) in God gaat, doch om 'hypostasen'. Hij wees erop dat het leerstuk van de Triniteit weliswaar steeds buiten de confessionele controverse gebleven was, maar dat dit centrale dogma niettemin krachtig moest worden verdedigd vanwege de ketters die ertegen storm liepen.[32]

De Groot antwoordde dat hij op dit punt moeite gehad had. Daar het zijn bedoeling geweest was een inleiding te schrijven voor mensen die tot het christelijk geloof moesten worden gebracht, en hij daarom naar duidelijke en eenvoudige termen gezocht had, moest hij bekennen dat hem dat hier niet gelukt was. De geheiligde term hypostase kon hij niet gebruiken, omdat die teveel uitleg vereiste en het bevattingsvermogen van catechumenen te boven ging. In een poging op concrete manier duidelijk te maken hoe men over de Drieëenheid moest denken, had hij daarom zijn toevlucht genomen tot een analogie, en wel van de menselijke geest, zoals Augustinus, Duplessis-Mornay en Junius dat ook gedaan hadden. Hij besefte evenwel dat men voor de weerlegging van de ketters het begrip hypostase niet kon missen, omdat alleen met hulp daarvan het verschil tussen persoon en eigenschappen Gods viel duidelijk te maken.[33] Rekening houdend met het inleidend karakter van zijn boekje verzocht hij Walaeus te willen nadenken over de formulering die hij het best zou kunnen kiezen.

Deze voldeed aan dit verzoek maar sprak eerlijk uit dat het ook hem moeilijk viel in deze bevattelijke termen te vinden. Het veiligst was zich aan het woordgebruik van de h. Schrift te houden, 'want over het diepste van Gods wezen kan niemand dan Hijzelf getuigenis afleggen'. De vaders, die tot-moe-wordens-toe zich in dit vraagstuk hadden verdiept, hadden geen betere analogieën kunnen bedenken dan die van de menselijke geest en van het licht, waarbij zij zich overigens in de lijn van de Schrift hadden bewogen. Hij stelde voor inderdaad bij de aard van de menselijke geest aan te knopen, maar de analogie iets anders uit te werken dan De Groot gedaan had. Zijn suggestie was het mysterie van de eeuwige generatie van de Zoon door de Vader toe te lichten door de vergelijking met de menselijke geest, die zich in zichzelf keert, een volmaakt beeld van zichzelf voortbrengt en in deze spiegel zichzelf beschouwt.[34]

Aangezien de Triniteit het centrale dogma van de religie was, zo gaf De Groot ten antwoord, had hij zich aan Walaeus' advies gelegen laten liggen en de term 'hypostase' in tweede instantie in zijn tekst ingevoegd. Weliswaar maakte hij hiermee inbreuk op zijn streven naar bevattelijkheid, maar dat nadeel achtte hij geringer dan dat het verschil met ketterse opvattingen onvoldoende tot uitdrukking zou worden gebracht. Bitter voegde hij daaraan toe dat, als hij niet geleefd had in een tijd 'even ongestaag als zwanger van wanstaltige dwalingen', hij het allicht anders gedaan zou hebben.[35]

De wijze waarop Walaeus de analogie van de menselijke geest had uitgewerkt, wilde hij echter niet overnemen, omdat de termen die daarbij te pas gebracht werden, voor wat de H. Geest aanging, geen parallel vonden in de h. Schrift. Hij had er daarom de voorkeur aangegeven, mèt Calvijn en de Franse zowel als de Nederlandse geloofsbelijdenis, de H. Geest aan te duiden als *virtus Dei atque efficacia*.[36] Maar om te laten uitkomen dat het niet met de rede in strijd was om onderscheidingen in God aan te brengen, had hij naar Aristoteles verwezen en bovendien de begrippen *intellectus* en *voluntas* gebruikt om niet de schijn te wekken van platonismen afkerig te zijn.[37]

Alles bijeengenomen kan in dit geval worden vastgesteld dat Walaeus' kritische opmerkingen niet zonder invloed bleven op de uiteindelijke tekstvorm van de *Meletius*. Met name de invoeging van het begrip 'hypostase' in de passus over de Drieëenheid, bedoeld om Antitrinitarische aberraties af te wijzen, ging op een suggestie zijnerzijds terug.

3. Over het toentertijd zeer controversiële punt van de vrijheid van de menselijke wil met betrekking tot de genade had De Groot zich in meer algemene termen uitgelaten, hetgeen Walaeus de opmerking ontlokte:

> 'Wat jij beweert over de wilsvrijheid van de mens na de val, zal door hen die in de recente controversen niet verwikkeld zijn positief worden opgevat, maar anderen zullen je, hoewel op zwakke grond, naar het hoofd slingeren dat jij iemand bent die zijn eigen mening staat te verkondigen. Mij zou liever zijn als je hun een dergelijke triomf niet zoudt gunnen.'[38]

Uit deze uitspraak spreekt kritiek en bezorgdheid beide. Walaeus wilde dat De Groot zich duidelijker uitsprak, zodat hij niet van 'nieuwigheid' zou kunnen worden beticht. Deze op zijn beurt repliceerde dat hij zeer verheugd was over wat Walaeus in eerste instantie had opgemerkt. Wat het vraagstuk van de vrije wil betrof was het zijn streven geweest zoveel mogelijk aansluiting te zoeken bij 'zelfs aan de onzen niet onwelgevallige' formuleringen van de *patres*. De tekst uit te breiden en meer expliciet te worden achtte hij bezwaarlijk, want dat zou niet alleen tegen de opzet van zijn boekje ingaan — dat immers het gemeenschappelijke wilde benadrukken — maar hem ook in strijd brengen met de Griekse vaders, zo niet zelfs met Augustinus. Hij vervolgde:

'Wat voorts degenen betreft die hier te lande onlangs zijn begonnen over deze en andere kwesties te disputeren: hun opvattingen waag ik niet te beoordelen, want daarvan draag ik onvoldoende kennis, maar de wegen die zij willen bewandelen wijs ik gedecideerd af. Immers, als het zo zou zijn dat er iets duisters was, dan behoorde dat door een beraad van geleerde en vrome mannen te worden onderzocht, maar niet op een zo verbitterde wijze te worden verkondigd aan het niets-wetende volk, ja zelfs aan de magistraat.'[39]

Anders dan men zou verwachten van de Contra-Remonstrant Walaeus insisteerde deze niet en zei zelfs dat hij deze kwestie minder belangrijk achtte dan de vorige twee punten. Hoofdzaak bij deze materie was naar zijn mening dat twee klippen werden omzeild. In de eerste plaats het Pelagianisme, waarbij aan de menselijke wil wordt toegeschreven wat alleen door God kan worden geschonken; in de tweede plaats de fatum-leer van de Stoa, die de mens voor zijn overtredingen steeds verontschuldiging biedt, ja zelfs God daarvoor medeverantwoordelijk maakt. Als deze grenzen werden gerespecteerd, dus Pelagianisme en Stoa beide werden vermeden, dienden, naar Walaeus' oordeel, vreedzame disputaties over het vraagstuk van de vrije wil te worden toegelaten, zoals dat in het verleden ook steeds het geval was geweest. In recente tijd echter had men het evenwicht nog wel eens uit het oog verloren. Sommigen hadden zo sterk de nadruk gelegd op het genade-aanbod Gods, dat zij tekort hadden gedaan aan Zijn gerechtigheid. Anderen hadden zich juist aan het omgekeerde schuldig gemaakt. Walaeus meende, dat als Arminius zich aan deze grenzen gehouden had en zijn opvattingen aan wijze mannen zouden zijn voorgelegd, de kerk nu vrediger tijden zou beleven. Hij besloot:

'Ik vertrouw evenwel dat jij in deze kwestie even behoedzaam te werk zult gaan als je schrijft dat je met betrekking tot de genadeopvattingen van de Griekse vaders gedaan hebt. Want precies zoals je daarbij je pen bedwongen hebt om niet de schijn te wekken met die vaders en Augustinus in strijd te zijn, zo hoop ik dat je ook in deze kwestie zult trachten niet te prejudiciëren op de consensus van de gereformeerde kerken.'[40]

Deze iets scherpere uitspraak van Walaeus pareerde De Groot met de opmerking dat de opzet van zijn boekje niet toeliet dat hij op het punt van de vrije wil zou afwijken van het door de vaders aanvaarde oordeel, maar dat het evenmin zijn wens was 'onze kerken' te brusqueren. Als Walaeus hem daarom suggesties zou kunnen doen hoe hij het standpunt van de kerken helderder zou kunnen vertolken, zonder zich te verwijderen van woord en bedoeling der Ouden, zou hij hem zeer erkentelijk zijn. 'Ik verwacht namelijk niet dat ik anderen, strenge mensen, tevreden kan stellen als ik er niet in slaag mijn uitspraken staande te houden tegenover een zo uiterst clement rechter als jij bent.'[41] Waar dat mogelijk was binnen het bescheiden bestek van zijn boekje had hij zich van Pelagianisme gedistantieerd. En wat de andere kant betreft moest hem wel van het hart dat als hij zich in zijn tekst tegen Stoïcijnen en Manicheeën had afgezet, de aanhangers van de strenge predestinatieleer dat niet terstond als tegen hen gericht moesten beschouwen. Zoals Walaeus zelf hem zeer terecht had voorgehouden, ging het in deze zaak tenslotte hierom: noch God te maken tot oorzaak van zonde en verwerping, noch de mens tot oorzaak van zijn heil.

De intensieve briefwisseling die de twee vrienden over de *Meletius* voerden, liep erop uit dat De Groot de beslissing nam van publicatie af te zien. Het was vooral de kwestie van de vrije wil — door Walaeus het minst belangrijke van zijn drie kritische punten geacht! — die het breekpunt vormde. De Groot kon aan de wens van zijn vriend om daarover expliciter te zijn, dat wil zeggen: daarover meer naar de smaak van de kerkelijken te spreken, onmogelijk voldoen, omdat dit ten koste zou gaan van 'dat wat mensen gemeenschappelijk hebben', d.i. van de idee der *consensus*. Inbreuk daarop was ontoelaatbaar, omdat die idee nu juist de grondslag vormde voor de oproep om elkaar te verdragen en lief te hebben, terwille waarvan het hele boekje was geschreven. Als daarom met redelijke zekerheid mocht worden aangenomen dat die intentie niet zou worden gerealiseerd, sterker: als moest worden gevreesd dat het geschrift bij sommigen alleen maar ergernis en woede zou opwekken, kon verschijning beter achterwege blijven. Vandaar De Groots besluit: '*Prematur hoc foetus, neque certa damna subeamus, in spem fructus incertam*'.[42]

Walaeus kon met dit besluit instemmen, zij't dat het hem moeite kostte:

> 'Mijn oordeel over de vraag of je dat even geleerde als vrome boekje van je moet uitgeven, schrijf ik ongaarne neer. Ik ben ervan overtuigd dat, als het wordt gelezen met de onbevangenheid die het verdient, daaruit voor de kerk van Christus geen geringe vrucht zal voortkomen, maar tegelijkertijd vrees ik dat onze tijd en de kerk zoals zij nu is deze helende hand nauwelijks zullen verdragen.'[43]

Tegen de sympathieke resignatie waarvan dit oordeel blijk geeft, steken de bittere uitspraken van de andere vrienden wel iets af. Toen De Groot zijn definitieve beslissing genomen had om niet tot publicatie over te gaan, wenste hij het afschrift van de *Meletius*, dat nog ergens rondzwierf, terug. Op 3 april 1612 had hij daarover contact met Schotte die zich, dezelfde dag nog, met de volgende brief tot de Leidse hoogleraar Cunaeus richtte.

> 'De Groot sprak mij aan over zijn verhandeling, die jij van mij kreeg. Aangezien hij zei dat hij door vrienden gewaarschuwd was dat sommige theologen — wat is dat toch een gevoelig soort mensen vandaag-de-dag! — van oordeel waren dat hij in zijn geschrift in te algemene termen over de christelijke religie gesproken had, verzocht hij mij je te schrijven om het per ommegaande bij je op te vragen. En dit niet zozeer omdat hij geen vertrouwen zou hebben in je gezonde oordeel en prudentie, alswel omdat hij meent dat de aanval van dit soort horzels niet beter kan worden afgeslagen dan door zich wat langer stil te houden en zo de reden van hun ergernis weg te nemen.'[44]

Per kerende post retourneerde Cunaeus het manuscript aan Schotte, daaraan een briefje toevoegend waarin ook hij aan zijn ergernis over de theologen lucht gaf.[45]

> 'Ik verbaas mij erover dat onze pedante theologen in de *Meletius* iets gevonden hebben om aanmerking op te maken. De Groot toch heeft deze materie op zo'n erudiete en fraaie manier behandeld dat, als al die illustere opperpriesters samen zich daarvoor moeite zouden

geven, zij er naar mijn mening met al hun inspanning en zorg niet in zouden slagen iets dergelijks te presteren. Zij zijn nu juist de mannen die, als zij hun wetten en decreten uitvaardigen, de grenzen verleggen, verder dan de aard van de theologie dit toelaat.'[46]

Ziedaar hoe door drie vrienden de *Meletius*, het eerste theologische tractaat van De Groots hand, werd ontvangen. Allen waren zij onder de indruk van de prestatie die hij had geleverd. De godsdienstige spanningen waren echter in 1611/12 al zo hoog opgelopen dat te vrezen viel dat aan een dergelijk pleidooi voor *consensus*, vrede en verdraagzaamheid geen gehoor zou worden geschonken, ja dat deze boodschap bij sommigen alleen maar extra wrevel zou opwekken. Die overweging bracht De Groot ertoe de *Meletius* in portefeuille te houden en met publicatie te wachten totdat vrediger tijden zouden aanbreken.[47] Zeker voor hem persoonlijk zou die verwachting niet in vervulling gaan, maar of hij deswege het boekje nimmer gepubliceerd heeft valt te betwijfelen. Eerder laat zich veronderstellen dat, toen hij eenmaal met zijn *Bewijs*, en een paar jaar later met de Latijnse versie daarvan — zijn beroemde *De veritate religionis christianae* —, voor den dag gekomen was, hij de *Meletius* als achterhaald heeft beschouwd en dat daarin de eigenlijke reden gelegen is waarom het boekje nimmer in het licht gegeven werd.

Ik keer nu terug naar het begin van dit artikel, waar ik sprak over nog een tweede reden waarom ik juist dit onderwerp voor Jan van den Berg wilde behandelen. Hij was erbij aanwezig toen ik, niet lang geleden, in de kring van de Historische Commissie van de Maatschappij der Nederlandse Letterkunde, een voordracht over De Groots *Meletius* hield. Iets van het bovenstaande werd daar toen ook voorgedragen, hetgeen Jan ertoe bracht in de nabespreking mij de intrigerende vraag voor te leggen hoe verklaard moet worden dat, niet slechts christen-humanisten als Schotte en Cunaeus, maar juist ook een Contra-Remonstrant als Walaeus zoveel waardering konden opbrengen voor deze, zo manifest on-calvinistische, pennevrucht van De Groot. Wat ik 'aus dem Stegreif' op die avond toen geantwoord heb, weet ik niet meer, maar de vraag is me blijven kwellen en ik offreer Jan nu tot slot de vrucht van enig peinzen hierover.

Het komt mij voor dat wij deze vraag alleen goed kunnen beantwoorden als wij ons allereerst grondig vrij maken van onze wetenschap omtrent de afloop van de krachtmeting tussen Remonstranten en Contra-Remonstranten, en ons ook overigens hoeden voor het terugprojecteren in de tijd van de dogmatische fixaties en stereotypen, die zich eerst later uitkristalliseerden en in partijschappen dramatisch ontlaadden. Gelijk zoveel anderen in verantwoordelijke posities, leefden De Groot en Walaeus — niet eerst in 1611 maar al veel eerder, ja voortdurend —, in het bewustzijn dat de jonge Republiek en de kerken die de 'tempelreiniging' voltrokken hadden, van binnen en van buiten aan ernstige bedreiging blootstonden, en dat er zwaar weer op til was. In dat gemeenschappelijke bewustzijn van dreiging hebben zij elkaar gevonden en een aantal jaren in vriendschap met elkaar verkeerd. De christen-humanistische overtuiging van de een, en de calvinistische van de ander, werkten nog niet belemmerend op elkaar in: vooreerst omdat het proces van confessionele polarisatie nog in het beginstadium verkeerde; vervolgens omdat beiden van gelijk respect vervuld waren voor elkaars 'zorg'. Weliswaar was de oriëntatie daarvan verschillend — De Groots zorg gold primair het gemenebest en van daaruit de kerken; Walaeus' zorg, juist omgekeerd, primair de kerken en van daaruit het gemenebest —, maar qua gehalte en allure was zij gelijk. Het laat zich aannemen dat zij vooral dàt in elkaar hebben herkend en gerespecteerd en dat daarin ook de belangrijkste reden gelegen is dat Walaeus, ondanks zijn kritiek, zo enthousiast over het boekje geweest is.[48]

Noten

* Bijgaand artikel vormt een uitgebreide versie van een deel van de inleiding bij mijn *Hugo Grotius', Meletius sive de iis quae inter christianos conveniunt epistola*, Introduction, Critical Edition, Translation and Commentary, Leiden/New York/København/Köln 1987 (Studies in the History of Christian Thought, XL).

1. Zie mijn 'Het vroegste theologische geschrift van Hugo de Groot herontdekt, zijn *Meletius*' (1611), in *Bestuurders en Geleerden. Opstellen ... aangeboden aan Prof.Dr. J.J. Woltjer*, [Amsterdam/Dieren 1985], 75-84.
2. Zie over al dezen P.J. Meertens, 'De Groot en Heinsius en hun Zeeuwse vrienden', in *Archief Zeeland* (1949/50), 53-99 en, van dezelfde auteur, zijn magistrale *Letterkundig leven in Zeeland in de zestiende en eerste helft van de zeventiende eeuw*, (diss. Utrecht), Amsterdam 1942.
3. *Meletius (Mel.)*, 3.
4. Walaeus aan De Groot in *Briefwisseling van Hugo Grotius* I, (ed.) P.C. Molhuysen, 's-Gravenhage 1928, (= *BW* I) no. 232, 204: '... ignosces ut spero audaciae meae, si de pauculis, quae *aditerata lectione* (curs. PM) scripti tui adnotavi, te rursum commonefaciam'.
5. *BW* I, no. 214 (1 nov. 1611); no. 216 (1 dec. 1611) en no. 232 (omstreeks april 1612).
6. *BW* I, no. 215 (11 nov. 1611) en no. 221 (11 jan. 1612).
7. Zie G.P. van Itterson, *s.v.* 'Walaeus, Antonius', in *BLGNP* 2, 452-54; aan de daar genoemde lit. kan worden toegevoegd het hierboven (n. 2) genoemde art. van Meertens. Voor zijn overzicht van de relatie tussen De Groot en Walaeus maakte Meertens geen gebruik van de relevante opmerkingen in De Groots *Memorie van mijne intentien*, resp. *Memorie van mijn bejegening*, (= R. Fruin, *Verhooren en andere bescheiden betreffende het rechtsgeding van Hugo de Groot*, Werken Historisch Genootschap, NR 14, Utrecht 1871).
8. Zie mijn 'Charles Perrot (1541-1608). Een onbekend advies van zijn hand over een geschrift van G. Cassander', in *Kerkhistorische Studiën*, uitgegeven ter gelegenheid van het 85-jarig bestaan van het Kerkhistorisch Gezelschap S.S.S. (ed.) Hans van der Meij (e.a.), Leiden 1987, 63-88 (niet in de handel).
9. J.D. de Lind van Wijngaarden, *Antonius Walaeus*, (diss. Leiden), Leiden 1891, 29.
10. Zo Meertens in zijn hierboven (n. 2) genoemde art., 77.
11. De Lind van Wijngaarden, *o.c.*, 42 n. 2.
12. Aanhef en slot van de gewisselde brieven onthullen het een en ander over de wederzijdse gevoelens, al wordt daarin natuurlijk ook tol aan de hoffelijkheid betaald.
13. Bij brief van 1 nov. 1611 bericht Walaeus aan De Groot dat hij diens *Meletius* 'aliquot ab hinc dies' had doorgelezen (*BW* I no. 214, 184). Niet lang daarvoor zal hij het geschrift hebben ontvangen, want hij placht zaken snel af te handelen.
14. *BW* I no. 410, 396-97.
15. Knuttel, *Pamfletten* no. 2294. Een exemplaar van Walaeus' werk bevond zich in De Groots bibliotheek, zie P.C. Molhuysen, 'De bibliotheek van Hugo de Groot in 1618', in *MKAW* afd. lett. NR 6 (1943), 45-63 (nr. 143, 56).
16. Cf. Cunaeus aan Grotius, *BW* I no. 416, 405: 'Dum hic sum intelligo in lucem brevi exituras Antonii Walaei commentationes adversus Utenbogardii librum, in quo ille rerum ecclesiastica-

rum potestatem dominatumque principibus et magistratibus adscripserat. *Eadem opera confutavit quoque cuncta argumenta, quae pro opinione ista extant in Pietate tua* . . . (curs. PM)'.

17. *BW* I no. 436, 428-29. De brief bevat tevens een antwoord op een verloren gegane brief van De Groot, zoals Meertens, *a.c.*, 77 opmerkt.
18. De Lind van Wijngaarden, *o.c.*, 47 e.v.; J. den Tex, *Oldenbarnevelt* III. Bestand 1609-1619, Haarlem 1966, 726 e.v.
19. Dit alles op grond van Meertens, *a.c.*, 78.
20. *BW* I nr. 214, 184-85.
21. In de correspondentie wordt nog een vierde punt genoemd: de h. Schrift, maar over de betekenis daarvan liepen de meningen van beide vrienden niet uiteen. Cf. *BW* I no. 214, 185 & no. 215, 186.
22. Zie hierboven n. 4.
23. *BW* I nr. 215, 185.
24. *BW* I nr. 214, 184: 'Quae tamen verba . . . facili flexu ita a te emolliri poterunt ut iusta offensionum occasio omnibus plane adimatur'. Zie ook *BW* I nr. 216, 187.
25. *BW* I nr. 215, 185: '. . . quia profecto spero etiam cordatos in ipsa romana ecclesia viros non posse illam impietatem approbare'. Wellicht had hij ook een man als Jeannin voor ogen, de Franse vertegenwoordiger bij de Bestandsbesprekingen, van wie hij zegt in zijn *Memorie van mijne intentiën* (ed. Fruin, *Verhooren*, 48): 'Ick wierd ook gevraecht off ick met Jeannyn propoost hadde gehadt om de Papistische religie met de onse te accorderen: welcke vrage quam uyt de leste woorden van mijn prefatie voor 'Christum patientem' (zie *BW* I no. 114, 98-100 en *De dichtwerken van Hugo Grotius. Oorspronkelijke dichtwerken*. Vertaald en toegelicht door B.L. Meulenbroek en A.C. Eyffinger, II, par. 5a en b, Assen 1978, 39-57), die my oock ten quaedste waren naegeduydt . . . Ick seyde hyerop, dat Jeannyn veel erreuren van de Roomsche kerck erkende ende hopen gaf dat de Coning, dye smaeck hadde gehouden van de religie, door sijne authoriteyt in Vranckrijck reformatie soude willen te wege brengen; dat ick hem hyertoe hadde geänimeert, verthoonende, soo lange de afgoderije, tyrannije ende andere grove erreuren bleven in het Pausdom, gheen apparentie te zijn van de gescheurde Christenheyt te verheelen; dat ick gedenckende het voornemen, dat in Vranckrijck was geweest ten tijde van het concilie van Trente, gelijck sulcx can blijcken uit de gedruckte acten, ende daerby overleggende hoe de Reformatie in Engelant met trappen was voortgegaan, altijdt hadden verhoopt dat door de Coning Hyndrick de Vierde de suyveringe in Vranckrijck soude beginnen; dat oock veele wijze luyden achten sulcx de oorsaeck geweest te zijn van syn doodt'.
26. *BW* I nr. 215, 184-85. Deze kijk op de dingen werkte ook sterk door in zijn gelijktijdige denkbeelden over de internationale (kerk-)politiek. Het was zijn verwachting in deze jaren dat als de protestanten, d.w.z. de kerken die de noodzakelijke tempelreiniging hadden voltrokken, zich aaneen zouden sluiten in een hechte alliantie, de kerk van Rome zich gedwongen zou zien te volgen. Het zuurdesem van de *religio repurgata* zou dan ook die kerk doortrekken en de tyrannie verdrijven waaronder haar gelovigen nu zuchtten. Zie mijn 'Hugo Grotius as an Irenicist', in *The World of Hugo Grotius (1583-1645)*, Proceedings of the International Colloquium organized by the Grotius Committee of the Royal Netherlands Academy of Arts and Sciences, Rotterdam 6-9 April 1983, Amsterdam/Maarssen 1984, 58-9.
27. *BW* I nr. 215, 186: 'Samosatenianos autem et si qui sunt similes, non modo Christianorum sed nec haereticorum nomine dignor; quae enim ipsi docent cum universali omnium aetatum atque gentium fide pugnant, et Christianitatem, quantum ego intelligo, nomine retinent, re destruunt; itaque hos a Mahumetistis non longe separo, qui ne ipsi quidem Iesu maledicunt'. Voor zijn opvattingen over de 'Samosatenen', zie ook *Pietas* (Grotius, *Opera Theol.*, ed. Basil. 1732, IV 99a 41-b8).
28. *BW* I nr. 216, 187-88. In mijn weergave parafraseerde ik lichtelijk.
29. *BW* I nr. 216, 188: 'Ego ergo potius in hanc sententiam . . . haec molliam, ut agnoscam non exigui ea esse momenti de quibus disceptatur inter Christianos, et ab iis etiam qui plusculum profecerunt diligenter examinanda, sed tamen maxime ea et multa esse de quibus convenit inter eosdem, et quae si sola etiam sincereque retineantur, salutis, quam religio Christiana promittit et exhibet, nobis esse causae quaeant'.

30. *BW* I nr. 221, 194: '... de papistis nulla inter nos dissensio est, etsi verbis forte alius aliis, ut fieri solet'.
31. *BW* I nr. 215, 185: 'Inter alia profanissimum morem Deum effingendi per simulachra, ne scripto quidem meo dissimulare potui, in quo tamen *proposueram a controversiis abstinere* (curs. PM) ...' Cf. ook *BW* I nr. 221, 194: 'Quanquam autem ego ea quae inter Christianos controversa sunt, ac praecipue quae nos inter ac papistas agitantur, quam sint gravia atque conciliatu difficilia intelligo, tamen eam gravitatem atque difficultatem ante oculos ponere non erat eius instituti, in quo et *Christianos, ob ea quae sunt inter ipsos communia, ad charitatem hortari volui* (curs. PM) ...' In de gelijktijdige brieven aan I. Casaubonus, als hij spreekt over de wenselijkheid een internationale kerkvergadering bijeen te roepen onder leiding van Jacobus I, ontvouwt hij hetzelfde programma. Zie bijv. *BW* I nr. 224 (7 febr. 1612), 197. Cf. hierover C. van der Woude, *Hugo Grotius en zijn 'Pietas Ordinum Hollandiae ac Westfrisiae vindicata'*, Kampen 1961, 6 e.v., en, voor de verwevenheid van een en ander met de buitenlandse politiek, A.Th. van Deursen, 'Honni soit qui mal y pense? De Republiek tussen de mogendheden (1610-1612)', *MKNAW* NR 28 no. 1, Amsterdam 1965, 91 e.v.
32. *BW* I nr. 214, 184 en nr. 216, 188.
33. *BW* I nr. 215, 186: 'Ad praescindendas haereses vox ὑποστάσεως plane necessaria est maxime ut intelligantur λόγος καὶ πνεῦμα aliter de Deo tribui quam veritas, bonitas, iustitia etc. ... itaque tentabam an possem qui modus de Deo loquendi tutissimus dicitur, ἀποφαντικῶς innuere id quod res est, addita insuper similitudine humanae mentis, quam inter veteres Augustino aliisque, et inter nostros Plessaeo, etiam Iunio, prae caeteris placuisse memineram ...'.
34. *BW* I nr. 216, 188-89.
35. *BW* I nr. 221, 194: 'In sacra Trinitate malui, te auctore, aliquantum recedere a propositio tractandi modo, qui talis est ut in rebus Christianis vocibus tamen communibus utatur, quam id quod religionis caput est a pravis erroribus non satis discernere. Quare et hic distinctionis ὑποστατιχῆς et in Christi duabus naturis unitatis vicissim ὑποστατιχῆς mentionem feci, non facturus forte, nisi incurrissem in tam petulans ac foetum prodigiosis quoque erroribus saeculum.' Dit soort klachten was zeer gangbaar in de wereld waarin De Groot leefde. Zie hiervoor Wilhelm Kühlmann, *Gelehrtenrepublik und Fürstenstaat*. Entwicklung und Kritik des deutschen Späthumanismus in der Literatur des Barockzeitalters, Tübingen 1982, 31 e.v. ('Bedrängnis der „litterae": Zur Tradition und Funktion humanistischer Zeitklage im Schatten christlicher Geschichtstheologie').
36. *BW* I nr. 221, 194: 'Itaque cum Calvino [= *Instit.* I 18, ed. Barth/Niesel, III 132] et Confessione tum Gallica [= art. VI] tum Belgica [= art. VIII] Spiritum appellare malui *virtutem Dei atque efficaciam* (curs. PM), qua voce illum Sacra Scriptura indigetat'. Voor Calvijn zie Werner Krusche, *Das Wirken des Heiligen Geistes nach Calvin*, Berlin [1957], 8 e.v.
37. *BW* I no. 221, 194.
38. *BW* I no. 214, 184.
39. *BW* I no. 215, 186.
40. *BW* I no. 216, 187: 'confido autem ea cautione etiam hac in re usurum te qua in patrum Graecorum gratiam usum te fuisse scribis, nam quemadmodum ita temperasti stylum tuum, ut patribus illis aut Augustino adversari ne videris, ita etiam te operam daturum spero, ut consensui ecclesiarum reformatarum hac in re praeiudicium non feras'.
41. *BW* I no. 221, 195: 'Neque enim spero me aliis duris hominibus satisfacere posse si tibi aequissimo iudici probare φράτεις non potero'.
42. *BW* I no. 221, 195: 'Sed, ut alteris literis scribebam (= *BW* I no. 215, 185), non est tanti qualecunque hoc opusculum, ut propterea quisquam, praecipue autem eae ecclesiae, quas ego omnium purissimas profiteor, offendi debeant, quare, si aliter vitari non potest, prematur hoc foetus, neque certa damna subeamus in spem fructus incertam'.
43. *BW* I no. 232, 204. Eerder had Walaeus opgemerkt (*BW* I no. 216, 187): 'Editionem operis tui si premas offensa quidem fateor vitabitur, sed et fructus tam pulchri laboris peribit ...'.
44. P. Burman, *Petri Cunaei ... Epistolae*, Leiden 1725, 11.
45. P. Burman, *o.c.*, 12. De afkeer van de *'rabies theologorum'* (Melanchthon) is een stereotyp gegeven in christen-humanistische kring. Voor enkele andere voorbeelden, zie mijn 'Jean Hotman's Syllabus of eirenical literature', in *Reform and Reformation: England and the*

43

Continent c 1500 - c 1750, Oxford 1979, 179-80. Petrus Cunaeus kwam in 1612 met zijn *Sardi Venales, Satyra Menippea in huius seculi homines plerosque inepte eruditos* (zie M. Ahsmann & R. Feenstra, *Bibliografie van hoogleraren in de rechten aan de Leidse Universiteit tot 1811*, Geschiedenis der Nederlande Rechtswetenschap, VII afl. 1, Amsterdam/Oxford/New York 1984, no. 125 sq.) tevoorschijn, waarin de theologen niet vergeten werden. G. Brandt, *Historie der Reformatie* II, Rotterdam 1677, 203-06 biedt enige fragmenten van de *Sardi Venales* in Nederlandse vertaling. Het werk werd opgedragen aan Apollonius Schotte, zoals eveneens het geval was met Cunaeus' theologische theses die hij *exercitii causa* onder Arminius verdedigde (Cf. Ahsmann/Feenstra, *o.c.*, no. 121). Zie ook C. van der Woude, *Sybrandus Lubbertus. Leven en werken, in het bijzonder naar zijn correspondentie*, (diss. Kampen), Kampen 1963, 240.

46. Burman, *Petri Cunaei ... Epistolae*, Leiden 1725, 12.
47. *BW* I no. 215, 186: '... deliberare coepi an non rectius premerem foetum, aut certe *editionem in pacatiora tempora differrem* (curs. PM)'.
48. Tot Walaeus' waardering voor de *Meletius* zal bovendien hebben bijgedragen dat hij met De Groot zowel een voorkeur voor de Aristotelische filosofie als belangstelling voor ethische vraagstukken deelde. Bewijs hiervan vormt het grotere werk dat hij tijdens zijn Middelburgse jaren samenstelde, getiteld: *Compendium ethicae aristotelicae ad normam veritatis christianae revocatum* (*Opera Omnia* II, 261-292). Zie De Lind van Wijngaarden, *o.c.*, 171-'88.

The Book of 'vaine fables': the reception of 2 Esdras from the fifteenth to the eighteenth century

Alastair Hamilton

2 Esdras (or the fourth Book of Ezra) attracted more disapproval between the fifteenth and the eighteenth century than any of the Old Testament Apocrypha. One theologian after the other repeated the words of Jerome.[1] 2 Esdras was full of 'dreams'. According to Joseph Justus Scaliger 1 and 2 Esdras were 'ineptiarium pleni';[2] for Grotius 2 Esdras was 'plenus . . . inanium somniorum'.[3] The Anglican divine Andrew Willet believed that, of all the Apocrypha, 'the bookes of Esdras are worthy of least credit, being stuffed full of vaine fables, fitter to feed curious eares, than tending to edification'.[4] Cardinal Bellarmine pronounced 2 Esdras to be manifestly Talmudic.[5] As the most outrageous examples of the Book's implausibility scholars quoted the passage on the two fishes Enoch and Leviathan (6:49-52), the account of the lost Ten Tribes of Israel (13:39-50) and the dictation of the lost Books (14:20-48), the vision of the three-headed eagle (11-12) and the eschatological prophecies connected with it.[6] Some of the most learned representatives of the Catholic and Protestant Churches concurred in condemning the Book and it was excluded from the Apocrypha both in the Lutheran Wittenberg Bible of 1534 and in the Roman Sixtine edition of 1590.[7]

Yet opposition to 2 Esdras was by no means unanimous. The Book was included amongst the Apocrypha in the majority of Bibles — although some, like Coverdale's English translation and the Dutch Staten-Bijbel, contained a preface with an urgent warning about it. Even if it was firmly excluded from the canon of the Greek Church it was revered by the Copts of Egypt and regarded as canonical by the Ethiopians.[8] Although the earliest edition of the text known in the West in the Renaissance was in Latin Jerome had translated it from a Greek version (which has never come to light) and versions were rumoured to exist in Syriac and even in Hebrew.[9] Nor were the arguments for removing the Book from the canon always strictly scientific: the Lutheran Johann Gerhard assured his readers that, had it been canonical, Divine Providence would have spared the Hebrew version.[10] And while the most current attitude to 2 Esdras was of uncertainty — this is clearly reflected in the debate at the Council of Trent early in 1546[11] — supporters of the Book could be found throughout Europe. The most enthusiastic argued for its canonicity. Some accepted it, with reservations, as apocryphal, but attributed to it all the value and authority of a canonical

Book. Others held that it was authentically prophetic whatever its status. Of this movement I propose, in the following pages, to give a preliminary survey.

To what did the supporters of 2 Esdras appeal? Those who admired it primarily as a work of prophecy found that it could be harmonized with other prophetic texts, the Books of Daniel and Revelation, and, often, the Sibylline Oracles. It could justifiably be claimed, moreover, that the Book had been highly esteemed in the past. Not only had it occupied a venerable place in the Roman Catholic liturgy[12] but it was quoted approvingly together with canonical Books by a number of Fathers of the Church, with particular frequency by Ambrose and Clement of Alexandria, and incidentally by Basil, Priscillian, Hilary, Tertullian and others. It was cited by Isodore of Seville and, at a far later date, by Bonaventure (who may well have regarded the Book as canonical but who never appears to be quoted in connection with it in our period).[13]

In its initial phase the movement in favour of 2 Esdras would seem to divide into three more or less independent strands. The beginning of the most articulate and consistent of these strands can be dated with a certain precision. It goes back to the publication, in about 1487, of Giovanni Pico della Mirandola's *Apologia*.[14] In the fifth section Pico recounts the legend which explains much of the veneration 2 Esdras was to receive for over two hundred and fifty years. In Chapter 14 of the Book the Lord reminds Esdras of the two laws he entrusted to Moses on Mount Sion: one was the written law to be divulged, the other was the spiritual law to be kept hidden. These laws had since been lost and Esdras is accordingly instructed to repair to a field with five companions. There the Lord gives him to drink from a fiery cup. For forty days, replete with inspiration, he dictates to the five men who write two hundred and forty books. After the forty days the Lord again addresses Esdras: the first books he has dictated are to be published openly 'that the worthy and unworthy' may read them, but the seventy last books are to be concealed and delivered 'only to such as be wise among the people: For in them is the spring of understanding, the fountain of wisdom, and the stream of knowlegde'.

The 'seventy last' books, the repositories of an esoteric knowledge which could only be revealed to a small group of initiates, are taken by Pico to be the Cabbalah. In support of his interpretation Pico refers to Hilary's commentary to Psalm 2 with its description of the seventy elders to whom Moses originally transmitted the hidden law and to Origen's statements about Rom. 3:2 and the Jews 'entrusted with the oracles of God'. He dates the Esdras episode after the end of the Babylonian captivity in the sixth century B.C. and, having established the antiquity of the text, he claims to detect in the Cabbalah not so much the Mosaic religion as the essential doctrines of Christianity.

Pico della Mirandola introduced 2 Esdras in association with the Cabbalah and his purpose was to reconcile Judaism and Christianity. Yet his conciliatory ideal was developed as Savonarola was starting to announce his apocalyptic visions of punishment and renovation of the Church. It was held in the circle of Lorenzo de' Medici which included many admirers of the Dominican, and of these Pico himself was one of the most enthusiastic. 2 Esdras, which was to be quoted so frequently in the future as evidence that the world had entered its last age and to prove the imminent advent of the millennium, was rediscovered in a markedly apocalyptic atmosphere.

For Pico 2 Esdras contained the clearest reference to the Cabbalah in the Bible. Because of his high prestige as a scholar and the interest he succeeded in arousing in Cabbalism his words were given the greatest possible publicity. His passage about 2 Esdras was quoted or paraphrased by one scholar after another arguing either for or against the Cabbalah. It could be found not only in the esoteric works of writers like Clovis Hesteau de Nuysement and Luigi Ricchieri but also in more popular manuals like Sisto da Siena's *Bibliotheca Sancta* and Gilbert Génébrard's *Chronographia*.[15]

Pico's statements were of particular interest to Hebraists and it is consequently in the circle of humanist students of Hebrew that we find the first printed commentaries of 2 Esdras. One of the most distinguished scholars to tackle the work was the former Franciscan from Alsace, Conrad Pellican. While still a friar Pellican had travelled widely in Europe and was well acquainted with the greatest experts on the Hebrew language. To them he owed his interest in the Cabbalah.[16] In 1526 he moved from Basel, where he had resided since the beginning of the century, to Zürich, where he took up a professorship, left his Order, and married. In Zürich in 1534 he wrote his commentary to 2 Esdras. It was part of a commentary of the entire Bible including the Apocrypha and, perhaps for that reason, was never given the prominence it deserved by the Book's admirers.[17]

Even in his epistle dedicatory Pellican singled out 'the two last Books of Esdras' for praise. They were 'not only catholic but most useful and should by no means be neglected by pious readers'.[18] Never did he doubt the antiquity of 2 Esdras which he dated, as Pico had done, in the sixth century B.C. The Jews may have rejected it, he suggested, because of the many passages so relevant to Christianity and clearly announcing its final triumph over Judaism. Pellican thus laid a particular emphasis in his commentary on 7:28-29, two verses which, we shall see later, are only to be found in the Latin version: 'For my son Jesus shall be revealed with those that be with him, and they that remain shall rejoice within four hundred years. After these years shall my son Christ die, and all men that have life'.[19]

Pellican's scholia differ in two major respects from later commentaries on the Book. Although he was prepared to regard various passages as prophetic of the advent of Christianity he proved cautious when he came to discuss Esdras' vision of the eagle. The visions, he wrote, were difficult to interpret and he had at first decided to omit them. Feeling it his duty to make some observations concerning them he decided to refer them to events accomplished before Christ in the kingdoms of the Persians, the Medes, the Greeks, the Assyrians, and the Jews, ending with the destruction of Jewry by the Romans. Further than this preterist interpretation Pellican refused to go: that he left to the ingenuity of other scholars.[20] The second point on which he differed from later sympathetic commentators was in his attitude to the passage on the Lost Tribes. If there was one passage in the Book which justified consigning it to the Apocrypha this, he claimed, was it. But he also had an explanation for it: it had been inserted 'by the perfidious Jews' in order to bring the Book's manifestly Christian message into disrepute.[21]

What appealed most to Pellican about 2 Esdras was the piety of the Book. In his interpretation this piety was presented as essentially Protestant with an emphasis on justification by faith and the doctrine of election. But at the same time, like future exegetes, he showed a particular interest in those passages (2:38-41; 4:2; 6:1-6) where divine foresight is contrasted with man's ignorance and the futility of his attempts to fathom the intentions of the Lord. Pellican is one of the first representatives of a moderate, humanist stream within Protestantism to appropriate 2 Esdras for purposes of Protestant propaganda. Another was his colleague and former pupil Theodor Bibliander.

Bibliander had been briefly instructed by Pellican in Basel and had moved in 1531 to Zürich where he succeeded Ulrich Zwingli, of whom he was a devoted follower, as professor of Old Testament. A friend of Erasmus, Bibliander was a scholar of stature, the author of a study on comparative linguistics, a Hebrew grammar, and an edition of the twelfth-century Latin translation of the Qurān. In 1553, the year before Pellican's death, Bibliander published his *De Fatis Monarchiae Romanae Somnium vaticinum Esdrae prophetae*. Bibliander pleaded eloquently for the canonicity of the Book, quoting Pico della Mirandola and appealing to the authority of Ambrose. Like Pellican, with whom he had probably discussed the matter, he suggested that the original Hebrew version of the Book had been destroyed through the cunning of the Jews whose ruin and conversion to Christianity it prophesied.[22]

The subject of Bibliander's tract is Esdras' fifth vision, the eagle in Chapters 11 and 12. Because of the complexity of its anatomy the eagle was suited to the most intricate prophecies. In its original form it had three heads, 'twelve feathered wings', two talons, and it spoke from its stomach. By and by it grew eight 'contrary feathers'. The various feathers took it in turn to rule and to disappear. The central head vanished; the right-hand head devoured the left-hand one; and the eagle remained with one head and four refractory feathers. The eagle was then confronted by a lion which addressed it in a man's voice and ordered it to vanish from the earth, whereupon its remnants were consumed by fire. To interpret this allegory Bibliander quoted the Sibylline Oracles and the Book of Revelation. The Lord himself had told Esdras (12:11) that 'The eagle, whom thou sawest come up from the sea, is the kingdom which was seen in the vision of thy brother Daniel' and Bibliander consequently identified the eagle in its first state with the fourth monarchy predicted by Daniel, imperial Rome. The twelve feathers thus corresponded to the twelve kings of Rome, Caesar, Augustus, Tiberius, Caligula, Claudius, Nero, Galba, Otho, Vitellius, Vespasian, Titus, and Domitian. Six of the opposing feathers corresponded to the invaders of Rome — Maximus, Eugenius and Arbogastes, Gildo, Rufinus, Gainas, and Stilicho — while the two last opposing feathers, so troublesome for the remaining head, were the Saracens and the king of the Persians. The three heads represented the three empires into which Rome split: the central head was the Mohammedan empire, the left-hand head the Byzantine empire, and the right-hand one the Papal Roman empire in the west. The prophecy would be fulfilled, Bibliander announced, with the triumph of Christianity (the lion speaking with a man's voice) heralded by a crusade against the Turks.[23]

De Fatis Monarchiae Romanae had an ironic dedication to Pope Julius III and the identification of the right-hand head with the Papacy which was ultimately to be destroyed by true Christianity made the commentary popular in Protestant circles where the eagle was quickly adopted as an anti-Catholic allegory. Yet the appeal of 2 Esdras was by no means limited to the Protestants. The Book was regarded as canonical by one of the foremost Hebrew scholars in France, the very Catholic archbishop of Aix-en-Provence Gilbert Génébrard. Although Génébrard was not unconditionally favourable to the Cabbalah he quoted Pico della Mirandola on 2 Esdras in his *Chronographia*, which first appeared in 1580, and, appealing to the liturgy, to Ambrose, and to Cyprian, he placed 2 Esdras in what he called the second Hebrew canon.[24] Another Catholic apologist of the Book to be quoted by a number of later Biblical scholars was Johann Pistorius of Nidda. Pistorius had been a dedicated Cabbalist and in his *De artis cabalisticae*, published in 1587, he included texts by Reuchlin, Paolo Ricci and others, thereby producing one of the most important Cabbalistic anthologies of the Renaissance. But Pistorius had also been a Lutheran; he had than become a Calvinist; and in 1588 he converted to Catholicism and was ordained priest in 1591. He spent the last years of his life in Prague where he acted as confessor to the Emperor Rudolph I.[25] After abandoning Protestantism Pistorius devoted himself to composing attacks on the Reformers and one of the main reasons he gave for his hostility to Luther was Luther's refusal to accept the Books of Esdras as canonical.[26]

The admirers of 2 Esdras I have dealt with so far can all be connected with Pico della Mirandola through their interest in the study of Hebrew. Even Pellican, when he came to 14:44-48, quoted Pico and recalled the influence the passage had had on him when he first decided to master the language of the Old Testament.[27] The second strand in the movement in support of 2 Esdras would seem to have developed independently of Pico della Mirandola even if it soon came to include Cabbalists who may well have owed their original interest in the Book to Pico. This second strand emerges from the debate about the lost Ten Tribes of Israel. The legend of the ten tribes which had been carried into captivity after the Assyrian conquest of Israel in the eighth century B.C. was based on 2 Kings 17:6, 23 and had been discussed in Jewish circles since time immemorial. Over the centuries travellers reported their meeting with members of the tribes in various parts of the world and the interest in the Lost Tribes augmented when Columbus related his experiences with the American Indians. When it was that the Jews first decided to introduce the last part of 2 Esdras 13 into the debate remains obscure, but from the fifteenth century on we have indications of an esteem for the Book in certain Jewish circles.[28]

The earliest evidence of this esteem which I have been able to find is a Hebrew translation of 2 Esdras 13 made from the Latin and bearing the date 1487 in the De Rossi library in Parma.[29] Just over forty years later Petrus Galatinus wrote that he had heard of Hebrew versions of 1 and 2 Esdras circulating in Constantinople.[30] Later in the sixteenth century the passage on the Ten Tribes was quoted by both Jews and Christians. The Jewish antiquarian Azariah de' Rossi mentioned it in his מאיר עינים which appeared in Mantua in 1573 but added that the Jewish sages had rightly rejected 2 Esdras as apocryphal.[31] Shortly afterwards Génébrard who, as we have seen, believed the Book to be canonical, used it as evidence that the Ten Tribes had made their way to Greenland and America,[32] and in the early seventeenth century Edward Brerewood lamented 'the authority of forged Esdras, which hath started up as it seemeth this vapourous fantasie, in the braines of new fangled antiquaries'. The 'vapourous fantasie' was the idea that the lost Ten Tribes were Tartars.[33]

In the seventeenth century Jewish communities were known to appreciate 2 Esdras not only on account of the Ten Tribes but also because of the passage which Pico applied to the Cabbalah: Henry Blount, who visited the Jewish community in Sofia in 1634 and conferred with the chief rabbi, could thus describe 2 Esdras as 'a Booke high in esteeme with them'.[34] Perhaps the most spectacular use of 2 Esdras by a Jew, however, was indeed in connection with the Ten Tribes. In 1650 Menasseh ben Israel, the Dutch rabbi living in Amsterdam, published his *Hope of Israel* in Latin and English. Menasseh was arguing for the readmission of the Jews to England. To do so he exploited the myth of a reunion of the Ten Tribes which was to herald the conversion of the Jews and the Second Coming and, as proof that this was imminent, he reported the account of the Spanish marrano Antonio de Montezinos who claimed to have encountered members of the tribe of Reuben in what is now Ecuador. 'The first ground of that opinion', he wrote, 'is taken from 2 Esdras 13 v. 40 (which we quote as ancient though it be Apocryphall)'.[35]

The third group of admirers of 2 Esdras in the early sixteenth century would seem to have an even greater claim to independence from Pico della Mirandola than those interested in the Ten Tribes. It originates with the Anabaptist Melchior Hoffman in an apocalyptic atmosphere in some ways reminiscent of Savonarola's Florence. The Book was first appreciated in Anabaptist circles neither because of its association with the Cabbalah nor for the Ten Tribes. The Anabaptists appear to have regarded it, rather, as the work of one of those prophets with whom they identified themselves and as an annunciation of the last age of time in which they believed they were living. In his *Auslegung der Offenbarung*, which appeared in 1530, Melchior Hoffman accordingly harmonised Esdras' vision of the eagle with Rev. 12:14.[36] But the Book was also used in Anabaptist circles to support other points of faith, one of which was belief in psychopannychism or the sleep of the soul after death until the Last Judgement attested in 7:32: 'And the earth shall restore those that are asleep in her, and so

50

shall the dust those that dwell in silence, and the secret places shall deliver those souls that were committed unto them'.[37] Hoffman himself quoted 2 Esdras on the dangers of the path trodden by the man who had reached perfection,[38] and we find the Book used with insistence after the fall of the Anabaptist kingdom of Münster in 1535 by the new spiritual prophets endeavouring to recruit the disappointed Anabaptists in sects which rejected violence and regarded themselves primarily as invisible Churches.

In his main work *TWonder-boeck*, first published in 1542, David Joris revealed a greater preference for 2 Esdras than any other of the Apocrypha. Although he quoted from almost every chapter of the Book he was especially drawn by the idea of a truth only revealed to a select group of believers and by the notion of an inner word received in the heart. 2 Esdras was also popular with members of the Family of Love. Hendrik Niclaes identified his own spiritual journeys, during which the Lord ordered him to revise his writings, with the analogous passage in 2 Esdras which Pico applied to the Cabbalah.[39] Later in the sixteenth century Hendrik Niclaes' former follower Hendrik Jansen van Barrefelt or Hiël, who had also once been an Anabaptist, included 2 Esdras in his commentaries to the Biblical illustrations engraved by Pieter van der Borcht. As in his other commentaries he provided a purely spiritual interpretation whereby the triumph of the lion over the eagle was explained as the victory of virtue and the strength of the Lord over the iniquitous essence of this earth.[40]

In due course a veneration for 2 Esdras came to be regarded as a prerogative of the spiritual thinkers and movements of the sixteenth and seventeenth century. When he discussed the Book's reception the great Lutheran scholar Johann Albert Fabricius remarked on its popularity with Anabaptists, the followers of Caspar Schwenckfeld and of Valentin Weigel, and indeed, when the Book was at last included in a Lutheran Bible, in the German translation of 1569, this was the work of a Schwenckfeldian, Johann Heyden.[41] It was given a certain prominence in Sébastien Castellion's Latin and French translations of the Scriptures of 1551 and 1555, and in seventeenth-century England admiration for 2 Esdras was clearly associated with the heterogeneous notion of the Family of Love. In 1627 John Etherington, a former box-maker, was obliged to recant a number of propositions which had exposed him to the charge of Familism. One of these was that he 'holdeth and maintaineth, that the books of Esdras are part of the Canonicall Scripture, and that they might so be esteemed'.[42] Etherington himself later reacted by accusing others of Familism.[43] His victims belonged to that group of English thinkers interested in Northern European spiritualism and mysticism and increasingly drawn by the teachings of Jacob Boehme. Robert Gell was one and we know from another source that he was 'very zealous for the Divine Authority of this Book [sc. 2 Esdras]'.[44]

By the end of the sixteenth century the distinct groups of admirers of 2 Esdras had mingled and we come across ever more esoteric movements in which a high regard for the Northern European spiritual tradition is combined with millenarianism, a belief in the conversion of the Jews, Cabbalism and alchemy. We have seen what 2 Esdras had to offer the Cabbalists. The alchemists (who generally preferred the apocryphal Wisdom of Solomon and Ecclesiasticus) fastened on to any reference in 2 Esdras to gold and displayed their attachment to 8:2: 'As when thou askest the earth, it shall say unto thee, that it giveth much mould whereof earthen vessels are made, but little dust that gold cometh of: even so is the course of this present world'.[45]

The movement in which the various groups converge most clearly is Rosicrucianism, and later commentators of 2 Esdras — the Lutherans Abraham Calovius, Johann Gerhard, and J.A. Fabricius[46] — were struck by the prominence of the Book in the circle attracted by the Rosicrucian manifestoes. Certainly the vision of the eagle and the lion lent itself to the emblems connected with the Thirty Years War and the situation in Central Europe.[47] The eagle with two heads left resembled the Habsburg Eagle while the lion could be equated with the Lion of the Palatinate. And so the Rosicrucians provided interpretations of the vision. A German example is Abraham Bartoli, whose *Aquila Esdrae* appeared in 1621 and whose explanation of the eagle was close to Bibliander's.[48]

While in England Robert Fludd referred reverentially to Esdras who 'tasted of that materialist wisdom in the form of a fiery drink',[49] in the Netherlands Paulus de Kempenaer, a calligrapher from Brabant who had fled to the north for religious reasons in 1584, was compiling his curious notebooks.[50] De Kempenaer was interested both in alchemy and in Cabbalism, and he is one of the few individuals in the Northern Netherlands known to have reacted to the first Rosicrucian manifesto of 1614, *Fama Fraternitatis*. His interest in 2 Esdras was partly due to its prophetic value and he went to some pains to prove the eagle's identity with the Habsburg eagle and to apply the reign of those 'whom the Highest hath kept unto their end' to the contemporary political circumstances in Northern Europe. He referred frequently to Bibliander and Pico della Mirandola, but he also used the Book in a manner neither prophetic nor Cabbalistic. De Kempenaer was a friend of the Dutch Arminians and the polemic about the freedom of will was a subject in which he engrossed himself in the years preceding the Synod of Dort in 1618. In a spirit similar to that of Pico della Mirandola he quoted 6:1-6 on Divine Providence to show that the Almighty's knowledge of the number of the saved should not be tested by man. Against the supralapsarians he quoted 7:11: 'Because for their sakes I made the world: and when Adam transgressed my statutes, then was decreed that now is done'. If only the Gomarists would acknowledge the canonicity of the Book, De Kempenaer believed, the conflict over the freedom of will would be resolved to the full satisfaction of every party.

A recurring feature of the interpretations of Esdras' vision of the eagle is, as we have seen, a concordance with the Sibylline Oracles and, to a far greater extent, with the Books of Daniel and Revelation. This is what we also find in the most widely read tract on the subject in seventeenth-century England. Apparently published for the first time in 1595 with the title *Babylon is Fallen*, it was reissued with a different preface and without the original dedication to the Earl of Essex under the title *A Prophetie that hath lyen hid, above these 2000. yeares* in 1610. As *Babilon is Fallen* it was reprinted with the original dedication in 1620, and as *Babylon is Fallen, Or, A Prophetie that had lain hid above two thousand years* in 1651. The text by T.L., who has been identified as Thomas Lupton, was sufficiently nebulous for successive editors to adapt it to the circumstances of the moment, and the circumstances of the moment are reflected in the lengthy subtitles which change with each edition. In his interpretation of the eagle the author follows Bibliander in treating the twelve feathered wings as representing the twelve Roman emperors from Julius Caesar to Domitian, but he differs in his identification of the contrary feathers (the West Goths, the Huns, the Vandals, Odoacer, the East Goths, Totilas, the Longobards, and a 'home conspiracy'), and in seeing the three heads as 'Germany, France and Spaine, Roomes long approved trusty friends, and their severall ends and destruction'.[51] Harmonizing the vision with Rev. 13:18, the author dates the destruction of the Roman, and consequently the Catholic, eagle in 1666. The interpretation proposed by T.L. appears to have been broadly accepted and we find a reference to the same identification of the heads in a letter from the former Royalist Thomas Gardiner to Secretary Dorchester in 1630.[52]

As Paulus de Kempenaer was writing his journals in the Netherlands and roving across Europe to inspect the terrifying evidence that the prophecies in the apocryphal Book were coming about, Tommaso Campanella was suffering the consequences of his attempt to overthrow the Spanish government in Southern Italy. As a result he was incarcerated in 1599, was tortured in 1600 and later, and spent twenty-seven years between the dungeons of Castel Nuovo and Castel S. Elmo in Naples. During his emprisonment he wrote intensively. One of the most prominent features of his writings is his belief in prophecy. Although he was the first to misinterpret the sign, portents, and cryptic messages especially designed to warn him, and although he changed his mind about the direction in which these indications were pointing, he continued to scrutinise the statements of prophets through the ages. Before his incarceration he had seen distinct signs announcing a universal Christian republic; after his release from prison and his departure for France in 1634 he saw equally distinct signs announcing a world monarchy which would be headed by the King of France; but between his arrest and his release he devoted many thousands of pages to proving the imminent and desirable triumph of the King of Spain and of the government responsible for imprisoning and torturing him.

2 Esdras does not occupy a central place in Campanella's work in the way that it does in the notebooks of Paulus de Kempenaer, but it was certainly the apocryphal Book to which he referred most frequently and one of the Biblical Books for which he had the greatest preference. It can be regarded as a further link between Campanella and the Rosicrucians with whom he was already loosely connected through his two German disciples Tobias Adami and Wilhelm Wense.[53] Campanella was little concerned with the canonicity of this or any other of his sources. He had an optimistic theology and a particularly optimistic view of the reliability of books of prophecy provided he could

demonstrate that they had been correct in the past. He had no difficulty in doing so with 2 Esdras.

In his interpretation of the vision of the eagle, which occurs most frequently in the *Articuli prophetales* and *De Antichristo*, two of the many fruits of his imprisonment, Campanella follows Bibliander closely even if he has some doubts about the position of the eagle's heads and their respective correspondences.[54] Although opposed to the Cabbalah[55] Campanella quoted the authority of Pico together with Basil and Ambrose against Jerome (whom he excuses elsewhere for not having had time to witness the accomplishment of the prophecies).[56] Primarily, of course, Campanella quoted 2 Esdras as a book of prophecy, and he was especially drawn by the passages on the last age of time and the approaching end of the world.[57] Since the Book had proved so reliable in its past prophecies, however, Campanella did not hesitate to put it to other uses. Attracted by the idea of 'the chambers of souls' (4:41) he cited the passage to argue against the doctrine of the transmigration of souls.[58] He also appealed to the Book as a testimony of a hidden knowledge whose intrinsic nature could not be understood and as proof of God's mercy and immense love for His creatures.[59] The Book thus served to justify Campanella's abundant optimism.

At a slightly later date, in the 1660s and 1670s, we find 2 Esdras being consulted in a circle whose admiration for the works of Jacob Boehme place it in a tradition akin to Rosicrucianism. This was the circle round the Flemish mystic Antoinette Bourignon who spent the last part of her life in Holland. According to Fabricius Antoinette Bourignon herself not only regarded 2 Esdras as canonical but preferred it to any other Book.[60] In her writings she manifested a special predilection for two passages, 8:56-60 and 9:10-12, both of which are about the liberty God has given man.[61] Like Paulus de Kempenaer, therefore, Antoinette Bourignon quoted the Book in favour of free will. One of her most distinguished followers, Pierre Poiret, went further. In a letter he wrote in 1680 as a testimony of her sanctity he first expatiated on the virtues of 2 Esdras and then explained the vision of the woman in Chapters 9 and 10 as a prophecy foretelling the advent of Antoinette Bourignon.[62]

Above all in the later part of the period covered by this article attemps were made to establish, on philological grounds, the true authorship and date of 2 Esdras. The conclusions reached by the more learned philologists and Biblical scholars of the time were not always very different from those suggested by modern scholars. Joseph Justus Scaliger had already regarded it as a composite work.[63] For Henry Wharton the author was a Jew writing 'long after the times of Christ'.[64] The most widely held opinion, however, was that the Book was by a Jewish convert to Christianity. This had been the view of Johann Gerhard[65] in the early seventeenth century and it was shared in the first years of the eighteenth century by Fabricius[66] in Germany, by the French Benedictine Augustin Calmet,[67] and by the French Protestant residing in England Pierre Allix, who added that the Jewish author was a Montanist.[68] By and large these same scholars agreed on the date. Gerhard placed it after the Book of Revelation;

Henry Dodwell, in his *Dissertationes Cyprianicae* published in 1684, dated it in the time of Clement of Rome at the end of the first century A.D.,[69] while Calmet proposed the first half of the second century.

The authority of Pico della Mirandola was also rejected with increasing insistence. Stephan Le Moyne, writing in Leiden in the 1680s, firmly denied the Book's connection with the Cabbalah[70] and Richard Simon could say pityingly at about the same time that 'les Juifs avoient imposé en cela à Pic Comte de la Mirandole; et le même Pic, qui avoit crû trop facilement à ces imposteurs, a esté cause que plusieurs ont ajoûté foi à des Livres qu'on debitoit sous le nom d'Esdras, et dans lesquels on prétendoit trouver les secrets les plus cachés de la Religion'.[71]

Where research into the original language of the Book was concerned we must turn to the observations of Jean Morin.[72] The French Oratorian was one of the few opponents of the Book's canonicity who believed that the Greek version used by Jerome was based, in its turn, on a Hebrew original. This was an argument usually advanced in order to sustain the Book's canonicity, and we shall now see that even certain scholars who believed the Book to be authentic sometimes came to perceptive conclusions.

Philological interest in 2 Esdras was stimulated by the discovery and publication (albeit in an English translation) of a fourteenth-century Arabic version of the Book which displayed very considerable differences to the Latin version.[73] It lacked the first two and the last two chapters of the Latin; it contained a long additional section in chapter 7; and, like the other Oriental versions discovered in later times, it had no mention of Jesus Christ. 7:28 runs: 'For my son the Messiah shall appear with those that belong to him, and shall give gladness to those that remain for about four hundred years'. 7:29 is missing.

Although the English translation of the Arabic version was not published until 1712 the manuscript was originally identified in the first half of the seventeenth century by the chaplain of Christ Church, John Gregory, among the Arabic codices at the Bodleian Library collected by Archbishop Laud.[74] Gregory mentioned the manuscript in his *Notes and Observations upon Some Passages of Scripture*, making no secret of his contempt for the text,[75] and for well over half a century nothing further was done about it. Then, however, one of the most eccentric theologians of his day, William Whiston, called upon the Arabist Simon Ockley to translate it. Ockley did so, but dissociated himself from Whiston's purpose in publishing it and wrote to his friend Styon Thirlby that 'I was loath that any thing with my name to it, should be extant only in his Heretical Volumes'.[76] And indeed, Whiston's publication, *Primitive Christianity Reviv'd*, in the fourth volume of which the translation of 2 Esdras appeared, was primarily intended to further the cause of Whiston's 'Aryan' beliefs. Ockley, and most of Whiston's contemporaries, strongly disapproved of this, but Whiston's scholarly intuitions had not yet been entirely stifled by his religious convictions. In his *Essay on the Apostolical Constitutions* in the third volume of *Primitive Christianity Reviv'd* Whiston admittedly made the mistake of dating the fourth-century constitutions in the first century and of reading the

55

passage in 2 Esdras referred by Pico to the Cabbalah as concerning the Apostolic Constitutions.[77] In the dating of 2 Esdras, on the other hand, he was surprisingly shrewd and shared the view that it was written by a converted Jew at the end of the first century A.D.[78]

Like Campanella Whiston had complete faith in the Book as a work of prophecy,[79] and it was this faith which misled him. For Whiston changed his mind about 2 Esdras. After the appearance of *Primitive Christianity Reviv'd* he caused himself 'to examine it thoroughly' and came to the conclusion that 'it was a true genuine prophetic Book of the Old Testament'.[80] He found the piece on the Ten Tribes 'another very strong argument for the genuine Truth' of the Book;[81] he decided that the traditional reference to two canonical Books of Ezra was not, as is generally believed, to the Old Testament Books of Ezra and Nehemiah but to the apocryphal 1 and 2 Esdras;[82] and he found quotations from 2 Esdras in an impressive number of Church Fathers.

With the intention of preparing a new edition of *Primitive Christianity Reviv'd* Whiston deleted from his copy (now in the British Library)[83] all the passages in which he had questioned the canonicity and antiquity of 2 Esdras; and, stimulated by his conversations with the Hebrew scholar Francis Lee, he turned his attention to Esdras' vision of the eagle.[84] The twelve feathered wings, he decided, were the twelve periods of the Roman Empire from 104 B.C. to 962 A.D. The eight contrary feathers were the various kingdoms and dukedoms which had developed in the Roman Empire since 409 (the kingdoms of the Swabians, the Britains, the Saxons, the dukedom of Burgundy, the kingdoms of Naples and Sicily, and of Hungary). The central head was the kingdom of France since 1515. It disappeared with Louis XIV's death after his defeat by the duke of Marlborough in 1715. The left-hand head was the kingdom of Spain since 1468 and the right-hand one was the House of Austria since 1438. The body of the eagle was the German Empire since Charlemagne and the two talons Portugal since 1640 and the Netherlands since 1558 — two countries which had distinguished themselves, according to Whiston, by their persecution of the Protestants. But Whiston informed the reader that the eagle was soon to perish 'a little before the Restoration of the Jews' in 1766.

Whiston attributed the revision of his views on 2 Esdras to the influence of Francis Lee. Francis Lee was a distinguished Hebrew scholar who had studied in Leiden and had subsequently practised as a physician. Together with his mother-in-law Jane Leade he had founded the short-lived Philadelphian Society in which the works of Boehme were read with devotion. But despite the enthusiasm with which Philadelphian circles are associated Lee was more sober in his judgement of 2 Esdras than Whiston. His posthumously published tract on the Book was a letter he had written to Ockley shortly after receiving his translation of the Arabic manuscript. Lee was both shocked and fascinated by 2 Esdras. 'I must ingenuously confess to you', he told Ockley, 'that there is no ancient Book that I have ever met with, at which I have been so much startled at as this: While on the one hand I find in it such a multitude of Things to shock me, so that it was hard for me not to throw it presently away with the utmost

56

Contempt and Indignation; and on the other hand, I think I find here so many beautiful Passages, which seem not inferior to any Parts of the undoubted Canonical Scriptures ...'.[85]

Like his friend John Ernest Grabe, the Prussian divine so attracted by Anglicanism, Lee was inclined to attribute the authorship of 2 Esdras to an Egyptian Jew living before Christ to whose version Christian interpolations had been added later. He was sceptical about Pico and the references to the Cabbalah. Indeed, one of the passages that 'shocked' him most was the one on the loss of the Mosaic Law. Nevertheless he believed firmly in the existence of a Hebrew original and detected a number of quotations from 2 Esdras in the New Testament.[86]

Francis Lee was a fine Hebraist; even Whiston, erratic though he was, was capable of excellent scholarship as we can see from his edition of Josephus; the third English commentator of 2 Esdras whose interest in the Book seems to have been aroused by the discovery of the Arabic manuscript was hardly a sound philologist (as Whiston himself pointed out)[87] but he was a physician of the utmost eminence. Sir John Floyer, who had sent the young Samuel Johnson to be touched for the King's Evil, spent most of his life practising in Lichfield. He produced work on the pulse-watch and on asthma — he provided the first scientific account of emphysema — which was of enduring value, and he conciliated his religious convictions with medical theory in his writings on the salubrious effect of infant baptism by total immersion.

Floyer had a deep faith in prophecy. He was convinced of the reliability of the Sibylline Oracles of which he published a translation and commentary in 1713. The oracles, he wrote, 'plainly relate those things which St. John express'd in Prophetic Figures'. Since they foretold the Reformation, he continued, 'all Protestants ought to endeavour to vindicate the Credit of them, and to adhere to the Doctrine of the Reform'd Churches, here approv'd by a Prophetic Spirit'.[88] He proceeded to concord the oracles with the prophecies in Revelation and Daniel and then turned to 2 Esdras: 'The Old Prophets and Esdras agree with the Sibyls and Revelation in these three things. 1st. That the Jews shall return from their present Captivity; 2dly, That Antichrist shall come, and afflict the Jewish Nation, and be destroyed afterwards; 3rd That Christ's Reign shall succeed in a happy Millennium'.[89]

Six years after his edition of the Sibylline Oracles, in 1719, Floyer published his prophetic scheme based on Revelation and supported by 2 Esdras, Daniel and the Sibyls.[90] For the accomplishment of the various events announced Floyer looked into the future: the two tribes would return in 1782; the Judgement on the Whore or the First Fall would occur in 1849; the Second Fall would take place in 1866. The fall of the Ottoman Empire and its possession by the Jews would start in 1882 (the date of the first war with Gog at Armageddon). Christ would come to destroy Gog or Antichrist in 1898 and the Ten Tribes would return and the Two Witnesses be slain in 1901. For the dates of major events Floyer preferred round figures: the Millennium was due to start in 2000 and the Last Judgement could be confidently predicted for 3000.

57

In 1721 there appeared Floyer's defence of 2 Esdras, a plea for the canonicity of the Book which Floyer pronounced 'the best Key to all the Old and New Prophecies'.[91] In his interpretation of the eagle Floyer was close to Bibliander (whom he quoted, with Pico, Génébrard, and the customary list of Church Fathers to support the Book's authenticity). The twelve feathered wings were the twelve Roman Caesars, the contrary feathers the eight emperors of Constantinople; the central head was the Mohammedan empire (the Saracen succeeded by the Turk); the left-hand head the Roman empire in the west and the right-hand one the Roman empire in the east. That the author of the Book should have predicted so exactly the Fall of Constantinople provided Floyer with ample evidence that the Book was genuine, as did the discovery of the Arabic version. 'None but an inspired Person could predict the future Events in the 4th Empire', he wrote, and continued with a questionable sense of logic: 'He who wrote the Latin Copy, could not agree with him that wrote the Arabic Copy (because they differ in many things), to impose a Fiction on the World; but both are from the Greek Translation'.[92]

And so 2 Esdras retained its fascination. The tricephalous eagle, ventriloquist and moulting, continued to attract a certain type of reader well into the Enlightenment. Far from discrediting the Book, the discovery of the Arabic version gave it additional prominence. By 1723 Johann Albert Fabricius could write at length about its reception since the fifteenth century. What emerges from such a history? Cabbalists, Anabaptists, Familists, alchemists, Rosicrucians, Philadelphians, Bourignonists, spiritualists and millenarianists who believed in the conversion of the Jews read the Book. Although it does nothing to diminish the differences between these movements 2 Esdras is a sufficiently singular object of interest for it to be one of the most tangible points of community that have come to light so far. It also led to a debate amongst Biblical scholars which should put us on our guard against an idea of consistent progress in that domain before a more recent period, and it takes its place, albeit a subsidiary place, beside the components of the 'Ancient Theology', like the equally misdated Sibylline Oracles.[93] But the story of 2 Esdras from the fifteenth to the eighteenth century raises questions which have yet to be answered. How was 2 Esdras regarded in late medieval Jewish circles? Had Pico della Mirandola really been 'imposed upon', as Richard Simon suggested, and was there a closer connection between interest in 2 Esdras on account of the Cabbalah and interest in it because of the Ten Tribes than we can prove?[94] The influence of the Book of 'vaine fables' clearly extends far beyond the examples I have discussed and the territories which it covers await an explorer.

Noten

* In writing this article I have profited from the advice of Dr. Carlos Gilly, Professor Alfonso Ingegno, Professor Jürgen Lebram, and Dr. Joanna Weinberg.
1. Jerome's most quoted statement is in his prologue to the canonical Book of Ezra (*Biblia Sacra iuxta vulgatam versionem*, Stuttgart 1969, vol. 1, p. 638): 'Nec quemquam moveat, quod unus a nobis editus liber est, nec apocriforum tertii et quarti libri somniis delectetur; quia et apud

Hebraeos Ezrae Neemiaeque sermones in unum volumen coartantur, et quae non habentur apud illos nec de viginti quattuor senibus sunt, procul abicienda . . .' Cf. also *Contra Vigilantium* (Migne, *PL* 23, col. 360).

2. In his critique of the canon of the Council of Trent to which Professor H.-J. de Jonge kindly drew my attention, British Library, Burney Ms. 367, fos. 183v.-184v.

3. J. de Laet, *Notae ad Dissertationem Hugonis Grotii De Origine Gentium Americanorum*, Amsterdam 1643, p. 45.

4. A. Willet, *Synopsis Papismi, That is a generall view of Papistrie*, London 1634, p. 7.

5. R. Bellarminus, *Opera*, Cologne 1620, vol. 1, col. 65 (*De Verbo Dei* Lib. I Cap. XX).

6. Cf. Cornelius a Lapide, *Commentarium ad loc.*, Antwerpen 1734, pp. 56-58.

7. Cf. *The Cambridge History of the Bible*. vol. 3. *The West from the Reformation to the Present Day*, ed. S.L. Greenslade, pp. 68-69, 100, 168-169.

8. Cf. Thomas Denter, *Die Stellung der Bücher Esdras im Kanon des Alten Testamentes. Eine kanongeschichtliche Untersuchung*, Marienstatt 1962, pp. 43-46. Although primarily about 1 Esdras (the third Book of Ezra) Denter's study has useful information about 2 Esdras.

9. The idea of a Syriac version was based on J.C. Scaliger, *De subtilitate*, Paris 1557, p. 442. For rumours about a Hebrew version see below.

10. Ioannes Gerhardus, *Exegesis . . . Articulorum De Scriptura Sacra. De Deo et de persona Christi*, Genève 1639, p. 62.

11. Cf. *Concilii Tridentini Diariorum*, ed. S. Merkle, Freiburg-i-B., 1901, vol. 1, pp. 31, 521-522; *Concilii Tridentini Actorum*, ed. S. Ehses, vol. 2, Freiburg-i-B., 1911, pp. 4, 32, 56, 87; *Concilii Tridentinum Tractatum*, ed. V. Schweitzer, Freiburg-i-B., vol. 1, 1930, pp. 481, 483ff.

12. Cf. Carolus Marbach, *Carmina Scripturarum*, Argentorati 1907, pp. 537-538.

13. Patristic and medieval uses of the Book are discussed in Denter, op. cit. (n. 8), and in R.L. Bensly & M.R. James (eds.), *The Fourth Book of Ezra*, Cambridge 1895, pp. xxxii-xxxviii.

14. Giovanni Pico della Mirandola, *Opera*, Basel 1501, vol. 1, pp. 81-82. The passage in question is translated and discussed in François Secret, *Les Kabbalistes Chrétiens de la Renaissance*, Paris 1964, pp. 1-7. Pico's first reference to 2 Esdras is actually in his *Oratio*, written in 1486.

15. On the Christian Cabbalists' use of Pico see F. Secret, ibid., passim. For Clovis de Nuysement cf. p. 299. See also Lodovicus Caelius Rhodoginus (Luigi Ricchieri), *Lectionum Antiquarum Libri XXX*, Basel 1542, pp. 350-351; Sixtus Senensis, *Bibliotheca Sancta*, Frankfurt 1575, p. 71; G. Génébrard, *Chronographia*, Lyons 1609, p. 185. Although Sisto da Siena admits 2 Esdras to be apocryphal (op. cit., pp. 33-35) he quotes Pico with respect.

16. On Pellican and Cabbalism see F. Secret, *Kabbalistes Chrétiens* (n. 14), pp. 140-144.

17. J.A. Fabricius (*Codicis Pseudoepigraphi Veteris Testamenti*, Hamburg 1723, vol. 2, p. 177) is one of the only scholars in the period covered by this article who knew of Pellican's commentary.

18. C. Pellican, *In Libros, quos vocant Apocryphos, vel potius Ecclesiasticos*, Zürich 1582, sig.* 2r.

19. Ibid., fos. 24Ov., 24lr., 245v., 257v.-258r.

20. Ibid., fos. 267v.-268v.

21. Ibid., fo. 272r.-v.

22. T. Bibliander, *De Fatis Monarchiae Romanae*, Basel 1553, sig. ß3r. He quotes Pico reverentially on p. 5 and Ambrose on p. 8. Cf. his acute observation on the style of the Book, p. 7: 'Ac totus liber phrasim redolet Ebraicam'. This was what Jean Morin was to say a century later.

23. Ibid., p. 135.

24. G. Génébrard, *Chronographia* (n. 15), pp. 184-188.

25. On Pistorius see R.J.W. Evans, *Rudolf II and His World. A Study in Intellectual History 1576-1612*, Oxford 1973, pp. 90-91.

26. The episode is recounted by Johann Gerhard, *Exegesis* (n. 10), p. 62, and repeated by Abraham Calovius, *Systema Locorum Theologicorum*, Wittenberg 1655, vol. 1, p. 515.

27. C. Pellican, *In Libros . . . Apocryphos* (n. 18), fo. 274v.

28. For a survey of the debate on the Ten Tribes see David S. Katz, *Philo-Semitism and the Readmission of the Jews to England 1603-1655*, Oxford 1982, pp. 127-157.

29. *Mss. Codices Hebraici Biblioth. I.B. De-Rossi*, Parma 1803, vol. 1, p. 155, Cod. 272.

30. P. Galatinus, *De arcanis catholicae veritatis*, Rome 1518, fo. XIv.
31. A. de'Rossi, מאיר עינים, ed. David Cassel, Vilna 1866, pp. 193-194. Cf. also his quotation of 2 Esdras in מצדף לכסף, ibid., p. 27. I am most grateful to Dr. Joanna Weinberg for pointing out these passages to me.
32. G. Génébrard, *Chronographia* (n. 15), p. 159.
33. Edward Brerewood, *Enquiries Touching the Diversity of Languages, and Religions through the cheife parts of the world*, London 1614, p. 103. Cf. also pp. 94-95, 103-117.
34. H. Blount, *A Voyage into the Levant*, London 1637, p. 117.
35. Menasseh ben Israel, *The Hope of Israel*, London 1650, p. 21. On the entire episode cf. D.S. Katz, *Philo-Semitism* (n. 28), pp. 141-157.
36. Cf. Werner O. Packull, '*A Reinterpretation of Melchior Hoffman's* Exposition' in I.B. Horst (ed.), *The Dutch Dissenters*, Leiden 1986, p. 60.
37. Cf. G.H. Williams, *The Radical Reformation*, Philadelphia 1962, pp. 22-24, 104-106, 819.
38. Cf. Walter Klaassen, 'Eschatological Themes in Early Dutch Anabaptism' in *The Dutch Dissenters* (n. 36), p. 27. See also M. Hoffman, *Ordinantie Gods* (*Bibliotheca Reformatoria Neerlandica*, vol. 5) 's Gravenhage 1909, pp. 149-154.
39. Tobias, *Mirabilia Opera Dei: Certain Wonderfull Works of God*, London 1656, p. 90.
40. Hiël, *Biblicae Historiae*, Amsterdam c. 1600, p. 17; *Figures de toutes les plus remarquables histoires*, Amsterdam 1613, p. 19.
41. J.A. Fabricius, *Codicis Pseudoepigraphi* (n. 17), vol. 2, p. 178. Cf. *Cambridge History of the Bible* vol. 3 (n. 7), p. 100.
42. Stephen Denison, *The White Wolfe*, London 1627, p. 42. Denison anathematizes 2 Esdras on pp. 65-67.
43. Cf. Alastair Hamilton, *The Family of Love*, Cambridge 1981, pp. 136-137.
44. Francis Lee, *An Epistolary Discourse, Concerning the Books of Ezra, Genuine and Spurious*, London 1722, sig. A7r.
45. An example is the work of the Dutch alchemist Barend Coenders van Helpen to which Mr Frank van Lamoen has kindly drawn my attention: *Escalier des Sages ou la Philosophie des Anciens*, Groningen 1689, p. 46. The author interprets the quotation from 2 Esdras as follows: 'C'est par là qu'il est à veoir que l'Or a êté fait en ces vieux temps par un peu de poudre. Et je vous prie quelle poudre peut ce avoir êté autre que celle de la Pierre des Philosophes?'.
46. A. Calovius, *Systema* (n. 26), p. 515; J. Gerhard, *Exegesis* (n. 10), p. 62; J.A. Fabricius, *Codicis Pseudoepigraphi* (n. 17), p. 178.
47. On these images see Frances Yates, *The Rosicrucian Enlightenment*, St. Albans 1975, pp. 200-201.
48. I am most grateful to Dr. Carlos Gilly for showing me a microfilm of this rare book. Bartoli expresses his indignation at the omission of the Book from the Wittenberg Bible. Resting on J.C. Scaliger he assumes that the Book was originally written in Syriac. Bartoli's commentary is mentioned by Fabricius, *Codicis Pseudoepigraphi* (n. 17), p. 177. Further Rosicrucian commmentaries will be listed in Carlos Gilly's forthcoming catalogue of Rosicrucian texts.
49. R. Fludd, *Mosaicall Philosophy*, London 1659, p. 17.
50. On Paulus de Kempenaer's unpublished notebooks and his use of 2 Esdras see Alistair Hamilton, 'Paulus de Kempenaer, 'non moindre Philosophe que tresbon Escrivain'' in *Quaerendo*, 10, 1980, pp. 293-335, esp. pp. 317-322.
51. *A Prophesie that hath lyen hid*, London 1610, sig. A4r. In the foreword of the 1610 edition we find a plea for the Book's canonicity (sig. A2r.).
52. David Brady, *The Contribution of British Writers between 1560 and 1830 to the Interpretation of Revelation 13. 16-18*, Tübingen 1983, pp. 180-181.
53. Cf. F. Yates, *Rosicrucian Enlightenment* (n. 47), p. 176; John Warwick Montgomery, *Cross and Crucible. Johann Valentin Andreae (1586-1654) Phoenix of the Theologians*, The Hague 1973, vol. 1, pp. 49-50, 175.
54. T. Campanella, *Articuli Prophetales*, Firenze 1977, pp. 233, 234, 241, 242; id., *De Antichristo*, Roma 1965, pp. 42, 74, 76. On p. 110 he also refers to Bibliander and mentions his 'professio fidei romanae', as though to prove his orthodoxy as a source. In all likelihood he had in mind Bibliander's *Christiana et Catholica Doctrina, Fides, Opera, Ecclesia, Divi Petri Apostoli et*

servi Iesu Christi, supremi Regis et pontificis, Basel 1550. In this case he must have assumed that his readers would be unaware of the true purpose of Bibliander's tract which was to show that he was indeed a Catholic, but not a Roman Catholic, and that the Church of Rome was very far from being Catholic.

55. Cf. F. Secret, *Kabbalistes Chrétiens* (n. 14), p. 327.

56. T. Campanella, *Atheismus Triumphatus*, Roma 1631, p. 145; *Articuli prophetales* (n. 54), p. 98.

57. T. Campanella, *Vita Christi*, Roma 1962, vol. 2, p. 126; *Lettere*, Bari 1927, p. 224; *Articules prophetales* (n. 54), pp. 28, 60.

58. T. Campanella, *De Homine*, Roma 1960, vol. 1, p. 100; *Per la conversione degli Ebrei*, Firenze 1955, p. 105; *Vita Christi* (n. 57), vol. 2, p. 44.

59. T. Campanella, *I Sacri Segni*, Roma 1966, vol. 3, p. 142; *Cristologia*, Roma 1958, vol. 1, p. 34; *Atheismus Triumphatus* (n. 56), pp. 102-103; *Metafisica*, Bologna 1967, vol. 3, p. 258. Cf. also Nicola Badaloni, *Tommaso Campanella*, Milano 1965, p. 201.

60. J.A. Fabricius, *Codicis Pseudoepigraphi* (n. 17), p. 179.

61. Antoinette Bourignon, *L'Aveugelement des Hommes de Maintenant*, Amsterdam 1679, p. 13; *La Lumière du Monde*, Amsterdam 1679, pp. 209, 229; *L'Academie des Sçavants Theologiens*, Amsterdam 1681, p. 3; *L'Antechrist Decouvert*, Amsterdam 1681, vol. 1, p. 72; vol. 2, p. 77.

62. *Recoeuil de quelques-uns des Temoignages publics et particuliers Rendus à la Personne de Mlle Anthoinette Bourignon*, Amsterdam 1682, pp. 399-400. On 2 Esdra cf. also pp. 421-428.

63. *Scaligeriana sive Excerpta*, Leiden 1668, p. 108. This corresponds to the view in R.H. Charles (ed.), *The Apocrypha and Pseudepigrapha of the Old Testament*, Oxford 1977, vol. 2, *Pseudepigrapha*, p. 542. On the Book's structure cf. J.H.C. Lebram, 'The Piety of the Jewish Apocalyptics' in David Hellholm (ed.), *Apocalypticism in the Mediterranean World and the Near East*, Tübingen 1983, pp. 199-207.

64. H. Wharton, *Auctarium Historiae Dogmaticae Jacobi Usserii Armachani De Scripturis et Sacris Vernaculis*, London 1689, p. 308.

65. J. Gerhard, *Exegesis* (n. 10), p. 62.

66. J.A. Fabricius, *Codicis Pseudoepigraphi* (n. 17), p. 189.

67. Augustin Calmet, *In quartum librum Esdrae Dissertatio*, in: Migne, *Scripturae Sacrae Cursus Completus*, Paris 1841, vol. 12, cols. 398-400.

68. In a letter to Ezechiel Spanheim dated 10 August 1704. See E. Spanheim, *Dissertationes De Praestantia et Usu Numismatum Antiquorum*, London-Amsterdam 1717, vol. 1, p. 70.

69. H. Dodwell, *Dissertationes Cyprianicae*, Oxford 1684, pp. 38-39.

70. Stephan Le Moyne, *In Varia Sacra Notae et Observationes*, Leiden 1685, vol. 2, pp. 836-840.

71. Richard Simon, *Histoire Critique du Vieux Testament*, Rotterdam 1685, p. 458.

72. Jean Morin, *Exercitationes Biblicae*, Paris 1660, p. 225.

73. On the Arabic manuscript see Bruno Violet (ed.), *Die Esra-Apocalypse (IV. Esra)*, Erster Teil, *Die Ueberlieferung*, Leipzig 1910, p. xxi.

74. The episode is recounted in Thomas Haywood's preface to Francis Lee, *An Epistolary Discourse* (n. 44), sig. A3r.

75. John Gregory, *The Works*, London 1665, vol. 1, sig. a4r.: 'And yet you must not think that all, no nor any of, the Apocryphal Books were first written in the Greek ... And the worst of all the company, (and excepted against by Bellarmine himself, though appointed to be read in our Churches) that is the fourth of Esdras, will be clearly of another credit and reputation to you if you reade it in the Arabick'.

76. Simon Ockley, *An Account of the Authority of the Arabick Manuscripts in the Bodleian Library, Controverted between Dr. Grabe and Mr. Whiston in a Letter to Mr. Thirlby*, London 1712, p. 31.

77. W. Whiston, *Primitive Christianity Reviv'd*, London 1711-12, vol. 3, pp. 304-313.

78. Ibid., pp. 77-78.

79. For an interesting new assessment of Whiston's millenarianism see James E. Force, *William Whiston: Honest Newtonian*, Cambridge 1985, esp. pp. 90-155.

80. *Memoirs of the Life and Writings of Mr. William Whiston*, London 1749-50, vol. 1, p. 195.

81. Ibid., pp. 595-596.

82. W. Whiston, *A Collection of Authentick Records Belonging to the Old and New Testament*, London 1727, vol. 1, p. 62.

83. Shelf-mark 873 m 20-24.

84. Whiston's *Explication of the fifth Vision of the Prophet Esdras Lib. IV, Chap. 11 and 12 . . .* was first included in his *Collection of Authentick Records* (n. 82), pp. 75-83. It was later added to *A Sermon Preached at the Cathedral Church of Salisbury, October the 6th 1745. On the Occasion of the Rebellion in Scotland*. By the Right Reverend Thomas Lord Bishop of Salisbury, London 1746, pp. 11-15.

85. F. Lee, *An Epistolary Discourse* (n. 44), p. 2.

86. Ibid., pp. 20, 37, 102.

87. W. Whiston, *A Vindication of the Sibylline Oracles*, London 1715, p. 86.

88. Sir John Floyer, *The Sibylline Oracles Translated from the Best Greek Copies, And compar'd with the Sacred Prophesies, Especially with Daniel and the Revelations*, London 1713, sig. A3v.-4v.

89. Ibid., p. 290.

90. Sir John Floyer, *An Exposition of the Revelations, by Shewing The Agreement of the Prophetick Symbols with the History of the Roman, Saracen, and Ottoman Empires, and of the Popedom*, London 1719.

91. Sir John Floyer, *The Prophecies of the Second Book of Esdras Amongst the Apocrypha, Explained and Vindicated From the Objection made against them*, London 1721, p.x. A copy of this comparatively rare book, which the author of the article on Floyer in the *DNB* had been unable to locate, is in the Cambridge University Library.

92. Ibid., p. xxv.

93. Cf. D.P. Walker, *The Ancient Theology. Studies in Christian Platonism from the Fifteenth to the Eighteenth Century*, London 1972.

94. Cf. the comment by Chaim Wirszubski in his edition of Flavius Mithridates, *Sermo de Passione Domini*, Jerusalem 1963, pp. 27-28.

Some seventeenth-century interpretations of Spinoza's ideas

Richard H. Popkin

In view of what Spinoza has come to mean to us, most readers and commentators are puzzled by how badly Spinoza was misunderstood by his early readers like Henry Oldenburg, Pierre Bayle and others of the time. I think we have to consider some possible explanations that may question our own reading.

Of the early readers there are three main groups: (1) people who knew Spinoza and had talked to him about what he was writing, (2) people who tried to interpret Spinoza on the basis of what people who knew him, or knew about him said, and (3) people at a distance who tried to interpret Spinoza in their own intellectual worlds.

In the first group are people such as Henry Oldenburg, Col. J.B. Stouppe and Charles Saint-Evremond, and perhaps, Leibniz. These people knew Spinoza, discussed his ideas with him, and seemed to have no hostility towards him or his ideas. All four of the above mentioned people talked to Spinoza privately, admired him, and seem to have tried to help him in various ways.

Oldenburg's reading gets the most attention since it appears in his letters to Spinoza, especially those at the end of Spinoza's life. Oldenburg expressed alarm at the irreligious implications of the *Tractatus*, and elicited from Spinoza the clearest statement of Spinoza's naturalistic reading of Christianity, and his refusal to accept any supernatural elements as historically true. In evaluating what Oldenburg said, I think one has to put it in the context of their entire relationship, plus what we know about Oldenburg, and what we know about religious controversies that he and his friend, Spinoza, were interested in at the time.

Oldenburg was a Christian millenarian, heavily influenced by Robert Boyle, his patron, and by the circle of his father-in-law, John Dury, who was Boyle's uncle by marriage. Oldenburg started his career in the philosemitic group that greeted Menasseh ben Israel when he came to England in 1655, in the spiritual brotherhood of scientists, theologians and mystics that formed the 'Invisible College', and which was preparing for the providential climax of world history. Members of this freefloating group were very active in philosemitic activities that could lead to the joining of Jews and Christians, and the conversion of the Jews at the beginning of the Millennium. Rabbi Menasseh ben Israel's trip to England in 1655 was seen by the millenarians as a crucial step in the development of their goals. A leading figure in this group was Adam Boreel, the Dutch Hebraist who was the leader of the Collegiants, the group that Spinoza associated with after his excommunication in the summer of 1656. Oldenburg knew Boreel, and met Menasseh ben Israel in Boreel's home in London where he discussed theological issues with him. Some months later Oldenburg sent Menasseh a wild millenarian text that he had found in France on the impending recall of the Jews which never reached the rabbi, who had died by then.

In Paris Oldenburg came across Bodin's *Heptaplomeres*, the unpublished dialogues on religion in which the Christian disputants lose to a believer in natural religion and to the chief protagonist, a Jew. Oldenburg apparently copied the document and brought it back to England where it was not yet known. (In fact the work was hardly known outside of Paris until Oldenburg began telling people about it. It is partly through his efforts that it was soon known to John Milton, Dury, Samuel Hartlib and many others. This is discussed in my article in *Philosophia* on whether Spinoza could have read Bodin's dialogues, and a forthcoming article in the *Journal of the History of Ideas* on Oldenburg's role in the dissemination of manuscripts of Bodin's opus.) Oldenburg also came across some early form of the *Trois Imposteurs* in 1656, which claimed that Moses, Jesus and Mohammed were frauds, who invented their religions as ways of gaining political power. In a letter written from Oxford in 1656 to Adam Boreel, he indicated that he had been confronted with this thesis. Oldenburg was sufficiently disturbed by the Bodin material and the three impostor theory that he wrote about it in letters over the next several years, and urged Adam Boreel to write a refutation in order to save the Christian religion. Oldenburg had Boreel's refutation, *Jesus Christ, Legislator of the Human Race*, copied by Peter Serrarius, a Dutch millenarian who seems to have been Spinoza's patron, in 1665 when Boreel was dying. Serrarius was the person who got Spinoza's mail to England, and who received the answers. (Serrarius' career has been excellently described in the recently approved dissertation at Leiden of Dr. Ernestine van der Wall.)

In 1661, Oldenburg, in close contact with Boreel and Serrarius, and with his father-in-law, John Dury, who was an exile after the Restoration, went to Holland. He met with various people there, including Spinoza. Oldenburg made a special trip to Rijnsburg to spend a day with Spinoza, who, at the time was an unknown figure outside of the limited circle of his friends and enemies in Holland. Spinoza had published nothing. Presumably, one of their mutual friends, Serrarius, Boreel, perhaps Dury, told Oldenburg of Spinoza's existence, and of the importance of making his acquaintance. The early letters of Spinoza and Oldenburg indicate that Oldenburg was very much impressed by Spinoza, that he wanted Spinoza to appreciate what the Royal Society of England, of which Oldenburg was a secretary, was trying to do in scientific and religious matters, and that he wanted to help Spinoza get his work published. The exchanges in the 1660's indicate that Oldenburg was willing to get the *Tractatus* published, knowing full well what Spinoza's views were.

The extremely friendly correspondence breaks off when Oldenburg asked Spinoza whether it was true that the King of the Jews had arrived [the Sabbatai Zevi episode] and we do not have any letter until nine and a half years later. In between, some important things happened in Oldenburg's life. He became engrossed in de Sabbatai Zevi movement, gathering in reports from Serrarius, who was a true believer, and disseminating them to interested parties in England. Oldenburg was also arrested, accused of being in contact with dangerous foreigners. At this point he destroyed much of his correspondence with Serrarius, and perhaps with Spinoza and others. Recently discovered letters of Dury in the Staats-archiv of Zurich indicate that Oldenburg kept in close touch with his father-in-law, kept him informed of English developments, and learned of Continental ones from him. Dury sent people copies of the letters he was receiving from Serrarius about the Sabbatai Zevi episode, and about Serrarius' argument with Spinoza's good friend, Lewis Meyer, over whether philosophy should be used as a measure of religion.

So, presumably, even if Oldenburg was not in direct contact with Spinoza, he knew what he was doing, and knew about the Meyer-Spinoza line of rational Bible interpretation. He probably also knew from Dury about the Jewish interpretation of Christianity offered by Rabbi Nathan Shapira of Jerusalem when he visited Amsterdam in 1657, and whose views were published by Dury from a lengthy letter of Serrarius. Thus, when Oldenburg finally did read a published copy of the *Tractatus*, and resumed their correspondence around 1674, it could not have come as a shock to him to see what Spinoza asserted. From the letters we have, it is obvious the correspondence resumed (if it ever really broke off) before the first letter on the *Tractatus*.

I think that the discussion between Oldenburg and Spinoza has to be understood in terms of a friendly exchange in which Oldenburg was trying to get Spinoza to accept some formulation of Christianity that included the Divinity of Christ, and Spinoza was resisting. There were probably other then current issues involved, relating to the role of Jesus, whether Jesus had changed religious law, plus the Arian and Socinian interpretations of Jesus which were then being hotly debated.

Examination of Dury's views might help us understand the argument. Dury spent the bulk of his time trying to bring about the reunification of the Protestant Christian churches. He was continually writing and rewriting a harmony of the confessions, trying to formulate the Christian view so that it was acceptable to all camps. He was also trying to formulate the Christian message so that it was not offensive to the Jews, so that they would listen to it and perhaps convert. Two unpublished papers of Dury deal with whether it is proper to worship Jesus though he be a man, and whether one can both be a true and believing Christian, and an observant follower of the Law of Moses. Dury was seeking the most broadly acceptable Judeo-Christian position, and he probably influenced Oldenburg's views. And, I think Oldenburg was trying to push Spinoza from his Jewish Christian reading of the role of Jesus to a definitely Christian one. After all, Spinoza held a view about Jesus that probably no Jew, except perhaps Rabbi Shapira, ever entertained. The rabbi saw Jesus as one of many instantiations of the Messiah. Spinoza made him a super-person, the closest human to God, but still a human being. Oldenburg did say in Letter LXI that 'you are far from attempting any injury to true religion and sound philosophy, but on the contrary, strive to exalt and establish the true object of the Christian religion and the divine loftiness of fruitful philosophy'. And, Oldenburg said that he wanted to discuss their differences privately, and then help to spread Spinoza's views to a wider public. But Oldenburg was worried about some of Spinoza's doctrines which might be 'aimed against the practice of religion and virtue', and in letter LXXI commented on some passages of the *Tractatus* which have given pain to its readers (not necessarily to Oldenburg). He then mentioned Spinoza's identification of God and Nature, his taking away the authority and value of miracles, and his unclear view about Jesus Christ.

Spinoza's answers indicate that he was unwilling to accept the Incarnation, and stressed his acceptance of the spirit of Christ rather than believing that God became man, a doctrine that 'I do not understand'. The stress on the spirit of Christ as the essence of Christianity may reflect Spinoza's adoption of the Quaker view right after the excommunication, and his continued use of a form of it in his own theology. When Oldenburg replied, and cited Gospel texts, he hoped that Spinoza did not impugn the Gospel texts. Spinoza gave his interpretation of the texts, and Oldenburg insisted on their historical accuracy rather than symbolic or allegorical meaning. Spinoza said he accepted all of the Christian story literally except the Resurrection, which he took allegorically, and Oldenburg, in the last communication, said that taking this allegorically could lead to 'plucking up the whole truth of Gospel history'.

By the time this discussion went on, a great controversy was taking place about the historical truth of the Bible, spawned by Spinoza, Isaac La Peyrère, Samuel Fisher, and other Bible commentators. It seems perfectly plausible that Oldenburg, a very well read person, actively involved with many English theologians who were writing on controversial Bible interpretations, discussed Spinoza's views in this light, knowing, as several letters indicate, Spinoza's real purpose. We, at a later date, not caring or knowing about the controversies of the time, may no longer care for such a reading. We may even feel, from our point of view, where these issues are no longer relevant, and where the more modern implications of Spinoza's thought have become part of our *Weltanschauung*, that Oldenburg was misreading or misunderstanding Spinoza. I think the discussion belies this. Spinoza did not say, 'You misread, or misunderstand me'. He calmly explained his reading of the Gospel texts, and his interpretation of them. Oldenburg tried to make him see the possible implications of what he was saying, and in part, seemed to base his case on his personal knowledge of what Spinoza was trying to say.

In any case, Oldenburg was certainly no bigot, no enemy of Spinoza, and was part of a group of Christians who were trying to bring Judaism and Christianity together. So, I think we have to give some kind of credit to his reading of Spinoza, especially when we have several of Spinoza's replies, which do not say what modern commentators say. Spinoza did not reject Oldenburg's point by saying he was a bigot, or too narrow-minded, or anything like that. They were good friends, as far as one can tell from the letters, up to the end. There seems to be no reason why Spinoza could not have been as frank as modern commentators, if he knew he was being misread and misrepresented by his English friend.

Stouppe and Saint-Evremond might be more interesting commentators if they said a bit more. They both knew Spinoza in the period 1670-73. Saint-Evremond indicated that he knew Spinoza quite well, and talked with him a good deal. Saint-Evremond's interpretation was mainly to stress the libertine views that they agreed upon without much textual reference.

Stouppe, who was a commander in Condé's army, and who invited Spinoza to visit the Prince, apparently met Spinoza through Saint-Evremond in 1672. He read the *Tractatus* and discussed Spinoza's view with him in private, and knew that his pantheism was stronger than it came out in the *Tractatus*. He presented a summary of the *Tractatus* to show how irreligious it was, and how irreligious the Dutch were who allowed Spinoza to have his book sold in Holland, and who did not refute the volume. But Stouppe himself used material from the *Tractatus* to try to refute Dutch Calvinism.

Stouppe may be an interesting first-hand witness to Spinoza's views because Stouppe had been the French Reformed minister in London during Cromwell's reign. He was involved with the Puritan millenarians, and became, like Dury, one of Cromwell's chief agents on the Continent. His job was to stir up a rebellion of the French Protestants against Louis XIV, which failed to come off. It is evident he was in touch with Dury during this period (from material in the Dureana collection in the Zurich Staats-archiv). Both were exiled because of their links with the Cromwell régime. Dury continued his Cromwellian role, trying to unite all of the churches and bring about the conversion of the Jews. Stouppe gave up his ministry and joined the Prince of Condé's army, and seems to have been a part of the group of libertines, including Saint-Evremond, in the entourage. He stayed in Holland after Condé's invasion and died there. So far we do not know if he stayed in contact with Spinoza.

Pastor Jean Le Brun, who wrote the answer to Stouppe's attack on the religion of the Dutch, stressed that Stouppe knew Spinoza in The Hague prior to the conquest of Holland by Condé, that they were good friends, and that it was Stouppe who initiated bringing Spinoza to Condé's headquarters in Utrecht.

Another point worth noting regarding Stouppe's reading is that the one item in the *Tractatus* that he thought worth discussing was whether the Dutch Calvinists in Japan had abandoned their religion. This point, raised by Spinoza briefly in chapter 5, almost as an afterthought in his attack on the value of ceremonial law, may indicate that Spinoza as well as Stouppe thought that the discussion related to current events and not to what happened in ancient Palestine. Spinoza had argued that ceremonial law made sense in ancient Palestine, given the history of the Jews, but it was no longer binding. He pointed out the experience of the Marranos, the group he himself came from, who were able to abandon ceremonial practice in Spain and Portugal in order to survive the Spanish and Portuguese Inquisitions. Then Spinoza casually mentioned that the Dutch Protestants seem to have done the same thing in Japan, when the Emperor of Japan banned Christians from his kingdom. (Stouppe's use of Spinoza's point is discussed in my forthcoming article in *Philosophia* on one of the first discussions of Spinoza's thought. There I go over what is known about Spinoza's relations with Stouppe.)

In fact, I think a close reading of the discussions in the *Tractatus* about the Hebrew theocracy, ceremonial law, and the Hebrew commonwealth will show that they are, at least, in part, an attack on some kinds of Christian millenarianism then current in Holland and England, in which there was strong advocacy of recreating ancient Israel in The Netherlands or in Great Britain. Spinoza was probably not attacking any view held by members of the Portuguese Jewish community, but views that appear in works like Peter Cunaeus' *On the Hebrew Republic* in this passage.

It has been too easily assumed and accepted that the *Tractatus* is basically Spinoza's answer to the Synagogue, and is a more carefully worked out statement of the long letter he wrote right after the excommunication, and still had in his possession at the time of his death. Obviously some parts, and some issues relate to Jewish teachings. But the issue of reviving and recreating the Hebrew Commonwealth and the Hebrew theocracy was not being argued by Jewish writers, since this would only be relevant after the Messiah came. Dutch and English and Scottish Christian theologians, who expected the beginning of the Millennium in the very near future, discussed the New Israel, the New Jerusalem, the character of the Hebrew Commonwealth as a model for a present day government. And, Spinoza interspersed his own discussion with occasional comments that a terrible example of one point or another can be found in what has recently happened in England. Spinoza's one 'Zionistic' comment, about the possible recreation of the Jewish state, probably reflects his doubts about this in the face of the enthusiastic Zionism of La Peyrère, Serrarius, Comenius, Dury and a host of other Christian Zionists in his environment. Col. Stouppe in taking Spinoza as a commentator on current events in the Dutch world may have been more accurate than Jewish interpreters after the Enlightenment, who have only been able to see Spinoza as the product of his Jewish training, his rebellion against it, and as a persecuted heretic fighting back against his excommunication. By the time he published the *Tractatus* he had been involved with the Quakers, and the Collegiants, and had lived through many theological and political contretemps that shook the Dutch Republic. It should therefore not be surprising if the Jewish issues were no longer so paramount, and that the ones affecting the current Dutch polity were what he was directing his argument to.

There are other figures, such as Leibniz, one could and should deal with in considering this first class of readers. So much has been written on Leibniz and Spinoza, that I will leave the matter aside here, except to note that some of Leibniz's offhand comments, published and unpublished, about Spinoza, may reflect what came out of their personal contact, rather than the more formal discussions written for a philosophical and theological world in which Spinoza was anathema.

68

The second class of early readers or misreaders, including Jacques Basnage and Pierre Bayle, came to Holland after Spinoza was dead. They were very interested in what his theory could have been. They read his books, knew of the discussions about his ideas, and sought out people who had known Spinoza, or people who claimed to know what his theory was. They then presented interpretations based on this second hand data. Basnage probably talked to members of the Jewish community, and Bayle said he talked to Spinozists. In either case, we are dealing with readings that are closer to the time of the author than anything we have from Lessing and Hegel onward.

Basnage's reading has not been given much attention. In his *Histoire des Juifs* of 1707, Basnage devoted two chapters to Spinoza. It is interesting that Basnage, who was consciously writing the first history of the Jews since Josephus, both as a continuation of Josephus, and a millenarian picture of how the post-Biblical history of the Jews up to modern times exhibits the ongoing Providential Design, removed Spinoza from his proper historical place. The section on Spanish and Portuguese Jews in Holland deals with the intellectuals in the seventeenth-century Jewish world in Amsterdam (and in the last edition of the *Histoire* Basnage had access to unpublished works by the leaders of the Jewish community. See my forthcoming article on Basnage and the *Biblioteca Sarraziana* in *Studia Rosenthaliana*). Spinoza is there portrayed as a member of this group who was expelled from it, and then developed his Cartesian oriented philosophy. Spinoza also appears much earlier, in the portion of the work on Cabbalism, which Basnage took as a, or the, central Jewish view. A section is devoted to explaining Spinoza as a Cabbalist. Basnage said that Jewish Cabbalists indicated that Spinoza was offering the standard Cabbalistic views of the time reinforced with Cartesian themes. Spinoza wrote them up in *more geometrico* in order to appear original, and to hide the fact that he was just saying what the Amsterdam Jewish Cabbalists were saying, though drawing irreligious implications from their ideas.

This looks very bizarre, thus one wonders how Basnage could have gotten this picture of Spinoza's thought. However, it becomes less bizarre when placed alongside the first German reading of Wachter, which is pretty much the same. This view has only recently gotten attention from Gershom Scholem and Schmidt-Biggeman (in the proceedings of the Wolfenbüttel symposium on Spinoza). They both saw that it came out of discussions of Moses Germanus.

Moses Germanus, who began his career in Germany as a student of the Jesuits, then became a disciple of the Pietist, Spener, and lastly became a Jewish rabbi in Amsterdam, and the leader of a new Mesisianic movement, may be the source of both Basnage's reading and Wachter's. At the end of the seventeenth century, a leading cause of ferment in the Jewish and philosemitic worlds in Holland was the new Messianic movement advocated by Moses Germanus, in which the Dane, Oliger Pauli, was the Messianic figure. This movement stirred up a great deal of excitement. And it well may be that Basnage, arriving at just this time, got his education in both Cabbalism and Spinozism from Moses Germanus or his associates.

Assuming my diagnosis is correct, can we just pass over this early interpretation as misguided? The only published Jewish reading of Spinoza of the period is the answer by Isaac Orobio de Castro, which is strictly philosophical. Orobio was probably atypical of intellectuals in the Amsterdam community, because he had been a Scholastic metaphysician in Spain. He also does not seem to have known Spinoza, or to have communicated with him. Cabbalism was a dominant view, and was influential in the acceptance of Sabbatai Zevi by the Jewish community in The Netherlands. Though much has been written about the struggle between the Sabbatian Cabbalists in Amsterdam and their opponent, Rabbi Sasportas, the similar development, though not as traumatic, of Moses Germanus and Oliger Pauli has been ignored except by Schoeps' studies of philosemitism. There probably was a good deal of continuity between the first and the second Jewish Messianic movements, and a continuity of some of the underlying views. So, what Basnage was told towards the end of the seventeenth century about Spinoza may relate to earlier readings. Spinoza's full presentation appeared only in the *Ethics* published in 1677. Maybe when this was examined, circa 1680, by Jewish Cabbalists, they were struck not so much by its anti-Judeo-Christian world view, but by the Neo-Platonic and Cabbalistic themes. Perhaps they debunked Spinoza by claiming he was a plagiarist rather than a heretic. Maybe, this is what Basnage heard. And, in terms of the issues then current, the 'plagiarized' elements may have been of more interest than the heretic ones.

Bayle's case is the most interesting and the most difficult to deal with. Bayle devoted much more space to Spinoza than to any one else in the *Dictionnaire*. The article on Spinoza was published as a book in its own right. It seems to be a perverse misunderstanding of the basic Spinozistic concepts, and of the Spinozistic theory.

Like many commentators, I would be tempted to write off Bayle's discussion as just a total misunderstanding, except that Bayle did not understand any other philosophers or theologians. He went out of his way to try to build up the best case from ancient and modern thinkers before tearing them apart. He seemed to relish making his opponents' cases as strong and as consistent as possible before he reduced them to absurdity. The only other view he grossly misrepresents that I know of is the chiliasm of Comenius, Dury and Serrarius, and he did not even have the patience to expound their view — he just dismissed it. In Spinoza's case he made an inordinate investigation of the facts about Spinoza's career, and about his theory. Bayle was an excellent detective, tracking down whether Spinoza did or did not meet with the Prince of Condé, and whether he did or did not turn down the offer of a post from the University of Heidelberg before the offer was withdrawn. He wrote to people, he talked to possible witnesses, and he examined all of the available evidence. With regard to Spinoza's doctrines, after he was criticized for misrepresenting Spinoza's views in the first edition of the *Dictionnaire*, 1697, he tells us that he deliberately sought out students and disciples of Spinoza to find out precisely what Spinoza meant. He sat down with them, went over the text, took down what they said, and then proceeded to make the same kind of demolishment of the elucidated Spinoza as he had of his own reading of Spinoza.

Years ago I planned to do a study of Bayle's article 'Spinoza' as an intricate development of a scepticism against reason using Spinoza as the framework. It seemed that there must have been some reason that Bayle chose to make article 'Spinoza' the longest article by far. Article 'Phyrrho' and article 'Zeno' set up the fundamental sceptical thrust of Bayle's attack on philosophy, and both did it neatly, deftly and rather briefly. So, article 'Spinoza' seemed to have a deeper purpose. I did not, and still do not, believe that Bayle who was so acute in recognizing nuances in Malebranche and Leibniz's thought before the authors themselves did, who was so acute as to see the implications of the Locke-Stillingfleet dispute before Locke did, and then saw difficulties in Newton's metaphysics as soon as the *Principia* came out, who could follow the ins and outs of Scholastic theology, and of Calvinist controversies, could miss the point so thoroughly when he read Spinoza, and could carry on the misrepresentation for three hundred pages. So, I thought then, and think now, that there is some other point to the article, and that its reading of Spinoza plays a role in setting the stage for a way of showing that the rational world is 'big with contradiction and absurdity', and that the most rational efforts of human beings, represented by Spinoza, end in intellectual lunacy.

If this is one way of dealing with Bayle's article, I think we also have to take note that Bayle saw the importance of Spinoza's thought for the atheistic intellectual world that was emerging, and in so doing set up the French Enlightenment reading of Spinoza. He also saw the similarity of some aspects of Spinoza's thought with Oriental philosophy that was just becoming known in Europe. In this he sounded a note that is only now beginning to be taken seriously as a way of reading Spinoza.

Without here trying to divine Bayle's real purpose in writing so much about Spinoza, and so much that seems so out of place, let me try to evaluate what the above discussion of early reading of Spinoza amounts to.

We are continually rereading and reinterpreting authors from the Biblical, the Greek to those of the present. Do any of these readings have a privileged status as 'nearer to the truth'?

Judging by present day cases, we find authors complaining often that they have been misunderstood by their contemporaries, even sometimes by their good and close friends. We find reviewers and critics claiming that authors are often not the best judges of their own message. With regard to recently deceased authors, like Wittgenstein and Heidegger, there are disputes as to what they meant amongst their students, disciples, critics and interpreters. If such confusion reigns about how to evaluate living and recently deceased authors, how seriously can we take discussions three hundred years old, where we do not know a hundredth as much about the circumstances, personalities, the issues, as we do about twentieth-century thinkers?

First I think we have to separate this problem from the one developed by Kierkegaard in *The Philosophical Fragments* about whether there is any difference in knowledge between a disciple at first hand and a disciple at second hand. Kierkegaard, or his pseudonymous author, Johannes Climacus, argued that a contemporary of Jesus and a Christian believer in the nineteenth century knew the same about Jesus' Divinity. Nothing about the historical Jesus threw any light on the Divine Jesus. Hence first-century records, testimony, etc. were no more helpful than nineteenth-century German Bible scholarship about knowing God's role in history. They were however helpful in knowing gossip about a first-century rabbi from Nazareth.

The case Kierkegaard carefully examined was unique and peculiar since it was an attempt to know the impossible — the eternal as historical fact. The case we are dealing with is, I believe, more possible — the attempt to know past facts, past personalities, past thoughts. As a sceptic, I am fully aware of the apparently insuperable epistemological problems involved in being certain about anything past. As a historian I am experienced in judging what may be more reliable and less reliable 'facts' and interpretations. Some 'facts' are said to be wrong if they conflict with a great deal of other data that we have no reason to question. For example, Isaac La Peyrère is given various birthdates. Some involve his having been born before his parents were married, which seems unlikely since they were from the *haute bourgeoisie* of the time. Peter Serrarius is often identified as being younger than Spinoza, and having been his agent or secretary. This is incompatible with evidence that Serrarius was born in 1600 in London and studied at the Walloon Seminary in Leiden before Spinoza was born, and with the fact that Serrarius was well established in the society while Spinoza was a fringe character.

In these cases we chose the most plausible collection of data, and try to account on other grounds for the material that does not fit — poor handwriting, mistaken records, misreading of documents, etc. Further data may make us revise our beliefs even about one fact. A presently unknown letter of La Peyrère's saying, 'I was born out of wedlock', a presently unknown letter of Serrarius complaining that 'for some years I had to take care of all of Spinoza's affairs, and write down his thoughts', would, no doubt, make us reconsider what we thought were past facts. We might decide the newly discovered letters were forgeries, mistaken copies, jests, and set them aside. We might decide they were reliable and reverse our opinions about other 'facts'. This is an on-going process as new data are discovered, and old data re-evaluated.

So, what about old interpretations? Was Aristotle the best reporter of Plato's views, was he too hostile and biased, etc.?

We have to judge each case on its merits. At long range can we become contemporary with the situation? Or, at long range, are we in a better position to judge than contemporaries caught up in the hurly-burly of long forgotten events?

Some past discussions of philosophical theories *seem* to indicate gross misunderstandings of texts and views of contemporaries. Hobbes' and Gassendi's reading of Descartes' *Meditations* and Descartes' reading of Gassendi's objections, do seem at odds with a reasonable present day reading. Some facts about

Hobbes' and Gassendi's disdain for Descartes' theory and person, Descartes' touchy ego and his dislike of Gassendi, can more easily account for some of what they say about each other than the assumption that as contemporaries each had better access than we do to the other author's meaning. Motivation is part of what we have to take account of in evaluating. We also know that all three — Hobbes, Descartes and Gassendi, had views they were developing, or views that they held, that were not advanced publicly. Now, with knowledge of what is in Descartes', Mersenne's, Hobbes' and Gassendi's correspondence, we can offer a 'better' explanation for the misunderstandings than the participants could. So, we have to balance past data, present data, past interpretations and present interpretations. A present reading can be revealing about the past if we have new information, new ways of construing material, new understandings of the issues, and so on.

After this brief discussion, let me now turn back to the material discussed above in this paper. I have discussed three contemporary readings of Spinoza by friends of his, and two by people relying at least in part on what they were told by contemporaries of Spinoza. The Oldenburg comments deserve careful consideration because (a) the comments cover a fifteen year period, (b) the comments are in a sequence of discussions with the author [Spinoza], and (c) the comments were made by someone who was very friendly and supportive of Spinoza's intellectual activities. Further, Oldenburg and Spinoza shared a lot of common philosophical and theological interests and a lot of common friends. So, I think that the possibility of misunderstanding between Oldenburg and Spinoza was minimized, and there was ample opportunity for Spinoza to straighten out misunderstandings. Therefore, Oldenburg's interpretation has a special status, and probably should not be brushed aside because he and Spinoza disagreed on such matters as how to interpret the Christian doctrine of the Incarnation. Each seems to have understood what the other was saying, but they had some fundamental disagreements. In evaluating this case, we also have to remember that Oldenburg had the opportunity to read much less of Spinoza than we can, and did not know what was in Spinoza's explanations to other people.

In the cases of Saint-Evremond and Col. Stouppe we have again friendly interpretations by people who had ample time to talk to Spinoza and to draw him out on what he intended. Unfortunately we do not have enough material about their interpretations, but what we do have seems plausible, and may throw much light on Spinoza's relations with libertinism in the 1670's. Both Saint-Evremond and Stouppe apparently liked Spinoza's views because they read them as supporting their own irreligious views. Saint-Evremond indicated that one Doctor Henri Morelli was a good friend of Spinoza's as well as Saint-Evremond's doctor. Morelli later told Pierre Desmaizeaux that he discussed various matters with Spinoza often. Morelli was a *libertin*. If we could find more of his interpretation it might give us a clearer picture of how the irreligious group of Spinoza's friends read him compared to religious ones like Oldenburg and Spinoza's publisher. All of this could help us see what Spinoza's views represented then. This might make Spinoza more or less interesting today, but would put him more into his historical context.

The interpretations of Basnage and Bayle suggest what happens to ideas as they are carried into later contexts. Basnage's Spinoza looks strange now, but his readings seems to reflect what at least some of the leading thinkers in the Jewish community of Amsterdam made out of Spinoza's text in terms of their own Messianic and Cabbalistic interests. Bayle's Spinoza is odd, even weird. But it was presented by probably the best expositor of views ancient and modern of the time, and by the person who first really saw the original merits of the ideas of Malebranche and Leibniz. So, I, at least, feel, we have to give more consideration to why Bayle decided to make Spinoza by far the largest figure in his biographical *Dictionnaire*, and why he doggedly mangled Spinoza's views. I believe it was probably part of Bayle's overall campaign against bigotry, religious orthodoxy and rationalist philosophy. Somehow, in the massive amount of anecdote, argument, and odd interpretation, Bayle was carrying on his campaign against all forms of dogmatism. Bayle's Spinoza may make more sense in terms of his role as a key to Bayle's mission than as a key to what Spinoza represented at the time. But mixed in the very lengthy article are many nuggets of information, insight, and interpretation that may provide clues to understanding aspects of Spinoza and Spinozism, which had just come on the scene.

To conclude, I think a careful consideration of who some of the earlier Spinoza interpreters were, how and to what degree they knew Spinoza, and what they were trying to understand, can give us quite valuable looks at Spinoza's entry into the intellectual world. In view of the enormous role Spinoza has played in intellectual history ever since, his early interpreters may not be the most profound or most exciting, but they help us see what his ideas and message meant to some of his intellectual companions, and some of the important intellectual historians of the time. This may help further our understanding of Spinoza himself, and how his ideas were able to penetrate so deeply into the fabric of the modern intellectual world.

Washington University, St.Louis and UCLA

Prophecy and profit: Nicolaes van Rensselaer, Charles II and the conversion of the Jews

Ernestine G.E. van der Wall

This essay deals with themes which have a special place in Jan van den Berg's historical interest: millenarianism, prophecy, and the relations between Jews and Christians in the seventeenth century. Furthermore, the story told below is connected with the field of Anglo(American)-Dutch relations, which has always stirred the interest of the 'Anglophile' Van den Berg. This article is offered to him as a small token of gratitude for the stimulating way in which he has introduced me to these objects of investigation, which in the last few decades have received renewed scholarly attention from historians and theologians alike.

In November 1658 the exiled king Charles II was visited by a young man from Amsterdam by the name of Nicolaes Van Rensselaer, who had some good news to tell him: within a year and a half the king would be restored to his father's throne, his restoration being requested by the English people. Furthermore, Van Rensselaer also prophesied that Charles Stuart's, or his son's, reign would be so glorious that under it the conversion of the Jews would take place.

In the seventeenth century kings and other national leaders were often considered destined to fulfil a messianic task: Gustav II and Charles X of Sweden, Oliver Cromwell, Louis XIII and Louis XIV of France, João IV of Portugal, William III, alternatively or simultaneously were seen to be of great importance in ushering in the messianic kingdom and bringing the Jews to Palestine. Well-known theologians and millenarians such as the Bohemian Bishop Jan Amos Comenius, the Frenchman Isaac La Peyrère, the Portuguese Jesuit Antonio de Vieira and the Dane Oliger Paulli, each put their hopes on one or more of those kings.[1] Charles II was also believed to be a suited candidate for such a messianic role. Among such Royalist millenarians were the Welsh tailor Arise Evans, Walter Gostelow, and John Sanders, who during the fifties were looking forward to the exiled king as 'the means appointed by God . . . for the conversion of the Jews', he being the one whom the Jews would call their Messiah, and under whose banner they would return to Jerusalem.[2] Evans tried to persuade Menasseh ben Israel, whose sympathies were more with Oliver Cromwell, the Swedish king and most of all with the King of France, of his own messianic theory.[3] Thus Nicolaes Van Rensselaer was not the only one to look towards Charles II for the restoration of the Jews.

Van Rensselaer's prophecy concerning Charles's glorious return to England only became more widely known in the spring of 1660, when to all appearances his prevision seemed to have been right. Suddenly interest was aroused in his prophetic words, especially among the members of the Hartlib circle both in England and the Low Countries, such as Samuel Hartlib himself, John Durie, Henry Jessey, and Petrus Serrarius. The news about Van Rensselaer's revelation was spread by Serrarius, who was an intimate friend of Durie, Jessey, Menasseh ben Israel, and a regular correspondent of Hartlib.[4] In May 1660 Serrarius wrote to the London Baptist preacher Henry Jessey about this messianic prophecy, and Jessey in his turn sent the letter on to Hartlib.[5] Durie was also informed by Serrarius. The name of the prophet was not revealed in these letters — which were published in 1728 in W. Kennett's *Register and Chronicle Ecclesiastical and Civil*.[6]

'I can not but make known unto you', Serrarius wrote to Jessey on 7 May 1660, 'that there is heere a young man, aged about 21 years, of a very good family, a scholler, who hath been in October 1658 with ye king at Brussels, and told him yt it was revealed unto him, yt ye King should come upon his throne in ye eleventh year of his exile, a year and a half after yt time when this young man was with him, and that his people should call him, and joyn their hands together, yt they may have him for their King'.[7] Serrarius had heard about this vision some time ago, but at that moment he had not thought it worthwile paying any attention to it. Times had changed, however, since it now seemed that Van Rensselaer had been very close to the mark: in May 1660 Charles II was preparing to return to England, being summoned by Parliament 'to take the government of the kingdom upon his shoulders', just as Van Rensselaer had prophesied. On 23 May 1660, after great festivities in The Hague and elsewhere, the king left Holland and he entered London six days later.

So, at the moment Serrarius was writing to Jessey Van Rensselaer's prophetic words appeared indeed to have had a great deal of truth in them and Serrarius' interest was now aroused. He sought contact with the young man, who then told him 'yt it was so, yt he was 3 weekes at Brussel in October 1658 and spoke to ye King twice per interpretem one of ye Kings chaplains', for the young student spoke neither English nor French, but Latin. He had kept his plans to visit Charles II to himself, because his family and friends, who found him foolish, or rather mad, would certainly have stopped him from going. Clearly, Serrarius had not been the only one who had had his doubts about those revelations. But Van Rensselaer could not be at rest until he had got it off his chest. Serrarius had asked him 'whether he had this in a vision or dream', and he had replied 'noe, but by such strong injections and inspirations yt he could not be at rest'. Furthermore, Van Rensselaer had said that 'he did as firmly believe it then, when neither man nor divel could imagine it, yt if ye King should have layd him in prison, giving him water and bread till it was done, he should most willingly have undergone it'. Charles, however, had done nothing of the sort: he had told him to come back to him if his prophecy would be fulfilled, in order to be thanked accordingly. Van Rensselaer would visit Serrarius again to talk about his other prophecy 'that this King or his sonne shall be so glorious yt under him ye Jews shall be converted'. 'Sir, I most earnestly intreat you not to publish this as yett, although it be very true, what I write', Serrarius ended his letter to Jessey, 'the friends of this young man are of very good quality and well known to me, but they will not have yt any man speake of it, and heare not willingly of it'.[8]

However, Van Rensselaer's prophecy was published soon, though not by Jessey, but by Durie, to whom Serrarius had written about the Amsterdam student's revelations on 20 May 1660.[9] They were mentioned by Durie, who was apparently impressed by Van Rensselaer's fortunate prevision, in the second edition of Thomas Thorowgood's missionary tract, *Jews in America*, which was dedicated, appropriately, to the newly restored king. In the Dedication, dated 27 June 1660 and signed by Edward Reynolds, Edmund Calamy, John Durie, and Simeon Ashe, Van Rensselaer's prophecy was referred to, emphasizing the latter part of it concerning Charles's role in the conversion of the Jews. Now that the first part had proven to be true, confidence was growing that the latter part might also be fulfilled:

> If the Jews be in *America*, as is probable, because certainly that indeleble character, the Judaical badge of circumcision is found upon them, we will hope the illumination (or what else will it be called) of that young Student in Divinity of *Amsterdam*, shall be verified, who was taught in *October 1657, That in the year 1660 God would establish the Kingdom of* England, *and that* Charles *the second should in that year sit in the Throne of his Father*: This, by the goodness of God, and to his everlasting praise, we have seen, and wait for the rest, *your greater honor and Majesty than ever any of your Predecessors enjoyed, and ... that your Family should be instrumental to the conversion of the Jews.*[10]

Through the medium of Thorowgood's well-known tract Van Rensselaer's prophecy became known to a wider public.

In August 1661 rumour had it that Van Rensselaer had had new visions concerning Charles II, as Durie wrote to Hartlib: the king would not long enjoy his life on the throne, since within three years he would be put to death because of his conversion to Roman-Catholicism. In order to enquire after this revelation Durie went to visit the young prophet, who told him, however, that it was 'a mear fiction' and that he would like Durie and his friends to contradict this report. He had added that he believed not 'yt the King would ever owne any other Religion but the Protestant Religion wherin his father dyed'.[11]

Who was this young man, who was styled 'the prophet of the king of England'? He was born into 'a very good family' indeed, being the son of the wealthy Amsterdam merchant, Kiliaen Van Rensselaer, and Anna Van Wely, a well-to-do merchant's daughter.[12] Besides a large house on the Keizersgracht, called 'Het Gekruiste Hert' (the 'Crossed Heart'), the Van Rensselaers owned several estates, such as 'Crailo' near the village of Naarden in the province of Utrecht. It was there that Durie went to visit Nicolaes in 1661. Kiliaen Van Rensselaer, one of the directors of the West India Company, became particularly well-known as the founder or first 'patroon' of the colony of Rensselaerswyck on the Hudson River in New Netherland, about 200 km from New Amsterdam.[13] Rensselaerswyck was a kind of miniature feudal state, the patroon possessing many privileges. Its feudalism, based on rules laid down by Van Rensselaer, was contrary to the common land system in New Netherland and it was no wonder that Van Rensselaer's privileges gave rise to controversies, for example with the governor of New Amsterdam, Peter Stuyvesant.[14] Eventually Rensselaerswyck would be the only successful patroonship, becoming one of the four largest manors in colonial New York. When in 1664 New Netherland was captured by the English, the claim of the Van Rensselaers to Fort Orange, the second major town of the province which belonged to them, was rejected by Governor Nicolls, who wanted to reduce the feudal patroonship of the Van Rensselaers; Fort Orange became an independent town, called Albany. Moreover, in 1665 their traditional right to appoint and maintain a local court was taken from them. As Charles II had made the newly conquered territory a gift to his brother James, the Van Rensselaers had to take the oath of allegiance to the king and the Duke of York. During the following years they hoped that through the good connections of Nicolaes with the royal household their colonial affairs might be arranged in a pleasant and profitable way.[15]

Nicolaes Van Rensselaer was born in September 1636. Like his brothers, he received a business education, but he preferred to study theology. His studies, however, were interrupted by periods in which he worked in trade. In December 1656 his mother wrote to his brother Jeremias, then director of Rensselaerswyck, that Nicolaes had given up his studies and that she had him apprenticed in a shop on the Warmoes street to Servaes Auxbrebis, a wholesale spice merchant.[16] A year later, in December 1657 — just after his inward stirrings about Charles II — Nicolaes wrote to Jeremias that he was living on the Nieuwe Dijk, in 'De Twee Groene Lakens' ('The Two Green Cloths'), at the house of Willem Brughman, a wholesale cloth merchant, 'as against my will I had to give up studying, for if I had been allowed to follow my inclination I would have persevered therein, in order that thus I might have reached a desired goal, about which I am sorry'.[17] In June 1658 he left Brughman to pursue his studies once again.

An interesting report of Nicolaes and his visit to Brussels, which took place in November 1658, is given in a letter by his younger brother Richard, written on 30 November 1658 to Jeremias in Rensselaerswyck.[18] Richard informed his brother that Nicolaes had gone to Brussels 'to see the king of Scotland, who granted him an audience'. Nicolaes had delivered his letters and writings, which the king had examined. As to his prophecy: 'many of those [present] believed it and others doubted it'. As Jeremias might wonder what business their brother had to see the king about, Richard would tell him. During his apprenticeship to Brughman Nicolaes had said all the time that he wished to go to England. He had kept this up for some weeks and then had left his master. Having gone home to his mother, 'he became so devout that he never [missed] a sermon, whether on a week day or on Sunday, and always said that he wished to resume his studies, for that God called him to become a minister and if mother would not let him, he would wait until he was of age and then use his patrimony to study'.[19] Having nothing to do, Nicolaes had written some small books, which he had showed to a cousin, whose comment had been that it was 'nothing but foolishness and that there was no sense to it'.[20] In the midst of all this devotion Nicolaes had kept saying that he wanted to go to Antwerp to speak to the king of Scotland, which he would have done long ago but for the fact that he had no money. At last, having obtained some money from various sources — but apparently not from his wealthy relatives — he had gone, at the beginning of November, to Brussels by way of Rotterdam. From what he says and does, Richard told his brother, 'we notice that he is a good deal of a Quaker, for he claims that he has the spirit of truth, that in his dreams he sees many visions ...'. Now, Quakerism to the Van Rensselaer family meant so much as insanity: 'We fear that he is half crazy'.[21] Jeremias was asked to write to Nicolaes about 'this foolishness' and to advise him to leave these things alone.[22] After Nicolaes had returned from his royal visit he had said that, if it pleased God, he would go to Brussels to see the king again within two or three months. His family hoped to talk him out of this. Probably they succeeded: nothing is known of a second visit by Nicolaes to Charles Stuart in Brussels.

After it had turned out that Nicolaes had not been all that crazy in predicting Charles' restoration, the happy prophet went to England to remind the king of his prediction.[23] He had kissed the king's hand and as a token of his gratitude the king had given him a snuffbox, with his own miniature on the lid.[24] Somehow this course of things seemed to bring about a change of mind among his relatives concerning Nicolaes' madness. As Jan Baptist, another brother, wrote to Jeremias, 'What will come of it, time will show. We have heretofore always laughed at him'.[25] Something indeed would come of it for the Van Rensselaer family in due time, as we will see below.

Presumably Nicolaes continued his theological studies. In October 1662 he was received in the Classis of Amsterdam. On 19 March 1663 one of his relatives, the Reverend Johannes Carolinus, minister of the Dutch Reformed Church at Nijkerk, wrote to Jeremias to congratulate him

on the passing of the prepatory examination, and consequently the first fruit of his studies and the first step upwards, of your brother Nicolaus, at whose examination I was present to my entire satisfaction and who preached his first sermon, namely, a trial sermon before the administration of Holy Communion, in my stead, here at Nieukerk, to the great satisfaction of our congregation. May the Great Pastor of His flock grant him a double measure of His [spirit] and an able and lawful calling to the highly important office of prophesying.[26]

In September 1663 Jeremias wrote to his mother that he hoped that Nicolaes would come to Rensselaerswyck, in order that he himself could make a journey to Amsterdam.[27] Nicolaes did not cross the Atlantic Ocean, however, but went to England instead. He was appointed chaplain to the embassy of the newly appointed Dutch ambassador Michiel van Gogh, who left for England in the spring of 1664 to remain there till January 1666.[28] Undoubtedly Nicolaes was acquainted with his secretaries, among whom was Petrus Cunaeus.[29] Nicolaes seems to have stayed in England during the whole of the second Anglo-Dutch war. He was favoured by the king, who gave him a license to preach to the Dutch congregation at Westminster. Furthermore, he was ordained a deacon of the Church of England by the Bishop of Salisbury and was appointed lecturer at St. Mary's, Lothbury, London. His ordination in the Anglican Church, however, was to cause him trouble in later years.

'That brother Nicolaes has become chaplain to the honorable Ambassador van Gogh in England and intends to stay there, might, it seems to me, be quite convenient if there should be war between his Majesty of England and the Sovereign States in obtaining a patent from his royal majesty . . .', thus wrote Jeremias to Jan Baptist in April 1665.[30] The Van Rensselaers hoped that their brother's relations with the British monarchy might be of some help to alleviate the difficult circumstances in the domain of Rensselaerswyck, caused by the British victory in New England. In order to achieve a good arrangement for their colony, they appealed to the king and the Duke of York, referring to Nicolaes' prediction. It was hoped that their connections with the Duke of York through Nicolaes would make it easier to obtain a patent from the king, which the colony needed in case a war between England and Holland would break out; then the king would confiscate all property of Dutch subjects, whereas if the patent was entered in the name of one of the Van Rensselaers and he was the king's subject, according to the oath of allegiance, the Van Rensselaers would retain the colony.[31]

In the summer of 1667, however, nothing had been heard as yet about a patent for Rensselaerswyck and the governor of New York was still waiting for the Duke of York's decision concerning this Dutch colony. 'If our brother Nicolaes on that side has obtained anything that is good, our prospects will be fine . . .', Jeremias wrote.[32] In 1670 the Van Rensselaers still had no royal patent from the Duke of York.[33] In 1674 Nicolaes and Richard went to England together to seek to obtain the patent from the Duke of York, hoping to secure their property rights and jurisdictional privileges not only in Rensselaerswyck but also over the town of Albany.[34] In July 1674 the Duke gave orders to the new governor in New York, Sir Edmund Andros, to take the matter in hand and to make a report thereof 'as favourably for them as justice and the laws will allow'.[35] Finally, in 1678, the Duke warranted Andros to issue a patent for the colony of Rensselaerswyck, in which nearly all claims of the Van Rensselaers were accepted, including their claim to Albany. 'This is an evident mark of his great favor toward us and inviolable justice is shown in the passing of a just judgement after the long lapse of 26 years in a matter which could not be righted in so many years. *Sic tandem justa et bene causa triumphat*', was Nicolaes' comment.[36]

Nicolaes' prophetic activities had not stopped in 1657 with his vision of Charles Stuart's restoration. During 1665 and 1666 some other revelations which he had received appeared in print, one of the pamphlets becoming so popular that it ran to four editions at least. In these Dutch pamphlets he showed himself to be a prophet of penitence in the manner of Old Testament prophets, uttering in biblical phrases his warnings for the severe divine judgements to come.[37] He addressed himself again to Charles II as well as to all inhabitants of England, but he did not spare his own countrymen either. Since he apparently saw no differences between the sinfulness and fleshly strivings of the British and the Dutch, he thought the same wording could be used, with some slight adaptations. His call to repentance was particularly directed to his native town Amsterdam; this apple of the Lord's eye, which had been exalted by Him like her sister Jerusalem, would surely undergo the same fate of destruction as the Holy City, if it did not hasten to turn away from its lustful ways.[38] He also predicted the conversion of the Turks, pagans, and the Jews.[39] Clearly, with the fateful year 1666 approaching and even beginning — the year in which 'Babylon' would fall and the millennium would begin — it seemed the perfect moment to publish these revelations.

There have also been preserved three poems, dating from 1666, presumably in Nicolaes' own handwriting, which deal with Dutch political affairs. The subject of the first poem was the restoration of young William, Prince of Orange. Nicolaes predicted that in 1666 William would save his country from the hands of its enemies. If, however, in that year the young hero would not be restored, then the Dutch Republic would speedily go downhill, only to end in nothing less than utter ruin.[40] In one of the other poems, he sketched the situation of contemporary Europe in a few phrases, urging the Dutch to turn their back on the French and to make peace with the English. The Dutch Republic was the bride with whom all kings would like to dance, but only the devil would marry the French.[41]

It is not known when Van Rensselaer returned from England to the Low Countries. In a letter which he wrote some time between 1667 and 1670 he complained about having been confined by his family, first in Amsterdam, then in Delft, because of supposed madness.[42] However this may be, in 1670 he matriculated at Leiden University as 'Verbum Divini Minister'.[43] Clearly, he intended to move to America, for in the following year Jeremias was asked to enquire in New York after a vacancy for him.[44] On 4 April 1672 he was accepted by the Classis of Amsterdam as 'Expectant for Foreign Churches', after having delivered a sermon and shown his certificates from some members of the German (Dutch) Church in London, as well as from the Leiden Consistory, as to his doctrine and life.[45]

In 1674 he went over to New England, accompanying the new governor Andros. After a period of fourteen months of Dutch rule New Netherland had just been restored to England by the Treaty of Westminster and Charles II had just given a new patent to the Duke of York. In 1675 Nicolaes became director of Rensselaerswyck.[46] He married Alida Schuyler, daughter of the manorial landowner Philip Pietersen Schuyler, a powerful figure in local and Indian affairs.[47] Nicolaes was also appointed minister of the Dutch Reformed Church at Albany and at Rensselaerswyck, an appointment which was achieved through the support of the Duke of York. His Royal Highness had written an unusual letter of recommendation for him to governor Andros — which showed how much the Duke favoured the Van Rensselaers — saying that he would like to signify to the parishioners that he would look upon their compliance in this matter of providing Van Rensselaer with a post 'as a mark of their respect and good inclination towards him'.[48]

Nevertheless, soon serious difficulties arose, because one of Nicolaes' colleagues in New York, domine William Van Nieuwenhuysen, questioned the lawfulness of his ministry, since he had been ordained in the Church of England. According to Van Nieuwenhuysen, someone ordained in England had no ministerial status in the Dutch Church, unless he could show a certificate of the Classis of Amsterdam. The question at stake, 'whether a Minister ordained in England by a Bishop, coming here and having Certificate thereof, bee not sufficient ordination to preach and Administer ye Sacraments in ye Dutch here or no', was considered to be of great importance, even more so since governor Andros tried to impose Episcopacy upon the Dutch against their will. Van Nieuwenhuysen forbad Nicolaes to baptize any children, because 'Domine Renselaer was no Minister, and his ordinacon [sic] not good'.[49] Nicolaes complained to the court about Van Nieuwenhuysen's contemptuous words. Van Nieuwenhuysen then put down in writing the conditions under which an Episcopal Minister might be acknowledged in a Dutch Church, that is that he promised to conduct himself in his services conformably to the Confession, Catechism and Mode of Goverment of the Dutch Reformed Church. This requirement clearly appeared, Van Nieuwenhuysen argued, from the 53rd Article of the Constitution or the Reformed Churches of the Netherlands. The case was solved when Nicolaes promised to conform to the public Church Service and discipline of the Dutch Church.[50]

This case barely out of the way, a new one presented itself. In September 1676, Nicolaes was confined in his house by the magistrates of Albany because of 'some dubious words spoken by the said Do in his Sermon or Doctrine', which seemed to refer to an unorthodox interpretation of the doctrine of original sin.[51] He was soon released, however, on the orders of the governor. The complaints against him had been made by Jacob Leisler, a rich merchant, characterized as an obstinate, narrow-minded man, and his son-in-law, Jacob Milborne. Van Rensselaer's colleague at Albany, Reverend Gideon Schaats, had also accused him of disorderly preaching, to which Nicolaes had replied that this was a false lie.[52] The dispute between the two ministers was solved, the court deciding that 'Parties shall both forgive and forget as it becomes Preachers of the Reformed Religion to do', adding that also 'all previous variances, church differences and disagreements and provocations shall be consumed in the fire of Love, a perpetual silence and forbearance being imposed on each respectively, to live together as Brothers for an example to the worthy Congregation, for edification to the Reformed Religion and further for the removal and banishment of all scandals ...'.[53]

There also came about a reconciliation between Van Rensselaer on the one hand and Leisler and Milborne on the other, but when it came to the question who had to pay the court costs peace was soon over. Finally, after governor Andros had sided with Van Rensselaer, Leisler and Milborne had to give in. They were ordered to pay the whole charge. More than a decade later their names became widely known, as they figured prominently in 'Leisler's Rebellion' (1689-1691), an anti-Stuart and anti-Catholic revolution, sparked by the Glorious Revolution. The political struggle between manorial proprietors such as the Van Rensselaers and the Schuylers, who had been favoured by the governors, and rich merchants who had no land, such as Leisler and Milborne, was an important factor in this rebellion. Leisler, supported by his son-in-law, appointed himself governor of New York, being convinced that the new governor to be sent from the England by William and Mary would applaud his actions. The end of it was that both Leisler and Milborne were hanged on the same day.[54]

Obviously Van Rensselaer's career as domine was not a successful one, ending, in September 1677, with his deposition from the ministry by governor Andros, on account of his bad and offensive life, as his opponents had it.[55] He died in November 1678. It was reported that the possessed the gift of prevision until his death. Feeling that he would die within a short time he had asked for a solicitor. When his young secretary, Robert Livingston, son of a Scottish divine, who within a short time made a very successful career in the colony, had entered the room Nicolaes had said, 'Send that young man away', telling his wife that he would have nothing to do with him, because this young man would be her second husband. Within a year Alida Schuyler was indeed married to Livingston, who in the next few decades would become a powerful figure in New England.[56]

Nicolaes Van Rensselaer's inward stirrings concerning the restoration of Charles II were to be of greater consequence to himself as well as his family than presumably he — or his relatives, for that matter — could ever have imagined. The revelations by this 'Quaker' turned out to bring them political advantages in later years. Thanks to the good relations with the British monarchy, established by Nicolaes, the Van Rensselaers eventually secured their position in New England. Domine Nicolaes himself also enjoyed the support of the Duke of York and the English governor of New York during his last years in Rensselaerswyck. Furthermore, the interference by governor Andros in the controversy with Leisler and Milborne over his theological ideas was one of the major incidents that gradually brought about a schism in the ranks of the New York elite. The confrontation in the case of Nicolaes Van Rensselaer of the two factions, that of the manorial proprietors and that of the rich merchants, led to a schism which largely determined the character and complexion of the Leisler Rebellion.[57]

The government of Charles II was marked by a tolerant attitude towards the Jews. Under his rule the Jewish community increased and flourished. Recognition of the religious status of the Jews was granted in 1673. While in exile he had promised certain Royalist Jews in Amsterdam toleration in return for a loan. When, soon after the Restoration, he was petitioned to expel the newly formed Jewish community, this appeal was rejected, the king issuing a written statement in which it was said that 'they [the Jews] should not look towards any protector other than his Majesty: during the continuance of whose lifetime they need feel no trepidation because of any sect that might oppose them, inasmuch as he himself would be their advocate and assist them with all his power'. Although they probably will have applauded such words, for the Royalist millenarians it was a far cry from the role they had ascribed to their British Messiah as the one who would lead the Jews to Palestine. That part of Van Rensselaer's prophecy was not to be fulfilled. Its other part, however, had brought the once youthful prophet and his family more profit than they could ever have expected.

Notes

1. I thank Dr. C.W. Schoneveld (Leiden) for the correction of the English text. For 'messianic nationalism', see David S. Katz, *Philo-Semitism and the Readmission of the Jews to England 1603-1655*, Oxford 1982, 123-124; R.H. Popkin, 'Menasseh ben Israel and Isaac la Peyrere. II', *Studia Rosenthaliana* XVIII (1984), 12-20.
2. Christopher Hill, *Antichrist in Seventeenth-Century England*, London 1971, 114-115; idem, *Change and Continuity in Seventeenth-Century England*, London 1974, 48-77; Katz, *Philo-Semitism*, 121-124; Popkin, 'Menasseh ben Israel', 14-20.
3. Popkin, 'Menasseh ben Israel', 16, quoting Menasseh's words according to Evans: 'that ... he [Menasseh] could not believe that ever King Charles should rise again and be restored to his Empire; but ... *Oliver* Protector, or the King of Swedland is more liker to do it than he, and specially the King of *France* is the most likest to be our Messiah'. Menasseh would have just about adopted La Peyrère's French nationalist Messianism.
4. For Petrus Serrarius, see E.G.E. van der Wall, *De mystieke chiliast Petrus Serrarius (1600-1669) en zijn wereld*, Leiden 1987 (diss.); idem, 'The Amsterdam Millenarian Petrus Serrarius and the Circle of Anglo-Dutch Philo-Judaists', in: J. van den Berg & Ernestine G.E. van der Wall (eds.), *Jewish-Christian Relations in the Seventeenth Century. Studies and Documents* (forthcoming).
5. There is a copy of Serrarius' letter to Jessey in Hartlib's handwriting, MS Sloane 648, f. 45 (BL London).
6. White Kennett, *A Register and Chronicle Ecclesiastical and Civil* I, London 1728, 137-139. Both letters seem to have been preserved among John Worthington's papers.
7. MS Sloane 648, f. 45. This is a copy of this passage from Serrarius' letter to Jessey in Hartlib's handwriting. The same passage, with slight differences, is published in Kennett, *A Register*, 137-138.
8. *Ibidem*.
9. *Ibidem*.
10. 'To the King's Most Excellent Majesty', in: Thomas Thorowgood, *Jews in America or Probabilities that those Indians are Judaical made more Probable by Some Additionals to the Former Conjectures*, London 1660, pp. VI-VII. On p. VII there is a reference to a 'Letter of P. Serario to Mr. *Jo. Dury* and Mr. *H.J..* May 4, 1660'. See also R.H. Popkin, 'The Rise and Fall of the Jewish Indian Theory' (forthcoming).
11. Durie to Hartlib, 19.VIII.1661, MS Sloane 648, f. 44v.
12. For Nicolaes Van Rensselaer (1636-1678), see *Appleton's Cyclopaedia of American Biography* VI, 251; *The National Cyclopaedia of American Biography* VII, 524; *Dictionary of American*

Biography XIX, 209-210; Lawrence H. Leder, 'The Unorthodox Domine: Nicholas Van Rensselaer', *New York History* XXXV (1954), 166-176. On 25.IX.1636 his father wrote to a relative: 'My wife is in childbed of a young son, whom I have named after my uncle *Claes van Rensselaer*, deceased'.

13. For Kiliaen Van Rensselaer (c. 1580-1646) and the colony of Rensselaerswyck, see *NNBW* VII, 1043-1044; J.S.C. Jessurun, *Kiliaen van Rensselaer van 1623 tot 1636*, 's-Gravenhage 1917 (diss.); E.B. O'Callaghan, *The Documentary History of the State of New York* IV, Albany 1851, 15-17; Samuel G. Nissenson, *The Patroon's Domain*, New York 1937; S.E. Morrison, *The Oxford History of the American People*, New York 1965, 75-77; John E. Pomfret, *Founding the American Colonies 1583-1660*, New York etc. 1970, 285 ff.; Sung Bok Kim, *Landlord and Tenant in Colonial New York. Manorial Society, 1664-1775*, 1978, 10-12, 19-20, 32-35 and *passim*. During the first period Rensselaerswyck was owned by five families, Kiliaen Van Rensselaer and his heirs (a two-fifths share); the geographer, theologian, linguist Jan De Laet, director of the Dutch West Indian Company and its first historian (one-fifth); Toussain Muysart (one-fifth); and Samuel Blommaert and Adam Bessels (together one-fifth). The Van Rensselaers took sole management of the domain. The partnership was liquidated in 1685 (see Bok Kim, *Landlord and Tenant*, 11 n. 20).

14. In 1664 the relations between Stuyvesant and the Van Rensselaers were not so bad that they did not want to buy a negro (400 guilders) and negress (350 guilders) from him for the colony. See A.J.F. Van Laer (tr. & ed.), *Correspondence of Jeremias Van Rensselaer 1651-1674*, Albany 1932, 364-365.

15. See Bok Kim, *Landlord and Tenant*, 10-12.

16. Van Laer, *Correspondence of Jeremias Van Rensselaer*, 35-36. Servaex Auxbrebis (1611-1669) was married to Anna Broen, a daughter of one of the directors of the Dutch West India Company.

17. Van Laer, *Correspondence of Jeremias Van Rensselaer*, 67.

18. Van Laer, *Correspondence of Jeremias Van Rensselaer*, 116-117.

19. Van Laer, *Correspondence of Jeremias Van Rensselaer*, 116.

20. Van Laer, *Correspondence of Jeremias Van Rensselaer*, 117.

21. *Ibidem.*

22. *Ibidem.*

23. Jan Baptist Van Rensselaer to Jeremias, 7.IX.1660, see Van Laer, *Correspondence of Jeremias Van Rensselaer*, 233.

24. This royal gift is still in the possession of the Van Rensselaers.

25. Van Laer, *Correspondence of Jeremias Van Rensselaer*, 234.

26. Van Laer, *Correspondence of Jeremias Van Rensselaer*, 311.

27. Van Laer, *Correspondence of Jeremias Van Rensselaer*, 329.

28. For Michiel Van Gogh (1602/3-1668), see O. Schutte, *Repertorium der Nederlandse vertegenwoordigers, residerende in het buitenland 1584-1810*, 's-Gravenhage 1976, 101 no. 64. On 28.IV.1664 he was appointed ambassador. In September 1665 he was in Winchester and Salisbury; in November in Oxford. He left England c.3.I.1666. In 1664 Van Gogh had to deal with Charles II about the conquest of New Netherland by the English.

29. Petrus Cunaeus, son of the Leiden Professor Petrus Cunaeus, was taken prisoner in July 1665 and was only to be released in January 1666 (in exchange for Oudart). See Schutte, *Repertorium*, 102.

30. Van Laer, *Correspondence of Jeremias Van Rensselaer*, 375.

31. Van Laer, *Correspondence of Jeremias Van Rensselaer*, 366.

32. Van Laer, *Correspondence of Jeremias Van Rensselaer*, 391.

33. Van Laer, *Correspondence of Jeremias Van Rensselaer*, 427.

34. Van Laer, *Correspondence of Jeremias Van Rensselaer*, 465. See also Bok Kim, *Landlord and Tenant*, 19-20.

35. Quoted by Bok Kim, *Landlord and Tenant*, 19.

36. A.J.F. Van Laer, *Correspondence of Maria Van Rensselaer 1669-1689*, Albany 1935, 24.

37. The titles of these pamplets are:
    Eenige seer aenmerckelijcke ende wonderlijcke voorseggingen van het gene geopenbaert en

vertoont is aen Nicolaes Rensenlaer, rakende dese jegenwoordigen en toekomende tijden.
Zynde een trouwhertige waerschouwinge ende op-weckinge tot ware boete en bekeeringe,
desen vierden druck, na den copye van Amsterdam, gedruckt voor Joris Claessen van Kemp,
1665 (copy in Royal Library, The Hague, Knuttel 9211).
    De openbaringe van de conincks propheet van Engelandt/genaemt Nicolaes Rensenlaer
..., s.l.s.a. (copy in Bibliotheca Thysiana, Leiden, Pamphlet 8025).
    Eenige openbaringen uyt de Copie van 't geene Nicolaes Rensenlaer op getekent heeft/dat
hem geopenbaert is, s.l.s.a. (copy in Biblioteca Thysiana, Pamphlet 6984). It has a short
preface by a certain 'W.G.', who warns the reader not to show contempt for this prophecy,
since its author predicted the restoration of the King of England in a time in which it was not
apparent at all that Charles Stuart would ever be restored. The first two pages are similar to
Pamphlet 8025, except for a few slight alterations, e.g., 'England' has been replaced by 'united
land'; 'English town' by 'united town'.
38. *Eenige openbaringen,* 3.
39. *De openbaringe.*
40. 'Een gedicht van voorseggingen op de herstellinge van de Prins van Orangien' (Bibliotheca
Thysiana, Pamphlet 7943):

> Noch van dit selfde jaer
> Godt weet of t'niet is waer
> Sal der Oranjen Spruijt
> Sijn taeken breijden uijt.

> Voor dees' Seeven landen
> En rucken onsen Staet
> Uijt het gedreijghde quaet
> En uijt der boosen handen

> Doch soo dien jongen Heldt
> Van 't jaer niet wort herstelt
> Soo raeckt den Staet en landt

> In kommer en in Schandt
> In d'uijtterste ruijnen
> Sal 't landt en Staet verdwijnen.

41. 'Een ander vers' (Bibliotheca Thysiana, Pamphlet 7943):
    't Scheynt Neerlandt is de Bruijt daer Koningen om danssen,
    Maeckt Vreede met Eng'landt, de Duyvel trouwt de Franssen.
42. Leder, 'The Unorthodox Domine', 168.
43. His matriculation took place on 19.XI.1670; his name was spelt 'Van Rentzelaer'.
44. Van Laer, *Correspondence of Jeremias Van Rensselaer*, 445.
45. Hugh Hastings, *Ecclesiastical Records State of New York* I, Albany 1901, 623-624.
46. See E.B. O'Callaghan (ed.), *Calendar of Historical Manuscripts* II, Albany 1886, 39.
47. For the Schuyler family, see i.a. Bok Kim, *Landlord and Tenant, passim.*
48. Hastings, *Ecclesiastical Records* I, 652; Duke of York to Governor Andros: 'Nichalaus [sic]
Van Renselaer having made his humble request unto me, that I would recommend him to be
Minister of one of the Dutch churches in New York or New Albany when a vacancy shall
happen; whereunto I have consented. I do hereby desire you to signify the same unto the
parishioners at yt (place) wherein I shall looke upon their compliance as a mark of their respect
and good inclination towards me'. See also Bok Kim, *Landlord and Tenant,* 19.
49. For this affair, see Leder, 'The Unorthodox Domine'. See also E.B. O'Callaghan, *The
Documentary History of the State of New York* III, Albany 1850, 526-530; Hastings, *Ecclesiastical Records* I, 678-682; E.T. Corwin, *A Manual of the Reformed Church in America 1628-
1902,* New York 1902[4], 51.

50. Hastings, *Ecclesiastical Records* I, 681-682. See also the letter by Van Nieuwenhuysen to the Classis of Amsterdam, 30.V.1676 (pp. 684-688).
51. See Leder, 'The Unorthodox Domine', 169-173. See also O'Callaghan, *Documentary History* III, 527; Hastings, *Ecclesiastical Records* I, 689-691.
52. Hastings, *Ecclesiastical Records* I, 676-677.
53. O'Callaghan, *Documentary History* III, 529; Hastings, *Ecclesiastical Records* I, 691.
54. Leder, 'The Unorthodox Domine', 173-174; Bok Kim, *Landlord and Tenant*, 44 ff.
55. Hastings, *Ecclesiastical Records* I, 702.
56. See Maunsell Van Rensselaer, *Annals of the Van Rensselaers in the United States*, Albany 1888, 21-22. For Robert Livingston, see Bok Kim, *Landlord and Tenant*, 34 and *passim*.
57. Leder, 'The Unorthodox Domine', 173.

Theologisch voorbehoud als redactioneel beleid van de Franstalige periodieke pers in de decennia rond 1700

H. Bots

In een eeuw die terecht die van de theologie wordt genoemd, beseften degenen die zich tot taak hadden gesteld het nieuws uit de geletterde en geleerde wereld te verslaan, maar al te goed dat het geen eenvoudige opgave was op adequate wijze rekening te houden met de opvattingen, gevoelens en gevoeligheden van kerkelijke en wereldlijke overheden. Pierre Bayle haastte zich dan ook in 1684, in de eerste aflevering van zijn *Nouvelles de la République des Lettres*, op te merken dat het in zijn tijdschrift ging om de idealen die door de 'savans' en 'curieux' uit geheel Europa werden gekoesterd: 'Il ne s'agit point de Religion: il s'agit de Science: on doit donc mettre bas tous les termes qui divisent les hommes en differentes factions, et considerer seulement le point dans lequel ils se réünissent qui est la qualité d'Homme Illustre dans la République des Lettres'.[1] De leden van deze ideële gemeenschap hadden naar de opvatting van de journalist elkaar broederlijk te bejegenen; verschillen in maatschappelijke en geografische herkomst mochten, evenmin als uiteenlopende opvattingen op godsdienstig of politiek gebied, daarbij een rol spelen: 'Nous sommes tous égaux, nous sommes tous parens, comme enfans d'Apollon', zo besluit Bayle zijn pleidooi voor grotere verdraagzaamheid.[2]

In deze bijdrage zal worden nagegaan op welke wijze Pierre Bayle en enige andere journalisten van in de Noordelijke Nederlanden verschenen Franstalige geleerdentijdschriften in de decennia rond 1700 gepoogd hebben de idealen van de Republiek der Letteren hoog te houden op het gebied van de godsdienst en de theologie. Voor de beantwoording van deze vraag moet allereerst de strategie van de betreffende journalisten worden vastgesteld aan de hand van hun redactionele berichten aan de lezers; daar treft men immers de gekozen beleidslijnen aan en daarin bepalen zij bijna zonder uitzondering expliciet hun positie in religieuze en theologische aangelegenheden. In welke mate journalisten vervolgens ook in de dagelijkse redactionele praktijk trouw zijn weten te blijven aan hun in voorwoorden geuite fraaie voornemens, is natuurlijk een heel andere kwestie, welke nog veel nader onderzoek vergt en hier slechts summier, en dan nog maar voor een enkel tijdschrift, aan de orde kan komen.

Bij een vergelijking en nauwkeurige analyse van de verschillende redactionele manifesten uit de jaren 1681-1718[3] wordt bijna onmiddellijk duidelijk dat Pierre Bayle zich als geen ander rekenschap heeft gegeven van het gevaar van verdachtmakingen waaraan het nieuwe periodiek zou kunnen worden blootgesteld. Een geleerdentijdschrift dat werd uitgegeven in een land met zulke grote (pers)vrijheden dat het de reputatie had verworven van 'refugium peccatorum', van een toevluchtsoord voor al degenen die wegens afwijkende meningen het eigen vaderland hadden moeten verlaten, zou immers, naar de mening van velen, spoedig ontaarden in een vergaarbak voor alles wat naar ongebreidelde vrijdenkerij zweemde. Bayle verklaarde daarom zonder voorbehoud dat de *Nouvelles* nimmer open zou staan voor roddel en partijschap. En ook al gaf hij duidelijk te verstaan waar hij zelf *in religiosis* stond, hij beloofde zich niet schuldig te zullen maken aan een redeloze partijdigheid. Op godsdienstig terrein zou hij zich dan ook de rol van verslaggever toemeten in plaats van die van rechter: 'Nous ferons plutôt alors le métier de Rapporteur que celui de Juge'. Rooms-katholieken hoefden zich in ieder geval niet ongerust te maken over de *Nouvelles*. Integendeel, met veel omzichtigheid ('circonspection') zouden controversiële onderwerpen aan de orde worden gesteld en de taken van de instanties in Rome en Parijs die de Index van verboden boeken opstelden, zouden dank zij het nieuwe tijdschrift alleen maar worden verlicht, omdat telkens zou worden aangegeven of een boek verdacht was.[4]

In weerwil van al deze goede voornemens, zag Bayle zich al in augustus 1684 genoodzaakt op de kwestie terug te komen; kritiek was immers niet uitgebleven. Door een lezer in Parijs was hem verweten dat hij te veel liet blijken op godsdienstig gebied partij te kiezen: '. . . la seule chose que je trouve véritablement à redire dans vos Journaux, c'est qu'il paroit que vous étes de parti sur la Religion'.[5] Bayle nam zich daarom voor om de lezers meer nog dan voorheen, eigen meningen te besparen en zijn taak als die van een 'Historien desinteressé' op te vatten.[6] Schone beloften die — het spreekt wel haast vanzelf — ook na augustus 1684 niet volledig konden worden ingelost. Interessant is in dit verband de kritische reactie die Bayle in januari 1685 bereikte van l'abbé de La Roque, die in deze jaren het *Journal des Sçavans* redigeerde. Hoewel de Parijse journalist vol lof was over de *Nouvelles* en zijn lezers beloofde van het nieuwe periodiek gebruik te zullen maken, kondigde hij tegelijkertijd wel aan een grotere gestrengheid aan de dag te zullen leggen op het gebied van de godsdienst. Slechts 'les libertins et les profanes qui se mettent peu en peine de la Religion' zouden deze handelwijze laken; 'les gens sages' zouden zijn beslissing evenwel toejuichen.[7] Moet uit deze woorden worden geconcludeerd dat Bayle, al zijn goede voornemens ten spijt, in de ogen van La Roque, te veel concessies deed aan het vrijzinnige kamp? Ongetwijfeld, maar Bayle lijkt aan deze kritische kanttekening niet zwaar te hebben getild. In het *Avis au Lecteur* dat hij aan de januari-aflevering van 1685 liet voorafgaan naar aanleiding van de woorden die in het *Journal des Sçavans* aan de *Nouvelles* en de nieuwe journalist waren gewijd, dankte hij La Roque voor de lof die hij hem had toegezwaaid en deelde hij mee begrip te hebben voor diens reserves. De Parijse journalist verkeerde nu eenmaal in andere omstandigheden en '. . . il faut proportionner toutes choses aux temps et aux lieux'.[8] Een aanleiding om de redactionele koers opnieuw aan te passen werd echter in de woorden van La Roque niet gevonden.

Ook Jean Leclerc die in 1686 de eerste aflevering van zijn *Bibliothèque Universelle et Historique* het licht deed zien, liet niet na duidelijk vast te stellen dat ook hij geen misbruik wenste te maken van de 'honnête liberté' welke hij als Geneefs balling sinds zijn aankomst in de Republiek had aangetroffen:

> 'Les puissances sous lesquelles nous vivons permettent à tous les Chrétiens de servir Dieu selon les mouvemens de leur conscience; on imitera en quelque maniere la justice et l'équité de ces sages Magistrats, en rapportant sans préjugé les sentimens de toutes les Societez Chrétiennes, et les raisons par lesquelles leurs Auteurs les défendront dans les Livres qu'ils mettent au jour. Cependant on se gardera bien d'abuser de cette honnête liberté et de la changer en licence.'[9]

Om die reden ook zouden geen boeken worden besproken waarin de grondbeginselen van het christelijk geloof of de goede zeden werden aangetast. Maar evenmin als Bayle wenste Leclerc zich aan partijgeest schuldig te maken. De opvattingen en gevoelens die men zelf koesterde, waren nu eenmaal niet automatisch 'veritez incontestables', die men coûte que coûte overal ingang moest doen vinden. Leclerc meende zijn publiek bovendien serieus te moeten nemen. Van elke lezer mocht worden verwacht dat hij zijn eigen oordeel kon vellen over de strekking van een werk. De journalist had slechts de opdracht de inhoud van een geschrift zo getrouw mogelijk weer te geven, als een 'historien', geheel overeenkomstig de titel van het tijdschrift: 'Afin que cette Bibliothèque puisse porter justement le titre d'Historique, (...) on ne fera simplement que narrer les opinions des Auteurs'. Wel nam Leclerc zich voor stellingen en uitspraken van auteurs wat minder categorisch te maken. 'L'auteur a prouvé, démontré', zou door de journalist worden omgezet in 'L'auteur croit avoir prouvé, démontré ...'.[10]

Blijkens het voorwoord op deel XVII van de *Bibliothèque* mocht deze laatste voorzorgsmaatregel niet voorkomen dat Leclerc werd verweten sociniaanse sympathieën te koesteren. De journalist haastte zich het verwijt te pareren. Indien de inhoud van een besproken boek iemand niet beviel, dan moest hij dat op het conto van de auteur, maar niet van de journalist schrijven. Hoe kon men hem nu van sociniaanse gevoelens verdenken, zo verzuchtte Leclerc. Was dat de beloning voor zijn 'esprit de modération'? En hij besluit zijn verdediging met de volgende woorden: '... si c'étoit là une marque d'héterodoxie, il en faudroit accuser tout ce qu'il y a en d'honêtes gens, et d'habiles gens parmi les Chrétiens, depuis les Apôtres jusqu'à nous'.[11]

Daar Leclerc noch in de préface van zijn *Bibliothèque Choisie*, noch in die van de *Bibliothèque Ancienne et Moderne* expliciet terugkomt op zijn redactionele politiek met betrekking tot theologische en godsdienstige geschriften, mag veilig worden aangenomen dat hij in beginsel nog steeds dezelfde koers voer als die welke door hem in 1686 was uitgestippeld. Zo beschouwde hij de *Bibliothèque Choisie* uitdrukkelijk als een 'pais neutre', waar elkeen het recht had zijn standpunten uiteen te zetten. Als redacteur en verslaggever eiste hij dan ook de vrijheid op allerlei werken te bespreken, zonder hierover een eigen oordeel te geven: 'je ne prétends point être juge des livres ... sinon pour moi-même et dans le secret de mon Cabinet'.[12]

De derde Franstalige journalist in de Noordelijke Nederlanden was Henri Basnage de Beauval die vanaf 1687 op uitnodiging van Pierre Bayle de *Histoire des Ouvrages des Savans* liet verschijnen, een tijdschrift dat *de facto* kan worden beschouwd als de voortzetting van de *Nouvelles de la République des Lettres* van Bayle, zij het ook dat de naam wegens de privilegerechten van de uitgever was veranderd. Waar P. Bayle de uit Rouen afkomstige jurist Basnage zelf als zijn opvolger had aangezocht, is het niet verwonderlijk dat de redactionele koers in de *Histoire* nauwelijks afweek van die van de *Nouvelles*.[13] Ook Basnage stelde er prijs op zijn plaats *in religiosis* nader te bepalen:

'Pour la Religion nous voulons bien paroître à visage découvert tels que nous sommes, c'est-à-dire, pour être du nombre de ceux que l'on appelle Protestans; mais nous tâcherons de parler sans aucune partialité qui puisse choquer, ni même chagriner les autres partis; de n'affoiblir point leurs raisons et de leur donner les noms que chacun se donne, sans pourtant aucune attribution de droit. En un mot, nous esperons exciter assurément moins de plaintes que bien d'autres qui le masque sur le visage portent des coups d'autant plus dangereux, que la main dont ils partent est inconnue.'[14]

De Republiek der Letteren was voor Basnage inderdaad een 'pais libre' waar ieder zijn rol had te spelen 'à visage découvert'.[15] Tirannie van welke zijde dan ook kon in deze gemeenschap niet worden geduld en men diende zich te verzetten tegen al degenen 'qui exercent un empire rigoureux (...) et qui veulent tenir les consciences sous le joug autant par l'ignorance que la terreur'.[16]

In het *Avertissement* van het vanaf 1712 door Samuel Masson geredigeerde tijdschrift *Histoire Critique de la République des Lettres tant ancienne que moderne*, treft men eveneens een soortgelijke beginselverklaring aan.[17] De Dordrechtse predikant-journalist van hugenootse origine had er evenals zijn voorgangers behoefte aan zich vooraf veilig te stellen voor eventuele kritiek die hem van orthodoxe zijde zou kunnen bereiken. Duidelijk wenste hij zich te distantiëren van bepaalde standpunten die in de door hem besproken boeken werden gepresenteerd en een principieel debat over de orthodoxie werd categorisch van de hand gewezen:

'Nous ne voulons nullement nous rendre garents de tous les sentimens des Théologiens, dont nous pourrons parler dans cette *Histoire*. On ne veut pas même entrer en lice sur la moindre matiere, qui regardera ce qu'on appelle *Orthodoxie*.'[18]

Ook Masson bekende lidmaat te zijn van 'l'Eglise la plus pure' (d.w.z. de 'gereformeerde'), maar het zou hem spijten, zo voegde hij eraan toe, indien hij degenen 'qui sont dans des idées différentes' voor het hoofd zou stoten. Waar hij zelf in dit voorwoord verklaarde niet onfeilbaar te zijn, wilde hij iedereen de vrijheid laten 'de dire ce que bon lui semblera', dat wil zeggen met betrekking tot alle onderwerpen 'qui ne toucheront point les Articles Fondamentaux du

Christianisme'. Slechts binnen de grenzen van de grondbeginselen van de christelijke geloofsbelijdenis beloofde Masson recht te doen 'aux Sçavans de tous les Partis'. Controversen moesten daarbij uit de weg worden gegaan, veeleer hoopte de journalist met zijn nieuwe tijdschrift de hereniging der christenen te bevorderen: 'Nous sommes ravis de publier tout ce qui peut contribuer à la paix et à l'union des Chrétiens'.[19]

De journalisten van het in 1713 te 's-Gravenhage uitgebrachte *Journal Litéraire*[20] verklaarden weliswaar in het voorwoord hun mening over de kwaliteit van de door hen besproken geschriften duidelijk kenbaar te maken, maar ook zij legden zich zelf beperkingen op als het ging om werken op theologisch terrein: 'Il nous reste encore à avertir le Public, que nous ne dirons jamais notre sentiment sur les matières de Théologie, ni sur les sujets Philosophiques qui influent directement sur la Religion'[21]; in die gevallen zouden de journalisten van de gekozen stelregel afwijken en de verschillende opvattingen van de auteurs zo exact mogelijk weergeven, opdat deze in alle volledigheid voor het voetlicht worden gebracht. Want, waar elkeen nu eenmaal zijn eigen criteria aanlegde voor het bepalen van de orthodoxie, beseften zij maar al te goed dat zij gemakkelijk de verdenking op zich zouden laden ketters te zijn. Deze gedragslijn *in theologicis* diende echter te worden verlaten ten opzichte van de auteurs van geschriften 'qui se déclarent contre toute Religion en général'. Dan paste geen stilzwijgen, maar moest duidelijk stelling worden genomen.

In veel minder voorzichtige bewoordingen was het voorwoord gesteld van de vanaf 1717 te Amsterdam verschijnende *Bibliothèque Angloise ou Histoire littéraire de la Grande Bretagne*, welke aanvankelijk door Michel de La Roche werd geredigeerd.[22] Deze journalist beloofde alleen zich zo neutraal mogelijk ten opzichte van alle partijen op te stellen. Maar omdat hij zich tot taak had gesteld de resultaten van de Engelse wetenschapsbeoefening voor een Europees publiek toegankelijk te maken, was hij niet van plan bepaalde categorieën boeken van bespreking uit te sluiten. Hij beperkte zich dan ook tot de volgende verklaring:

'... j'observerai une exacte neutralité à l'égard de tous les Partis qui regnent dans cette Isle et j'entretiendrai le Public de toute sorte d'Ouvrages, soit qu'ils viennent des Orthodoxes rigides ou des Tolerans, des *Whigs* ou des *Toris*, et des Heretiques même: Tros Rutulusne fuat, nullo discrimine habebo.'[23]

Het tijdschrift kenmerkte zich inderdaad door een grote 'liberté d'esprit', hetgeen La Roche uiteindelijk op de beschuldiging kwam te staan anti-calvinistische gevoelens te koesteren, naar het anglicanisme te neigen en te toegevend te zijn ten aanzien van Rome.[24]

Ook in *L'Europe Savante* dat vanaf 1718 door een groep journalisten in Den Haag werd gepubliceerd[25], treft men in het voorwoord een vurig pleidooi aan voor neutraliteit. Naar de mening van de redactie kon deze kwaliteit voor een tijdschrift slechts worden gegarandeerd, indien verschillende personen met uiteenlopende opvattingen aan het woord kwamen en samen de verantwoordelijkheid droegen voor het geheel. Dan immers was er sprake van 'un examen critique, dont les contradictions amenent à l'impartialité, et où l'opposition de divers sentimens fait, pour ainsi dire, refléchir des lumières qui servent à mettre la vérité dans un plus beau jour'.[26] Vanuit die ongetwijfeld moderne opvatting over een redactiebeleid waagden de journalisten het, evenals hun collegae van het *Journal Litéraire*, om zich niet alleen te beperken tot het weergeven van de inhoud van een werk, maar er ook een oordeel over uit te spreken: 'Joignant la critique à l'Historique, on peut rendre un journal utile, même à ceux qui ont les livres dont on donne les extraits'.[27] Desalniettemin werden ook in het préface van *L'Europe Savante* nog enige reserves in acht genomen ten aanzien van godsdienstige kwesties:

> 'Dans les livres de Religion, nous examinerons seulement si les raisonnemens de l'Auteur naissent naturellement de ses Principes; si les citations sont justes; et si l'esprit de modéra-tion regne dans son Ouvrage.'[28]

Gingen de journalisten van *L'Europe Savante* dus minder ver als La Roche van de *Bibliothèque Angloise*, hun reserves waren minder uitgesproken dan die van de meeste andere collegae in deze decennia.

Resten tenslotte nog drie Franstalige tijdschriften welke in deze periode (1684-1718) in de Noordelijke Nederlanden zijn verschenen. Bij het *Nouveau Journal des Savants* ... gaat het slechts zeer gedeeltelijk om een Nederlands periodiek, daar het vanaf 1695 in Berlijn werd voortgezet, nadat zijn redacteur, de predikant-journalist Etienne Chauvin, naar die stad was beroepen om filosofie te doceren aan het Frans college aldaar. Merkwaardigerwijze achtte Chauvin het niet noodzakelijk in het voorwoord op zijn tijdschrift iets naders mee te delen over de gehanteerde werkwijze bij de presentatie van godsdienstige en theologische aangelegenheden.[29] Dat zulks evenmin gebeurde in het *Journal d'Amsterdam contenant divers mémoires curieux et utiles sur toute sorte de sujets* (1694) van Gabriel d'Artis en in de *Nouvelles littéraires contenant ce qui se passe de plus considérable dans la République des Lettres* (1715-1720) door Du Sauzet is minder verwonderlijk; beide tijdschriften hadden immers een geheel ander karakter dan de overige hier genoemde periodieken. Het *Journal d'Amsterdam*, dat al na de eerste aflevering werd voortgezet als *Journal d'Hambourg* (1694-1697), omdat zijn journalist, de theoloog D'Artis, naar die stad was verhuisd, was veeleer een becommentarieerde boekencatalogus.[30] Maar belangrijker in dit verband is ongetwijfeld het gegeven dat D'Artis zijn leven lang een fel verdediger is geweest van de orthodoxie en dat hij het om die reden niet in zijn hoofd zal hebben gehaald 'les autres Partis' aan het woord te laten komen. Zijn plaats *in religiosis* was derhalve voor een ieder duidelijk.

Het Haagse tijdschrift *Nouvelles Littéraires* was helemaal onvergelijkbaar met de andere hier besproken geleerdentijdschriften. In de wekelijks verschijnende 'feuilles' werd in het kort het literaire en wetenschappelijke nieuws gepresenteerd dat de redactie via correspondenten in de Europese steden en uit andere tijdschriften had verzameld. Het ging daarbij vooral om het signaleren van boeken, die her en der in de Republiek der Letteren verschenen; van een inhoudelijke behandeling was evenwel geen sprake. Er bestond derhalve voor de journalist weinig reden om in een voorwoord zijn positie op theologisch terrein nader te bepalen.

Als wordt afgezien van deze laatste drie tijdschriften die bovendien niet helemaal vergelijkbaar zijn met de overige hier genoemde, dan moet worden geconstateerd dat de journalisten van de in de Nederlanden verschijnende geleerdenperiodieken zonder uitzondering enig voorbehoud maakten, als het ging om de verslaggeving van godsdienstig en theologisch nieuws. Terecht kan men zich de vraag stellen of deze redactionele strategie op een soortgelijke wijze werd gevolgd door collegae-journalisten in Frankrijk, die immers evenals een Bayle of een Basnage de plicht hadden het ideaal van de Republiek der Letteren zo goed mogelijk na te leven en uit te dragen. Het voorwoord op de eerste aflevering van het *Journal de Trévoux* dat vanaf 1701 verscheen, in dezelfde periode dus als de hier bestudeerde Nederlandse bladen, lijkt hiervoor een goede toetsingsmogelijkheid te bieden.[31]

Evenals de journalisten van het *Journal des Sçavans*, hadden de jezuïeten van Trévoux, natuurlijk te maken met het *Bureau de la Librairie* dat strenge censuurmaatregelen kon hanteren bij kerkelijk of theologisch afwijkende standpunten, maar als volgelingen van Ignatius van Loyola stonden zij meer dan wie ook garant voor de orthodoxie van de kerk van Rome. Geen wonder dat de redactie dan ook geen neutraliteit kon toezeggen als de religie in het geding was: 'Ils [les rédacteurs] observeront aussi la même neutralité dans tout le reste, excepté quand il s'agira de la Religion, des bonnes moeurs, ou de l'Etat: en quoi il n'est jamais permis d'être neutre'.[32] Deze krachtige uitspraak werd evenwel expliciet in de *avertissements* van latere jaargangen — en zeker in de praktijk — nader genuanceerd. Zo verklaarden zij in 1708 dat 'la diversité de Religion' hen er niet van weerhield recht te doen aan de kwaliteit van door 'andersdenkenden' geschreven werken: 'Nous haïssons l'erreur, il est vrai, mais non pas d'une haine aveugle qui refuse de voir dans l'Hérétique ce qu'il a d'estimable'.[33] Maar interessanter dan deze nadere nuanceringen op het eerste voorwoord is het gegeven dat ook de journalisten van Trévoux de behoefte gevoelden om hun beleid op dit specifieke terrein duidelijk vast te stellen. Ook zij beseften dat in de Republiek der Letteren geen tirannie kon worden geduld en dat allerlei opinies naast elkaar moesten kunnen worden gehuldigd. Wel stelden zij, evenals de 'journalistes de Hollande', grenzen aan deze vrijheid zodra de godsdienst in het spel was.[34]

Na dit overzicht van de redactionele uitspraken van de 'journalistes de Hollande' met betrekking tot theologie en godsdienst in de periode 1684-1718, is het nuttig zich de woorden van de 18e-eeuwse pers-historicus Denis-François Camusat in herinnering te brengen, volgens wie de voorwoorden op de 17e- en vroeg 18e-eeuwse tijdschriften nogal een uniform karakter zouden hebben. De redactie van ieder nieuw periodiek zou, naar zijn opvatting, telkens dezelfde grootse belofte hebben gedaan. Beter was het daarom naar de uitvoering van het plan te kijken: 'La différence n'est guères que dans l'exécution, et c'est par elle qu'il faut juger de l'ouvrier'.[35] Heeft Camusat ongetwijfeld gelijk, als hij stelt dat het uiteindelijk op de uitwerking van de beginselverklaring aankomt, het hier gegeven overzicht maakt duidelijk dat de uniformiteit althans op het punt van de godsdienst en het op dat terrein te voeren beleid niet zo groot is.

De journalisten blijken het er weliswaar allen over eens te zijn dat de eigen opvattingen op godsdienstig gebied geen hinderpaal mochten vormen voor de presentatie van de ideeën en gevoelens van 'andersdenkenden', maar aan die door allen gepostuleerde neutraliteit of onpartijdigheid werden zeker verschillende grenzen gesteld. Bayle, Leclerc en Basnage die, als eerste vanuit de Noordelijke Nederlanden schrijvende wetenschappelijke journalisten, zich zeker ook hadden te verdedigen tegen het vooroordeel dat in de Lage Landen alles kon worden geschreven en gedrukt[36] en dat die vrijheid vast en zeker zou ontaarden in bandeloosheid, bepaalden uitdrukkelijk zich van ieder oordeel te onthouden en slechts als 'historiens' de feiten, met name op godsdienstig gebied, te rapporteren. Leclerc die zelf nog voordat hij aan de redactie van de *Bibliothèques* begon, meermalen van heterodoxe, sociniaanse opvattingen was verdacht[37], verklaarde daarenboven nog dat hij boeken die de christelijke geloofsbelijdenis konden aantasten zelfs niet wenste te bespreken. Datzelfde werd ook door Masson meegedeeld die slechts binnen de grenzen van het christendom eenieder aan het woord wenste te laten komen; daarbij weigerde hij zich uit te spreken over wat wel en niet als orthodox kon worden beschouwd. De journalisten van het *Journal Litéraire* gingen veel verder: in beginsel werd door hen over alle godsdienstige en theologische geschriften 'neutraal' gerapporteerd, ook al meenden zij in het geval van publicaties waar de godsdienst fundamenteel werd ondermijnd, duidelijk een weerwoord te moeten laten horen. Door de redactie van de *Bibliothèque Angloise* werd eveneens een grote vrijmoedigheid ten toon gespreid: geen enkel geschrift werd van bespreking uitgesloten, zij het ook dat zij zich geen oordeel vergunde, maar slechts rapporteerde. De journalisten van *L'Europe Savante* vervolgens meenden de inhoud van een werk 'kritisch' te moeten weergeven; op het terrein van de godsdienst beperkten zij deze kritische analyse echter tot een toetsing op de interne logica en consistentie van een geschrift. Dat het maken van een redactioneel voorbehoud met betrekking tot godsdienstkwesties in deze periode niet alleen gebeurde door de 'journalistes de Hollande' blijkt tenslotte uit het préface op het *Journal de Trévoux*. In tegenstelling tot Denis de Sallo en l'abbé Gallois, redacteurs van het *Journal des Savans* vele jaren eerder, achtten ook de jezuïeten het noodzakelijk op het netelige terrein van de godsdienst reserves in acht te nemen.

Lezing van de beginselverklaringen in de elkaar opeenvolgende tijdschriften toont aan dat de vrijmoedigheid van de Noordnederlandse journalisten in de loop der jaren groter is geworden en dat de plaats die zij vooraf inruimden voor theologisch afwijkende opvattingen allengs ruimer werd bemeten. Vanuit hun christelijk geworteld ideaal van de Republiek der Letteren stonden zij echter op de bres voor de christelijke fundamenten van het geloof en keerden zij zich met name tegen degenen die iedere vorm van godsdienst probeerden te ondermijnen. Deze indruk lijkt bevestigd door het voorwoord op de *Bibliothèque*

Raisonnée des Ouvrages des Savans de l'Europe, dat 10 jaar later in 1728, begon te verschijnen.[38] De journalisten van dit nieuwe periodiek staken nog eens de loftrompet over de vrijheid in de Lage Landen welke buiten Engeland nergens in Europa zo werd genoten, maar die vaak onderhevig was aan de kritiek van al diegenen die als slaven aan de leiband liepen van kerkelijke en politieke machthebbers. Ook al verklaart de redactie, zoals gebruikelijk en welhaast als een plichtpleging, respect te zullen opbrengen jegens God, de goede zeden en de magistraat, daarmee wenst zij zich nog niet te scharen bij het leger journalisten wier kritische kanttekeningen op taalkundig of strikt literair gebied reeds als 'licences les plus hardies' worden beschouwd. Integendeel, zij belooft in een grote onafhankelijkheid oordelen uit te spreken, ook al zal zij, om niet persoonlijk het doelwit te worden van allerlei schimpscheuten, zich daarbij achter een schild van anonimiteit verbergen. Aldus werd het immers mogelijk blijk te geven van achting jegens een ketter of geringschatting van 'un pilier de l'orthodoxie' en was een onpartijdig oordeel niet verder uitgesloten. Het belangrijkste voor een journalist was volgens deze redactie, dat dergelijke oordelen werden uitgesproken 'avec connoissance de Cause' en 'en produisant ses raisons'.[39]

Het is in dit bestek helaas niet mogelijk na te gaan, laat staan dat zoiets nauwkeurig zou kunnen gebeuren, in hoeverre de verschillende journalisten trouw zijn gebleven aan hun uitgangspunten. Volstaan moet daarom worden met enige algemene opmerkingen op basis van een globale lectuur van de vroegste tijdschriften uit de serie. Ongetwijfeld hebben de journalisten zich allen, zonder uitzondering, laten leiden door een 'esprit de Modération' en het ideaal van de Republiek der Letteren, dat hen ertoe bracht de bevordering en verspreiding der wetenschappen te laten prevaleren boven politiek-godsdienstige tegenstellingen. Dat de gematigdheid en onpartijdigheid van de eerste journalisten wegens de Herroeping van het Edict van Nantes zwaar op de proef werd gesteld, spreekt vanzelf; zij waren immers bijna allen de calvinistische geloofsbelijdenis toegedaan en de meesten onder hen hadden vanwege de Franse godsdienstpolitiek ook het vaderland moeten verlaten. Toch kan veilig worden gesteld dat de journalisten er zich niet toe hebben laten verleiden van hun periodiek een 'bureau d'adresse de médisance'[40] te maken. Natuurlijk was het duidelijk aan welke kant zij stonden — sommige journalisten bekenden zelfs uitdrukkelijk calvinist te zijn —, maar de persoonlijke religieuze overtuiging belette hen in het algemeen niet op serene wijze de geschriften van auteurs met een andere opvatting op theologisch gebied op hun intrinsieke waarde te schatten. Zo stelde Basnage de macht en de moraalopvatting van de Sociëteit van Jezus zo nu en dan aan de kaak, maar kon hij, evenals verschillenden van zijn collegae, tegelijkertijd bewondering opbrengen voor de wetenschappelijke prestaties van haar leden.[41] Dat gold zeker ook voor Bayle, die zelfs in de woelige jaren na 1685 de nodige afstand wist te bewaren en zich niet liet meeslepen door gevoelens van haat of fanatisme.[42]

Dat de 'journalistes de Hollande' die als protestantse christenen het 'libre examen' natuurlijk hoog in het vaandel schreven, het moeilijk hebben gehad met de beperkingen die zij zich zelf noodgedwongen hadden moeten opleggen ten aanzien van de behandeling van allerlei theologische standpunten, staat ook vast. Basnage heeft het in zijn recensie van John Tolands *Christianity not mysterious* zelfs over 'l'injustice du siècle' die iedere vrijheid op religieus gebied in de weg staat.[43] Waarom stelt men zich niet verdraagzamer op ten aanzien van de geschriften van ketters, zo vraagt Bayle zich in een interessant artikel van zijn tijdschrift af, dat geheel aan dit onderwerp is gewijd: Ketterse geschriften kunnen toch worden weerlegd, aldus Bayle, en hij sluit zijn betoog daarom af met het volgende apologetische argument: 'Si l'on veut être assuré que les livres de son parti triomphent de toutes les forces ennemies, il faut les confronter avec les Ecrits du parti contraire'.[44]

Desalniettemin meenden journalisten wel degelijk de nodige voorzichtigheid in acht te moeten nemen. Dat blijkt bijvoorbeeld uit een brief van J. Bernard uit 1700, die zich een jaar eerder had belast met de voortzetting van de *Nouvelles de la République des Lettres*. In deze brief[45] reageert Bernard op een artikel dat Pierre Desmaizeaux hem uit Londen had toegezonden en dat gewijd was aan de *Exposition of the Thirty-Nine Articles of the Church of England* (1699) van G. Burnet.[46] De Londense correspondent had zich naar de opvatting van Bernard een aantal vrijmoedigheden veroorloofd die het onmogelijk maakten het artikel ongewijzigd te plaatsen: '... je ne saurois l'employer tel qu'il est (...). On n'ose point parler en ce pays comme au lieu où vous êtes, et il y a toute apparence qu'après un pareil extrait, je n'en ferois jamais d'autre ...'. Desmaizeaux werd dan ook verzocht een aantal wijzigingen aan te brengen, alvorens tot publicatie kon worden overgegaan, maar omdat deze na enige maanden nog steeds niet had gereageerd, zag Bernard zich genoodzaakt de tekst zelf aan te passen. Tegenover Desmaizeaux rechtvaardigde hij zijn handelwijze als volgt:

'Vous ne sauriez croire, Monsieur, combien on doit avoir de menagements dans le poste où je suis. C'est cela même qui m'a obligé de changer bien des choses (...) car enfin une vertu farouche qui ne veut rien tolerer ni ménager, s'attire bientôt sur les bras tout le public pour ennemi, et se trouve resserrée dans un coin bien à l'éclat, où elle a lieu de se repentir de son peu de prudence. Jésus Christ qui veut que nous ayons la douceur des colombes, nous exhorte aussi à avoir la prudence des serpents.'[47]

Bernard maakte zich ongetwijfeld aan enige overdrijving schuldig en ongewijzigde plaatsing zou voortzetting van zijn tijdschrift zeker niet onmogelijk hebben gemaakt, maar het voorbeeld toont wel aan dat journalisten zich behoedzaam wensten op te stellen op godsdienstig terrein.

Verdraagzaamheid werd ook door iedere journalist als een groot goed beschouwd en elkeen hield daar op zijn eigen wijze een pleidooi voor. Kerkelijke tolerantie werd naar de mening van Bayle in de praktijk het beste gegarandeerd door een 'tolérance civile' te bevorderen.[48] Voor Jean Leclerc was godsdienstige of kerkelijke tolerantie op haar plaats jegens al degenen die instemmen met de fundamentele artikelen van het geloof.[49] Basnage, volgens wie de verdeeldheid en gewelddadigheden, die de orde en rust in de maatschappij verstoorden, alleen door tolerantie konden worden voorkomen, verzet zich met John Locke tegen de mogelijkheid dat geestelijken de hulp van de wereldlijke arm inroepen voor de handhaving van de orthodoxie: 'Il est indigne du ministre ecclésiastique, d'employer la force à la place des preuves et des raisons, et de suppléer à leur défaut, en empruntant le bras séculier (...). L'Auteur a raison d'appuyer fortement là-dessus ...'.[50] Uit deze laatste uitspraak van Basnage — en zo zijn er nog vele andere te vinden, ook in de andere onderzochte tijdschriften — blijkt dat de journalisten ook bij theologische of godsdienstige kwesties soms wel degelijk tot oordelen kwamen, dat zij zich niet strikt hielden aan hun rol van verslaggever. Zij zullen zich daar ook zeker zelf rekenschap van hebben gegeven, zoals bijvoorbeeld Leclerc die in de *Bibliothèque Universelle et Historique* opmerkte: 'l'on vient de sortir du caractère de simple Historien, mais on n'a pas promis de le garder, lorsqu'il s'agiroit de choses contraires aux bonnes moeurs et à la société civile ...'.[51] Het betrof een passage over geloofsdwang uit een juridisch werk en men kan zich dan ook niet aan de indruk onttrekken dat persoonlijk inzicht, subjectiviteit, hier — maar ook op andere plaatsen in de verschillende tijdschriften —, soms bepalend is geweest voor de aard van de recensie.

Dat was zeker niet het geval, wanneer spinozistische of naar het atheïsme tenderende geschriften werden besproken.[52] De journalisten hebben dergelijke publicaties unaniem en vaak met de nodige felheid afgewezen, meestal geheel conform de beginselverklaring in het voorwoord op het periodiek. Zo schreef Basnage over het spinozisme als over 'le poison d'une secte qui a bien de secrets partisans' en over 'l'absurde et monstrueuse opinion des Spinozistes qui ... s'imaginent ... qu'ils ne sont pas distincts de l'Etre souverainement parfait'.[53] En Leclerc beschouwde de joodse filosoof samen met Hobbes en David Joris als het nieuwe 'drietal bedriegers' dat de religie aan de wijsbegeerte ondergeschikt wilden maken.[54] Opgemerkt zij wel dat een dergelijke eenstemmigheid niet zo verrassend was, daar rond 1700 nog door vrijwel iedereen in Europa het atheïsme evenals de opvattingen van Spinoza's ethica als gevaarlijk voor de samenleving werden gehouden. Een journalist die zulke ideeën zou hebben onderschreven, zou zelf in de grootste problemen terecht zijn gekomen, ook in de Republiek. Het zou wenselijk zijn het onderzoek naar redactionele voorwoorden en het daarin geformuleerde beleid ten aanzien van godsdienstige en theologische zaken ook voor een latere periode in de 18e eeuw voort te zetten, zeker wanneer dit vergezeld zou kunnen gaan van een toetsing aan de feitelijke uitvoering. Hier kunnen voorlopig slechts voorzichtige conclusies worden getrokken. De 'journalistes de Hollande' hebben mede dank zij hun zo expliciet gekozen redactiebeleid inzake religieuze en theologische kwesties de Republiek der Letteren grote diensten bewezen. De relatief grote vrijheid welke producenten en consumenten van de boeken genoten, werd immers door hen vooral ten dienste gesteld van de Europese gemeenschap van geletterden en geleerden (les gens habiles et savants), en niet alleen ter verdediging van de eigen theologische en kerkelijke standpunten. Natuurlijk lieten zij daarbij in de praktijk van

98

alledag wel eens een steek vallen, maar zij zijn er zeker in geslaagd om in hun bladen een al te grote partijdigheid te vermijden, en dat was, waar theologische en godsdienstige onderwerpen in de hier behandelde tijdschriften nog altijd verreweg het grootste aantal artikelen opleverden, geen geringe prestatie. Ook Camusat was die mening in 1734 toegedaan, toen hij zich keerde tegen de vele 'faiseurs de journaux', die 'sans goût, sans discernement, sans science', om commerciële redenen of vanuit een 'esprit de parti', hun periodieken volschreven. Hij concludeert deze aanklacht met de volgende veelbetekenende zin: 'Il n'en seroit de même si des Bayles, des Le Clerc etc. travailloient à nos journaux'.[55]

Noten

1. Gebruik werd gemaakt van de editie in de *Oeuvres Diverses*, La Haye 1727 (reprographischer Nachdruck G. Olms, Hildesheim 1970), p. 2. De *Nouvelles de la République des Lettres* (afgekort als NRL) verschenen tot in 1687 onder redactie van P. Bayle. Met grote onderbrekingen werd het voortgezet tot in 1718, met name onder verantwoordelijkheid van J. Bernard.
2. *Ibidem.*
3. Het beginpunt vormt het jaar, waarin Bayle zijn voorwoord schreef op de *Nouvelles de la République des Lettres*; het eindpunt werd gevonden in het jaar dat het voorwoord verscheen op *L'Europe Savante*. Een aantal van de hier behandelde tijdschriften overschrijdt overigens wel het gekozen tijdvak, daar de periodieken nog jarenlang na 1718 bleven verschijnen.
4. P. Bayle, NRL, préface, *o.c.* p. 2.
5. NRL, août 1684, art. 1: extrait d'une lettre écrite de Paris à l'Auteur de ces Nouvelles, le 9 juillet 1684, p. 102.
6. *Ibidem*, avertissement, p. 101.
7. *Journal des Sçavans*, Paris 1685, préface, ongepagineerd.
8. NRL, janvier 1685, autre avis au Lecteur, p. 197. Bayle had zijn avertissement op deze eerste aflevering van 1685, waarin hij reageerde op het voorwoord van de *Mercure Galant* van november 1684, dat gewijd was aan de NRL, reeds geschreven, toen hem in de loop van januari ook nog de reactie van het *Journal des Sçavans* bereikte. Daarom was hij genoodzaakt een 'autre avis au Lecteur' toe te voegen.
9. *Bibliothèque Universelle et Historique* (afgekort als BUH), Amsterdam 1686, préface, ongepagineerd. Dit tijdschrift werd uitgegeven van 1686-1693.
10. *Ibidem*, z.p.
11. BUH, t. XVII, avril 1690, avertissement.
12. *Bibliothèque Choisie*, Amsterdam 1703-1713, t. XXI, pp. 1-2. Cf. Guus N.M. Wijngaards, *De Bibliothèque Choisie van Jean Leclerc (1657-1736). Een Amsterdams geleerdentijdschrift uit de jaren 1703 tot 1713*, Amsterdam/Maarssen 1986, p. 34.
13. Cf. H. Bots (ed.), *Henri Basnage de Beauval en de Histoire des Ouvrages des Savans 1687-1709*, Amsterdam/Maarssen 1976, deel I, pp. 10-11.
14. *Histoire des Ouvrages des Savans* (af te korten als HOS), september 1687, préface, ongepagineerd.
15. HOS, september 1708, p. 389.
16. *Ibidem*, décembre 1687, p. 478. Cf. H. Bots (ed.), *H. Basnage de Beauval, o.c.*, p. 113.
17. Dit tijdschrift verscheen van 1712 tot 1718 te Utrecht en Amsterdam. Cf. J. Sgard, *Dictionnaire des Journalistes (1600-1789)*, Grenoble 1976, p. 264.
18. *Histoire Critique de la République des Lettres tant ancienne que moderne*, 1712, avertissement, ongepagineerd.
19. *Ibidem.*
20. Zie voor het *Journal Littéraire* (1713-1737) het speciaal-nummer van het *Documentatieblad van de Werkgroep 18e Eeuw* dat onder redactie van H. Bots en J. de Vet verscheen [XVIII/2 (1986),

pp. 117-320] en enige resultaten presenteert van een werkcollege dat aan dit tijdschrift werd gewijd aan het Instituut voor Intellectuele Betrekkingen te Nijmegen.

21. *Journal Littéraire*, mai-juin 1713, préface, pp. XV-XVI.
22. Dit tijdschrift verscheen van 1717 tot 1728. Zie J. Sgard, *o.c.*, pp. 225-228.
23. *Bibliothèque Angloise*, 1717, avertissement, ongepagineerd. Het Latijnse citaat werd ontleend aan Virgilius, Aen. X, 108.
24. Cf. *Mémoires Littéraires de la Grande Bretagne*, La Haye 1720-1724, avertissement op eerste deel (1720), p. V, geciteerd ook door J. Sgard, *o.c.*, p. 227.
25. Dit tijdschrift verscheen van 1718 tot 1720. Zie L. Belozubov, *L'Europe Savante (1718-1720)*, Paris 1968.
26. *L'Europe Savante*, janvier 1718, préface, p. XII.
27. *Ibidem*, p. XIV.
28. *Idem*.
29. Dit tijdschrift verscheen van 1694 tot 1698, eerst te Amsterdam, nadien te Berlijn. Zie J. Sgard, *o.c.*, p. 91.
30. Cf. J. Sgard, *o.c.*, p. 16.
31. Zie voor dit tijdschrift onder meer Gust. Dumas, *Histoire du Journal de Trévoux depuis 1701 jusqu'en 1762*, Paris 1936.
32. *Mémoires pour l'Histoire des Sciences et des Beaux Arts...*, Trévoux, janvier-février 1701 (meestal kortweg *Journal de Trévoux* genoemd), préface, ongepagineerd.
33. *Ibidem*, janvier 1708, avertissement, ongepagineerd.
34. Interessant is nog dat de jezuïeten nauwelijks verbolgen schijnen te zijn geweest over de Amsterdamse editie van het tijdschrift. Zie I.H. van Eeghen, *De Amsterdamse Boekhandel 1680-1725*, deel II, Amsterdam 1963, pp. 129-130 e.v.
35. Denis François Camusat, *Histoire Critique des Journaux*, Amsterdam 1734, t. II, p. 41.
36. Cf. bijvoorbeeld het bericht aan de lezer in de *Journal des Sçavans* aan het begin van de jaargang 1685, waarin de Noordelijke Nederlanden worden beschreven als 'le pays où l'on a la liberté de tout dire et de tout écrire'.
37. Al in de jaren 1683-1684 werd Leclerc van sociniaanse opvattingen verdacht. Cf. A. Barnes, *Jean Leclerc (1657-1736) et la République des Lettres*, Genève 1938, pp. 81-86; zie ook M.Chr. Pitassi, *Le problème de la méthode critique chez Jean Leclerc*, thèse de l'Université de Genève 1985 (typoscript), pp. 14-19, verschenen als: *Entre Croire et Savoir. Le problème de la Méthode Critique chez J. Leclerc*, Leiden 1987 (deel XIV van Kerkhistorische Bijdragen).
38. *Bibliothèque raisonnée des Ouvrages des Savans de l'Europe*, I, Amsterdam 1728, Avertissement des libraires, pp. V-XVII. Cf. J. Sgard, *o.c.*, p. 21, article J. Barbeyrac.
39. *Ibidem*, pp. VIII en XV.
40. Cf. P. Bayle, NRL, préface op de eerste aflevering.
41. Cf. G. van Gemert, 'De jezuïeten in de Histoire des Ouvrages des Savans', in H. Bots (ed.), *H. Basnage de Beauval*, *o.c.*, I, pp. 305-337.
42. Cf. H. Bots, 'Le refuge et les Nouvelles de la République des Lettres de Pierre Bayle (1647-1706)', in: J.A.H. Bots en G.H.M. Posthumus Meyjes, *La Révocation de l'Edit de Nantes et les Provinces-Unies*, Amsterdam/Maarssen 1986, pp. 85-96.
43. HOS, mars 1697, p. 311 en cf. H. Bots (ed.), *H. Basnage de Beauval*, *o.c.*, t. II, pp. 162-167.
44. NRL, juillet 1685, art. IX, 'Réflexions sur la tolérance des Livres hérétiques', pp. 335-336, hier p. 336.
45. British Library, Add. Manuscripts 4281, f. 87, brief van april 1700.
46. Het artikel zou uiteindelijk worden gepubliceerd in NRL, août 1700, art. II, pp. 154-179.
47. British Library, Add. Manuscripts 4281, f. 88, brief van 13 juni 1700.
48. Cf. E. Labrousse, 'Note sur la théorie de la tolérance chez Pierre Bayle', in: *Notes sur Bayle*, Paris 1987, p. 175 (réédition d'un article dans *Studies in 18th century culture*, t. 4, 1975.
49. *Bibliothèque Ancienne et Moderne*, II (1714), p. 161.
50. HOS, septembre 1689, pp. 20-21 en 23. Cf. H. Bots (ed.), *H. Basnage de Beauval*, *o.c.*, II, pp. 189 e.v.
51. BUH, IV, janvier 1687, p. 185 naar aanleiding van bespreking van A.W. Ertel, *Palaestra aulico-juridica de juribus principum*, Augustae Vindelicorum 1686.

52. Cf. P. Clair, 'Deïsme et Athéisme de 1665 à 1715 à travers les journaux: sources, contextes, tendances', in: A. Robinet (dir.), *Recherches sur le XVIIe siècle*, II (1978), Cahiers de l'Equipe de recherche 75, Paris CNRS, 1978, pp. 109-122.
53. HOS, décembre 1689, p. 166 et HOS, janvier 1691, p. 232.
54. BUH, XXII, mars 1692, p. 197: 'trois insignes imposteurs'.
55. D.F. Camusat, *o.c.*, t. I, avertissement.

Philip Doddridge, John Guyse and their *Expositors*

Geoffrey F. Nuttall

No one reading Doddridge's letters, reading even the summary of those printed in the *Calendar*[1] of his correspondence, can be left in any doubt that his paraphrase of the New Testament, the *Family Expositor*, was in his own eyes his most important literary production. Much of his 'character in Life', he believed, would depend on it.[2] By 1739, the year when the first volume was published, he was already an established and respected figure, with nine years behind him as minister of a flourishing Dissenting church in Northampton and as tutor of an academy there for training ministers. The two University Colleges in Aberdeen had honoured him with the degree of Doctor of Divinity. In the *Family Expositor* his capacities as a man of learning and his experience as pastor and teacher were drawn together.

From his correspondence with his friend and patron, Samuel Clark of St. Albans, it is clear that the work was being planned, its title already decided, as early as 1736. It was to be 'a fresh translation', he wrote in March, 'with paraphrase interwoven, and references to the most considerable writers, to be published in octavo'. In the following January he was hard at work: 'my Family Expositor goes on almost every Day'. 'My present scheme', he wrote in April, 'is first an Edition in 4° with pretty large Critical Notes then another in 12° in small 8° like the *Spectators* ... without notes & for the Service of poorer Families'. By the autumn of 1737 printed *Proposals*, with a Specimen, were being placed as an advertisement in local newspapers, and Doddridge was hoping to go to press by Christmas. In February 1738 a print of 1,500 had been decided on, the publisher, Richard Hett, was to pay £400 down for Volume I, and Doddridge approved of the first sheet as 'printed very handsomely'.[3]

A prolific writer, Doddridge was accustomed to use shorthand, which was later turned into longhand by one of his students or by himself. On 7 October 1738 he wrote to Clark that volume I was 'now in such forwardness that I am in hopes it will be transcribed in about 3 weeks more'. Publication he expected (as in the previous year) by Christmas. In the event the volume did not appear till the New Year; but by February it was not only published, with ('by her Permission') what Doddridge described as 'an old fashion'd Dedication' to the Princess of Wales, but, 'tho' 1750 were printed', it was already almost out of print, so few copies being left that it was to be remaindered 'at a Guinea a Set'.[4]

So satisfactory a situation would probably not have come about, had the volume not been heavily subscribed. Support came, naturally, from all parts of

Northamptonshire, with Northampton itself providing 87 names and Kettering 20. Doddridge had many friends in London, but of the 1,100 subscribers it is calculated that only 2 per cent came from the capital.[5] The baronet and M.P. Sir Harry Houghton procured 120 subscribers (some of them from Lancashire, where his country home was situated); William Roffey, a wealthy distiller in Surrey, 'got in between thirty and forty' and, later, another four while travelling in the West Country, where he says he found many people had subscribed already. Exeter was good for as many as 56 subscriptions, probably through the good offices of the Dissenting bookseller and publisher in the city, Aaron Tozer, who subscribed personally for eight sets. 'Coventry has sent in 32 Subscriptions', Birmingham 28; and so on.[6]

The pleasure Doddridge felt as subscriptions accumulated is clearly reflected in his letters. It was overtaken, however, by anxiety when in the autumn of 1737 *Proposals* for a work similar to his own were issued by a minister in London, John Guyse, with the prospect of publication at very much the same moment as the *Family Expositor*. This meant that 'I must be obliged', Doddridge wrote to Clark, 'to get out my book faster than I could have wishd'; and he still had 'all the Notes & more than half the Work to transcribe into long Hand. A Labour which I dread', he confessed to Isaac Watts in London, who had always shown himself a good friend. 'We have a good printing House at Northampton', Doddridge wrote on 8 October; but 'Dr. Guyse will have the Advantage of me in many Particulars'. He begged Watts to use his influence with Guyse 'to give me all the breathing Time he can'.[7]

It was a difficult situation. 'Dr. Guyse's first advertisem^t alarm'd Dr. D. so sensibly', Watts wrote on 13 October to Benjamin Colman of Boston, Massachusetts, 'that he published his proposalls ye very day y^t Dr. G.'s were publisht, & ye bookseller or the Dr. dated it 3 days before, wch probably was ye very day 'twas written at Northampton ... it will be a very great hindrance to ye encouragem^t of both; & their 2 booksellers are in great contest, each to promote his author'.[8]

Guyse was well known to Watts. The two men had, in fact, just collaborated in an English edition of Jonathan Edwards *Faithful Narrative of the Surprizing Work of God in the Conversion of Many Hundred Souls in Northampton, Massachusetts*. Before the end of October Doddridge received a copy as a gift from the two editors 'jointly'. This was a good omen; and in early November Watts's reply came: 'Dr. Guyse and I in our conversation agree, that neither of you should oppose the other'. Some people complained that Doddridge had 'oppos'd & broke in upon' Guyse, but 'I will endeavour to preserve the Spirit of a Xtn. in it', Doddridge wrote to Clark; and he pressed on. In February he wrote to his wife from London of a report that Guyse would 'defer printing his Paraphrase till mine is all come out, but I am not sure it is true'. It was not. Doddridge's *Expositor* was the first to appear, but not by much: Guyse's first volume, with a preface dated 10 March 1738/9, was already being read and discussed by early May.[9]

Readers of Professor van den Berg are familiar with Philip Doddridge's name. But who was Guyse?

John Guyse was born in 1680 at Hertford, where at the age of fourteen he became a member of the local Congregational church. After a period at a Dissenting Academy at Saffron Walden in Essex he accepted an invitation to become assistant to the minister of the Hertford church, and later succeeded him: on 14 November 1705 he was 'seperated to ye Pastoral office with fasting and prayer' by four ministers, all of them Congregational.[10] Here he remained for over twenty years, during which he published the first in a long series of sermons, addresses and controversial tracts. One, *Jesus Christ God-Man*, appeared in 1719, the year when at Salters' Hall, London, Dissenters divided sharply over doctrinal subscription.[11]

In 1723 Guyse received a call from the Congregational church worshipping in Hare Court, London, but declined it. Three years later there were 'thoughts of inviting' him to another London Congregational church, in Miles Lane, which had a reputation for being a 'precise' people. When in the following autumn the assistant of the former minister of that church, Timothy Jollie, was chosen as his successor, sixty-three members withdrew, on the pretext that Jollie was not sufficiently orthodox. They now invited Guyse, and Guyse accepted. On 26 July 1727, in a newly built meeting-house in New Broad Street, he was set apart as their minister, and with them he continued till 1756.[12]

Throughout these thirty years Guyse played a leading part among London Dissenters. He was a frequent preacher of sermons to the young and at ordinations[13] and funerals, a supporter of charity-schools[14] and of the Society for the relief of ministers' widows and orphans, with David Jennings (another of Doddridge's friends and, with Doddridge, Watts's literary executor) active in the affairs of the Coward Trust, prominent in the King's Head Society for the training of ministers sound in the faith, and a regular contributor to more than one series of lectures delivered in the interests of Christian apologetics. In 1732, a few years before Doddridge was similarly distinguished, the award of a D.D. from Aberdeen confirmed Guyse's reputation for learning. His concern for correct doctrine was combined, we have already seen, with an interest in revival — nor only in Massachusetts: Howel Harris records a private visit in 1739, when he gave Guyse an account of the current revival in Wales. Over the years Harris went a number of times to hear Guyse preach. On one occasion he found 'sweetness in hearing him speaking the truth, but there was no power, I could not feel God there'; on another he was 'put off by his looks'; on another he 'could not help' responding to an appeal from Guyse for 'charity to poor country ministers'; on yet another he fell asleep.[15]

This was the man in whose plans for publication Doddridge discovered a 'disagreeable Concurrence'. One can see that competition could be a serious matter. Nor would Guyse's doctrinal position appeal to Doddridge, who had early confessed to Clark his difficulty in the Expositor with 'some Texts often but injudiciously made a Test of Orthodoxy' and his fear that 'all my Orthodoxy will be little enough'. When Guyse had left the Hertford church for

London, Clark had in fact recommended Doddridge to Hertford; but when two deacons went from Hertford to hear Doddridge preach, they 'found themselves disappointed' in him as 'a legal preacher'. In London, meanwhile, Guyse was soon involved in controversy. A younger minister who had also just settled in London, Samuel Chandler, accused him of setting up as 'the warm head of a party'.[16] Guyse denied it. He and the church to which he ministered kept 'clear', he insisted, 'of all extremes of *Antinomianism* on one hand, and *Arminianism* on the other'; but this did not satisfy Chandler, who returned to the charge that in published sermons entitled 'Christ the Son of God the great subject of a Gospel-ministry' Guyse had condemned 'the poor *Arminians*, all that are not in the main of the *Calvinistical* scheme, such as are in the *Baxterian* way', in fact 'all ministers that did not preach *Calvinistick knowables*'.[17]

To Doddridge controversy of this sort was distasteful. While ready to engage with the Deists, between Christians he desired a large measure of mutual tolerance. Guyse's position in his own eyes we may see reflected in his approval of a minister whose funeral sermon he was preaching that he 'settled with entire satisfaction, upon judgment, and with a delightful relish, upon experience, in that scheme of evangelical doctrines, which are commonly known by the name of Calvinistic'.[18]

In the event neither man's *Expositor* seems to have injured the other's. Owing to its 'arrangement' and 'on many other accounts, much more considerable', as one of Doddridge's correspondents wrote in May 1739, 'it so happens that your performance and Dr. Guyse's do by no means interfere'.[19]

The 'arrangement' certainly differed, notably in the opening volumes of the two works. To the perplexity of some of his readers,[20] Doddridge attempted a 'harmony' of the four gospels. Guyse, on the other hand, presented the gospels separately, allowing himself a measure of liberty to vary his paraphrase of what he found common to each of the first three, and recognizing *John* as 'in a Manner, a Gospel by it self' ('more evangelical', he considered). Doddridge also provided his own fresh translation. In order to keep the sacred text distinct from his own lucubrations, he italicized the words translated within the paraphrase. By way of comparison with his own rendering he reproduced the Authorized Version in the margin, and also indicated on which gospels he was drawing as sources for his harmony.

A passage from the raising of Jairus' daughter, based on Mark's account, will illustrate Doddridge's method:

And approaching the Bed on which the Corps was laid out, *he took hold of her Hand, and* to express his Power over Death itself, *called*, with a loud Voice, *saying to her*, (as if she had indeed been only asleep) *Talitha cumi, which* Syriac Expression, *being translated* into our language, *signifies, Maiden, (I say unto thee,) rise up. And* he had no sooner spoke these Words, but *presently her Spirit came back again*, to animate the Body which it had deserted, *and she* was so perfectly recovered, that she *arose and walked*; ...

And he took [her by the Hand, and called, saying] unto her Talitha cumi, which is, being interpreted, Damsel (I say unto thee) arise [LUKE VIII.54] and straightway [LUK. her Spirit came again and she] arose, and walked.

This is ingenious but cumbrous, and results in a complicated lay-out that tires the eyes and calls for not a little intelligence and concentration. Guyse, who endeavours to present the material in 'as Plain, Practical and Evangelical a Light as I can', appears simpler and more straightforward. In the margin Guyse prints the Authorized Version, unadorned. He then seems less limited than Doddridge by the text, and admits into his paraphrase a larger amount of reflection and homiletics than Doddridge, perhaps, considered appropriate. Guyse's rendering of the raising of Jairus' daughter reads thus:

> And, in the Presence of all these, he went up, and, taking hold of her Hand, spoke to her, with an air of divine Majesty and sovereign Authority, in words of the *Syriac* Language, which were well known to signify, *young Woman, arise*. He spake and it was done; divine Power went forth with his Words, and immediately, her Soul returning into her Body, she got up, and, to shew that she was not only restored to Life, but likewise to perfect Health and Strength in that instant, she walked about the Room; ...

If the two renderings are placed alongside each other, one can see that Doddridge's method, applied consistently, allows small room for the 'Beauty and Force', 'Beauties of Expression', 'a thousand latent Beauties' in Scripture to which, in the Dedication of his work, he characteristically calls attention. Of the two, Guyse's paraphrase is often the more attractive, and the more moving. Even so, in his English dress how much more lively is the prince of paraphrase, Erasmus of Rotterdam!

> And what folowed? No creature alive doeth more lightlyer awake from slepe at the voyce of any that calleth him up, then this mayden arose agayn frō death to lyfe as soone as Jesus spake unto hir. For not onely her soule and lyfe retourned agayne into the tabernacle of hir body, from whens it had tofore departed; but also she arose up, and walked about the house as mery and lustie as ever she was before.[21]

For the rest of his life the *Family Expositor* was a major preoccupation with Doddridge, never for long out of his thoughts: during at least four successive years he carried out his intention to work on it every day. 'I can get but little Time to read while I am galloping on so fast toward the end of my 2d. Volume', he wrote to Clark in April 1740. By August of that year he had drawn up the preface, and by October the book was out and a copy had been presented to the Princess of Wales. A year later he hoped that Volume III would appear in about two years. A draft was completed by the end of 1742, parts of which served as 'Academical Lectures, wch I read to my Pupils once a week', he wrote to Clark; but the fair copy (apart from the notes) was not finished till January 1745. The preface is dated 11 December 1746, a postscript 28 October 1747, and by the time the volume was published 1748 had dawned. The delay was in part due to the massive labours of the London minister Edward Godwin in compiling the indexes (to Volumes I-III) which together cover no fewer than 183 pages.[22]

Doddridge had already begun work on Romans a year earlier, on 1 January 1747. After two years he had completed 'the first copy of the translation, paraphrase, and improvement', with 'the notes as far as Ephesians'. Meanwhile Volume III was selling well. Doddridge found, in fact, 'much reason to believe' that what he regarded as 'the most considerable work of my life' would 'go through a considerable part of Europe'. In the autumn of 1750 a fresh subscription list was opened, and the encouragement Doddridge felt at receiving subscriptions from 'the Lord Chancellor and several of the bishops' would in time be confirmed by the appearance among the subscribers of the Lord Chancellor (Hardwicke), the Archbishop of Canterbury (Herring) and the Bishops of Durham (Butler), London (Sherlock), Oxford (Secker) and Worcester (Maddox), with each of whom, in one way or other, Doddridge was in touch. By June 1751 the printer was eager to proceed at once, 'as the publick enquires so much when it will go into the Press'. A thousand copies were to be printed, at 'two Guineas the Sett'. But Doddridge's health was now failing, and on 26 October he died. Volume IV did not appear till 1753; Volumes V and VI were published in 1756, the latter with an 'Advertisement' by the editor, Job Orton, dated 21 November 1755.[23]

Though overtaken in popularity for a time by *The Rise and Progress of Religion in the Soul* and the memoir of Colonel Gardiner, no other work by Doddridge won such perennial acclaim as the *Family Expositor*. A future Dean of Bristol called it 'the Best Book I ever met with, for those who believe the Gospel'; a future Bishop of Gloucester considered it surpassed 'anything of the kind'. Among Dissenters a Wiltshire minister held it to be 'the Best book of the kind ... Ever published'; a London minister wrote 'how fond' of it he was, going 'over and over again with it'. A former pupil wrote from Edinburgh of the work's growing acceptance in Scotland, where another pupil's father, Sir James Fergusson of Kilkerran, Bt., told of its being 'read every day in my family ... the children call it the prayer book'.[24]

At first sight more remarkable than any of these expressions of approval is the statement by the politician George Lyttelton (later Lord Lyttelton) that his wife and he read the *Family Expositor* together every Sunday; but Lyttelton, Doddridge and Lyttelton's cousin, the poet Gilbert West, formed a 'Christian Triumvirate' of mutual admirers — hence Doddridge's encomiums, in the postscript to Volume III, of two works that had recently appeared, West's *Observations on the Resurrection* (1747) for 'Sagacity, Delicacy, and Candor' and Lyttelton's (at first anonymous) *Observations on the Conversion ... of St. Paul* (1747, addressed to West) as a piece 'as perfect in its kind as any our Age has produced'. In the contest with Deism Doddridge regarded the *Family Expositor* as an important form of apologetic. In presenting 'a Perfection of Goodness, no where else in the world to be seen, or to be heard' was he not providing 'Evidence so various, so powerful, and so sweet' as to constrain 'the Heart to be (if I may so express myself) carried away with the Torrent'? and from this angle his friends' *Observations* were the writings with which he desired his work to be compared.[25]

Guyse's *Expositor*, like Doddridge's, carried a list of subscribers. Doddridge's list is longer, more distinguished and more international, with subscribers in the Netherlands and New England as well as in Wales. Guyse's list has only one Dutch name, that of Martin Adrian de Jongh, minister of the Dutch church in London, and not many Welsh, though these include that of Evan Davies, 'Tutor of the Academy in Wales' then at Haverfordwest.[26] One name stands out, that of the Speaker of the House of Commons, the Rt. Hon. Arthur Onslow, a man noted for his tolerance and integrity: it was a matter of concern to one of Doddridge's correspondents that 'no friend of yours should have got' the Speaker 'to subscribe to your book'.[27] Analysis of those names in each of the two lists which are not in the other might reveal distinguishable theological tendencies among subscribers, but would not be easy. Many, perhaps half, of the names are those of laymen, whose identification is often not clear; in Doddridge's list the subscribers' domicile is given, but not in Guyse's.

What at once appears is that a considerable number of names are in both lists. Of stalwarts such as Lady Abney and the bibliophile Mrs. Elizabeth Cooke,[28] Isaac Watts and David Jennings, all of whom were friends of both authors, one might expect that they would support both works, and this is the case. Other prominent London ministers subscribed to both, as also did Clark of St. Albans. The Norwich minister Thomas Scott not only 'got (including myself & my Daughter) 17 Subscribers' for Doddridge's *Expositor* but 'had the care of promoting' Guyse's too.[29] The name of another active gatherer of subscriptions in Doddridge's interest, William Roffey, also appears, with that of his wife, in Guyse's list. The world of Dissent was small, and, if antagonism could be sharp, friendships were extensive and interlacing. In business terms Doddridge's publisher, Richard Hett, who also sometimes published for Guyse, evidently considered there was room for Guyse's *Expositor* as well as Doddridge's, for he put himself down for twenty-eight sets. Guyse's publisher, John Oswald, also subscribed to both works. So did the Moravian publisher, James Hutton.[30]

In the theological sphere, the strict Calvinism for which the baronet Sir Richard Ellys[31] was noted did not preclude him from subscribing to Doddridge's *Expositor* as well as Guyse's. Conversely, the minister from whom Guyse's congregation had withdrawn on the ground that he was not sufficiently orthodox, Timothy Jollie, had the charity to subscribe to Guyse's *Expositor* as well as Doddridge's. There was also an irenic gesture of a kind which Professor van den Berg would certainly notice and commend: each author subscribed to the other's work. Doddridge went further. In his second volume he several times commends comments in Guyse's first volume as good and valuable. On the connexion of 'the Servant' in John viii.35 with both 'the Servant of Sin' in verse 34 and 'the Son' in verse 36, Doddridge observes: 'I think Dr. Guyse's ingenious and pious Paraphrase, and Note on these Words, contain an excellent illustration of them'; but on 'the wisdom of God' in Luke xi.49, 'with all due Respect to that learned and pious Interpreter, I cannot apprehend it to be the Sense of this Passage'.

Rather strangely, no correspondence between Doddridge and Guyse is extant; but Doddridge referred to Guyse as 'so kind a friend' at the time when he was 'surpriz'd' by the news of what Guyse was planning — 'I feel an undiminishd Love for him', Doddridge wrote — and the two men were increasingly in touch. The formal phrase in a letter of January 1738 from Doddridge to his wife that in a round of social calls in London he had 'waited on' Dr. Guyse may indicate his first visit: the situation was certainly delicate, for he was in London to collect subscriptions for the *Family Expositor*. It was evidently wise to exercise some caution towards the older man. When, later that year, what Doddridge regarded as 'unreasonable Clamours' against the Northampton Academy were being made in the Congregational Fund Board and he wrote a spirited letter in self-defence to one of its members, saying he knew he had 'many Enemies in London', he added 'You'll not shew this to Dr. Guyse'; and nearly two years later Watts thought it in order to tell Doddridge he had not shown Guyse a letter from Doddridge to himself.[32]

Later on, mutal confidence had been established. Doddridge had a way with him, and would win people over. When in 1744 trouble flared again on the Fund Board and Thomas Bradbury, another strict Independent, threatened to block assistance to the Academy on the ground that Doddridge was supporting the Moravians and the Methodists, it was Guyse, together with Jennings, who was effective in bringing the doughty old controversialist to a better mind; and in the following year, when Doddridge was eager to secure a D.D. from Glasgow for Samuel Clark, and the University regarded his own recommendation alone as '*too scrimp*', it was again to Guyse, this time with Watts, to whom he turned for letters of testimony on Clark's behalf, and with success. Between 1746 and 1749 Guyse and Jennings, probably in their capacity as Coward Trustees, paid an annual visit to Northampton in August to examine the students — 'the Lords Inquisitors ... & their train', Mrs. Doddridge called them! but they must have come with Doddridge's approval; and in 1746, on the day after the examination, he accompanied the visitors from London to a meeting of ministers at Kettering in which all three took part. In these later years Doddridge also regularly visited Guyse when in London, in 1749 dining with him 'on a very fine Turbot & Rump Steak'; and when he died he left Guyse a guinea to buy a ring.[33]

Space does not permit systematic comparison of the two *Expositors*, but a note or two may be of interest. On Luke iii.16 Doddridge comments on the negligence with which 'the Leicester Manuscript' was 'collated by Dr. Mill's Correspondent', and hopes 'the World will e'er long be favoured with a far more exact account ... from the Reverend, accurate, and indefatigable Dr. Wasse of Ayno' (whose 'obliging Readiness to assist me in this Work' he gratefully acknowledges); but in Volume II he has to record Wasse's death. On Acts viii.37 he writes, 'It is surprizing to see, in how many Antient Copies and Versions this Verse is omitted. ,,Nevertheless'', says Beza, ,,GOD forbid, I should think it ought to be expunged''; Guyse makes no comment that the verse is in any way suspect. On the Johannine Comma (I John v. 7) Doddridge writes: 'I thought myself obliged to intimate such a remaining Doubt at least, concerning its Authority, as I have done by inclosing it in Crotchets', but whether the words had been added or omitted 'I will not pretend to determine'; Guyse here refers to Mill for 'the fullest and fairest Account ... on both sides of the

Question', but comes down in favour of genuineness: 'the Trinitarians ... had less Occasion to interpolate this Verse, than the Anti-trinitarians had to take it out of the sacred Canon'.[34]

Doddridge's index gives examples of 'an Ambiguity sometimes in the Original, proper to be preserv'd in the Version'. On Christ as the 'end' of the law (Rom.x.4) Guyse distinguishes between 'the perfecting End of the moral Law' and 'the abolishing End of the ceremonial Law', and is 'inclined to consider' the former 'as most directly intended'; Doddridge simply glosses the word as the 'Scope' of the law. On the opening of the graves and the saints' rising at the crucifixion (Matt. xxvii.52-3) Doddridge comments: 'It was to be sure a most surprizing Event ... What an astonishing Spectacle!' This reflects a current tendency: the appeal to the miraculous was losing its force and an appeal to the surprising was taking its place. Each writer allows himself on occasion to be carried into polemics. When commenting on the words of the institution of the Last Supper they both explicitly repudiate transubstantiation; Doddridge takes Jesus' words to the Virgin in John ii.4 as 'intended as a Rebuke to Mary'; and on 'buried with him by Baptism' (Rom. vi.4), while Doddridge writes, 'It seems the part of Candor to confess, that there is an Allusion to the Manner of baptizing by Immersion as most usual in these early Times; but that will not prove this particular Circumstance to be essential to the Ordinance', Guyse robustly claims that the words do not refer to the mode of baptism at all: 'not the Sign, but the Thing signified in Baptism' is the matter in hand. Both men see Revelation xvi.6 as a precise prophecy historically: Doddridge regards 'the bloody wars between the Guelphs and Gibellines' as 'on the whole ... the most profitable and satisfactory Interpretation', but Guyse takes the verse as 'referring to the Waldenses and Albigenses', on whom he provides notes.

When Guyse brought out Volume II of the *Practical Expositor* in 1747 he wrote in the preface, 'I have honestly represented every Text and Context, in the fairest Manner, according to the Light God has given me', and called for a serious and impartial consideration of 'the Evidence, that offers in the Paraphrase, and Notes to support it', as demanded by 'Equity and Candour, Christianity and Humanity, and all the just Laws of Free-Thinking'. When he came to write the preface to his third and last volume (1752) he took occasion to lament 'much more eminent Servants of the blessed Jesus, and less advanced in Years' who had been 'cut off in the Midst of their Labours of this kind'. The reference would not be lost.

When in 1753 Doddridge's fourth volume came out posthumously, an undated preface carried the following testimony:

> So far as I know myself, I have no favourite hypothesis to serve, nor a Fondness for any unscriptural Phrases: in which so many have, on one Side, and the other, made the very Being of Orthodoxy to consist. I have been disposed to let Scripture carry me along with it, wherever it naturally leads, rather than resolve it should follow me.

It was a noble signing-off. The shorthand drafts of a considerable part of the *Family Expositor* are dispersed among Doddridge's papers at Dr. Williams's

Library. A corrected autograph copy of the manuscript is in the Angus Library at Regent's Park College, Oxford.

Guyse lived on for several years. In the sermon delivered at his funeral in 1762 the preacher referred to the *Practical Expositor* as 'judicious and valuable ... executed with a great degree of exactness and care', and continued:

> He has shewn herein his solid Judgment and Learning and without any affectation and needless pomp of Criticism has given the Reader as full a view of the sense of the best interpreters, and as comprehensive an insight into the scope and meaning of the New Testament as is likely ever to be met with, in the same compass of words.[35]

The *Family Expositor* and the *Practical Expositor* were alike in being often reprinted. The former reached a seventh edition in 1792 and an eleventh in 1821. In addition Doddridge's translation of the New Testament was extracted from his *Expositor* and published, with notes, as a *New Translation* in 1765. This also, or selections from it, ran into several editions till as late as 1848. Editions of Doddridge's harmony of the gospels also appeared in 1804 and 1832, and a *Family and Closet Expositor* in 1830. Guyse's *Expositor* was particularly popular in Scotland, where a sixth edition was published in Edinburgh in 1818. It was also taken up into editions of the Bible as a whole, such as the *Universal Bible* (Edinburgh 1766) and the *Family Bible* (Aberdeen 1771, with at least two later editions).

Doddridge's work was translated into German as *Paraphrastische Erklärung des neuen Testaments* (Magdeburg & Leipzig 1750-6) and into Dutch as *Huis-uitlegger des nieuwen Testament* (Amsterdam 1765-83), Guyse's into Welsh as *Esponiad ar y Testament Newydd* (Talgarth 1805). In Pembrokeshire ('Little England beyond Wales') Guyse was read in English: in 1801 the curate of Martletwy promised to use a grant from a charity for poor clergy 'to get Guyse on the N. Testament'.[36] Across the Atlantic, at Bethesda in Georgia, the first 'divinity books to be read' in the College planned by George Whitefield were 'Matthew Henry, Doddridge, Guise, ...'.[37]

Notes

1. *Calendar of the Correspondence of Philip Doddridge D.D (1702-1751)*, ed. G.F. Nuttall, London 1979. References below to Doddridge's letters are by the serial numbers used in this work; not all passages quoted below are printed in the *Calendar*.
2. Letter 478.
3. Letters 443, 450, 456, 473, 477-9, 487, 492, 495. For Hett, and for his former apprentice, Thomas Cadell, a Bristol bookseller who undertook to advertise the *Proposals* in the local newspaper, see H.R. Plomer and others, *Dictionary of ... Printers and Booksellers ... 1725 to 1775*, London 1932, pp. 123 and 41.
4. Letters 523, 526-7, 535, 663; *Gentleman's Magazine* for February 1739.
5. For a socio-geographical breakdown of the figures, see Alan Everitt, *The Pattern of Rural Dissent: the nineteenth century*, Leicester 1972, pp. 16-17.
6. Letters 483, 485, 490, 524. For Roffey and his wife (who also subscribed in her own name), who with their family are the subject of a portrait by Sir Joshua Reynolds in the Birmingham Art Gallery, see *Genealogists' Magazine* 12 (1956), 224-7; for Tozer, see Plomer, p. 247.

7. Letters 472, 474.
8. Massachusetts Historical Society *Proceedings*, 2nd. ser., IX (1894-5), 358; Colman later sent Watts 'half an ounce of gold, in rings', to cover the cost of his subscription (T. Milner, *Life . . . of . . . Isaac Watts*, London 1834, p. 640).
9. Letters 474-5, 478-9, 485, 546. Guyse's work was originally entitled *Exposition* but seems always to have been known as his *Expositor*. A copy of the *Faithful Narrative*, presented by the editors to Mrs. Elizabeth Cooke (n. 28 below), with an inscription in Watts's hand, is among the New College, London books now in Dr. Williams's Library.
10. William Urwick, *Nonconformity in Herts.*, London 1884, pp. 542-3, from the Hertford church book (examination of which indicates that Urwick's transcripts are not always verbally exact).
11. Walter Wilson, *History and Antiquities of Dissenting Churches . . . in London*, London 1808-14, II. 240, note R, lists thirty publications by Guyse; virtually all, often in more than one copy, came through the libraries of Dissenting Academies to New College, London, and are now in Dr. Williams's Library; the Homerton Academy copy of Guyse's *Practical Exposition* is inscribed *e dono autoris*.
12. Letters 86, 206-7; Urwick, p. 545; Wilson, I. 493-4, II. 229-41.
13. In *A sermon preach'd at the ordination of . . . William Johnson*, London 1736, pp. 8-9, Guyse argues that 'imposition of hands' is not 'requisite to the validity of ordination'; in *A Sermon preached at the ordination of . . . John Angus*, London 1748, p. 62, that 'preaching the Word, and blessing the People in the Name of the Lord, as well as Prayer, are a proper Province for such, as are only either stated, or occasional Teachers . . . But, the Administration of . . . Baptism and the Lord's Supper are Ordinances of special Communion; and therefore, the dispensing of them is peculiar to the Office of a Pastor'.
14. In 1747 a sermon from Guyse for the benefit of the charity-school at St. Albans raised £19.11.6; a sermon from Doddridge three years earlier had raised £14.1.0: see Urwick, p. 206.
15. John Thickens, *Howel Harris yn Llundain*, Caernarfon [1938], pp. 123, 132; Tom Beynon, *Howel Harris, Reformer and Soldier*, Caernarvon 1958, pp. 35, 50; id., *Howel Harris' Visits to London*, Aberystwyth 1960, p. 52: in all cases from Harris' manuscript journals preserved in the National Library of Wales, Aberystwyth. For Harris, as also for Jennings, see *Dictionary of National Biography*.
16. Samuel Chandler, *A Letter to the Reverend Mr. John Guyse*, London 1730, p. 13. For Chandler, see *D.N.B.*
17. John Guyse, *The Scripture-notion of preaching Christ*, London 1730, p. 10. See also John Henley, *Samuel sleeping in the Tabernacle . . . in vindication of . . . Guyse*, London [1730]. Samuel Chandler, *A Second Letter to the Revd. Mr. Guyse*, London 1730, p. 55. Guyse's sermons were printed in *Christ's Loveliness and Glory*, By Several Ministers, London 1729.
18. John Guyse, *A Sermon occasion'd by the . . . death of . . . John Hubbard*, London [1743], p. 31. Hubbard had written a dedicatory epistle for *Christ's Loveliness*, and had also been criticised by Chandler. See also Thomas Gutteridge, *An Elegy Sacred to the Memory of . . . John Hubbard*, [London 1743], based on Guyse's *Sermon*.
19. Letter 546.
20. Letters 546, 726.
21. *The first tome or volume of the Paraphrase of Erasmus upon the newe testamente*, London 1548, fo. xciii *v*; the translator was Nicholas Udall.
22. *Correspondence and Diary of Philip Doddridge*, ed. J.D. Humphreys, London 1829-31, V. 451, 473, 478, 488, 491, 513; Letters 599, 621, 650, 705, 873, 1036, 1204, 1245.
23. Humphreys, V. 478, 492, 505, 519-20; Letters 1400, 1562, 1742, 1745.
24. Letters 596, 650, 659, 726, 1007, 1550. For Fergusson, see *D.N.B.*; his copy of the *Family Expositor* is preserved in the library at Kilkerran, Ayrshire, as is the copy at Dr. Williams's Library recorded in the Benefactors' Book, fo. 58, as received 'by ye Will of ye late author'.
25. Letters 1245, 1370, 1673; for Lyttelton and West, who also admired the *Family Expositor*, see *D.N.B.*
26. De Jongh was its minister from 1737 to 1749: see J. Lindeboom, *Austin Friars: history of the Dutch Reformed Church in London 1550-1950*, The Hague 1950, p. 205. For Davies, 'a Calvin, but not a fighting Calvin' (Pennar Davies, 'Episodes in the History of Brecknockshire Dissent',

in *Brycheiniog*, ed. D.J. Davies, III (1958), 38), see *Dictionary of Welsh Biography down to 1940* (Cymmrodorion Society), London 1959.

27. Letter 546 (the reference to Onslow as 'Sir' Arthur is incorrect). For Onslow, who was Speaker from 1728 to 1761, see *D.N.B.*; and for his religious sympathies, [A.C.H. Seymour], *Life and Times of the Countess of Huntingdon*, London 1840, I. 150; in 1735 Chandler dedicated a *Paraphrase* of Joel to him, and in 1752 another London minister, John Richardson, a piece entitled *Christian Liberty and Love.*

28. For Lady Abney, of Stoke Newington, a woman of 'inimitable steadiness' (Letter 1216), with whom Watts resided, and whom Doddridge frequently visited, see *D.N.B.*, s.v. her husband Sir Thomas, who was Lord Mayor of London in 1700-1; for Mrs. Cooke, also of Stoke Newington, who gave or bequeathed more than sixty books to the library of Homerton Academy, and whom Doddridge also frequently visited, see G.F. Nuttall, *New College, London, and its Library*, London 1977, pp. 49-50; on 6 August 1739 she wrote to a correspondent: 'I have descended from & sate under the preaching of those who have been & are zealous for the good old puritan Doctrines' (National Library of Wales, Trevecca MSS. 182).

29. Letter 534; for Scott and his daughter Elizabeth, see *D.N.B.*

30. For Oswald, see Plomer, pp. 186-7. For Hutton, see *D.N.B.*; Plomer, pp. 134-5.

31. For Ellys (a great-great-grandson of John Hampden), see *D.N.B.*

32. Letters 472, 474, 483, 525, 643.

33. Letters 948, 1028 (Doddridge's emphasis), 1044, 1046, 1181-2, 1255, 1270, 1386, 1509, 1518, 1522, 1636, 1744.

34. For John Mill (1645-1707) and his edition of the New Testament (1707), and for Joseph Wasse (1672-1738), Rector of Aynho, Northamptonshire, see *D.N.B.*; for the Codex Leicestrensis, see F.H. Scrivener, *An Exact Transcript of the Codex Augiensis*, Cambridge 1859, pp. xl-xlvii.

35. John Conder, *The peaceful End of the perfect upright Man . . . in a sermon occasioned by the Death of. . . John Guyse*, London 1762, pp. 25-6. For Conder, see *D.N.B.*

36. D.E. Jenkins, *Life of . . . Thomas Charles*, Denbigh 1910, II. 351.

37. A.A. Dallimore, *George Whitefield*, Edinburgh 1980, II. 492.

Enlightenment in early Moravianism[1]

W.R. Ward

Sustained by Marxists and by non-Marxists the historiography of the Enlightenment has become a major intellectual industry. Yet the relation of the pioneers of religious renewal and revival, Francke, Zinzendorf, Wesley, even Jonathan Edwards, to the new currents of thought and feeling remains as obscure as it ever was. The first three seem to be middlemen between so many pairs of opposites as to form a standing trap for unwary inventors of ecumenical pedigrees,[2] while even Edwards could not say what he wanted to say without adapting the psychology of Locke. It seems inappropriate to grant to Zinzendorf and Wesley, who were intelligent, practical men, the status of colossi bestriding their age, gathering up and harmonizing all its currents;[3] and whether the historian pins his faith to the structure of thought or reports the changing nuances of sentiment and opinion, he is hard put to explain why Wesley could borrow heavily from the Moravians and from Bengel, when the latter and Zinzendorf were not on speaking terms, or how Zinzendorf could pursue life-long a philadelphian ideal and yet quarrel with everyone of independent mind whom he encountered, driving even the faithful Spangenberg to complain that 'to me his addresses often appeared paradoxical and his methods of business extraordinary'.[4] Again, one of Scholder's tests for the religion of Enlightenment, that of 'religion as the means and way to a better life,[5] is too catholic a category to be useful, and would exclude hardly anyone in the milieu of Herrnhut or Halle.

In a brief article it would be foolhardy to attempt to restructure eighteenth-century intellectual history as a whole; but the difficulties in the Zinzendorf literature are worthy of note. Too much of the literature about Zinzendorf, from Spangenberg's official *Life* onwards, has been written by professional theologians, treating Zinzendorf as if he were a professional theologian, which, for both good and ill, he was not; and too much of this theological literature has been directed to the question whether or not he was a Lutheran. Given what Cranz called the ancient and modern history of the Brethren, this is not a negligible question; but, however it is resolved, it will not cast much light on the relations of Zinzendorf, an eminently international man,[6] and the head of a cosmopolitan missionary community, to wider currents of thought and feeling. As many difficulties arise if the student commences from the revivalists' fresh approach to the age-old problem of Christianising the people, and their new stance towards inherited confessional divisions. Granted the periodisation long current in German theological scholarship, in which the age of Orthodoxy is followed by those of pietism and Enlightenment, and allowing for the necessary overlaps, Zinzendorf must be located near the common frontiers of the ages of pietism and Enlightenment. This placing runs counter to the commonest explanation of the 'time of sifting', that Zinzendorf was reacting hard and early to the spiritual pressure of the Enlightenment, and, more importantly, to the brilliant and sympathetic portrait of Zinzendorf written from within his community and from an Enlightenment stand-point by Baron von Schrautenbach. He held that 'in the times in which we now live such a community institution would develop with difficulty, and entail much joyless toil upon its creators and promoters. How astonishingly different from today were those times which have scarcely passed from us. Education, light, generally diffused knowledge, were much less than they are now. There was less international fellowship among men across the globe ... Habits were rough, always a step nearer nature, fierceness too, irritability, energy ... a general longing among all men for fellowship, with a whole caboodle of opinions and very uncertain foundations.'[7]

Even had Zinzendorf not thus been summarily consigned to a period which, twenty years after his death, seemed already like ancient history, two difficulties would still remain. Even within the field of religion and theology, the alleged transition from Orthodoxy to pietism to Enlightenment excludes too much that matters. Religious revival was not the same as pietism, and neither had any necessary connexion with the Spanish mystics and with the French writers like Mme Guyon and Antoinette Bourignon who were often at loggerheads with their own church authorities; yet the leaders of revival, and especially Zinzendorf, were in fact greatly taken up with them, and with a range of other intellectual concerns secular and sacred. And what of Enlightenment? A notion that once had a precise and particular reference[8] has been extended to cover two continents and over a century in time,[9] and now resembles the hazy global concept used for blanket condemnation by the propagandists of the romantic era. In this respect the boom in Enlightenment studies has perpetuated an obstacle to understanding from which it promised release. It is not helpful to be told, of so vast and undifferentiated a phenomenon, that a change of mood set in after 1786, or that the 'true Enlightenment' began then to be perceived.[10] Notwithstanding all the local variations, so cosmopolitan a concept as the Enlightenment[11] must itself be given some kind of structure and periodisation if it is to be usable. The one serious attempt to do this has been made in America with American conditions in mind. Henry May divides the history of the Enlightenment into four periods.[12] The first period, which he calls the moderate or rational Enlightenment, 'preached balance, order and religious compromise, and was dominant in England from the time of Newton and Locke until about the middle of the eighteenth century'. This was followed by the sceptical enlightenment in which the lead was taken in France. 'Its method was wit, its grand master Voltaire ... if it was persued systematically it issued either in the systematic epistemological skepticism of Hume or the systematic materialism of Holbach'. The third category, 'the Revolutionary Enlightenment', beginning with Rousseau and culminating in Paine and Godwin is too late to concern a Zinzendorf who died in 1760, but the fourth category, in which May has most trouble with dates, 'the Didactic Enlightenment, a variety of thought which was opposed both to skepticism and revolution but which tried to save from what it saw as the debacle of the Enlightenment the intelligible universe, clear and certain moral judgments, and progress', is of some interest for comparative purposes. Its chief triumphs in Scotland came in the years following the Seven Years War; its American heyday in the first quarter of the nineteenth century.

The biggest differences between the history of the Enlightenment in Protestant Germany and the Protestant West came in the later eighteenth century when the men of *Aufklärung* got to work on the scriptural and theological bases of a tougher Orthodoxy than any which existed in the West. Despite all the political differences, there was a good deal in common between them in the first half of the eighteenth century. It proved impossible anywhere fully to implement the ideals of the confessional state, and, on the back of failure, ideas of toleration flourished. These ideas might be given a distinctively religious content, or might embody the Enlightenment principle that the state must deal with its subjects as it found them, and not as confessional organisation promised ineffectively to make them. There was a coherence in the Protestant world which enabled the foundation ideas of Leibnitz, Newton, and Locke to be discussed everywhere, and this coherence was sustained by large and durable compromises. Leibnitz wanted to bridge over the confessional divide in Europe,[13] and with rather more success, justified the ways of God to men.[14] To Locke the lighthouse-beam of reason was powerful but narrow; to the delight of more conservative rationalists it proved the existence of God, but it left so much in darkness as to create little embarrassment for spokesmen of red-blooded revelation like Wesley.[15] Newton testified impressively to the regularities of the stellar universe, without surrendering the idea that he was investigating the ways of an active and benevolent God, and helped to push the radicals who saw the new principles issuing in republicanism, materialism and pantheism into an underworld of conspiracy and freemasonry.[16] Christian Wolff, the uncrowned king of German philosophy in the period, saw no reason to abandon the old metaphysics where its useful life could be prolonged.[17] The old warring Orthodoxies had somehow to accommodate that new knowledge of God which modern science had made available to mankind in general without respect to confessional distinction,[18] and in the first half of the eighteenth century the leading prophets of Enlightenment offered eclectic compromises calculated to minimize the drawbacks of the old metaphysics and the most painful excesses of the confessional state, and to contain religious and political radicalism. The epistemological scepticism that was to confront their fudges in Hume was not yet to be foreseen. If they compromised, so did the pioneers of religious revival who achieved prominence right across the Protestant world between the late 'twenties and early' forties. This is why it is not difficult to represent Zinzendorf as an eccentric pioneer of early Enlightenment or as an inveterate opponent of it.

116

On the latter front, the Christocentrism of Zinzendorf put him decisively against the creeping, or as he believed in later life, the galloping, Socinianism of the Enlightenment, an opposition which involved far-reaching matters of intellectual vocabulary and style. A Moravian conference in 1747 raised 'the distinction between Arianism & Socinianism; the first is a downright poysonous enmity against our Son; & a scandalous speculation about what place & ranke he has with his father. But Socinianism declares our Savᵗ to be a meer man, but ye most sweet & lovely man that ever liv'd, who has for *himself* merited to be God, & for *us* has obtained happiness by his satisfaction. The Arians also used to make very little of Baptism & ye Lord's Supper; but ye Socinians are not so, but are only too nice & critical about them & will subtilize much'.[19] More brusquely, Zinzendorf 'once said to a unitarian, ,,Your opinion is damnable because no converted person ever held it''.'[20] These opinions were reinforced by the fact that in the Netherlands, where Zinzendorf chiefly encountered Socinianism and where he professed to believe that a couple of hundred churches were surreptitiously[21] being taken over by it,[22] he recruited successfully among, and received invaluable financial support from,[23] those Mennonites who were resisting the inroads of the new views.[24] But the same forces were at work in the established church (where Zinzendorf championed the resistance of Domine Bruinings),[25] and seemed to him to be related to the general feebleness of the old establishments. 'The teachers in ye religions saw yt. there was no more any coming thro' with their medley of Law & Gospel, sin & vanity prevailing so very much, & therefore they have kept Synods, Conferences, Chapters &c. in order to put a stop to ye disorder, & to give a lift to decaying Christianity. Hence they have come upon this: the fault must be in ye doctrine concerning our Savᵗ. Faith there is no want of, ye people know enough, if they did but practise it, & hereupon [they] have preached up morality with all earnestness, & ye Philosophers, Deists, Socinians & Arians, have directly joined them & strengthen'd those stupid persons in their idle conceit' to get round the law.[26] This emphasis so coincided with Spangenberg's own as to be prominently represented in his *Life* of the Count.[27]

For all his Trinitarianism, Zinzendorf sharply rejected the school-theology which he had inherited with it, and the metaphysical setting of that theology, and ranted against 'system' with all the vehemence of a *fin-de siècle* English evangelical.[28] Opposition to system carried over into denunciation of the Franckean scheme of the Christian life, the Hallesian method of conversion. All such schemes Zinzendorf castigated quaintly as 'Methodisms', as 'pedantic, scholastic, fanatical or even nonsensical'[29] believing that the *Busskampf* was a 'self-induced sickness', an affront to the cheerful Christianity for which he stood.[30] On his own reckoning Zinzendorf had 'no systematic head',[31] and this encouraged a fair amount of writing and preaching against 'philosophy'. Philosophy encouraged slavery to system, the belief that reason established the limits of religious questions,[32] and it worked with bloodless abstractions ('transcendent ideas of God's incomprehensibleness & philosophical perfection . . . by which [the philosophers'] high-mind and self-conceit can always be maintained').[33]

Zinzendorf always had a preference for concrete and sensual images,[34] for blood and wounds; he did not care for 'precision' in the use of language,[35] but as befitted a writer who was a poet rather than a professional theologian, was adept at using words in new ways to convey what was to him the intimate reality of the Saviour in the heart.[36]

Having discovered, two generations before the English evangelicals and nearly three before Newman, that the Bible was not a text book of systematic theology, Zinzendorf created as well as solved difficulties on the points both of language and of 'heart-religion'. Zinzendorf was a practitioner of what became known in the English evangelical tradition as the 'language of Canaan'. The problem was that the Brethren must speak the word of grace in a Babel of not merely secular but also theological languages. If they entered into 'the language of the Saviour and his apostles' they could put the 'simple meaning of Scripture which is as clear as day and moves the heart' to 'Mennonite, Socinian, Arian, Gichtelian, Behmenist, Anglican, Nonconformist, Remonstrant, Quaker, Separatist and whatever else is non-Lutheran, (all of which lack insight rather than commitment of the heart)', as well as to Lutherans if what they spoke (and here Zinzendorf was paradoxical but lucid) was *Apostolisch Teutsch (nicht aber Theologisch und Lateinisch Teutsch)'.*[37] This process of sympathetic identification, of 'entering in', was the key not merely to appropriating the benefits of the cross, but of appropriating the Bible, and grasping the real meaning of church history. The essence of the Bible was its testimony to the reconciliation of men with God through the blood of Christ,[38] and to grasp this required not scholarship but the prayer and industry to interpret one part of the Bible by another.[39] It ought indeed to be possible to get a church history which should be not theological polemic teaching by examples but the real history of the true philadelphia, the heart-believers of whatever confession, down the ages, and for this the Count applied to both Jena and Tübingen.[40]

Zinzendorf admitted that 'heart-religion' 'makes the great difficulty between us and the rationalists and men of reason . . . We do not argue that the cause of the Saviour would not be solidly reasonable and deep wisdom . . . But the thing which is controverted between us and occasions their ridicule, is that they think, if they are to speak of things with understanding and wisdom, then they must be found absolutely appropriate to the standards of their reason . . . What is not illuminated to them by their indescribably limited reason, this the dear God has not willed'.[41] The doctrine of the Trinity, in short, was not to be put out of court by the rules of arithmetic. Nevertheless the depreciation of 'reason' as compared with the 'heart' appeared consistent with Zinzendorf's use of the lot as a solution to disagreements and a brake on feelings.[42] Zinzendorf believed himself warranted in the use of the lot both by biblical example and the sanction of Luther, but he developed its use on a scale altogether beyond what current opinion approved as a means of concluding evenly balanced decisions;[43] and he took it into the realm of personal choices, marriages, travel and business arrangements. The use of the lot received merited obloquy in that monument of the *Aufklärung*, Schlegel's *Kirchengeschichte*,[44] while the 'heart-religion' encouraged Emanuel Hirsch to conclude that Zinzendorf rooted religion in the feelings, a view decisively rejected by the main line of German theological development in the eighteenth century.[45]

In fact the 'heart-religion' shows how close Zinzendorf, the international man, was to Enlightenment of another kind, that of Locke and the English. Locke had held that 'all ideas come from sensation or reflection ... from EXPERIENCE',[46] and Hume too reckoned that 'belief is more properly an act of the sensitive than of the cogitative part of our natures'.[47] Wesley and Jonathan Edwards had believed that the Holy Spirit created a spiritual sense; if it was in the end impossible to explain this experiential basis, this Anglo-Saxon 'heart-religion', to those who did not have it, it provided a bond of unity amongst those who did, much as Zinzendorf said. At the height of the 'time of sifting' Zinzendorf could declare that 'we cannot sing, ,,Little Side-hole, thou art mine'', the Holy Spirit our dear church-mother, must intervene with us, at least with the imperceptible ideas which one cannot bring into words and developed ideas, but which are certainly present, accompanied by the tenderest feeling and the exhalation of the most inward tenderness and love, which belong to the words which noone can utter but the Holy Spirit understands ... Before [our ideas] reach the level of apprehension by the brain, He understands what they mean for He produces [*fabriziert*] them'. This passage is said to illustrate the dependence of Zinzendorf on the psychology of Leibnitz,[48] but it closely resembles the use the Anglo-Saxon evangelicals had to make of Locke as they sought to escape the thraldom of seventeenth-century theology to system and metaphysics. As Zinzendorf put it elsewhere, 'Religion cannot be rationally apprehended while it is repugnant to experience' (*Empfindung*).[49] This was not a turning from reason to emotion, but a use of Enlightenment for the purpose in hand.

The portrait of an anti-Enlightenment Zinzendorf may be balanced by a portrait of an Enlightenment Zinzendorf. The German Enlightenment, it has been noted, began and ended with attempts to popularize things French. In 1687 Christian Thomasius gave a university lecture for the first time in German on the theme 'How best to imitate the French in everyday life?' In 1792 the Mainz Jacobin club championed the same cause on a popular political level. Thomasius had to take refuge in Prussia, the Mainz Jacobins in France.[50] Zinzendorf (who fetched up in England) also began with Thomasius and French culture. Thomasius seems to have seen in Zinzendorf a representative of the sort of modern lay culture and religion for which he stood; he encouraged the publication of his journal, *Der Teutsche Sokrates*, and told him that though his enemies were legion he might 'see a peasant who could combine philosophy and faith. [Zinzendorf] answered ,,I might have the pleasure of presenting to him a great number of such peasants''.'[51] Unable to follow up these enlightened pleasantries by a visit to the great man as he lay dying, Zinzendorf sent him a poem.[52] His aristocratic appropriation of French literature was exemplified in the *Lecteur royale* (1733 and 1736) which he produced for the Crown Prince of Denmark, which presupposed a knowledge of Montaigne, La Rochefoucauld,

La Bruyère, Montesquieu, and Fénélon's *Télémaque*. He liked reading Moliere and La Fontaine before going to sleep, and concerned himself with Saint-Évremond, Ninon de Lonclos, and Manon Lescaut von Provost.[53] Even at the height of the 'time of sifting' Zinzendorf could say that fanaticism was much worse than philosophy, was indeed a sort of pseudo-philosophy (*Afterphilosophie*) making pretentions to ultimate truth on behalf of men 'who could say as little certain about the origin, coherence and harmony of the universe as could a couple of mice in the cellar of the Escorial about building-plans of the palace'.[54]

This last passage illustrates both the fact that Zinzendorf had more options than Orthodoxy and Enlightenment to choose among, and also his curious relationship with the two early pillars of Enlightenment, German and French, Leibnitz and Bayle. Towards Leibnitz whose global plans had attracted the great Halle generation of Pietists,[55] Zinzendorf was at first well-disposed. He was impressed by his historical sense and his development of the use of source materials;[56] he kept a personal copy of Leibnitz's plan for the reunion of the churches;[57] he was permanently marked by Leibnitz's treatment of God's omnipotence and was as touched by his *Theodicy* as by Racine's *Alexandre* or Corneille's *Cinna*.[58] In later life the Count was markedly cooler. It was partly a question of his difficulties with philosophy in general and system in particular,[59] partly that he feared that forcing religion into a fine-spun rational harmony was no substitute for faith, and made faith harder by giving the impression that belief was a mathematical problem.[60] Still worse, the world was not only irrational, it was also evil. Philosophy transformed human need into ignorance, and Christian perfection into knowledge; an age of research somehow remained shallow.[61]

This cooling towards rationalism owed much to a precursor of enlightenment as paradoxical as Zinzendorf himself, Pierre Bayle, the stormy petrel of the Huguenots.[62] Zinzendorf once shocked Dippel by declaring that Bayle's *Dictionnaire historique et critique* was his favourite reading after the Bible.[63] He studied him hard in 1727[64] and referred to him in print as 'in his ill-starred way, the incomparable Bayle'.[65] The abiding impression made on Zinzendorf by Bayle was the divorce both in style and substance between philosophy and theology. 'I believe and teach: philosophy has nothing to do with theology; our metaphysical, physical, mathematical ideas ought not to be, and must not be, mixed in theology, whether we want to help or hinder theology ... Let people clarify their minds with philosophy as long as they like, but tell them as soon as they wish to become theologians, they must become children and idiots ... let us bid philosophy good-night for ever and lay the foundations of our wisdom'.[66] This view of the matter opened some rather dangerous doors during the 'time of sifting'; it barred the way to a simple *aufklärerisch* aspiration to revivify Christianity by the pure streams of modern knowledge, and it undercut the metaphysical proofs of the existence of God. On the other hand it aided the progress of Enlightenment by encouraging a relaxed attitude to rational corrosion of the props of Orthodoxy, and in particular its notion of the verbal inspiration of Scripture. As the Count noted, this doctrine could hardly have been known to the apostles who habitually quoted Old Testament scriptures from the Septuagint.[67] And if Zinzendorf did not believe that the essence of Christianity consisted in an opinion or resided in the brain,[68] he held firmly to the liberal notion that there was an essence of Christianity, and that that essence was faith in the Lord Jesus Christ.[69] Pure reason, even basing itself on Christ produced 'a pure skeleton or *corpus inanimatum*'. Pure imagination, even starting from the same point, built a house of straw. The two in balance (that classic characteristic of the first period of the Enlightenment) generated 'skilful preaching of the Word and pastoral guidance. *Physica experimentalis* is the model of the theology'.[70] Zinzendorf is back to practical ends and the desire for a 'useful reason'.[71]

Zinzendorf's aristocratic contempt for 'academic moles'[72] and his eclectic approach to the intellectual resources of his generation were reinforced by the fact that he had more interests to provide for than the champions of Orthodoxy. He had to free himself from mysticism, while recognising that in the mystical literature, and perhaps especially in the great wave of Spanish literature which had impressed the Pietists before him,[73] there was nourishment for spiritual vitality. He was a man of letters whose *Teutsche Sokrates* took its cue from Addison's *Spectator*,[74] and whose defensive autobiography was also in the style of the moral weeklies which took the German literary market by storm.[75] He praised the English moderns, Tillotson and Stillingfleet,[76] though his friend and biographer Schrautenbach thought he did not achieve Tillotson's fine finish.[77] He was a major hymn-writer and minor poet whose verse expresses the spirit of Enlightenment,[78] and was approved by his inveterate theological enemy Sigmund Baumgarten, the modernising and historicising spokesman of Halle.[79] The other side of the coin was formed by the curious paradoxes in Zinzendorf's doctrine of toleration. He was from his youth up hostile to the confessional Orthodoxies, even those deriving from the 'idea of a Reformation where one himself thought & acted, & did not let ye Sav[iou]r think & act' which led 'on one side [to] heat and vehemence, & on ye other side [to] tyranny, & at last open wars'.[80] Small wonder that, notwithstanding his affection for the Augsburg Confession, his advice to the Cardinal de Noailles was that 'Je ne vous conseille pas vous faire enrôler chez Les dits Réformés ou Lutheriens, dont je ne suis pas moins, qui suis Chrétien simple et adhérant à la Confession d'Augsbourg, parce que je n'en sais pas de meilleure qui soit publisé et parce qu'elle est le Commencement du rétablissment de l'Evangile'.[81] A Zinzendorf who as a young man in the Netherlands learned how many confessions there were,[82] had at one and the same time to deny that any of the warring parties possessed a monopoly of grace and truth, and to affirm that all possessed some portion, that each was a realisation of Christian belief and practice in different conditions of climate and national character,[83] and that for that reason, syncretism and watering-down were anathema.[84] The same Zinzendorf who counselled (though did not always practise) gentleness to those whose doctrine or practice was repugnant to him,[85] was unwilling to allow liberty of reading to himself or anybody else.[86]

Spangenberg declared that Zinzendorf loved both the natural and political peculiarities of Upper Lusatia,[87] and in many ways he is to be looked on as a naturalised and acclimatised Upper Lusatian. In Jakob Boehme's lifetime it had been clear that the independence of Upper Lusatia would fall victim to one or other of the warring Orthodoxies, Lutheran (embodied in Saxony), Reformed (embodied in the Winter King of Bohemia), Counter-Reformation (championed by the Habsburgs). Boehme's life is most easily understood as an attempt to provide an alternative to all three, and so, in the changed conditions of the eighteenth-century, was Zinzendorf's. As a young man he read all the opposition writers, everything except dogmatic literature; and he embodied much of the mystical tradition of Silesia and Lusatia. Zinzendorf pioneered his own middle way, which had to take account of modern rationalism, and, in the spirit of the early Augustan age, hold in balance what was valuable in the religion and the culture of the day. The effort to do so was very characteristic of the first period of the Enlightenment; when substantial changes in political organisation became unavoidable after the Seven Years War, Enlightenment itself became more doctrinaire.

Of course once, at the peak of his career, in the 'time of sifting', Zinzendorf himself failed to preserve the balance, and toppled into a *Schwärmerei* from which he himself had to order the retreat.[88] It is instructive both of Moravianism and of the age generally, that, after his death in 1760, the balance could not be maintained at all. Spangenberg pushed the flock steadily back towards Lutheran Orthodoxy in language, theology and devotion. By this device Spangenberg obtained the recognition of *Landeskirchen* but lost even the relative independence of a school or style of Lutheranism. From Kant to Harnack the Brethren followed whatever was the dominant current in Lutheran theology, distinguished only by their avoidance of radical extremes — no 'German Christians', no *Bekennende Kirche*, no truck with Karl Barth till he was an established figure after the Second World War, and, of course, very little Zinzendorf.[89] Indeed in 1880 the Brethren sold Zinzendorf's books in order to invest in factories.[90] In Denmark the settlement at Christiansfeld, promoted by the dynasty in the name of Enlightenment, turned against that standpoint only when radical rationalism began to establish itself in the state-church.[91]

On the other hand the reconciliation with Orthodoxy did not inhibit a notable development of scientific studies among the Brethren,[92] nor the Count's cousin Lutz taking up Enlightenment with enthusiasm.[93] Those who wished to look back sympathetically on their early history from an Enlightenment standpoint found no difficulty in doing so. Most memorably the Baron von Schrautenbach wrote a brilliant biography of Zinzendorf under a text taken from the Enlightenment in the world of letters — 'Hence we find our happiness in religion alone, in virtue and the witness of a good conscience, in the hope of a better life which cheers our outlook and leaves no room for anxious misgiving about missing the true and the blessed' (Laurence Sterne)[94] — not least comparing him with David Hume's portrait of Cromwell. Lessing, quite in the spirit of Sterne, could praise Zinzendorf for pointing men 'to the only thing which can create us a happy life, to virtue', though he complained that he did not set up as a theological reformer.[95] Herder too could rejoice that Zinzendorf had directed men to the 'end of religion which consists in active love in fraternal and sociable harmony',[96] and others could note that the Count's view that 'religions are matters of nationhood, modified according to the ordinary sociable disposition of the people'[97] anticipated much that Herder had to say about national character. In a famous passage Goethe admitted the fascination of the brethren's model of peace, harmony and active employment, no less than the example of his cousin Katherina von Klettenberg, though he was not in the end able to accept the doctrine of total depravity.[98] And sometimes the sympathetic retrospect was coloured by nostalgia for a great eccentric who, right or wrong, could address his contemporaries with distinction. Here Lavater may stand for the rest: 'In Spangenberg's *Idea fidei fratrum* I find the most reasonable compromise between Lutheranism and Herrnhutism, but no beam of higher light . . . I find very little in the more modern literature of the Brethren to strike out [*auszustreichen*] as unscriptural, but also much less to strike up [*unterstreichen*] as great, original or deeply felt, than in Count Zinzendorf's unwordly writings'.[99] Not until Schleiermacher, who could claim to 'have become after everything a Herrnhuter again, only of a higher order',[100] was there a fresh synthesis; and he was a German romantic counterpart of Scottish Moderatism.

Notes

1. *Abbreviations*: The Olms reprint of the works of Zinzendorf (Hildesheim, 1962-) is referred to by the following abbreviations:
    ZW   *Zinzendorf Werke*
    HS   *Hauptschriften*
    EB   *Ergänzungsbände zu dem Hauptschriften*
    Other volumes referred to by series and volume numbers.
2. Eg. A.J. Lewis, *Zinzendorf the ecumenical pioneer. A Study in the Moravian contribution to Christian mission and unity* (London, 1962): *ZW EB* 10 p. cxxx.
3. Even if the idea of 'representative personality' were acceptable. M.R. Breitwieser, *Cotton Mather and Benjamin Franklin. The price of representative personality* (Cambridge, 1984) pp. 1-4.
4. A.G. Spangenberg, *Declaration über die Zeither gegen uns ausgegangen Beschuldigungen* (Leipzig/Görlitz, 1751) p. 18 (Repr. in *ZW EB* 5).
5. Klaus Scholder, 'Grundzüge der theologischen Aufklärung in Deutschland', in *Geist und Geschichte der Reformation. Festgabe Hanns Rückert zum 65. Geburtstag* (Berlin, 1966) pp. 460-486 (Repr. in *Aufklärung, Absolutismus und Bürgertum in Deutschland* ed. Franklin Kopitsch (Munich, 1976) p. 297).
6. Zinzendorf gave more practical substance to the claim that the world was his parish than did Wesley. Hans-Walter Erbe, *Zinzendorf und der fromme hohe Adel seiner Zeit* (Leipzig, 1928) p. 120 (Repr. in *ZW* Reihe 2 Bd. 12 p. 492).
7. Ludwig Carl Freiherr von Schrautenbach, *Der Graf von Zinzendorf und die Brüdergemeine seiner Zeit* (Gnadau/Leipzig, 1851) pp. 16-17 (Repr. in *ZW* Reihe 2 Bd. 9). Schrautenbach handed over the original MS. to the Brethren in 1782.
8. John Lough, 'Reflections on *Enlightenment* and Lumières', *British Journal for Eighteenth-Century Studies* 8 (1985) 1-15.
9. '. . . den Zeitraum vom ausgehenden siebzehnten Jahrhundert bis zur Mitte des neunzehnten Jahrhunderts'. Franklin Kopitsch in *Aufklärung, Absolutismus und Bürgertum in Deutsch-*

land p. 47.

10. Werner Schneiders, *Die wahre Aufklärung. Zum Selbstverständnis der deutschen Aufklärung* (Freiburg/Munich, 1974) pp. 82-6.

11. Thomas J. Schlereth, *The cosmopolitan ideal in Enlightenment thought* (Notre Dame, Indiana, 1977).

12. Henry F. May, *The Enlightenment in America* (New York, 1976) p. xvi.

13. F.X. Kiefl, *Der Friedensplan des Leibniz zur Wiedervereinigung der getrennten Christlichen Kirchen* (Paderborn, 1903: repr. Hildesheim, 1975).

14. When John Witherspoon arrived from Scotland to be President of Princeton in 1766, and proved unexpectedly to be a champion of Scottish Moderatism, he placed 'Leibnitz's Theodisays and Letters' at the head of his student reading-list. May, *op. cit.* p. 63.

15. Frederick Dreyer, 'Faith and Experience in the Thought of John Wesley', *American Historical Review* 88 (1983) 21-24.

16. Margaret C. Jacob, *The Radical Enlightenment: Pantheists, Freemasons and Republicans* (London, 1981).

17. Christian Wolff, *Logic or Rational Thoughts on the powers of the human understanding* (London, 1770) p. lxvi.

18. Thomas P. Saine, 'Was ist Aufklärung? Kulturgeschichtliche Überlegungen zu neuer Beschaftigung mit der deutschen Aufklärung', *Zeitschrift für deutsche Philologie* 93 (1974) 522-545 (Repr. in Kopitsch, *op. cit.* (n. 5 above) pp. 319-44 esp. p. 327).

19. Moravian Church House, London MSS. Gemeinhaus Diarium. (Eng. tr.), Nov. 19, 1747.

20. Schrautenbach, *Graf Zinzendorf* p. 52 (Repr. in *ZW* Reihe 2 Bd. 9).

21. Surreptitiously, because the open profession of Socinian views was still illegal. A.G. Spangenberg, *Leben Zinzendorfs* (Barby, 1773-5), 4. 949 (Repr. in *ZW* Reihe 2 Bd. 4).

22. Nikolaus Ludwig von Zinzendorf, ΠΕΠΙ ΕΑΥΤΟΥ. *Das ist Naturelle Reflexiones . . .* (n. pl. or d. [1746]) p. 236 (Repr. in *ZW EB* 4).

23. See my paper on 'Zinzendorf and Money' in *Studies in Church History* vol. 25, pp. 283-305.

24. Moravian Church House MSS. Gemeinhaus Diarium May 30, 1747: May 29, 1747.

25. David Cranz, *Alte und Neue Brüder-Historie* (2nd ed. Barby, 1772) p. 433 (Repr. in *ZW* Reihe 2 Bd. 11).

26. Moravian Church House MSS. Gemeinhaus Diarium Feb. 19, 1748.

27. Spangenberg, *Leben Zinzendorfs* p. 1562 (Repr. in *ZW* Reihe 2 Bd. 6). Zinzendorf had the prudence to avoid the familiar trap awaiting Trinitarians of explaining the doctrine of the Trinity. 'When our Count had to do with Socinians, he witnessed with a warm heart and much emphasis on the Godhead of our Lord Jesus Christ. Among brethren and sisters, however, who had been saved from their sins by him, and had experienced him as Lord and God in their hearts, he was not in the habit of going into lengthy proofs of his divinity.' *Ibid.* pp. 1342-3 (Repr. in *ZW* Reihe 2 Bd. 5). However his language in relation to the Trinity (Father, mother and bridegroom) was singular to himself, and created a good deal of offence, as late in life Zinzendorf candidly acknowledged. Otto Uttendörfer, *Zinzendorf und die Mystik* (Berlin, [1950]) p. 333.

28. N.L. von Zinzendorf, *Der Predigten die der Ordinarius Fratrum von 1751 bis 1755 zu London gehalten hat* Zweyter Band (London/Barby, 1757) p. 37 (Repr. in *ZW, HS* Bd. 5). He greatly admired Benjamin Whichcote, the Cambridge theologian of the Commonwealth period for his defence of toleration and opposition to systematic theology N.L. von Zinzendorf, *Der Teutsche Sokrates* (Leipzig, 1732) p. 98 (Repr. in *ZW HS* Bd. 1).

29. N.L. von Zinzendorf, *Die gegenwärtige Gestalt des Kreuz-Reichs Jesu in seiner Unschuld* (n. pl., 1745) p. 27 (Repr. in *ZW EB* 5): *ZW HS* 6 p. IX: N.L. von Zinzendorf, *Theologische und dahin einschlagende Bedenken* (Büdingen, 1742) p. 63 (Repr. in *ZW EB* 4): Zinzendorf, *Naturelle Reflexiones* pp. 38, 65. (Repr. in *ZW EB* 4): Schrautenbach, *Graf Zinzendorf* p. 76 (Repr. in *ZW* Reihe 2 Bd. 9). The Count had, however, a 'method of converting savages' in 25 steps: *Büdingische Sammlung* (Büdingen, 1742-1745) 3.90-91 (Repr. in *ZW EB* 9).

30. N.L. von Zinzendorf, *Einiger seit 1751 . . . zu London gehalten Predigten* Bd. 1. (London/Barby 1756) p. 205 (Repr. in *ZW HS* Bd. 5): Moravian Church House MSS. Gemeinhaus Diarium May 12, 15, 1747: Herrnhut MSS. R2 A23a: R20 A2, 22, 33.

31. Zinzendorf, *Der Teutsche Sokrates* p. 231 (Repr. in *ZW HS* 1).

32. *Ibid.* p. 133.

33. Moravian Church House MSS. Gemeinhaus Diarium March 5, March 19, 1747.

34. Gerhard Reichel, *Zinzendorfs Frömmigkeit im Licht der Psychoanalyse* (Tübingen, 1911) p. 125 (Repr. in *ZW* Reihe 2 Bd. 13 p. 125).

35. *ZW HS* 1 p. IX. This is clearly a reference to Wolff's attempt to apply mathematical logic in every sphere of intellectual life.

36. *ZW HS* 3 pp. xvi-xvii.

37. *Büdingische Sammlung* 1. 226-8 (Repr. in *ZW EB* 7): A.G. Spangenberg, *Apologetische Schlussschrift* (Leipzig/Görlitz, 1752) p. 69 (Repr. in *ZW EB* 3).

38. *Ibid.* p. 204.

39. N.L. von Zinzendorf, *Sonderbare Gespräche zwischen einem Reisenden und allerhand andern Personen* . . . (Altona, 1739) p. 5 (Repr. *ZW HS* 1).

40. Moravian Church House MSS. Gemeinhaus Diarium March 2, 1748.

41. Quoted in Sigurd Nielsen, *Intoleranz und Toleranz bei Zinzendorf* (3 vols. Hamburg, 1952-60) 2. 170.

42. Cf. Spangenberg, *Apologetische Schlussschrift* pp. 212-3, 314-5 (Repr. in *ZW EB* 3).

43. Cf. *Journal of John Wesley* ed. N. Curnock (2nd ed. London, 1938) 2. 56.

44. Johann Randolph Schlegel, *Kirchengeschichte des achtzehnten Jahrhunderts* (3 vols. Heilbronn, 1784-96) 2. 874.

45. Emanuel Hirsch, *Geschichte der neuern evangelischen Theologie* (5th ed. Gütersloh, 1975) 2. 406-7.

46. John Locke, *An essay concerning human understanding* Bk 2 Ch. 1 § 2.

47. David Hume, *The Philosophical Works* ed. T.H. Green and T.H. Grose (London, 1886: repr. Aalen, 1964) 1. 475.

48. Otto Uttendörfer, *Zinzendorf und die Mystik* (Berlin, [1950]) p. 249.

49. Zinzendorf, *Der Teutsche Sokrates* p. 290 (Repr. in *ZW HS* 1). On the equivalence of *Empfindung* and 'sensation' see *Historisches Wörterbuch der Philosophie* ed. Joachim Ritter (Darmstadt, 1972) 2. 457, 462: Rudolf Eisler, *Wörterbuch der philosophischen Begriffe* (Berlin, 1927) 1. 325.

50. Thomas P. Saine, 'Was ist Aufklärung?' (see n. 16 above), Kopitsch p. 323.

51. Zinzendorf, *Der Teutsche Sokrates* Vorrede (Repr. in *ZW HS* 1): Spangenberg, *Leben Zinzendorfs* 2. 337-9 (Repr. in *ZW* Reihe 2 Bd. 2).

52. *Ibid.* 3. 505 (Repr. in *ZW* Reihe 2 Bd. 3).

53. *ZW EB* 2 pp. x-xi.

54. *Zeitschrift für Brüdergeschichte* 13 (1919) 12-13 (Repr. in *ZW* Reihe 3 Bd. 4).

55. Peter Baumgart, 'Leibnitz und der Pietismus. Universale Reformbestrebungen um 1700'. *Archiv für Kulturgeschichte* 48 (1966) 364-386.

56. *ZW HS* 3 p. XIII.

57. *ZW EB* 10 p. L.

58. *ZW EB* 2 p. XXVIII: Zinzendorf, *Teutsche Sokrates* Vorrede n. (Repr. in *ZW HS* 1).

59. N.L. von Zinzendorf, *Die an den Synodum der Brüder in Zeyst* . . . *gehaltene Reden* (n. pl. 1746-7) p. 179 (Repr. in *ZW HS* 3).

60. *Ibid.* pp. 246-7 (Repr. in *ZW HS* 3).

61. Zinzendorf, *Londoner Predigten* 1. 341-2: 2. 337 (Repr. in *ZW HS* 5).

62. On this subject generally see Erich Beyreuther, 'Die Paradoxie des Glaubens. Zinzendorfs Verhältnis zu Pierre Bayle und zur Aufklärung', in his *Studien zur Theologie Zinzendorfs. Gesammelte Aufsätze* (Neukirchen, 1962) pp. 201-234.

63. Uttendörfer, *Zinzendorf und die Mystik* p. 85.

64. Spangenberg, *Leben Zinzendorfs* 3. 467 (Repr. in *ZW* Reihe 2 Bd. 3): Schrautenbach, *Graf Zinzendorf* p. 86 (Repr. in *ZW* Reihe 2 Bd. 9).

65. Zinzendorf, *Teutsche Sokrates* p. 252 n. (Repr. in *ZW HS* 1).

66. N.L. von Zinzendorf, *Jeremias, ein Prediger der Gerechtigkeit* (2nd. ed. Frankfurt/Büdingen, 1741) p. 100 (Repr. in *ZW EB* 6).

67. On Zinzendorf's exegesis generally see Erich Beyreuther, 'Bibelkritik und Schriftverständnis'

in *Studien zur Theologie Zinzendorfs* pp. 74-108.

68. Zinzendorf, *Teutsche Sokrates* pp. 212-3 (Repr. in *ZW HS* 1).

69. Zinzendorf, *Londoner Predigten* p. 146 (Repr. in *ZW HS* 5). The phrase 'das Wesen der Religion' occurs in the *Teutsche Sokrates* p. 267 (Repr. in *ZW HS* 1).

70. *Zeitschrift für Brüdergeschichte* 6 (1912) p. 201 (Repr. in *ZW* Reihe 3 Bd. 2).

71. Zinzendorf, *Teutsche Sokrates* p. 38 (Repr. in *ZW HS* 1).

72. 'Academische Maulwürfe'. *Zeitschrift für Brüdergeschichte* 4 (1910) 96 (Repr. in *ZW* Reihe 3 Bd. 2).

73. E.g. Herbert Stahl, *August Herrmann Francke. Der Einfluss Luthers und Molinos auf ihn* (Stuttgart, 1939).

74. P. 24 (Repr. in *ZW HS* 1).

75. Zinzendorf, ΠΕΠΙ ΕΑΥΤΟΥ. *Das ist Naturelle Reflexiones.* Cf. Wolfgang Martens, *Die Botschaft von Tugend. Die Aufklärung im Spiegel der deutschen Moralischen Wochenschriften* (Stuttgart, 1968).

76. *Teutsche Sokrates* pp. 102-3 (Repr. in *ZW HS* 1).

77. Schrautenbach, *Graf Zinzendorf* p. 73 (Repr. in *ZW* Reihe 2 Bd. 9).

78. *ZW EB* 10 p. xxvii.

79. *Geistliche Gedichte [von Zinzendorf]. Erster Samlung mit einer Vorrede Sigm. Jacob Baumgartens* (Halle, 1748) pp. 7-8.

80. Moravian Church House MSS. Gemeinhaus Diarium, May 28, 1747.

81. *ZW EB* 10 p. xxvii-xxviii.

82. Peter Baumgart, *Zinzendorf als Wegbereiter historischen Denkens* (Lübeck/Hamburg, 1960) pp. 20-21. Zinzendorf tried to account for this by an elaborate argument based on the two natures of Christ. Pierre Deghaye, 'Die Religionen und die eine wahre Religion bei Zinzendorf', *Unitas Fratrum* 14 (1983) 58-94. But cf. the attack on Deghaye in Leiv Aalen, 'Die 'esoterische' Theologie des Grafen von Zinzendorf. Zur Auseinandersetzung mit der Abhandlung von Pierre Deghaye. *La doctrine ésoterique de Zinzendorf*, in *Pietismus - Herrnhutertum - Erweckungsbewegung. Festschrift für Erich Beyreuther* ed. Dietrich Mayer (Köln, 1982) pp. 207-263.

83. Nielsen, *Intoleranz und Toleranz bei Zinzendorf* 2. 136.

84. Zinzendorf, *Die gegenwärtige Gestalt des Kreuzreiches Jesu* p. 29 (Repr. in *ZW EB* 5).

85. Spangenberg, *Leben Zinzendorfs* pp. 639, 678 (Repr. in *ZW* Reihe 2 Bd. 3): Zinzendorf, *Sonderbare Gespräche* . . . pp. 150-2 Repr. in *ZW HS* 1).

86. Spangenberg, *Apologetische Schlussschrift* p. 459 (Repr. in *ZW EB* 3): Theodor E. Schmidt, *Zinzendorfs soziale Stellung und ihr Einfluss auf seinen Charackter und sein Lebenswerk* (Basel, 1900) p. 51.

87. Spangenberg, *Leben Zinzendorfs* p. 178 (Repr. in *ZW* Reihe 2 Bd. 2).

88. Oskar Pfister, *Die Frömmigkeit des Grafen Ludwig von Zinzendorf. Eine psychoanalytische Studie* (2nd ed. Leipzig/Wien, 1925) p. 95 (Repr. in *ZW* Reihe 2 Bd. 13 p. 727): *ZW HS* 3 p. xxiv.

89. Werner Reichel, 'Samuel Christlieb Reichel in seiner Entwicklung zum Vertreter des 'Ideal herrnhutianismus',' *Zeitschrift für Brüdergeschichte* 6 (1915) 1-44 (Repr. in *ZW* Reihe 3 Bd. 2): *ZW EB* 10 pp. xii-xiii.

90. *ZW EB* 7 p. xii.

91. A. Pontoppidan Thyssen, 'Die Bedeutung der Herrnhuter im Kampf gegen die Aufklärung am Beispiel Christiansfeld' *Unitas Fratrum* 16 (1984) pp. 38-44.

92. J.W. Stolz, 'Bibliographie der naturwissenschaftlichen Arbeiten aus dem Kreise der Brüdergemeine' *Zeitschrift für Brüdergeschichte* 10 (1916) 89-127 (Repr. in *ZW* Reihe 3 Bd. 4).

93. Horst Weigelt, *Die Beziehungen zwischen Ludwig Friedrich zu Castell-Remlingen und Zinzendorf sowie ihr Briefwechsel* (Neustadt a.d. Aisch, 1984) p. 46.

94. Schrautenbach, *Graf Zinzendorf* p. 1 (Repr. in *ZW* Reihe 2 Bd. 9). A less successful defence of Zinzendorf in the same vein was made by another propertied adherent of the community, von Schachmann. Horst Orphal, 'Karl Adolph von Schachmanns Leben und Apologie für Zinzendorf', *Unitas Fratrum* 9 (1981) 71-101.

95. G.E. Lessing, *Sämtliche Schriften* ed. K. Lachmann (Stuttgart/Leipzig, 1886-1924) 14. 154-

63 esp. p. 160.

96. J.G. Herder, *Sämtliche Werke* ed. B. Suphon (Berlin 1877-1913) 24. 36-7. Cf. Gerhard Meyer, 'Zinzendorf als Vertreter des Ost-deutsch-schlesischen Frömmigkeitstypus', *ZW* Reihe 2 Bd. 12. 758.

97. Quoted in Baumgart, *Zinzendorf als Wegbereiter historische Denkens* pp. 41 n. 246, 55.

98. J.W. von Goethe, *Autobiography* ed. K.J. Weintraub (Chicago, 1970) 2. 269-73 (Bk. 15). Fraulein von Klettenberg was of course the original of the 'schöne Seele' of *Wilhelm Meister* Bk. 6.

99. Gerhard Reichel, *August Gottlieb Spangenberg. Bischof der Brüderkirche* (Tübingen, 1906) pp. 230-31 (Repr. in *ZW* Reihe 2, 13. 246-7.

100. *Aus Schleiermachers Leben. In Briefen* ed. L. Jonas and W. Dilthey (2nd ed. Berlin 1860-63) 1. 295.

Roomse bezwaren tegen Da Costa's *Bezwaren*

J.A. Bornewasser

Inleiding

Enige jaren geleden heeft de hoogleraar ter ere van wie deze bundel is samengesteld de gespannen verhouding tussen het Réveil en de Groninger richting zorgvuldig geanalyseerd.[1] Het is een naar inhoud en woordkeus genuanceerd verhaal geworden. Een verhaal van diepgaande overeenkomsten en markante verschillen; van kritiek en afwijzing aan beide zijden, tegen de achtergrond van onderlinge aantrekkingskracht; van verbondenheid en erkenning evengoed als van miskenning en reële beschuldigingen over en weer.

Als rooms-katholieke lezer werd ik in het bijzonder getroffen door een punt van overeenkomst, dat aan één van de door elk van beide stromingen aan de ander gedane verwijten ten grondslag heeft gelegen. Het betreft de gemeenschappelijke afkeer van de Kerk van Rome, die geacht werd van de rechte weg te zijn afgeweken maar zich nochtans scherp omlijnd en onfeilbaar bleef opstellen. Réveillisten en Groningers verweten elkaar 'Roomsche' trekken. Beide partijen waren zich daarbij kennelijk bewust van de pijn die een dergelijke aantijging moest veroorzaken.

De Groningers zagen vooral in het juridisch-confessionele standpunt dat de Haagse Réveilman Groen van Prinsterer ging innemen een 'Roomsche', dat wil zeggen 'menschelijke' verabsolutering van het goddelijke evangelie.[2] Daarom voelden de oudere Hofstede de Groot en de zijnen, steunend op 'CHRISTUS zelf, Hij alleen', zich verheven boven zowel de inmiddels opgekomen moderne richting als de uitgekristalliseerde confessioneel-orthodoxe richting. Hun richting ging immers boven beide uit 'als goddelijk gaat boven menschelijk.'[3] Binnen Réveilkringen zelf was trouwens al gauw het bange vermoeden gerezen dat sommigen van hen de formulieren van enigheid, als waren het 'Roomsche *Canones fidei*', tot kenbron der waarheid maakten. Het was de Amsterdamse Réveilman H.J. Koenen, die vanuit deze bekommernis zijn Haagse geestverwant C.M. van der Kemp, volgens Van den Berg 'één van de meest markante verdedigers van het confessionele karakter van de Hervormde Kerk', in gebreke stelde.[4]

Naar de Groningers toe lanceerde daarentegen dezelfde Koenen het verwijt dat zij onder verloochening van het vaderlandse calvinisme terugkeerden tot 'de liberale richting in het Catholicisme der XVe Eeuw'.[5] Bij lezing daarvan denken twintigste-eeuwse kerkhistorici onwillekeurig aan het 'bijbels humanisme', dat volgens zijn historiograaf Lindeboom zowel de Kerken van de Reformatie als de posttridentijnse Kerk positief heeft beïnvloed, het steile calvinisme en het dogmatische katholicisme ten spijt.[6]

Protestanten van links en rechts hebben elkaar steeds met 'even veel of weinig grond' van 'paperijen' beticht, aldus zestig jaar geleden de katholieke literair-historicus Gerard Brom. Hij verbond daar vervolgens de door een zelfverzekerde apostolaatsijver ingegeven opmerking aan, dat alleen de 'Moederkerk' bij machte was de verschillende richtingen te verzoenen.[7] Brom kwam tot de voor zijn katholicisme typerende uitlating naar aanleiding van Da Costa's beschuldiging, dat de vrijzinnigheid uit haar aard naar Rome zou leiden. Het verlichte protestantisme ofwel de 'neologie' en het 'Jesuïtisme', zo meende de christen-jood kort na zijn bekering, kwamen met elkaar overeen in de 'ééne zelfde afgoderij', uit menselijke hovaardij geboren.[8] Deze aanklacht had toen het karakter van een argumentatie *ad hominem*. Isaäc da Costa, die met zijn in 1823 verschenen *Bezwaren tegen den geest der eeuw* het Réveil inluidde, had zich immers onmiddellijk van de blaam van roomsgezindheid moeten zuiveren. Zelfs tegenover de Réveilman De Clercq had hij zich te verantwoorden voor zijn vermeend 'Roomsche' waardering van leerstelligheden.[9]

De felle pennestrijd die Da Costa's 'kwaadaardige bom'[10] binnen protestants Nederland heeft doen ontbranden, is bekend genoeg.[11] Hoe Nederlandse katholieken, aanhangers van het om strijd als besmettelijke boeman voorgestelde geloof, erop hebben gereageerd, is daarentegen nauwelijks onderzocht. De protestantse literatuur is er geheel aan voorbijgegaan en in katholieke studies is er weinig over te vinden.[12] Een nader onderzoekje leverde naar verwachting een weinig verheffend resultaat op. Om wille van de waarheid breng ik er in het navolgende een zo eerlijk mogelijk verslag van uit.

Bezwaren van man tot man

In zijn karikaturale requisitoir was Da Costa van leer getrokken tegen zo goed als alles waar de brave burgerij prat op ging. Valse idealen waren volgens hem in hun tegendeel verkeerd. Verlichte dominees wijdden zich niet aan de godsdienst maar in hemeltergende hoogmoed aan de kortzichtige rede en 'de dierlijke driften en begeerlijkheden van den vervallen mensch'. De hooggeprezen zedelijkheid ten spijt heersten overal zedeloosheid en oproerigheid. Van hun zondigheid overtuigde christenen zuchtten onder de valse verdraagzaamheid van liberale dwingelanden. Kunsten en wetenschappen stonden in dienst van de ijdele mensheid in plaats van in dienst van de God der openbaring. Het constitutionele denken was in strijd met Gods souvereiniteit en maakte de volkeren opstandig tegen hun wettige overheden. Een op machtsstrijd uitgelopen gelijkheidsbeginsel tastte de door God gewilde maatschappelijke orde aan; publieke opinie en onderwijs maakten de geesten daartoe rijp. Niet de gepretendeerde vrijheid en verlichting heersten, maar slavernij, bijgeloof, onkunde, afgoderij en duisternis; de 'duysternisse deser eeuwe', gelijk — met de woorden van de apostel Paulus — op de titelpagina van de *Bezwaren* geschreven stond.[13]

Anders dan in de meeste protestantse pamfletten uit die tijd namen katholieken op Da Costa's wereldtoneel van overwegend snode huichelaars en verblinde zwakkelingen een betrekkelijk kleine plaats in. Bovendien stonden zij ongeveer aan de grens tussen goeden en kwaden. Zeker: het 'Jezuïtisme' en het moderne 'Tolerantismus' werden als verbloemers van de waarheid op één lijn gesteld; van kloosters heette het dat ze op den duur verbasterd waren door de natuurlijke verdorvenheid van de mens; de opstand tegen Philips II werd wettig genoemd, omdat de koning in openlijke tegenstrijdigheid bevonden was met Gods woord. En was het 'heerlijke Hervormingslicht' niet doorgebroken in een tijd van 'ijsselijkste verbastering' en 'afschuwelijkste buitensporigheden' van een Kerk die binnen zijn pausdom het 'verregaandste Phariseïsmus' had gekend? Anderzijds echter hadden kloosters ooit prachtige voorbeelden gegeven van zelfopoffering en liefde, zouden de brengers van de Hervorming — hadden zij de toekomst kunnen voorzien — nog veel meer van de verlichte tijdgeest dan van het pausdom hebben gegruweld, waren talloze katholieke kunstenaars en literatoren door het evangelie bezield geweest en was er de laatste halve eeuw nauwelijks meer inquisitie voorgekomen. Ja, er vormde zich 'in het binnenste van het Pausdom' langzamerhand 'een kern van zuivere en oprechte Evangeliewaarheid'.[14]

De anonieme 'RC Pr' die zich eind 1823 schriftelijk tot Da Costa wendde, had de *Bezwaren* dan ook niet zonder gedeeltelijke instemming gelezen. De adressant, die voor de geadresseerde niet onderdeed in het gebruik van invectieven, had er meer waarheden in gevonden dan in honderd dikke boekdelen van 'den tegenwoordig heerschenden stempel'. Hier was een oprecht zoeker naar de waarheid aan het woord, die de 'logendrift eens hoovaardigen tijdsgeests' aan 'het bedorven geslacht' had durven tonen. Toch hoopte de priester van zijn kant te mogen aantonen, dat de christen geworden auteur van het moedige geschrift 'met meer zegepralende onbetwistbaarheid' de waarheid zou kunnen dienen, wanneer deze zou inzien dat hij inzake de protestantse leer slechts oppervlakkig was onderricht en dat men hem 'nopens den altoos eenzelvigen leer der Catholijke Kerk afzigtelijke, valsche denkbeelden ingeprent' had. Hoeveel waars hij in zijn *Bezwaren* ook al te berde had gebracht, bij grondige doordenking van deze, zijn eigen pennevrucht moest hij tot het inzicht komen dat hij — onder de genade des Heren — tot de enige ware Kerk diende over te gaan. Daarbij wilde de priester hem door middel van een briefwisseling, voorlopig via een schuiladres, van harte behulpzaam zijn.[15]

De pas tot het protestantisme bekeerde jood liet deze met evenveel lof als blaam geladen brief niet op zich zitten. Er ontspon zich in de daaropvolgende maanden een opmerkelijke correspondentie, waarvan het eigenlijke thema van de verderfelijke tijdgeest alleen nog maar de achtergrond vormde. De priester verweet de brochureschrijver, dat deze door zijn persoonlijke interpretatie van de Schrift nog te veel in overschatting van het *menselijk* kunnen was blijven steken en derhalve niet met voldoende gezag zijn zogenaamd verlichte geloofsgenoten tot inzicht en bekering kon brengen. Omgekeerd verweet Da Costa 'den Roomschen Pastoor'[16], dat deze zich beriep op de *menselijke* autoriteit van zijn Kerk en daarmee het ware licht van het goddelijk evangelie onvoldoende toeliet. Ieder van beiden was ervan overtuigd dat zijn correspondent nog te veel tol betaalde aan de door hen gezamenlijk verfoeide geest der eeuw. Was de katholiek begonnen met een uitnodiging tot overgang naar de Kerk van Rome, de protestant eindigde met de zegewens dat de Hervorming door zijn anonieme gesprekspartner als Gods werk mocht worden erkend. Laat ons hieronder op deze gesloten dialoog wat nader ingaan.

De priester nam de *Bezwaren* tot uitgangspunt voor een traditioneel apologetisch betoog ten gunste van zijn onfeilbare Kerk. Da Costa had hem kennelijk in zijn eerste brief gewezen op het bestaan van één algemene en onzichtbare Kerk, aan wie Christus beloofd had met haar in waarheid te zijn tot aan het einde der tijden.[17] Een dergelijke bijstand kon, aldus de katholiek, slechts dan effect sorteren, wanneer hij onfeilbaar tot uiting kwam in de éne zichtbare, met gezag beklede katholieke Kerk. Hoe kon onfeilbaarheid nu met hulp van individuele ingevingen gerealiseerd worden? Dat was het hoogmoedige beginsel der Hervorming, waardoor de eenheid van het geloof verloren was gegaan. Ontzegde de gewaardeerde strijder voor licht en waarheid zich daarmee niet het recht om 'hetzij Deïsten, Socinianen, zoogen. filosofen of Neologen hunne dwaling te verwijten?' Leidde het hervormde beginsel niet consequent tot 'het onbeperkte Tolerantismus', zodat tegelijk met het gezag het geloof werd weggenomen? Niet onfeilbaar, wel beslissend gezag kan door een Kerk tot bewaring van de zuivere leer worden uitgeoefend, zo had Da Costa blijkbaar geantwoord. Dat is voor ons geen beslissend gezag meer, aldus de repliek; dat is 'despotismus' waaruit van de weeromstuit 'independentismus' ontstaat.

Daarmee was de discussie, hoe dikwijls ook in lange en puntsgewijs opgestelde brieven herhaald, al spoedig verzand. De katholieke apologeet merkte in zijn laatste brief op: het ontbreekt ons aan het *principium commune* van waaruit wij beiden verder kunnen. Omdat zijn tegenstander hem steeds 'pal' kon zetten met 'eene of andere Schriftuurplaats, die noodzakelijk in uwen zin moet verstaan worden' en bovendien alle gegeven argumenten ook op de onzichtbare Kerk bleef toepassen, staakte hij de strijd.[18]

Da Costa gaf hem gelijk; het ging tussen hen beiden uiteindelijk om de kwestie: is er tot behoud van de reine leer in de Kerk een onfeilbaar uiterlijk gezag nodig? Dat hij reformatorischer wortel had geschoten dan zijn correspondent aanvankelijk had beweerd, blijkt uit zijn laatste brief. Uit de bijbel vallen geen bewijzen aan te halen voor het gezag van de Roomse Kerk, zo hield hij zijn opponent voor; en dat terwijl in deze zaak de pretentie van een onfeilbare schriftuitleg nu juist zelf ter discussie stond.[19] Zo'n argumentatie was — het moge hier terloops worden opgemerkt — de protestantse tegenhanger van de veelvuldig door katholieken gestelde vraag, waar het *sola scriptura*-beginsel in de Schrift zelf te vinden was.[20] Maar hoe dan ook, het syllogistische betoog van de katholiek stuitte af op de protestantse ontkenning van een van zijn premissen. Da Costa meende 'geen Roomsch of ander orakel' nodig te hebben om te weten hoe de leer zuiver bewaard moest worden; het woord van 'den onzichtbaren Trooster', die door alle eeuwen heen allen had bewaard 'die de knieën voor den Baäl niet gebogen hebben', was hem genoeg. Bestudering van hetgeen de bijbel van zichzelf getuigde en van de kerkgeschiedenis konden hem zijns inziens alleen maar gelijk geven. Mocht God toch de priester zijn voorzienigheid, zichtbaar in het werk der Hervorming, doen erkennen!

Aanvankelijk had de doodlopende polemiek zich nog op een politiek 'bezwaar' toegespitst. Ook onder dit opzicht had de priester zijn correspondent van halfslachtigheid en inconsequentie beticht. Leidde het beginsel van particuliere inspiratie in het godsdienstige niet tot erkenning van het door beiden afgewezen stelsel der volkssouvereiniteit? Was de analogie tussen godsdienst en politiek niet dermate onmiskenbaar, dat 'het Protestantisme en het liberalisme of demagogismus' bij elkaar hoorden, evenals 'het Catholicisme en de Monarchie?'[21] Katholieken zouden een despoot weten te onttronen door hun lijdelijk verzet; God zou zijn zaak zonder het revolutionaire ingrijpen van mensen wel handhaven. Daar het echter volgens Da Costa aan protestanten geoorloofd was, in opstand te komen tegen een gezag dat met Gods woord in strijd heette — de opstand tegen Philips II! — vormde hij zijns ondanks een wezenlijke bedreiging van de monarchie. Ziedaar een — niet alleen door katholieken opgezette — redenering om de aanhangers van het protestants-contrarevolutionaire denken klem te zetten. Ook Groen van Prinsterer zou er nog het nodige mee te stellen krijgen.[22] Omdat Da Costa de kwestie van de zestiende-eeuwse opstand als 'incidenteel' had afgedaan, was dit strijdpunt al in een eerder stadium van de briefwisseling blijven liggen.

De christen-jood, die zelf zo spontaan en eerlijk op de zelfverzekerde bezwaren van de katholieke priester was ingegaan, moet nooit te weten zijn gekomen wie deze laatste eigenlijk was. Eerst een eeuw later heeft Gerard Brom, in het kader van zijn voortgezet onderzoek naar de verhouding tussen katholicisme en Réveil, het raadsel tot een oplossing gebracht. De 'Roomsche pastoor' was in werkelijkheid A. Bogaerts, filosofiedocent aan het bij Velsen gelegen klein-seminarie Hageveld.[23] Waarom hij, ondanks het feit dat hij zijn correspondentiegenoot na enige tijd nadrukkelijk als 'vriend' ging betitelen, onbekend wilde blijven en een voorstel tot mondelinge gedachtenwisseling afwees, valt slechts te vermoeden. In het verlicht absolutistisch geregeerde koninkrijk van Willem I, wiens functionarissen de contrarevolutionaire ideeën van Bilderdijk en zijn leerlingen met argusogen volgden, hadden de met reden voor bedilzucht bevreesde katholieken er belang bij, niet van nonconformistische sympathieën verdacht te worden. Van congenialiteit met de *Bezwaren*, hoezeer ook van tegenbezwaren voorzien en slechts van man tot man geuit, kon gemakkelijk iets uitlekken. Een opleidingsinstituut voor priesters deed er verstandig aan niet verwikkeld te geraken in de protestantse strijd der geesten.

Terwijl Da Costa zich nog aan het verdedigen was tegen zijn anonieme 'vriend', verscheen er in het voor gematigd verlicht doorgaande tijdschrift *De Katholijke* een uitvoerige recensie van zijn gewraakte boekje. Wellicht was zij van de hand van de Deventer pastoor J.W.A. Muller, die de drijvende kracht achter deze periodiek moet zijn geweest.[24] Veel te loven vond de recensent niet in het volgens hem onder toezicht van Bilderdijk vervaardigde geschrift. In zijn van sarcasme doortrokken beoordeling merkte hij op, dat de auteur 'veel aanleg tot het onderzoeken der waarheid' scheen te hebben en, gelet op de typisch protestantse kijk op de opstand tegen Philips II, ook niet ongelovig kon zijn. Hetgeen de schrijver over de geest der eeuw had uiteengezet, achtte de recensent behartenswaardig genoeg, maar 'zoo schoon en krachtig deze uitdrukkingen in den mond van den Katholijke' waren, zo 'zinneloos' waren ze in de mond van deze nakomeling der zestiende-eeuwse reformatoren en opstandelingen. Vloeide alles wat hij terecht over de hekel haalde niet juist voort uit de Hervorming zelf? Hoe kon bijvoorbeeld de schrijver nu Calvijn tot voorbeeld nemen om het constitutioneel-revolutionaire denken aan de kaak te stellen: 'onkundiger Godgeleerde is er misschien wel niet geweest' in dit opzicht. En stond diezelfde Calvijn met zijn ontkenning van de werkelijke tegenwoordigheid van Christus in het allerheiligst altaargeheim niet aan het begin van een ontwikkeling, waartoe 'alle nieuwe Hervormers en vrijgeesten' het hunne hadden bijgedragen?: 'Ach, beklagelijke Hervorming! hoe wrang en bitter zijn uwe vruchten!' Trouwens: Da Costa mocht dan wel terecht de geest der eeuw veroordelen, hij vergat daarbij toch maar het grote aantal goede katholieken in Europa, die niet door de verderfelijke tijdgeest beheerst werden en hun knieën niet voor die afgod hadden gebogen. Daarom kon hij beter ophouden met te spreken van 'de dwaling des Pausdoms'. Mocht hij toch beseffen dat hij tegenover de op Schrift en traditie steunende Kerk alleen maar 'een oneindig getal zeer verschillende sekten van het Protestantendom' kon stellen. Mocht hij daarom toch bidden om meer verlichting ten einde het ware christendom te kunnen omhelzen.[25]

Het is duidelijk dat de openbaarheid van deze kritiek ten koste was gegaan van haar waardigheid, relevantie en intellectuele peil. Zonder recht te doen aan de zaak waarom het de auteur was te doen, buitte de recensent de rel rond de *Bezwaren* uit om zijn geloofsgenoten te sterken in hun eigen overtuiging. Dat bleek met name uit zijn daaropvolgende recensies, gewijd aan enige producten van de pennestrijd in protestantse kring. Wat hij zelf deed, verweet hij omgekeerd aan al zijn protestantse tegenstanders. Het leek wel of die, zo meende hij, de pen ter hand hadden genomen om de katholieken er van langs te geven. Zo bijvoorbeeld ook de schrijver van *Zedige Bedenkingen*, behorend tot hen die 'naar de wijze der Filozofen *à la moderne Protestant* zijn omdat zij *tegen alles protesteeren*'.[26] Weliswaar noemde deze zich vriend van de redelijke godsdienst maar in feite was hij een 'vrijwillige Duisterling'. Hoe was bij hem de Hervorming met haar eigen vrijheidsbeginsel in strijd geraakt; wie haar volgde was zogenaamd een groot, geleerd en verlicht man; wie dat niet deed heette bijgelovig, dom en kleingeestig. Protestanten hadden echter de godgeleerdheid dusdanig in verwarring gebracht, dat katholieken niet meer konden weten wat die nu wel of niet geloofden. Door het kerkelijk gezag te verwerpen waren zij daartoe vervallen.

Nu de recensent nog weer eens van nabij geconfronteerd was met de mentaliteit die Da Costa had trachten te ontmaskeren, konden er alsnog enige positieve woorden bij hem af voor deze van alle kanten aangevallen protestant. Alsof hij al weer vergeten was wat hij zelf enige bladzijden eerder had geschreven, meende hij dat de schrijver van de *Bezwaren* 'met eene onheuschheid behandeld wordt, welke den vrienden der hedendaagsche waanzinnige wijsheid zoo geheel eigen is'; '... deze Heer toont... vrij wat meer rede en wijsheid dan zijn tegenschrijver'. Voor het overige wilde hij zich met de duistere discussie tussen protestanten onder elkaar niet verder bezig houden. Een uitzondering maakte hij desondanks voor de brochure waarmee Bilderdijk zijn leerling kwam verdedigen. Wat die 'zwetste' ging hem die alleen maar zijn geloofsgenoten voor verderfelijke boeken wilde waarschuwen, wel niet aan, maar wat tuigde die orthodoxe heer zijn medeprotestanten toch af: 'het is toch ellendig dat die menschen, als zij tegengesproken worden, niet bedaard kunnen blijven. Het onfeilbare gezag der Katholijke kerk willen zij niet erkennen, en zij willen zelve als godspraken aangebeden zijn.'[27]

Op één aspect van dit katholieke tegengeraas moet nog even worden ingegaan. Het is de opmerkelijke wijze waarop *De Katholijke*, evenals de Haveldse seminarieleraar, zich opwierp als een betrouwbaarder verdediger van de monarchie dan Bilderdijk en de zijnen. In — ironisch genoeg — lutherse trant werden de 'Heeren, die den Bijbel tot hun eenige rigtsnoer houden', gewezen op het dertiende hoofdstuk van Paulus' Romeinenbrief. Kennelijk niet zonder bijbedoelingen klopte de pastoor-redacteur zich op de nationaal gezinde borst. In dit opzicht toonde hij zich verwant met het postnapoleontische Restauratiekatholicisme, dat zich beschouwde als de meest betrouwbare verdediger van troon en altaar.[28]

Opvallend zijn de gematigde en relatief gezien afstandelijke reacties waarvan de reeds veel eerder tot het katholicisme overgegane publicist J.G. le Sage ten Broek blijk gaf. Vergeleken met het ecclesiologisch tweegevecht dat Bogaerts leverde en met de oppervlakkige scheldpartijen van *De Katholijke* waren de opmerkingen van Le Sage berustender van toon en theologischer van inhoud. Des te opvallender voorzeker, omdat deze convertiet terecht als fel ultramontaan en scherp polemist de geschiedenis is ingegaan. Als zodanig had hij zich reeds onmiddellijk in de beginjaren van het Verenigd Koninkrijk doen kennen, zodat hij spoedig de *bête noire* was geworden van Willem I's bestuursapparaat en de burgerlijke elite waarop dit steunde. Inzake de *Bezwaren* bleek vertrouwdheid met de protestantse wereld die hij vaarwel had gezegd — zijn vader was dominee — bevorderlijk voor het geven van meer zakelijke kritiek.

Le Sage uitte zich aangaande Da Costa's geschrift slechts op basis van hetgeen hij in de voornaamste vaderlandse tijdschriften aan beschouwingen en

134

recensies aantrof. Hij stelde daarvan telkens een overzicht samen in zijn *Roomsch-Catholijke Bibliotheek*. Om te beginnen voelde hij zich geenszins gedrongen om de nieuwbekeerde en zijn 'geruchtmakend stukje' te verdedigen. Enerzijds verheugde hij zich namelijk over het feit dat protestanten 'individueel' minder vasthielden aan de strenge leer rond predestinatie, voldoening, vrije wil en zo meer, omdat zij daarmee dichter bij de katholieke Kerk waren gekomen. Anderzijds verwonderde hij er zich over dat Da Costa 'zulk een sprong, uit de Synagoge, over de Catholijke Kerk heen, gedaan heeft, om, XV eeuwen ver, in een protestantsch genootschap, neder te komen'. Had de jood meer de katholieke leer onderzocht, dan had hij die zeker aangenomen, want reeds de grote Fénelon had opgemerkt dat er tussen katholicisme en deïsme nu eenmaal geen midden bestond. Voor het overige maakte de katholieke recensent nog van de gelegenheid gebruik om tegen de schrijver van de *Bezwaren* aan te voeren, dat deze ten onrechte — want in strijd met de grondwet — de Nederlandse koning vanzelfsprekend als protestant beschouwde.[29]

De meeste woorden besteedde Le Sage echter aan het terechtwijzen van de vele publicisten die Da Costa op grond van zijn brochure veroordeelden. Immers: zolang de leerregels van de Dordtse synode niet door een algemene synode van alle hervormde genootschappen in Europa veroordeeld waren en door andere vervangen, bleven die van kracht. Waar de aangevallene de leer van Calvijn — uit ware overtuiging naar men mocht geloven — had aangenomen, handelde hij 'zeer braaf' door zich te verdedigen tegen 'hen, die daar... zoo willekeurig, en, op zoo vele verscheidene wijzen, van zijn afgeweken'. Naar welke andere protestantse leer had hij zich moeten voegen? Had niet bijvoorbeeld Hugo de Groot terecht opgemerkt dat een orthodoxe calvinist Calvijns verschrikkelijke besluiten wel moest verdedigen? Maar neen: de liberale protestanten lieten niet af: 'Wat bezwaren die menschen zich toch vreesselijk over die *Bezwaren*!' De katholiek wilde zich daar niet verder mee ophouden en liet 'de heeren protest., onder elkander, dat kluwen ontwarren'.[30]

Over en weer hadden de *Bezwaren* nog een kleine nasleep tot gevolg, die een verharding van de bekende standpunten inhield. Da Costa stelde — ik stipte het in mijn inleiding reeds aan — in *De Sadduceën* de leer van de Farizeeën gelijk met de dwalingen en het bijgeloof van het pausdom en met de listen van de jezuïeten; die van de Sadduceeën stelde hij gelijk met het ongeloof, de valse wijsbegeerte en de neologie en met de listen van de liberalen. Zocht de neologie haar beginsel in de zwakke menselijke rede, het pausdom deed dit in het ijdele menselijk gezag.[31] Van een evangelische kern, die de schrijver een jaar tevoren daarin nog had ontdekt, was bij hem nu geen sprake meer. *De Katholijke* reageerde met de klacht dat 'wij weder zoo geweldig beleedigd worden'. Hoe kon iemand volgens wie aan God alleen het oordeel toekwam, de 'vermetelste oordeelen' over het katholicisme uitspreken? Het driemanschap Bilderdijk-Da Costa-Capadose moest zich wel verwonderen, dat het door de katholieken 'geene actie van injurie' werd aangedaan. Het zou er vroeg of laat nog wel van moeten komen![32]

In deze grootspraak valt nog iets te bespeuren van de aloude tegenstelling tussen het voormalig heersende orthodoxe calvinisme en het als afgodendienst bestempelde katholicisme. Ook kan de welwillende houding die in de oorspronkelijk verlicht katholiek getinte kringen van het tijdschrift tegenover het tolerante protestantisme werd aangenomen, van invloed zijn geweest. De ontwikkeling zou echter een andere richting uitgaan. Mede naar aanleiding van de protestantse strijd rond de *Bezwaren* kwam Le Sage steeds meer tot de overtuiging dat het ondogmatische, algemeen humanitaire christendom de voornaamste vijand was van het ware christelijk geloof. Na enige jaren vroeg hij zich af, welke gereformeerde gemeente in Nederland zich nog hield aan de Dordtse leerregels; het was 'een belagchelijk werk' met dat 'niet meer bestaande protestantisme' te gaan 'schermutselen'. De Verlichting in haar verschillende vormen en schakeringen, logisch gevolg van het vrije onderzoek, zou zijn voornaamste doelwit worden.[33] Vanuit deze wat verschoven strategie trad hij nog weer wat later in openbare briefwisseling met Da Costa. Geen protestant had het recht, zo schreef hij, om zich over verval of verbastering der leer te beklagen; zo iets was inherent aan het protestantisme, dat uit zijn aard geen vaste leer kon hebben. Daarom nodigde hij Da Costa alsnog uit om rooms-katholiek te worden. Dan zou de christen die zo moedig Jezus als 'de Christus, de Zoon des levendigen Gods' beleed, de enig juiste consequentie trekken uit zijn eerder verworven geloof.[34] De *Bezwaren* zelf waren bij Le Sage intussen uit het gezichtsveld verdwenen. Zo ook bij Da Costa, die in zijn antwoord 'den algenoegzamen Naam van Jesus Christus' stelde tegenover den 'gedeelden en met creaturen Zijne eere deelenden Christus' van de Kerk van Rome.[35]

De 'geest der eeuw' als gemeenschappelijk fantoom

Da Costa's 'geest der eeuw' was een kwade geest, daarover is geen twijfel mogelijk. Reeds voor zijn overgang tot het christendom dwong volgens Bilderdijks geestelijke zoon de heilige gloed van de dichtkunst 'met reuzenmacht den geest der eeuw terug te treden!'[36] Zoeken we in de *Bezwaren* naar nadere omschrijvingen, dan vinden we achtereenvolgens uitdrukkingen als: 'dit hoovaardige gevoelen der Eeuw', 'Tijdgeest met geheel het samenstel zijner ijdelijke wijsheid en bedriegelijke verlichting', 'valsche en ongodlijke filosofie van den dag', gevoelens van 'de meerderheid der negentiende eeuw', de heidense ongebondenheid van 'de eeuw, waarin wij leven... de eeuw der Rede', ten slotte de blinde hoogmoed van de 'eeuw van slavernij... van bijgeloof, van afgoderij, van onkunde, en van duisternis'. Terecht is opgemerkt dat bij Da Costa de dubbele betekenis van het begrip 'aeon', in de zin van eeuw en (boze) wereld, heeft meegespeeld.[37] Als tijdsomschrijving wordt zijn 'eeuw' voor telkens verschillende perioden gebruikt. Evenals de 'tijd' in het begrip 'tijdgeest' strekte hij zich soms uit tot ver terug in de achttiende eeuw, maar was hij vaker nog die van het 'tegenwoordig geslacht', van de 'hedendaagsche Verlichtingsdenkers'.

Reeds in 1809 waren de *Betrachtungen über den Zeitgeist in Deutschland* in het Nederlands vertaald onder de titel *Geest der eeuw*. Daarin beschreef de auteur E. Brandes, een conservatieve regeringsfunctionaris uit Hannover, op een nogal ingewikkelde manier en onder het aanbrengen van enige cesuren de tweede helft van de achttiende eeuw. Aanmatigende en begoochelende vooruitgangsdenkers hadden toen tot 'Tijdgeest' gemaakt, wat in feite 'dier Heeren eigen Geest' zou zijn geweest.[38] Brandes' boek verscheen in Duitsland in hetzelfde jaar waarin Goethe's Faust-figuur met de bekende gelijke woorden de tot een modebegrip geworden 'Zeitgeist' in zijn eenzijdigheid ontmaskerde. Toen Da Costa, zij het intussen met volslagen negatieve voortekens, het modieuze spraakgebruik overnam, viel dan ook menig bestrijder hem daarop aan.[39] Hoe onderling verschillend waren de achtereenvolgende tijdperken van de achttiende eeuw geweest, zo stelden zij vast. Hooguit kon men spreken van de huidige geest des tijds, maar hoe verschillend was die nog weer in de afzonderlijke landen en hoe moeilijk kon dit begrip voor hun gehele bevolking worden gebruikt. Kortom: de critici verweten Da Costa onvoldoende onderscheid gemaakt te hebben naar tijd, regio, gezindte en stand. Deze 'verwisseling van denkbeelden en begrippen' had hem meer kritiek bezorgd dan nodig was geweest, aldus een van hen, die 'het stukske' niettemin wilde lezen zoals de auteur zelf gelezen en beoordeeld wilde worden.[40]

Voor het onderwerp van mijn artikel zijn bovenstaande gegevens niet zonder belang. In de jaren die aan de *Bezwaren* vooraf gingen waren ook de schaarse katholieke opinievormers er toe overgegaan om met behulp van het — door hen natuurlijk in negatieve zin verstane — globale begrip 'tijdgeest' hun eigen situatie te analyseren en op grond daarvan richting te geven aan hun toekomst.[41] Dat geldt zowel voor de meer gematigde, nog onder zwakke invloed van de 'Katholische Aufklärung' staande tijdschriften en brochures als voor de artikelen en geschriften van Le Sage ten Broek. Ofschoon voor een definitief oordeel nauwkeuriger onderzoek nodig is, meen ik voorlopig te kunnen vaststellen dat het ongenuanceerd en 'pauschal' veroordelen van *de* tijdgeest bij de Nederlandse katholieken pas in de eerste jaren van het Verenigd Koninkrijk ingang heeft gevonden.

Verschijnend in de late Franse Tijd maakten de *Mengelingen voor Roomsch-Catholijken* nog bij voorkeur onderscheid tussen valse en ware Verlichting. De valse Verlichting bevredigde de weetgierigheid van mensen die daar niet rijp voor waren; zij was te intellectueel, verwaarloosde de godsdienst en was niet zelden zelfs in strijd met het christendom. De ware Verlichting daarentegen verspreidde zoveel kennis als ieder voor zijn levensstaat nodig had en bekommerde zich om verbetering van de mensheid. De leer van Christus was de zuiverste bron voor 'ware zedelijke Verlichting'.[42] Zo'n verlicht-katholieke uiteenzetting was ingebed in karakteristieke aforismen als: 'De Zedeleer der Wijsgeeren... is nog volledig, nog voor de behoefte der menschen gerekend' en: 'Godsdienst zonder Zedeleer maakt schijnheiligen of bijgeloovigen. Zedeleer zonder Godsdienst, Waanwijzen.'[43] Het tijdschrift streed blijkbaar minder tégen de Verlichting dan dat het pleitte voor christelijke omvorming ván de Verlichting, uiteraard onder behoud van de éne ware leer. Dit laatste was voor de *Mengelingen* nu juist het zwakke punt van het protestantisme: leerstellingen die, ooit tot vervolging van weerbarstigen toe, streng waren onderhouden, werden nu tot de minder noodzakelijke gerekend; bij protestanten veranderde de leer 'door den Geest der Opklaring van dag tot dag'.[44]

In het tijdschrift *Minerva*, dat de schakel vormde tussen de *Mengelingen* en de eerder genoemde *Katholijke*, was er al onmiddellijk sprake van de afgoderij 'van onzen tijd' ofwel 'dezer eeuw', de eeuw der rede met haar valse Verlichting.[45] In *De Katholijke* braken de jammerklachten tegen 'de zoogenaamde Tijdgeest' pas goed los. Die geest probeerde het geloof in de zielen der christenen te verzwakken, misleidde de menigte, vernieuwde met een verbazingwekkende driestheid de goddeloosheid van Arius en Socinus en wilde ook 'in onze rampzalige dagen' het zuivere deïsme voortplanten. Nu kregen ook de tegenstellingen met het protestantisme meer reliëf. Terwijl in die dagen 'de ontzettende menigte der schriften van vrijgeesten' geheel Europa als een stortvloed overstroomden, waren er ontegenzeggelijk protestantse geleerden die hen voortreffelijk bestreden. Maar omdat de bron van die vrijgeesterij niet werd afgesloten, zou dat niet baten; die bron lag immers 'in de wezenlijke grondbeginselen van het Protestantismus' zelf. Verlaat uw 'gezelschap' en haalt de band van vriendschap met ons aan 'door eenheid des geloofs', zo besloot een redactionele wens. Opzienbarende bekeringen tot het katholicisme, vooral in Duitsland, kregen dan ook gerede aandacht, al overheerste de toon van verbittering over de vele belijders van de protestantse godsdienst, die volhardden in hun leer, 'op het drijfzand der vlottende meeningen van het dartele menschelijke verstand opgerigt'.[46]

Natuurlijk hadden dit taalgebruik en zijn achterliggende concepties vooral de bedoeling het eigen moreel en het ontluikende zelfbewustzijn te versterken. De formeel aan het adres van niet-katholieken gerichte oproepen, uitnodigingen en wensen dienden in eerste instantie ter ondersteuning van het katholieke saamhorigheidsgevoel. Het was de stijl waarin toen — en nog tot ver in de negentiende eeuw — confessionele polemiek werd gevoerd. Echte antwoorden werden niet verwacht, al heeft een aartsproselietenmaker als Le Sage ongetwijfeld op spectaculaire bekeringen gehoopt.[47] Met behulp van de als een negatief schibbolet fungerende 'tijdgeest' konden de katholieken als diens enig betrouwbare bestrijders scherp onderscheiden worden van zijn listige verspreiders en zijn verdwaalde slachtoffers. Daarbij pasten geen periodiseringen en nuanceringen, nog minder besef en erkenning van tijdgebonden ontwikkelingen binnen het eigen kamp.

In 1821 verscheen als uitgave van Le Sage's 'R.C. Maatschappij' de vertaling van een leerrede, uitgesproken door de Beierse gebedsgenezer prins Alexander von Hohenlohe. Het loont de moeite kort weer te geven, wat deze priester gelijk een roomse Da Costa in zijn *Wat is de tijdgeest?* geheten brochure aan bezwaren bijeen wist te brengen.[48] De tijdgeest was het palladium van demagogen, jacobijnen en illuminaten; geleerden en opinievormende publicisten waren hun satellieten; constituties waren hun oorlogskreet; omverstoting van troon en altaar was hun doel. De tijdgeest bestond in een gestadig wankelen van menselijke beschouwingen en betrekkingen, veroorzaakt door gebrek aan het vaste punt van de ware godsdienst. Hij nam elke mode aan die zijn toongevers bepaalden; hij had volksverleiders in dienst om volksscharen de valse spiegel van een nieuwe aarde en waar mogelijk een nieuwe hemel voor te houden. Het behoorde tot de 'bon ton onzer eeuw' om priesters te verachten. Ouders betaalden hun tol aan die boze tijdgeest door hun kinderen bloot te stellen aan danspartijen, schouwburgvoorstellingen en slecht gezelschap. Hoe nodig was het derhalve om partij te kiezen tégen de 'driften en zonden der wereld' en vóór de 'Bruid van Jezus Christus alsmede het zigtbare Opperhoofd der Kerk'.

Voor Le Sage, die grote bewondering koesterde voor de geëxalteerde persoon van de wereldmijdende prins, was een dergelijke zedepreek koren op zijn molen. Ook in zijn tijdschriften werd hij niet moe de tijdgeest aan te wijzen als de belichaming van alle kwaad in de wereld. Zo maakte hij uitvoerig gebruik van de overwegingen van de Duitse convertiet F.L. von Stolberg.[49] Deze wist zich te bevinden in een eeuw wier geslacht zich niet alleen door de heersende tijdgeest liet verrassen, maar hem zelfs huldigde en diende; een geslacht dat de hersenschim die 'openbaar gevoelen' werd genoemd, op de troon der waarheid verhief. Hoe gevaarlijk blies de tijdgeest 'ijdele trotschheid en eigenbaat' in en wat was hij een 'leugengeest'. Maar God weerstond de hovaardigen en gaf de ootmoedigen genade. Daarom was het zaak die boze geest met verdubbelde ijver tegen te gaan.[50] Men ziet: welk een overeenkomst alweer tussen dit jargon van conservatief-katholieke, Duitse herkomst en dat van Da Costa's *Bezwaren*.

Toch waren er in de roomse bezwaren tegen de 'geest der eeuw' ook sterke Franse invloeden werkzaam. Daar was om te beginnen Bossuet, bisschop van Meaux en invloedrijk man aan het hof van Lodewijk XIV. Diens *Histoire des variations des églises protestantes* was van beslissende betekenis geweest voor Le Sage's bekering.[51] Uit het werk van deze 'aigle de Meaux' stuurde de Hagevelder Bogaerts uittreksels aan Da Costa om zijn katholieke gelijk te adstrueren. Bij de protestantse jood zouden, zo is gesuggereerd[52], Bossuets vijandigheid tegenover de geneugten der wereld, zijn onbarmhartige oorlog tegen deïsme, vrijgeesterij en religieuze onverschilligheid, zijn warme verdediging van de monarchie en zijn diepe afkeer van de kunst om de kunst misschien kracht hebben kunnen bijzetten aan de door Bogaerts in het veld gebrachte argumenten ten gunste van de enig ware, roomse Kerk.

Daar was verder de jonge, toen nog als traditionalistisch apologeet optredende abbé De la Mennais, wiens in 1817 verschenen *Essai sur l'indifférence en matière de religion* diepe indruk maakte op het katholieke denken van de Restauratietijd.[53] Verlichting en Revolutie hadden volgens hem hun onmiddellijke wortels in de Hervorming; ze hadden de menselijke rede tegenover God gesteld en het autoriteitsgevoel vernietigd. In 1820 publiceerde De la Mennais een artikel over 'L'orgueil dans notre siècle'.[54] Die trots had slechts twijfels nagelaten op de ruïnes van al wat ontkend en omvergeworpen was. Welke natie had verder meer slavernij en onderdrukking gekend dan het Frankrijk van de veelgeprezen vrijheid en gelijkheid? Le Sage liet het artikel in vertaling afdrukken in zijn *Roomsch-Catholijke Courant*, die in de jaren 1822 en 1823 verscheen, maar te weinig steun kreeg om voortgezet te kunnen worden. Dat

139

aanvankelijk was overwogen het orgaan de naam 'Anti-tijdgeest' mee te geven is tekenend voor de redactionele koers.[55] In de *Godsdienstvriend*, de levensvatbaar gebleken periodiek die in 1818 van start was gegaan, vond de ultramontaanse lekenapostel overigens gelegenheid genoeg zijn afkeer van de tijdgeest te uiten. Reeds in een van de eerste afleveringen had hij moeten vaststellen dat in Genève de vroege Réveilmannen tevergeefs waren opgetreden tegen hen die het evangelie aangepast hadden aan 'den geest der eeuw'.[56] Die geest ontmoette Le Sage in Nederland vooral bij de Maatschappij tot Nut van 't Algemeen, in wier uitgaven de 'schriften der waan-wijsgeeren van onzen tijd' zich zouden weerspiegelen.[57] Vertaalde passages uit de werken van bekende — onder wie natuurlijk De Maistre — en minder bekende katholieke Franse schrijvers verschenen zowel in de organen van de 'vader van de katholieke pers' als in de reeds genoemde andere tijdschriften. Het Franse traditionalisme en ultramontanisme hebben het anti-tijdgeest-denken van de Nederlandse katholieken een theoretische fundering gegeven. Overigens werd de term 'esprit du siècle' bij Franse katholieken ook in positieve zin gebruikt en wel voor het veldwinnend eigen elan.[58]

Mijn conclusie kan kort zijn. Da Costa's *Bezwaren* moeten bij katholieke landgenoten die kennis namen van zijn pamflet, vertrouwd in de oren hebben geklonken. Over hetgeen de protestantse neofiet bejammerde en veroordeelde hadden zij kunnen lezen in gelijkgestemde brochures en artikelen, die hun publicisten in toenemende mate lieten drukken. Deze opinieleiders stonden echter weinig open voor een sfeer van interconfessionele congenialiteit, die in Duitsland typerend is geweest voor de vroeg-romantische reactie op het verlichtingsdenken.[59] Daarvoor waren de Nederlandse katholieken in sociaal-politiek opzicht te lang onderdrukt en in cultureel opzicht te veel achtergebleven. Daarvoor deed van zijn kant een schrijver als Da Costa ook te eenzijdig appel op het orthodoxe protestantisme als bezielende kracht. Vooral het in Franse traditie staande denken van contrarevolutionaire aard leverde de Nederlandse katholieken een steun in de rug: er liep immers een rechte lijn van de Hervorming via de Verlichting naar de Revolutie! Ondanks gemeenschappelijkheid van denktrant en argumenten werden de *Bezwaren* als een produkt van het in zichzelf verdeelde protestantisme afgewezen. Bevorderd door de sociaal-culturele context van twee gescheiden leefwerelden wonnen de kerkelijke en ecclesiologische verschillen het van de politieke en ideologische overeenkomsten. 'Mijn vriend en vijand tevens'; onder deze titel zou Da Costa later door J.A. Alberdingk Thijm worden toegedicht.[60] Van de slechts een enkele maal uitgesproken gevoelens van vriendschap die zijn *Bezwaren* opriepen kan hij moeilijk onder de indruk zijn gekomen; de overheersende gevoelens van kerkelijke vijandschap zullen hem nauwelijks hebben verrast.

Noten

1. J. van den Berg, 'P. Hofstede de Groot en het Réveil', in: J. van den Berg, P.L. Schram en S.L.

Verheus (red.), *Aspecten van het Réveil* (Kampen 1980).

2. *Ibidem*, p. 18.
3. *Ibidem*, p. 21.
4. *Ibidem*, p. 12 en 13.
5. *Ibidem*, p. 25.
6. J. Lindeboom, *Het bijbels humanisme in Nederland* (Leiden 1913), in het bijzonder p. 26. Voor de desbetreffende opvattingen van Hofstede de Groot en Lindeboom: D. Nauta, 'De Reformatie in Nederland in de historiografie', in: P.A.M. Geurts en A.E.M. Jansen (red.), *Geschiedschrijving in Nederland*, II ('s-Gravenhage 1981), resp. p. 214 vlg. en p. 223 vlg.
7. G. Brom, *Romantiek en katholicisme in Nederland*, I (Groningen - Den Haag 1926), p. 79.
8. O.N. Oosterhof, *Isaäc da Costa als polemist* (Kampen 1913), p. 57.
9. *Ibidem*, p. 59 vlg.; Brom, *Romantiek*, p. 77.
10. De term is van W.H. de Beaufort, 'Da Costa's "Bezwaren tegen den Geest der Eeuw" 1823', in: *De Gids* 1917, III, p. 278.
11. D.P. Oosterbaan, 'Rondom Da Costa's "Bezwaren"', in: *Antirevolutionaire Staatkunde* 11 (1937), p. 1-30; G.M. den Hartogh, 'Rondom Da Costa's "Bezwaren" en hun ontvangst', in: *Gereformeerd Theologisch Tijdschrift* 59 (1959), p. 36-52. Voor een samenvatting: M.E. Kluit, *Het protestantse Réveil in Nederland en daarbuiten 1815-1865* (Amsterdam 1970), p. 148 vlg.
12. G. Gorris, *J.G. le Sage ten Broek en de eerste faze van de emancipatie der katholieken*, II (Amsterdam 1949), p. 55-56; G. Brom, *Cornelis Broere en de katholieke emancipatie* (Utrecht - Antwerpen 1955), p. 55 vlg.
13. I. da Costa, *Bezwaren tegen den geest der eeuw* (Leiden 1823).
14. De hier vermelde uitlatingen over het katholicisme in: Da Costa, *Bezwaren*, p. 6, 25-26, 33-34, 48, 57 en 91.
15. Réveil-Archief, berustend in de bibliotheek van de Universiteit van Amsterdam. Verzameling Da Costa, Brieven-Archief XVI en XVII; ongedateerde brief, vermoedelijk in novermber 1823 geschreven.
16. In een map met als titel 'Correspondentie met den Roomschen Pastoor' is de briefwisseling bewaard gebleven; ze beslaat in totaal 11 brieven.
17. Slechts een enkele brief van Da Costa is in afschrift aanwezig. De navolgende citaten zijn ontleend aan brieven d.d. 18 dec. 1823, 17 jan. 1824 en 8 maart 1824.
18. Brief d.d. 8 maart 1824.
19. Afschrift van brief d.d. 21 maart 1824.
20. Vgl. H. Bornewasser, 'Bijbelgenootschap en rooms-katholieken', in: *Reflecties op Schrift* (Averbode - Apeldoorn 1983), p. 265.
21. Brief d.d. 18 dec. 1823.
22. Vgl. H. Smitskamp, *Groen van Prinsterer als historicus* (Amsterdam 1940), in het bijzonder p. 159.
23. Brom, *Broere*, p. 56. Voor Bogaerts: *Bijdragen voor de Geschiedenis van het Bisdom Haarlem* 41 (1923), p. 333. De filosofiedocent had bij Willem I's regering geen slechte naam, hetgeen blijkt uit de aandrang die op hem zou worden uitgeoefend om een leerstoel aan het Collegium Philosophicum te aanvaarden.
24. Gorris, *Le Sage*, I (Amsterdam 1947), p. 239.
25. *De Katholijke. Letterkundig Tijdschrift voor Roomsch-Catholijken*, Boekbeoordeelingen, 1824, p. 62 vlg.
26. *Ibidem*, p. 80 vlg. Het betrof hier een pamflet van E.C. d'Engelbronner, door Oosterbaan 'bijtend scherp, vaak grof en ruw' genoemd (Oosterbaan, 'Rondom Da Costa's "Bezwaren"', p. 20).
27. *De Katholijke*, Boekbeoordeelingen, 1824, p. 87 vlg. De recensie gold W. Bilderdijk, *De Bezwaren tegen den geest der eeuw van Mr. I. da Costa toegelicht* (Leiden 1823), waarin de schrijver, 'het moge den aanbassenden honden lief of leed zijn', zijn gevoelens aan de dag wilde leggen (p. 2).
28. *De Katholijke*, Boekbeoordeelingen, 1824, p. 89; A. Rauscher, *Deutscher Katholizismus und Revolution im frühen 19. Jahrhundert* (München-Paderborn-Wenen 1975).
29. *Roomsch-Catholijke Bibliotheek voor het Koningrijk der Nederlanden* 4 (1824), p. 204 vlg.
30. *Ibidem*, p. 205, 319 vlg., 372 vlg., 377.
31. I. da Costa, *De Sadduceën* (Leiden 1824), p. 4, 32 en 58.
32. *De Katholijke*, Boekbeoordeelingen, 1824, p. 185-189.

33. *De Godsdienstvriend. Tijdschrift voor Roomsch-Catholijken* 15 (1825), p. 146; Gorris, *Le Sage*, I, p. 242 vlg.
34. J.G. le Sage ten Broek, *Brief aan Mr. W* (!) *da Costa* ('s-Gravenhage 1829), p. 4.
35. I. da Costa, *Antwoord aan den heer J.G. le Sage ten Broek* (Amsterdam 1829), p. 45-46.
36. Den Hartogh, 'Rondom Da Costa's "Bezwaren"', p. 36.
37. U. Gäbler, 'Zum theologischen Gehalt von Isaäc da Costas "Einreden wider den Zeitgeist", 1823', in: U. Gäbler en P. Schram (red.), *Erweckung am Beginn des 19. Jahrhunderts* (Amsterdam 1986), p. 226 noot 9. De uitdrukking 'duysternisse deser eeuwe', voorkomend in de Statenbijbel, hebben de katholieke bijbelvertalingen niet gekend (vgl. ook G. Bouwman, 'Aeon', in: *Het Heilig Land*, Nieuwe Serie 15 (1962), p. 137-138.
38. E. Brandes, *Geest der eeuw of geschiedenis van den menschelijken geest in Duitschland op het einde der XVIIIe eeuw* (Amsterdam 1809), p. 215; vgl. K. Baur, *Zeitgeist und Geschichte* (München 1978), p. 14 vlg.
39. Zo bijvoorbeeld J. Roemer, *Voordeelen van den geest der eeuw* (Leiden 1823), p. ix vlg. en (J.A. Lotze) *Vijf brieven behelzende eenige aanmerkingen over het zoo veel geruchtmakend boek...* (Amsterdam 1823), p. 3 vlg.
40. *Vijf brieven*, p. 7.
41. Voor het begrip 'tijdgeest' als hulpmiddel tot eigen plaatsbepaling: R. Koselleck, *Vergangene Zukunft. Zur Semantik geschichtlicher Zeiten* (Frankfurt am Main 1979), in het bijzonder p. 336-338.
42. *Mengelingen voor Roomsch-Catholijken* 2 (1808), p. 14 vlg.
43. *Ibidem* 1 (1807), p. 65.
44. *Ibidem*, p. 77.
45. *Minerva. Letterkundig Tijdschift voor Godsdienst, Wetenschappen en Kunsten* 1 (1818), p. 3.
46. *De Katholijke*, Mengelwerk, 1822, p. 116 vlg., 162 vlg. en p. 197 vlg.
47. Le Sage schreef zichzelf 'regt proselytenmakerij' toe als evangelische opdracht, nadat hij in 1826 vernomen had dat na drie jaar tijds 600 andersdenkenden tot het katholicisme zouden zijn bekeerd (Gorris, *Le Sage*, II, p. 363).
48. A. von Hohenlohe, *Wat is de tijdgeest? Leerrede, uitgesproken in den advent te Bamberg* ('s-Hertogenbosch 1821).
49. Vgl. P. Brachin, 'Friedrich Leopold von Stolberg und die deutsche Romantik', in: *Literaturwissenschaftliches Jahrbuch*, Neue Folge 1 (1960), p. 117-131, waarin de auteur beweert dat Stolberg overging tot het katholicisme (1800) op argumenten die in wezen die van Bossuet waren. Zie verder noot 52 en bijbehorende tekst.
50. *De Godsdienstvriend* 7 (1822), p. 153 vlg.
51. Gorris, *Le Sage*, I, p. 51 vlg.
52. J.A.G. Tans, *Bossuet en Hollande* (Maastricht 1949), p. 144. Al aan het begin van de briefwisseling vroeg Bogaerts aan Da Costa of 'UwEd eenige werken van Bossuet gelezen hebt en welke' (brief 18 dec. 1823).
53. L. le Guillou, *Lamennais* (Parijs 1969); G. Valerius, *Deutscher Katholizismus und Lamennais* (Mainz 1983). Bogaerts had reeds in zijn eerste brief de abbé als enige met name vermeld onder degenen die vanwege hun verdediging van de moederkerk 'door den tijdgeest bespot worden; regtzinnigheid genoeg om een La Mennais, schrijver van veel verstand en grooten naam te noemen.' Voor de invloed van Lamennais op Bogaerts: F.J.J. Vrijmoed, *Lamennais avant sa défection et la Néerlande catholique* (Parijs 1930), p. 380.
54. *Oeuvres complètes de F. de la Mennais*, VIII (Parijs 1836-1837), p. 242-249.
55. Vrijmoed, *Lamennais*, p. 153; Gorris, *Le Sage*, I, p. 306 vlg.
56. *De Godsdienstvriend* 1 (1818), p. 198.
57. *Ibidem* 4 (1819), p. 29 vlg.
58. J. Lecler, 'Les controverses sur l'Eglise et l'Etat au temps de la Restauration (1815-1830)', in: *Revue des Sciences Religieuses* 34 (1960), p. 307.
59. J.A. Bornewasser, 'Hoe conservatief was het Réveil?', in: *Nederlands Archief voor Kerkgeschiedenis* 62 (1982), p. 226.
60. Brom, *Romantiek*, I, p. 80.

Kuyper en de antithese

C. Augustijn

Abraham Kuyper is de man 'die de "antithese" in vleesch en bloed belichaamd, en haar bovendien metaphysisch en theologisch bezield en vervolgens tot politieke leuze verheven had'[1], aldus een oordeel uit 1929. Op één of andere wijze worden Kuyper en de antithese steeds nauw aan elkaar verbonden. P.J. Oud geeft in zijn parlementaire geschiedenis het hoofdstuk dat het kabinet-Kuyper (1901-1905) behandelt, het opschrift 'antithese'. Bij hem is het een zuiver politiek begrip: rechts tegen links, confessionele tegenover niet-confessionele partijen.[2] In de nieuwe *Algemene Geschiedenis der Nederlanden* heeft de term allereerst een politieke betekenis, maar deze wordt teruggebracht op een levensbeschouwelijke: 'de antithese tussen een orthodox-christelijke en een liberaal-wereldlijke levensbeschouwing' of ook, breder, tussen een christelijke levensbeschouwing en die van liberalisme en socialisme.[3] Bij G.J. Schutte krijgt de term een nog veel wijder betekenis. 'Door de antithese scheidde hij (Kuyper) de staatsburgers in schapen en bokken en dwong hij hen voor of tegen christelijke organisaties te kiezen.'[4] Bij deze auteur is de antithese zelfs 'de afgronddiepe kloof' tussen calvinisten en niet-calvinisten[5], die als vanzelf tot christelijk-politieke partijvorming — bedoeld is blijkens de context: protestants-politieke — en tot samenwerking met katholieken leidt.[6] De gedachte der gemene gratie wordt dan 'een brug... over de kloof der antithese heen', zij maakt samenwerking met niet-christenen mogelijk.[7] A.J. Rasker denkt in dezelfde categorieën als Schutte, zij het dat hij de gehele cultuurbeschouwing van Kuyper in het oog vat. Antithese is isolement, gemene gratie betekent synthese en bij Kuyper verloopt de integratie van natuur en genade 'in een ontzaggelijke spanning van synthese en antithese, waarmee hij levenslang bleef worstelen'.[8]

Zelf heb ik onlangs in een bundel over Kuyper de term kort behandeld.[9] In dezelfde publicatie bracht J.H. Prins een aanvulling aan op mijn opstel en benaderde hij de materie vanuit een andere vraagstelling.[10] Daar ik in die bundel onvoldoende kon ingaan op alle hier rijzende vragen, neem ik nu de gelegenheid te baat om de materie breder te behandelen.

Het bovenstaande illustreert immers reeds het grote verschil in betekenis, die aan het woord antithese bij Kuyper wordt toegekend. Is het politieke spraakgebruik primair? Welke achtergronden heeft 'antithese' als politieke term dan? In welke context gebruikt Kuyper het? Is het geoorloofd, het woord ook in veel breder zin te gebruiken? Zijn 'gemene gratie' en 'antithese' elkaars correctieven, zijn beide nodig om in Kuypers gedachtenwereld een evenwicht te bewaren? Deze vragen kunnen alleen beantwoord worden op grond van een onderzoek naar de term 'antithese' bij Kuyper. Daarbij komt nog, dat het woord pas op een bepaald moment als 'technische term' wordt gebruikt. Dat is niet toevallig. Wil men de term gebruiken om Kuypers denken in het algemeen te karakteriseren, dan zal men in ieder geval rekening ermee dienen te houden, dat het volledig onmogelijk is, bij Kuyper vroegtijdig aan een duidelijk en min of meer afgerond systeem te denken. Kuypers gedachtengang heeft zich de jaren door voortdurend ontwikkeld en zijn bekende uitlating in de Tweede Kamer bij de begrotingsdebatten van 1901, dat hij niet met 'oude plunje' achtervolgd wilde worden[11] was niet alleen uit politiek lijfsbehoud noodzakelijk. Voorts heeft Kuyper niet zelf alleen het woord gemunt. Zijn tegenstanders hebben in hoge mate ertoe bijgedragen, dat het woord een bepaalde klank kreeg. Ook al zal Kuyper in dit opstel centraal staan, men kan anderer invloed niet verwaarlozen. Deze vragen tracht ik in het volgende te beantwoorden.

Dat het woord 'antithese' van tijd tot tijd in Kuypers geschriften voorkomt, valt te verwachten. Het betekent in deze gevallen niet meer dan 'tegenstelling' en kan zowel in de politiek als ook op ander gebied gebezigd worden.[12] In Kuypers eigen herinnering was de term volledig verbonden aan het kabinet (1901-1905) waaraan zijn naam verbonden is. In 1913 zegt hij: 'Dit heb ik voor nu elf jaren in de Staten Generaal de *Antithese* genoemd. Een term, boos beschimpt en gedurig op wie hem uiten dorst teruggeworpen...'[13] Zoals zo vaak bij Kuyper het geval is, bedroog zijn geheugen hem zonder dat hij zich vergiste. Hij heeft de uitdrukking niet in 1901 gebruikt, maar ze is onlosmakelijk verbonden met zijn kabinet.

Voor ons is belangrijk, dat Kuyper in een kamerrede van december 1897 het woord bezigde. Hij spreekt dan over het hoger onderwijs en stelt de mening der liberalen aan de kaak, dat er slechts één wetenschap zou zijn. In dit verband wijst hij erop, dat het nederlandse volk in twee bijna gelijke helften kan worden verdeeld, 'die principieel met eene strijdige levens- en wereldbeschouwing tegenover elkander staan'. Het verschil is hierin gelegen, dat 'wij dezerzijds' geloven aan het bestaan van een bijzondere openbaring en 'de heeren van de overzijde' daartegen over stellen het gezag van de menselijke rede. Grif erkent Kuyper, dat dit niet aan weerszijden betekent een eenheid in alle onderdelen. 'Maar hoezeer ook binnen eigen sfeer uit elkaar gaande, zoodra de strijd zich toespitste en ten slotte het levensbeginsel raakte, zag men steeds, gelijk nog onlangs in de Junidagen, dat in den principieelen strijd de twee deelen der natie op die antithese scheiden.'[14] Prins wijst met recht erop, dat Kuyper hier refereert aan de destijds voorkomende herverkiezingen, in de praktijk vaak een keuze tussen een kandidaat van een confessionele en één van een niet-confessionele partij.[15] Kuypers tegenoverstelling van 'wij dezerzijds' en 'de heeren van de overzijde' verwijst ook naar de politieke realiteit. Kuyper herleidt deze tot de diepere tegenstelling van verschillend levensbeginsel — en in dit verband ontsnapt hem het woord 'antithese'. Meer dan dit is het nog niet. Dat blijkt al uit het aanwijzend voornaamwoord, het blijkt ook hieruit dat hij al in de volgende zin spreekt over 'die tegenstelling' en dat het woord in de volgende jaren niet in zijn vocabulaire voorkomt.

Kuyper vergiste zich niet. Antithese speelt in 1901 geen enkele rol, de term bestaat nog niet, maar de zaak krijgt duidelijk vorm. Wat Kuyper in dat jaar smeedde, sterker dan ooit tevoren, was het begrip van twee volksdelen, die diametraal tegenover elkaar stonden. Zijn openingswoord ter deputatenvergadering van de Antirevolutionaire Partij stelde het overduidelijk: 'En de eenige vraag die in Juni beslissing wacht is, of voor het *Christelijk volksdeel*, dan wel voor onze volksgenooten, die met den Christus, altoos in politieken zin, gebroken hebben, de meerderheid in de Staten-Generaal zal zijn.' Kuyper weet, dat er verschillen zijn aan de rechterzijde. 'Maar onder die verscheidenheid schuilt toch een identieke ondergrond, die aan allen gemeenschappelijk is.'[16]

Toen Kuyper enkele maanden later bij de algemene beschouwingen in de Tweede Kamer als minister-president het woord voerde, had hij zich volledig in zijn nieuwe rol ingeleefd. Nu was hij niet de partijvoorzitter die het bestaan van twee volksdelen op de voorgrond plaatste, maar beklemtoonde hij dat hij als bewindsman voor allen wilde optreden. Wel trachtte hij duidelijk te maken, wat 'christelijke beginselen' waren. Waren ze niet, suggereerden sommige opponenten, hetzelfde als het door Kuyper en de zijnen weggehoonde 'christendom boven geloofsverdeeldheid'? Kuypers antwoord was, dat hij niets moest hebben van die term: die suggereerde immers een christendom dat verheven zou zijn boven het in de kerken beleden christendom. 'Wil men een andere phrase, een andere formule, ik zou de formule accepteeren van een Christendom *onder* geloofsverdeeldheid.' Is dat een grapje, een woordspel? Kuypers uitleg sluit dit uit: 'Wij wenschen, dat de krachtige werking van de Kerk als de evolutie haren loop zal hebben, haar kracht uitoefene in de harten en in de huizen, opdat zij als precipitaat (neerslag) van het geloofsleven zal neerdalen in het huiselijk en het maatschappelijk leven, en dat, wanneer iemand aan dat precipitaat raakt, elk Christen de werende hand zal uitstrekken.' Dat kan de calvinist, de katholiek en de hervormde doen, 'omdat zij elkander ontmoeten op een terrein waarbij van geloofsverdeeldheid nog geen sprake kan zijn, omdat het geldt het natuurlijke leven'.[17] Dit is een schitterende formulering van wat naar Kuypers overtuiging christelijke beginselen zijn. Men kan ook zeggen: hier spreekt hij uit, wat naar zijn diepste overtuiging christelijke politiek is. Daarin gaat het niet om een theocratisch ideaal, het gaat niet om de poging van een christelijk volksdeel met geweld het geloof op te leggen. Het doel van christelijke politiek is, ervoor te zorgen dat in het volk de christelijke waarden haar plaats behouden.

Zijn wij op deze wijze van 'antithese' afgedwaald? Slechts schijnbaar. Ik wil twee dingen duidelijk maken. In de eerste plaats staat vast, dat Kuyper een eerlijke poging gewaagd heeft om als bewindsman een evenwicht te vinden tussen zijn politieke overtuiging en zijn ambt. De volksvertegenwoordigers — ook die der oppositie — hebben in meerderheid waardering daarvoor gehad en hebben hunnerzijds vanuit dezelfde geest gesproken. Vervolgens moet dadelijk worden gezegd, dat de systematische theoloog Kuyper zozeer de neiging had, bestaande verschillen te herleiden tot levensbeschouwelijke tegenstellingen, dat hij onwillekeurig telkens weer de principiële verschillen beklemtoont. Daar zijn tegenstanders in beide huizen soms op eenzelfde niveau hebben geantwoord, leverde dit ongemeen boeiende discussies op. De zeer lange redevoeringen bij de algemene beschouwingen zijn uitermate interessante lectuur. Meermalen hebben vooraanstaande kamerleden Kuypers stijl van spreken en debatteren beide geroemd.[18] Kuyper heeft zich ook — voorzover dat mogelijk was met woordvoerders die steeds weer theologische betogen leverden — gehouden aan zijn belofte, zich niet te laten verlokken tot een theologisch debat.[19] De debatten kregen echter bij voorkomende gelegenheden een zo bij uitstek principieel karakter, dat er weinig hoefde te gebeuren om de tegenstelling tussen confessioneel en niet-confessioneel op de spits te drijven. Anders gezegd: ook het begrip antithese zat in de lucht, er was slechts een onweer nodig om de bliksem te doen inslaan.

Even leek het alsof dat zou gebeuren in maart 1904. De grote debatten rondom de wijziging van de wet op het hoger onderwijs vonden plaats, wijzigingen die onder andere de door de Vrije Universiteit verleende graden effectus civilis moesten verlenen. Het debat cirkelde om de principiële vragen van wetenschap en universitaire vorming. In dit verband sprak Kuyper, die als minister het wetsvoorstel verdedigde, over twee tegenover elkaar staande wereldbeschouwingen, een moderne en een christelijke. 'Waar nu die twee wereldbeschouwingen tegenover elkander staan, daar is er niemand aan de rechterzijde, die niet van harte beaamt en mij volkomen nazegt, dat het de plicht van den Christen is, om bij de tegenwoordige antithese voor de Christelijke beginselen te ijveren en op te komen...'[20]

Evenals in 1897 gebruikt Kuyper nu antithese voor de twee wereldbeschouwingen, die hij in de samenleving aanwezig acht. Waaraan denkt hij dan? In zijn rede is hij op dit punt zeer duidelijk. Van oudsher was er een christelijke wereldbeschouwing, die vanzelfsprekend ook doorwerkte op het terrein van de wetenschap, de theologie, rechtswetenschap en natuurwetenschappen. In de laatste halve eeuw is daartegenover opgekomen een moderne, naturalistische wetenschap, die zich op de genoemde terreinen van wetenschap breed maakte. Aanvankelijk gaf deze slechts brokstukken van wetenschap, zeker op het gebied van de natuurwetenschappen. In tien jaar tijds is dit veranderd. Het darwinisme heeft met zijn evolutieleer eenheid van systeem gegeven en ook 'een eenheid van levensbeschouwing, welke het geheel doordringt en omvat en geen twijfel overlaat, omdat men meende, het met de feiten en data te kunnen bewijzen'. Kuyper wijst nog op 'Häckel..., de groote man van de absolute, mechanische wereldbeschouwing' en de deze ten deel vallende verheerlijking, om zijn beeld te staven. Welnu, in deze situatie 'lag het in den aard der zaak, dat, zoodra de levensbeschouwing, welke tegenover de Christelijke stond, een gesloten eenheid werd, door een actief beginsel geschraagd, de Christelijke levensbeschouwing vanzelf er op bedacht moest zijn, ook haar eigen positie ten aanzien van deze dingen helder en klaar te maken'.

Kuyper ziet dus twee wereldbeschouwingen, beide zich uitend in twee diametraal tegenover elkaar staande systemen van wetenschap, tegenover elkaar staan.[21] In dit verband gebruikt hij het woord 'antithese', zeker nog niet als technische term, wel als een term, die bij uitstek bruikbaar is om dit verschil aan te geven. In exact hetzelfde verband had hij het woord in 1897 gebezigd. Toen had hij gesproken over de fictie 'dat er, volgens de meening der liberale partij, bestond: DE *wetenschap*...' en voorbeelden gegeven van de principiële verschillen binnen de theologie, de rechtswetenschap, de geschiedenis en de natuurkundige faculteit.[22]

Kuypers woorden van maart 1904 zijn grotendeels gericht tegen W. van der Vlugt. Deze had het debat op zeer waardige wijze ingeluid. Hij had erkend dat er een oud vooroordeel was, 'de waan, als gingen wetenschappelijkheid en Openbaringsgeloof niet langer samen in één geest', maar dit was 'sedert eenigen tijd beslist en zichtbaar aan het tanen'. Geen hoogleraar kon het zich thans nog veroorloven, slechts vanuit zijn eigen premisses te doceren. Zelfs als hij daartoe weinig geneigd was moest hij met het oog op de studenten wel op eerlijke wijze ook aandacht besteden aan de katholieke en calvinistische beschouwingen. Althans, dat gold voor de 'netelige leerstoelen', de kleinere helft van het geheel, de meeste vakken waren indifferent. In verband met Kuypers beschouwingen is echter nog interessanter Van der Vlugts visie op het wetenschappelijk bedrijf als zodanig. 'Het is nu eenmaal de historische roeping van onze openbare universiteiten allerminst om een vast, afgerond compleet geheel van kennis zooveel mogelijk trouw te bewaren en achtereenvolgens onvervalscht aan de studentengeslachten te leveren; neen, veeleer om de leerlingen op te wekken en in te leiden tot zien uit eigen oogen, varen op eigen compas.' Vroeger, toen Kuyper studeerde, was dat wel anders geweest, toen heetten Opzoomer en Scholten 'het groote raadsel te hebben gevonden'. Nu is een dergelijke instelling niet meer aanwezig. In feite verwijt Van der Vlugt Kuyper, dat deze uitgaat van een verouderd beeld van universiteit en wetenschappelijk bedrijf, en sterker nog, dat Kuyper dit verouderde systeem aan zijn eigen universiteit weer heeft ingevoerd.[23] Het verweer van Kuyper hiertegen was vrij zwak.[24]

Met dit al verdwijnt het woord 'antithese' weer volledig. Het komt pas in december 1904 weer terug, bij de algemene beschouwingen en de begroting voor 1905, een gelegenheid die uiteraard door alle partijen werd aangegrepen om een voorzet te geven voor de komende verkiezingscampagne. Er waren vele klachten, dat het kabinet tweedracht bracht binnen het volk, de natie verdeelde in christenen en paganisten enz. Op 8 december kwam Heemskerk aan het woord. Hij verdedigde als partijgenoot van Kuyper diens kabinet en in een opmerkelijke passage wees hij de klacht van de overzijde 'dat er een antithese wordt gemaakt tusschen het geloof en ongeloof' van de hand. Die antithese, aldus Heemskerk, kwam juist van de andere zijde, links zette de zaken voortdurend op scherp. In dit gedeelte van zijn rede, voorgelezen in ongeveer 10 minuten, komt acht maal het woord antithese voor, steeds in de betekenis van een politieke scheidslijn tussen confessionele en niet-confessionele partijen, een scheidslijn die zich voltrekt langs de lijn van geloof en ongeloof.[25]

Twee dagen later antwoordde Kuyper. Toegekomen aan de behandeling van de klacht, dat het kabinet de tegenstellingen in het volk zou hebben verscherpt, koos hij dezelfde opstelling als Heemskerk. In een zeer ironisch gekleurde passage concludeerde hij dat blijkens de nu gebleken eenstemmigheid van de oppositiepartijen de regering blijkbaar had bewerkt dat 'niets anders overblijft dan de ééne groote tegenstelling... tusschen de *Christelijke* en de *moderne* levensopvatting, ,,mein liebster was willst du noch mehr?"' Dadelijk daarna nam hij het spraakgebruik van Heemskerk over. 'Ontkent de linkerzijde het bestaan van die antithese? ...Vindt men die antithese niet allerwege, in alle kringen, op elk gebied, tusschen de Christelijke en moderne levensopvatting?' Het zou kinderachtig zijn, de ogen voor deze realiteit te sluiten. De antithese was begonnen bij de liberalen, inderdaad. Belangrijker was, dat ze steeds scherper werd. Vroeger bestond zij slechts op het terrein der theologie, daarna stond de juridische faculteit in het middelpunt, nu de medische en wis- en natuurkundige faculteiten. Kuyper noemde de namen van Darwin en Haeckel, hij releveerde de 'eugenie', die op de mensen wilde overbrengen wat reeds wordt toegepast op tulpen en paarden, 'dat men door keurteelt de rassen zal verbeteren'. De visie op de opvoeding is een andere geworden, het kind mag niet al vroeg met religieuze denkbeelden geïndoctrineerd worden. 'Men ziet dus, dat de antithese niet meer enkel is theologisch, ook niet meer enkel met de Kerk samenhangt, maar zich almeer uitbreidt tot de biologie, de anthropologie, de psychologie en de paedagogie.' Men heeft de voorstelling gegeven, als zou de verdeeldheid haar oorzaak hebben in het program van de antirevolutionaire partij: '... maar laten wij elkander toch niets wijs maken. De principiële antithese is niet voortgekomen uit een program, maar het program is er een erkenning van; zij is opgekomen uit wereldgebeurtenissen, uit gewijzigde beschouwingen over de levensexistentie, uit het te voorschijn komen van gansch andere verhoudingen. Er is een strooming in de wereld der geesten gekomen van gansch anderen aard dan vroeger en daaruit is de antithese voortgevloeid.'[26]

In deze beschouwingen ligt het begin van de term 'antithese': het onweer had zich ontladen. Het valt op, dat Kuyper het woord, dat hij ongeveer twintig maal gebruikt, erin hamert. Hij begint met 'de ééne groote tegenstelling', vervolgt met viermaal 'die(r) antithese', eenmaal afgewisseld door 'die tegenstelling', dan gaat hij verder met 'de antithese', afgewisseld met 'een' en 'deze' antithese. Men ziet als het ware het synoniem van 'tegenstelling' uitgroeien tot technische term. De term heeft dan een veel diepere betekenis dan bij Heemskerk het geval was geweest. Heemskerk heeft met 'antithese' een politieke realiteit willen weergeven. In Kuypers mond wordt 'antithese' het ene, geprononceerde, aansprekende woord, dat de wereld van verschil tussen de beide volksdelen in één kreet vat. Men mag aannemen, dat Kuyper dit bewust heeft gedaan. Hij kende de waarde van het signaal.

Hij levert een meesterlijk betoog. Zijn volgende vraag is: moeten staatkunde en staatsrecht niet de invloed ondergaan van 'de enorme antithese'? Het antwoord luidt: '... wanneer waar is wat ik straks zeide, dat tegenwoordig anthropologie en psychologie, die ons een geheel ander beeld van den mensch ontwerpen, en niet meer de juridische en de theologische wetenschap, het zijn waarin de antithese het scherpst uitkomt, dan zou ik willen vragen: heeft de Staat en het staatsrecht niet in hoofdzaak met *den mensch* te doen...?' Nu ligt de conclusie vast: het zou te dwaas zijn om te veronderstellen, dat de staat er niet door zou worden beroerd. 'Men gevoelt, dat is metterdaad een ondenkbaarheid.' Nu keert hij de vraag om: wat moet de staat aan met de antithese? De staat kan zich onthouden, hij kan partij kiezen of ook trachten te vermengen. Kuyper kiest voor wat hij noemt 'parallellisme'. 'Niet aan deze of gene groep den voorrang toekennen, niet de eenheid der natie prijsgeven, geen bevoorrechting of miskenning, doch aan de beide antithetische deelen eenzelfde kans laten.'[27]

In dit laatste deel van zijn beschouwingen wordt antithese een factor ook binnen de politiek. Het verwijt, dat de natie op deze wijze werd opgesplitst, wordt niet ontzenuwd door Kuypers opmerking, dat de antithese er eenvoudig was. Hij had vanaf het begin als kabinetsleider op het feit der principiële tegenstelling gewezen, hij had haar nu een naam gegeven, hij was zo niet de vader, dan toch de peetvader. Ik heb er al op gewezen, dat een naam niet een onverschillige zaak is en dat Kuyper zich daarvan zeker bewust was. Het was een term, zoals die juist in de politiek, ter beïnvloeding van grotere groepen, goed bruikbaar was. Al in 1879 had Kuyper van een stembusprogram geschreven dat het 'zoo kort en beperkt van omvang behoort te zijn, als slechts even doenlijk is. Liefst één enkel *woord*, dat ieder onthoudt en in den mond houdt. Een *Shibbôleth*!'[28]

Het is dan ook niet toevallig dat Kuyper drie dagen later, in zijn dupliek, het over deze zaken handelende gedeelte begint met de woorden: 'Ik kom nu tot het vraagstuk van de antithese.'[29] Hij gebruikt het woord, dat hij drie dagen tevoren voor het eerst op zo opvallende wijze pregnant had gebruikt, nu zo achteloos alsof het reeds lang tot de woordenschat van iedere politicus behoort.

Was het bij Kuyper dan alles rookgordijn? Het antwoord op die vraag moet ontkennend zijn. Het ging Kuyper niet alleen om de politiek, hij zag de grote kloof in politicis inderdaad als een uiting van een zeer veel wijder en dieper scheuring in de gehele cultuur. Dacht hij aanvankelijk, in 1897, primair aan twee verschillende uitgangspunten van wetenschap, al snel kwam hij verder. In 1898 had hij de Stone-lezingen gehouden in Princeton. Aan het einde van zijn laatste lezing, die over het calvinisme en de toekomst handelt, stelt Kuyper tegenover elkaar het moderne leven en het christendom. Het moderne leven kende als gronddenkbeeld, dat men zijn uitgangspunt neemt in het stoffelijke en lage. Men grijpt naar geld, genot en macht. Dat zijn bekende klachten. Maar dan komt een onverwachte wending. Kuyper ziet een sociaal en politiek leven ontstaan, 'waarin het parlementarisme is verzwakt, de roep naar een dictator steeds luider wordt vernomen, pauperisme en kapitalisme als in twee slagorden tegenover elkander staan...' en algemene bewapening optreedt. Dan vallen de namen van Darwin, Nietzsche en Bismarck. 'Het zwakke moet door het sterke verslonden worden,' er komt 'een kratistocratie van brutaliteit en geldmacht'. Dat is geen slechte visie op de werkelijkheid van de 'fin de siècle'.[30]

Veel duidelijker nog was de beroemde rectorale oratie over *Evolutie*. Zeker, men vindt er een ontstellend vertoon van geleerdheid, maar wie eenmaal de aanvangszin heeft gelezen, vergeet hem niet weer. 'Onze negentiende eeuw sterft weg onder de hypnose van het Evolutie-dogma.' Wie verder leest vindt alle kenmerkende gedachten van Kuypers Kamerrede van 10 december 1904 reeds hier. Tot dusver had slechts de christelijke kring een alomvattend geloof. Nu zijn de tegenstanders 'in het bezit gekomen van een alomvattend stelsel, van een uit één beginsel afgeleide wereld- en levensbeschouwing'. Dit stelsel zet aan tot machtsusurpatie, het is de 'struggle for life' overgebracht op het nationale vlak, die heeft geleid tot een bot geloof in macht en geweld. De Übermensch van Nietzsche en het imperialisme van de moderne staat zijn uitingen van één gedachtenwereld. Zo komt Kuyper ook hier tot een scherp poneren van wat hij noemt 'de antithese — hier nog: de tegenstelling — tusschen de Christelijke religie en de Evolutie-leer'. Zij zijn 'twee over en weer elkaar uitsluitende systemata. Antipoden tusschen welke noch zoen noch vergelijk denkbaar is.' Het barokke, soms zelfs bizarre spraakgebruik moge afstotend werken, de oproep tot strijd aan het slot van de rede werkt als een staccato. 'Aarzeling is hier verraad aan eigen overtuiging. De Evolutie is een nieuw uitgedacht stelsel, een nieuw geijkte leer, een nieuw gevormd dogma, een nieuw opgekomen geloof... Wij moeten er ons niet tegen verdedigen, maar het aanvallen.'[31] Uit de gehele rede blijkt, dat Kuyper zich niet verzet tegen een biologische theorie, maar tegen een gedachtenwereld die in zijn ogen een eenheid is, inderdaad tegen een wereldbeschouwing, waarin de sterkere de zwakkere moet verpletteren en waar niet de individu maar de soort beslissend is.

De term werd snel door anderen opgemerkt en overgenomen. In de replieken is dat nog niet het geval, evenmin in de Kamerverslagen in *De Standaard*, waarin van 'tegenstelling' wordt gewaagd. De scherp antikuyperiaanse *Gids* echter spreekt in een op 26 december 1904 gedateerde parlementaire kroniek al van 'uw antithese' en zegt twee maanden later: 'Het is voor en na de ,,antithese'', de ,,tweeërlei wereldbeschouwing'', die in het debat is.' Het tijdschrift toonde zich daarmee weinig gelukkig. 'Het schijnt het noodlot te zijn van de linkerzijde, dat zij voortdurend met den Minister Kuyper strijdt op het terrein, waarop hij als debater het sterkst is.' Onwillekeurig toont de kroniekschrijver ook zijn respect voor deze Kuyper: in de 'theologische philosophie' is hij 'meester op *alle* wapenen'.[32]

Hoe valt de snelle popularisering van de term te verklaren? Twee factoren hebben daartoe bijgedragen. In de eerste plaats trok de uitvoerige passage zelve de aandacht. Nooit had Kuyper zo scherp over de diepe kloof gesproken, die hij in het volksleven constateerde én dat bij een opvallende gelegenheid, het grote debat waarin de rekening van zijn kabinet werd opgemaakt. Door de term 'antithese' te munten had hij ook de záák een duidelijker reliëf gegeven dan ooit tevoren. Op deze wijze heeft hij velen in en buiten de Kamer diep gekwetst, en dat niet voor de eerste maal. Het duidelijkst komt dit naar voren bij de reeds genoemde W. van der Vlugt, een leven lang hoogleraar in de wijsbegeerte van het recht in Leiden, slechts onderbroken door een periode van kamerlidmaatschap voor de Oud-Liberalen van 1902 tot 1906. Hij repliceerde op 12 december

1904 en protesteerde tegen de scherpe tegenstelling, die Kuyper had gevindiceerd. Zijn argumentatie is opmerkelijk. Hij acht het Darwinisme 'een werkhypothese van buitengewoon geniale vinding, maar nu laatstelijk door andere soortgelijke hypothesen ten deele achterhaald en overvleugeld'. Dat sommigen denken, dat hier de hoogste levensvragen opgelost worden, erkent hij: zij draven door 'op het stokpaard van de afstammingsleer'. Waar ligt Kuypers fout? '... dat mag geen reden zijn voor den Minister om daarvan de moderne idee in het algemeen een verwijt te maken.' Blijkbaar moet nu het Darwinisme als schrikbeeld dienen, zoals vroeger het Marxisme. 'Mij dunkt, de ruil is niet gelukkig.'[33]

Daarmee verwijst Van der Vlugt naar de algemene beschouwingen van een jaar tevoren, toen hij ook reeds Kuyper verweten had, een drogredenering te volgen. Hij had deze als volgt gekenschetst: 'Volgens haar wandelen die geloovigen zelven veilig over een zonnige hoogte. Wie echter hun geloof verliest, komt daarmede terstond te staan op een zeer gladde helling. Of hij wil of niet, hij zeult, als hij zich blijft toevertrouwen aan zijn, door geen openbaring voorgelichte rede, onredbaar, langs die helling naar omlaag... Zijn eerste stap is beslissend geweest. Hij glijdt onherroepelijk voort..., om eindelijk neer te ploffen in den afgrond der sociaal-democratie.'[34] Men vergisse zich niet. Natuurlijk spreekt in deze woorden allereerst de ergernis over een methode van redeneren, waardoor de keurige liberaal principieel gelijkgesteld wordt met de verachte socialisten P.J. Troelstra en J.H.A. Schaper. Maar dat is bij deze zeer bewust in de doperse traditie staande integere christen niet het belangrijkste. In zijn repliek van december 1903 komt Van der Vlugt erop terug. Hij heeft, zo zegt hij, zich in de laatste tijd nog al eens verdiept in de *Encyclopaedie* en in *Het Calvinisme* van Kuyper. 'Mag ik nu eens zeer openhartig, ronduit Zijn Excellentie den indruk mededeelen, welken ik van die lectuur heb ontvangen? Dan zeg ik: dat was een indruk, ik gebruik volstrekt geen te sterke woorden — van zeer wezenlijke ontzetting. Ontzetting over de geweldige breedte en diepte van de kloof, welke daar... werd gegraven tusschen den schrijver en zijn geloofsgenooten eenerzijds en ons overigen allen aan den anderen kant.' Hij beschrijft dan het verschil tussen calvinist en doper. De eerste 'daadkrachtig en daadlustig naar buiten levende, van zijn God gaarne dit vragende, wat Hij wil dat hij zal doen in de wereld'; daartegenover 'het stille volk der Doopsgezinden, dat de diepste roerselen van zijn gemoed nergens zoo juist acht uitgedrukt als in zijn bekenden psalmregel: ,,Gods verborgen omgang vinden zielen, daar Zijne vrees in woont''.' Tenslotte past hij dit toe op zichzelf. A.S. Talma, de 'Jupiter tonans', had hem voor de voeten geworpen dat hij geen geestelijke, levensbeschouwelijke wapenen had tegen het socialisme. Voor Van der Vlugt is het leggen van een dergelijke band tussen God enerzijds en de strijd tegen het socialisme anderzijds te weinig eer voor de Heer en te veel eer voor de socialisten: '... wanneer ik sta voor het aangezicht van Hem die mijn troost is en mijn heil, dan denk ik op zulke oogenblikken aan strubbelingen met de sociaaldemocratie niet.'[35]

Er was nog een tweede. Kuypers rede kan men niet op de juiste waarde schatten, wanneer men de politieke situatie er niet bij betrekt. Hetzelfde geldt natuurlijk voor zijn tegenstanders. Zij hebben de kans aangegrepen, hunnerzijds de term en de daarachter liggende beschouwing als propagandamiddel tegen Kuyper te gebruiken. Troelstra was daarin een meester. In 1904 spotte hij met discussies, 'waarbij men zich de eene keer afvraagt of men zich bevindt in een Jezuieten-college, een anderen keer of men is in een gehoorzaal van een openbare Universiteit, om een derden keer te vragen, of men zich bevindt in een vergadering van een Christelijke jongelingenvereeniging'.[36] In 1903 wist hij met enkele zinnen én liberalen én confessionelen belachelijk te maken. Waarom ergerde het de woordvoerder van de Liberale Unie Goeman Borgesius zo, dat Kuyper hem met de socialisten op één hoop gooide? 'Schaamt u toch niet voor uw kroost, zou ik u willen toeroepen,' ook als wij 'de familie nu en dan schande aandoen'. Maar, zo gaat hij verder, als het liberalisme onze vader is, moeten wij ook een grootvader hebben. Via de door calvinisten gepredikte en door liberalen overgenomen leer van de volkssouvereiniteit laat zich de stamboom goed reconstrueren: 'Men kan... zeggen, dat de Calvinisten de vaders van het liberalisme zijn en dat dus Minister Kuyper onze grootpapa is.'[37]

Een belangrijke rol speelde in deze politieke bestrijding het woord 'paganisten'. Bijna alle sprekers bij de algemene beschouwingen van december 1904 lieten de term vallen. P.H. Roessingh fulmineerde tegen de voortdurend door het kabinet verscherpte 'tegenstelling van geloof en ongeloof, Christenen en paganisten, vóór en tegen Christus, Christus en Marx...'. H. Goeman Borgesius wist het nog sterker te vertellen. Het was al zover gekomen dat 'de zoogenaamde Christenen die het monopolie van de waarheid meenen te bezitten, en de zoogenaamde paganisten, wier eenige fout is dat zij niet zweren bij geloofsdogma's in de politiek' elkaar op straat niet meer groeten. M.W.F. Treub overtroefde hem. Er zijn er die menen dat het hun plicht is 'reeds de kinderen te scheiden in degenen die paganisten zijn, omdat zij de openbare school bezoeken, en in hen die Christenen zijn, omdat zij op de bijzondere school zijn...'. Een kolfje naar de hand van Troelstra, die uitriep: 'Paganisten? Wat beteekent dat? Waarom niet gezegd: heidenen, dat is toch de woordelijke vertaling in het Hollandsch? Of durfde men dat niet te zeggen in zijn moerstaal en gebruikt men daarom voorlopig een vreemde uitdrukking?'[38].

Heeft Kuyper begrepen, dat hier gevaar dreigde? In zijn dupliek klaagt hij erover, dat Treub hem ten onrechte het gebruik van het woord 'paganisme' in de schoenen schoof en hij verklaarde: 'Zoo heb ik ook, om alle scherpte aan het debat te ontnemen, het woord ,,paganisme'' niet gebezigd, omdat het mij bleek, dat dit woord hinderde. Ik heb... de woorden: ,,moderne levensbeschouwing'' gebruikt.' Even later komt hij op het woordgebruik terug. Hij zegt dan, dat ieder wel een term wil gebruiken, die de zaak van de tegenpartij 'min of meer terugstootend maakt'. Zo spreekt men aan de linkerzijde over rechts gaarne als 'kerkelijken' of 'clericalen'. 'Nu wil ik gaarne erkennen dat wanneer ik een voorstelling moet geven, schadelijk voor de linkerzijde, ik dan spreken moet van ,,paganisten...''.'[39] Blijkbaar heeft Kuyper toch niet ingezien, dat een dergelijke term zich ook richten kan tegen degene, die hem voor de tegenstander bezigt.

Hij had 'paganisten' ook nooit gebruikt, wel 'paganistisch'. In de memorie van antwoord betreffende de begroting voor 1904 staan de woorden: '... thans reageert de Christelijke volksgeest tegen het weder opkomen van paganistische factoren'.[40] Ook toen was daarop door enkele woordvoerders geattendeerd, zij het veel minder fel dan nu, een jaar later. Blijkbaar heeft Kuyper verwacht dat thans evenmin moeilijkheden rondom deze term zouden komen.

Het is niet onmogelijk, dat hij een maand later gevaar rook. In het voorlopig verslag van de Eerste Kamer, gedateerd 16 januari 1905, stond als kritiek van 'verschillende leden' op Kuyper: 'Scheiding van het volk in twee kampen van tegenstrijdige levensbeschouwing, de aanduiding hiervan als christelijke tegenover paganistische, achtten zij betreurenswaardig en krenkend.' Andere leden brachten daartegen in: 'Vindt men eene uitdrukking als die van paganistische tegenover christelijke misschien wat scherp, men houde in het oog, dat zij doelt op het beginsel, niet op de individuën...'.[41] De memorie van antwoord vermeldt eerst terecht, dat bij de huidige begrotingsdiscussies het woord is vermeden en vervangen door 'moderne levensbeschouwing'. Daarna komt een uitvoerig exposé betreffende de betekenis van het woord: het was goed bruikbaar, omdat de moderne ontwikkeling der cultuur aansloot bij de Grieks-Romeinse cultuur. 'Wel verre van hiermede krenking te bedoelen, strekte dit gebruik juist ter vermijding van het woord 'heidensch', dat om zijn afgodischen bijsmaak allicht rechtmatige ergernis zou hebben veroorzaakt.'[42]

De verkiezingsstrijd van 1905 was heftiger dan gebruikelijk en sterk tegen de persoon van Kuyper gericht. De antithese speelde aan antirevolutionaire kant een grote rol. Een veel verspreid pamflet zegt van de poging, een nieuw kabinet Kuyper onmogelijk te maken: 'Wij kunnen haar dan ook niet anders verklaren, dan uit de vijandschap tegen het Evangelie.'[43] Op een verkiezingsbijeenkomst schijnt het te zijn voorgekomen, dat een antirevolutionair tot Van der Vlugt zei 'dat hij niet begreep, dat een man als prof. van der Vlugt... zoo tegen de antithese was, want Christus zelf had toch gezegd: wie niet voor mij is, is tegen mij. Daar had men de antithese.'[44] Vlak voor de verkiezingen kon men in *De Standaard* lezen: 'De Anti-these, de bange tegenstelling, is er. Weg met uw dienst van God uit de Staatkunde! is het krijgsgeschreeuw waaronder men tegen u optrekt. Biedt gij weerstand onder de heilige leuze onzer vaderen: Ook in den Staat het *Soli Deo Gloria*!'[45]

Het valt echter op, dat men aan antirevolutionaire zijde vrij sterk in de verdediging geraakte. Anders gezegd: de term 'antithese', die goede diensten had kunnen bewijzen vóór rechts, keerde zich tégen rechts, doordat alle tegenstanders de kansen uitbuitten, die de term 'paganisme' bood. Deze combinatie was bijna dodelijk. *De Standaard* opende op 1 juni met een hoofdartikel 'Echte en valsche Antithese', waaruit blijkt dat de liberale propaganda doel trof. De krant waarschuwde: 'Of iemand Christen is, zou afhangen van het biljet dat hij in de stembus steekt! ... Dat voelt ieder toch, dat dit niet waar *kon* zijn... Een politieke scheiding van ons volk in Christenen en Paganisten, is... niet dan een liberaal verzinsel, aan het Kabinet toegedicht en aangewreven, om het in een bespottelijk daglicht te stellen...'[46] Even later signaleerde *De Standaard* 'Een leugen, hierin bestaande, dat men rondvertelde, hoe het Kabinet alleen zijn medestanders voor Christenen hield, en al zijn tegenstanders paganisten of heidenen schold'.[47] In het verslag van een vergadering vindt men: 'Voor de zooveelste maal werd ook weder er op gewezen dat de naam 'paganisten' niet kan en mag beschouwd worden als een naam door den Minister-president gegeven aan de aanhangers der partijen van links.'[48] Het al geciteerde pamflet constateert: 'Dat ,,paganistisch'' of ,,heidens'', van ministrieële lippen gehoord, heeft eene wonde geslagen.'[49]

Het heeft weinig zin, het aantal voorbeelden te vermenigvuldigen. De conclusie ligt immers voor de hand. Vanaf het begin lag in de term 'antithese' iets tweeslachtigs. Zij betekende voor Kuyper de grote tegenstelling op levensbeschouwelijk gebied. Men mag aannemen, dat hij dit serieus heeft gemeend. Van meet aan functioneerde de term echter ook in een politieke context. Hij kón — zoals Kuyper verwachtte — de coalitie bestand geven en de niet-confessionele partijen in discrediet brengen. Het pakte echter anders uit. De verbinding van de levensbeschouwelijke en de politieke connotatie heeft een negatief effect opgeleverd. Toen de niet-confessionele partijen de term 'paganistisch' of , geschikter nog, 'paganisten' daarbij konden betrekken, werd het effect aanmerkelijk versterkt.

En daarna? Men weet, dat Heemskerk niet gaarne over antithese sprak. Het is curieus om te zien, hoe Kuyper op het concept van de memorie van antwoord betreffende de begroting voor 1909 zijn wijzigingsvoorstellen aantekent.[50] Een daarvan betreft de door Heemskerk als volgt geformuleerde volzin: 'Zeker was geen grond gegeven voor de onderstelling dat het Kabinet de principieele onderscheiding tusschen de Christelijke beginselen en die van daaraan tegenovergestelde richtingen had losgelaten.' Kuyper verlangt op twee punten een verscherping. Na 'Kabinet' wil hij toegevoegd zien 'hetgeen men de antithese heeft genoemd, d.i.', na 'had' wil hij invoegen 'willen verzwakken of'. Hij kreeg zijn zin niet. Hoe gevaarlijk het gebruik van het woord kon worden, toont Kuypers deputatenrede van 1909. Hier worden coalitie en antithese naadloos verbonden. Weer beklemtoont Kuyper: 'Er is geen sprake van een stellen of uitvinden van die Antithese', ze is er eenvoudigweg. Via een aantal bijbelcitaten, waarin de absolute tegenstelling tussen Jezus' volgelingen en zijn vijanden worden verwoord, komt hij tot de conclusie: 'En wie van de overzijde ons den eisch stelt, dat we voor de Antithese het oog zullen sluiten, vergrijpt zich aan onze conscientie.'[51]

Daarna verandert het. De deputatenrede van 1913 spreekt al minder scherp over antithese en in *Antirevolutionaire Staatkunde* neemt het begrip een geringe plaats in. Na Kuypers dood wordt het een zuiver politieke term zonder levensbeschouwelijke vulling.

Ik heb er geen behoefte aan, de moraal van het verhaal te geven. Ik wil slechts opmerken, dat het mij weinig aanbevelenswaardig voorkomt, in beschouwingen over Kuypers theologie of Kuypers politieke denkbeelden het begrip 'antithese' een diepere of andere betekenis te geven dan Kuyper heeft gedaan.

Kuyper stelt haar nooit naast of tegenover 'gemene gratie' en zij doet bij hem geen dienst, om het eigene van de antirevolutionaire of de protestants-christelijke leefwereld aan te geven. Integendeel.

Noten

1. J.M.J. Schepper, 'Willem van der Vlugt IV', in: *De Gids*. jg. 93, 1929, dl. 3, 69.
2. Zie P.J. Oud, *Honderd jaren*. Een eeuw van staatkundige vormgeving in Nederland 1840-1940, 8Assen 1982, 175-186.
3. J.T. Minderaa, in: *Algemene Geschiedenis der Nederlanden*, dl. 13, Haarlem 1978, 439 v., 452; het citaat 439.
4. G.J. Schutte, 'Abraham Kuyper - vormer van een volksdeel', in: C. Augustijn e.a. (red.), Abraham Kuyper. Zijn volksdeel, zijn invloed, 20; idem, 'De ere Gods en de moderne staat...', in: *Radix*. Uitgave van het Gereformeerd Wetenschappelijk Genootschap, jg. 9, 1983, 90.
5. G.J. Schutte, 'Abraham Kuyper - vormer van een volksdeel', 19.
6. G.J. Schutte, 'De ere Gods en de moderne staat...', 87 v.
7. G.J. Schutte, ibidem, 90.
8. A.J. Rasker, *De Nederlandse Hervormde Kerk vanaf 1975*, ³Kampen 1986, 191-197; het citaat 194.
9. C. Augustijn, 'Kuypers theologie van de samenleving', in: C. Augustijn e.a. (red.), *a.w.*, 56-59.
10. J.H. Prins, 'Kuyper als partijleider', in: C. Augustijn e.a. (red.), *a.w.*, 108 v., 111 v.
11. *Handelingen der Staten-Generaal* 1901-1902, Tweede Kamer, 320 = A. Kuyper, *Parlementaire Redevoeringen*, dl. 2, Amsterdam z.j., 40 v.
12. Zie voor een politiek gebruik b.v. A. Kuyper, *'Ons Program' (met bijlagen)*, Amsterdam 1879, 11, waar Kuyper van een program van beginselen zegt: '*inhoud*: de antithese in haar algemeensten vorm'. Hier betekent het woord: de tegenstelling tot al wat de aan het bewind zijnde groepering wil en doet.
13. A. Kuyper, *De Meiboom in de kap*. Openingswoord ter Deputaten-Vergadering van 24 April 1913, Kampen 1913, 15.
14. *Handelingen der Staten-Generaal* 1897-1898, Tweede Kamer, 427 = A. Kuyper, *Parlementaire Redevoeringen*, dl. 1, Amsterdam z.j., 231 v.
15. J.H. Prins, *a.a.*, 108.
16. A. Kuyper, *Volharden bij het ideaal*. Openingswoord ter deputatenvergadering, van 17 April 1901, Amsterdam/Pretoria z.j., 5v.
17. Zie *Handelingen der Staten-Generaal* 1901-1902, Tweede Kamer, 334 = A. Kuyper, *Parlementaire Redevoeringen*, dl. 2, Amsterdam z.j., 76 v.
18. Als een voorbeeld uit vele wijs ik op de woorden van H.L. Drucker, die in 1903 de algemene beschouwingen opende: 'Die stijl van de eerste bladzijden der Memorie van Beantwoording en van vroegere dergelijke stukken is zoo merkwaardig, dat daaraan ongetwijfeld een eereplaats toekomt in een bloemlezing van Nederlandsch proza uit de XXste eeuw. Het zou mij niet verwonderen als velen in den lande, die deze stukken lezen, door de oorspronkelijkheid van de woordenkeus, door den verrassenden rijkdom van de beeldspraak, zóó worden gebiologeerd, dat zij zich van den inhoud nauwelijks rekenschap geven, en ik moet er eerlijkheidshalve bijvoegen: wanneer men wil blijven bewonderen, is dat maar goed ook. Ik acht het niet onwaarschijnlijk, dat dit Kabinet, juist door die eigenschap van literair talent, bij het nageslacht in herinnering zal blijven; *Handelingen der Staten-Generaal* 1903-1904, Tweede Kamer, 563.
19. *Handelingen der Staten-Generaal* 1901-1902, Tweede Kamer, 320 = A. Kuyper, *Parlementaire Redevoeringen*, dl. 2, Amsterdam z.j., 41: 'Waar andere heeren zich op theologisch gebied begaven, wensch ik er daarom aan te herinneren, dat ik hier niet sta als theoloog, maar als bewindsman. Het zou wel een kolfje naar mijn hand zijn, ik zou het nog wel tegen de heeren durven opnemen, maar ik meen mijn roeping te moeten kennen en zal dus het theologisch debat laten rusten.'

20. *Handelingen der Staten-Generaal* 1903-1904, Tweede Kamer, 1439 = A. Kuyper, *Parlementaire Redevoeringen*, dl. 3, Amsterdam z.j., 66.
21. Zie voor het voorgaande: *Handelingen der Staten-Generaal* 1903-1904, Tweede Kamer, 1439-1440 = A. Kuyper, *Parlementaire Redevoeringen*, dl. 3, Amsterdam z.j., 64-66.
22. *Handelingen der Staten-Generaal* 1897-1898, Tweede Kamer, 428 = A. Kuyper, *Parlementaire Redevoeringen*, dl. 1, Amsterdam z.j., 234 v.
23. *Handelingen der Staten-Generaal* 1903-1904, Tweede Kamer, 1274-1276.
24. Zie *Handelingen der Staten-Generaal* 1903-1904, Tweede Kamer, 1439 = A. Kuyper, *Parlementaire Redevoeringen*, dl. 3, Amsterdam z.j., 65 v.
25. Zie *Handelingen der Staten-Generaal* 1904-1905, Tweede Kamer, 498, vgl. 500. Ik dank dit gegeven aan J.H. Prins, *a.a.*, 111.
26. Zie *Handelingen der Staten-Generaal* 1904-1905, Tweede Kamer, 540 = A. Kuyper, *Parlementaire Redevoeringen*, dl. 4, Amsterdam z.j., 50-52.
27. Zie *Handelingen der Staten-Generaal* 1904-1905, Tweede Kamer, 540 v. = A. Kuyper, *Parlementaire Redevoeringen*, dl. 4, Amsterdam z.j., 52-55.
28. A. Kuyper, *'Ons Program' (met bijlagen)*, Amsterdam 1879, 7.
29. *Handelingen der Staten-Generaal* 1904-1905, Tweede Kamer, 607 = A. Kuyper, *Parlementaire Redevoeringen*, dl. 4, Amsterdam z.j., 72.
30. A. Kuyper, *Het Calvinisme*. Zes Stone-Lezingen, Amsterdam/Pretoria z.j., 175-177.
31. A. Kuyper, *Evolutie*. Rede, bij de overdracht van het Rectoraat aan de Vrije Universiteit op 20 October 1899 gehouden, Amsterdam/Pretoria 1899; de citaten respectievelijk 7, 8, 11, 11, 50.
32. Zie *De Gids*, jg. 69, 1905, dl. 1, 195, 603 v.
33. *Handelingen der Staten-Generaal* 1904-1905, Tweede Kamer, 573 v.
34. *Handelingen der Staten-Generaal* 1903-1904, Tweede Kamer, 592.
35. *Handelingen der Staten-Generaal* 1903-1904, Tweede Kamer, 692 v. Zie voor Talma's verwijt 627 en voor het 'Jupiter tonans' 691: 'de *Jupiter tonans*, onder wiens machtige aanval, terwijl hij daar als een orkaan over mij heen kwam varen, ik gaarne bekennen wil, dat ik mij bij herhaling klein heb gevoeld...'.
36. *Handelingen der Staten-Generaal* 1904-1905, Tweede Kamer, 597.
37. *Handelingen der Staten-Generaal* 1903-1904, Tweede Kamer, 576. Hij voegde eraan toe, dat naar de opvattingen van katholieken de antirevolutionairen dicht bij de socialisten staan. 'Het is bekend, dat de zoon vaak meer op zijn grootvader dan op zijn vader gelijkt; zoo ook lijken wij in vele opzichten meer op de Calvinisten dan op de liberalen'.
38. Zie voor de in deze alinea gegeven citaten *Handelingen der Staten-Generaal* 1904-1905, Tweede Kamer, respectievelijk 433, 442, 515, 458.
39. Zie voor deze citaten *Handelingen der Staten-Generaal* 1904-1905, 607, 610 = A. Kuyper, *Parlementaire Redevoeringen*, dl. 4, Amsterdam z.j., 73, 80.
40. *Handelingen der Staten-Generaal* 1903-1904, Tweede Kamer, bijlage A, 14 = A. Kuyper, *Parlementaire Redevoeringen*, dl. 2, Amsterdam z.j., 509.
41. *Handelingen der Staten-Generaal* 1904-1905, Eerste Kamer, 179.
42. *Handelingen der Staten-Generaal* 1904-1905, Eerste Kamer, 205.
43. M. van den Berg, e.a., *Alle man in 't geweer!* Eene wapenschouwing bij rechts en links, Wageningen 1905, 5.
44. Zie het levensbericht van W. van der Vlugt, in: *Handelingen en levensberichten* van de Maatschappij der Nederlandsche Letterkunde te Leiden 1931-1932, Leiden 1932, 105.
45. *De Standaard*, 26 juni 1905.
46. *De Standaard*, 1 juni 1905.
47. *De Standaard*, 6 juni 1905.
48. *De Standaard*, 8 juni 1905.
49. M. van den Berg e.a., *a.w.*, 22 v.
50. Kuyper-Archief, no. 7523. Zie de foto, opgenomen in: C. Augustijn e.a. (red.), *a.w.*, 114.
51. A. Kuyper, *Wij, Calvinisten...* Openingswoord ter Deputaten-Vergadering van 22 april 1909, Kampen 1909, 15, 17.

Missionair en visionair: Géraldine Gérard en het Oostafrikaans réveil

G.J. van Butselaar

Hoe intrigerend en fundamenteel de rol van de réveilbewegingen voor het leven en de zending van de kerk in de loop der eeuwen is geweest, heeft Van den Berg op indringende wijze via colleges en publicaties naar voren gebracht. Daarbij ging het hem er niet alleen om de inspiratie en actieradius van de bekende 19e eeuwse Réveil-beweging in Europa[1] op het spoor te komen, maar evenzeer die in andere landen, op andere continenten.[2] Steeds weer viel daarbij in zijn werk de aandacht voor het detail op en de zorgvuldige, zij het niet van humor ontblote, beschrijving van de hoofdrolspelers en hoofdrolspeelsters en hun ideeën in het kerkhistorisch en missiologisch drama; uit de verbinding van de aldus verkregen gegevens werd dan de conclusie getrokken, werden lijnen van een visie ontwikkeld die een hele periode, een hele beweging doorzichtig maakten. Het aldus doorlichten van een stuk kerkgeschiedenis was, en is, bepaald geen luxe als het woord réveil valt. Immers, veelal zijn de gevoelens die opkomen als men dat woord hoort, niet erg 'opwekkend'; het staat voor bewegingen van zo'n diepe religieuze ervaring, dat de twintigste-eeuwse geseculariseerde mens al gauw een immense distantie ervaart tot het beschreven geestelijke klimaat. Verder ziet men dat réveil vaak '... politiek zeer behoudend bleek',[3] een trek die ook bij de herleving in onze jaren van het woord in 'evangelical' kring en in de politiek — denk aan het gepredikte 'ethisch réveil' — leek te worden bevestigd. Daarbij komt nog dat mensen met een regelmatig gevormd kerkgevoel réveil-bewegingen als hinderlijke ordeverstoorders ervaren, die de zorgvuldig opge-bouwde kerkelijke structuur kunnen doorbreken, of zelfs ruïneren. Kortom, het woord réveil brengt vandaag niet overal de handen op elkaar, zoals het dat trouwens ook in de geschiedenis niet gedaan heeft.

Dit artikel wil proberen bij te dragen aan een juiste interpretatie van het verschijnsel réveil vanuit een andere context dan de Noordatlantische, namelijk vanuit de Afrikaanse. Want ook al is de kerkgeschiedenis van het grootste deel van Afrika nog jong, opwekkingsbewegingen, door vriend en vijand geïdentifi-ceerd als réveil, komen er in veelvoud voor. Men moet natuurlijk voorzichtig zijn een beweging, die vervuld lijkt te zijn van de Geest en (kerk)grenzen overschrijdt, gelijk een *réveil* te noemen; heel snel gaat men een overeenkomst in uiterlijke kenmerken tussen de bewegingen aanzien voor een inhoudelijke congruentie. Elders heb ik echter betoogd, dat het toch mogelijk is, verschil-lende van deze bewegingen in Afrika met het woord réveil aan te duiden.[4] Dat is ook het geval met het Oostafrikaans réveil, dat vanaf de jaren dertig zich als een olievlek in de regio verspreidde en waarvoor naast Uganda, vooral Rwanda een belangrijk centrum was.[5] Wat zich daarin afspeelde, en welke invloed dit réveil uitoefende op het geestelijk leven en de sociaal-politieke opvattingen, willen we hier meten aan de ervaringen en reacties van een opmerkelijke missionaire werkster: Géraldine Gérard.

Géraldine Gérard en de Belgische zending

Géraldine Gérard werd op 27 april 1893 in het Belgische Spa geboren, uit het tweede huwelijk van een houtbewerker. Al op jonge leeftijd moest zij haar vader missen; Géraldine was toen 13 jaar oud.[6] Als oudste dochter voelde zij zich verantwoordelijk voor haar moeder en haar jongere zuster Marie. Haar vorming ontving ze op een beroepsopleiding in Verviers, waar ze ook in contact kwam met Louise Debouny, haar latere collega in het zendingswerk.[7] Géraldine, van oorsprong katholiek, heeft zich dan al uit overtuiging tot het protestantisme bekeerd; op het (niet-confessionele) instituut waar ze haar opleiding volgt, waakt ze ervoor dat nergens in de gemeenschappelijke zalen de indruk gewekt kan worden dat het hier om een katholieke instelling zou gaan. Het laat al iets zien van haar karakter: niet zozeer fanatiek, als wel zeer consequent; eenmaal overtuigd van de juistheid van haar mening, zal ze niet gauw van koers veranderen, noch in woorden, noch in daden.

Haar eerste contact met de zending komt op een indirecte manier tot stand; haar verloofde, een klompenmaker uit Thulin, biedt in 1920 de *Société Belge des Missions Protestantes* (SBMP) aan als zendeling uit te gaan naar Rwanda, het deel van het voormalige Duits Oost-Afrika dat na de eerste wereldoorlog aan België als mandaatgebied was toegewezen.[8] De SBMP was door de Belgische koning Albert I en zijn regering dringend uitgenodigd de protestantse zendingsposten in het mandaatgebied Ruanda-Urundi, verweesd na het gedwongen vertrek van de Duitse zendelingen, over te nemen.[9] Krachtens het vredesverdrag van Versailles van 1919 moesten immers, volgens artikel 438, de Duitse zendingsposten in de voormalige Duitse kolonies worden overgedragen aan zendingsinstanties van dezelfde confessie als de laatste Duitse 'eigenaar'. Het gevaar voor de Belgen, met zijn minieme protestantse bevolking, was echter groot dat Engelse zendingsinstanties zich zouden aandienen om deze taak in Ruanda-Urundi op zich te nemen. Dat zou de toch al wat zwakke claim van België dat deze gebieden terecht aan haar als mandataris waren overgedragen, ernstig kunnen schaden. Vandaar dat de Belgische vorst en zijn regering, meer uit politieke dan uit religieuze ijver, naarstig op zoek gingen naar een Belgische protestantse instantie die aan het verdrag van Versailles zou kunnen voldoen. Toen deze in de SBMP was gevonden, subsidieerde koning Albert deze royaal om de taak, althans in Rwanda, op zich te kunnen nemen. Vrij onverwacht stond de SBMP (eerst ook nog getooid met de letter C, vanwege de postale aanduiding *au Congo*, de oorspronkelijke bedoeling van het zendingsgenootschap aangevend) zo voor de urgente opdracht mensen te vinden voor het werk overzee. Daarin slaagde men wonderwel, maar het werd een merkwaardig gezelschap dat zich voorbereidde om naar het hart van Afrika te gaan: één was een voormalige Duitse zendeling-arbeider, die al in Rwanda had gewerkt, maar door de grenscorrecties van na de Eerste Wereldoorlog van Duitser tot Fransman werd — en zo kon terugkeren naar Rwanda; de tweede een mijnwerker uit de Borinage, en de derde de klompenmaker, de verloofde van Géraldine Gérard. Het 'team' werd gecompleteerd door een Zwitsers-Belgische predikant, die er zijn studie in de Verenigde Staten voor had bekort...[10]

Zoals gezegd, de eerste ontmoeting voor Géraldine met de zending was een indirecte — de relatie verliep via haar verloofde —, maar dat betekende bepaald niet dat ze zich slechts als 'dependent'[11] beschouwde: het bestuur van de SBMP had geconstateerd dat ook zij '... zeer verlangend schijnt zich aan de zending te wijden'[12], een vermoeden dat door het verdere verloop van de geschiedenis bewaarheid zou worden: Géraldine voelt zich zelf evenzeer tot zendingsdienst geroepen. Als echter in 1921 de eerste Belgische zendingsarbeiders naar Rwanda vertrekken, is zij niet van de partij. Juist in dat jaar wordt haar moeder ernstig ziek en Géraldine beschouwt het als haar plicht bij haar te blijven tot het einde, dat spoedig lijkt aan te breken. Om moeilijkheden te voorkomen ontslaat ze haar verloofde van zijn trouwbelofte, al hoopt ze zich spoedig bij hem te kunnen voegen. Alles blijkt echter anders te lopen dan voorzien; Géraldines moeder overlijdt pas jaren later, in 1929, en dan is haar ex-verloofde in Rwanda al getrouwd met een andere zendingscollega.

Na het overlijden van haar moeder bereidt Géraldine zich toch verder voor op een missionaire loopbaan in dienst van de SBMP. Ze doorloopt de School voor Tropische Geneeskunde te Antwerpen en volgt een cursus aan de *Ecole Biblique* te Vennes, bij Lausanne, Zwitserland, een instituut dat sterk verbonden is met de geest van het réveil. Dan vindt de altijd arme SBMP ook fondsen om haar reis naar Rwanda te bekostigen en wordt, tien jaar later dan gepland, haar verlangen vervuld: op 6 juli 1931 vertrekt ze met het stoomschip *Randfontein* uit de haven van Antwerpen naar Dar-es-Salam, op weg naar Rwanda, als zendingsverpleegster in dienst van de SBMP.[13] In haar bagage gaat een vertaling van Spurgeon's *The Cheque Book of the Bank of Faith* mee, getiteld *Les Trésors de la Foi*. Haar geestverwanten in Vennes hebben er een tekst voorin gezet: 'Ma grâce te suffit (II Cor. 12:9).'[14] Haar uiteindelijke bestemming in Rwanda zal Remera (of: Iremera) zijn, één van de oudste zendingsposten gesticht door de Duitse *Bethelmission*, en sinds 1922 geleid door de charismatische mijnemployé uit de Borinage, Josué Honoré.

Deze Honoré was een opmerkelijk man die een zeer praktische geest combineerde met een eenvoudig-warm geloofsleven. In het Rwanda van die dagen blijkt dat een aantrekkelijke combinatie te zijn: vindt hij bij zijn komst Remera ongeveer totaal verlaten, na vier jaar is er weer een gemeente van zo'n 600 mensen, terwijl ongeveer 1000 kinderen naar school komen.[15]

Als Géraldine Gérard in Remera is aangekomen krijgt ze als belangrijkste taak de scholing van de kinderen. Het voordeel daarbij van haar vrouw-zijn is, dat zij zich evenzeer kan concentreren op de opleiding van de meisjes (o.a. met naaicursussen) als van de jongens. Verder komt ook de medische verzorging voor haar verantwoordelijkheid.[16] 'Soeur Géraldine' zoals ze wordt aangeduid, lijkt al gauw goed te aarden in het Rwandese milieu; haar werk wordt alom op prijs gesteld, ze wordt vergeleken met die andere Belgische verpleegster die zozeer de harten van de Rwandezen won, Louise Debouny. Tot 1935 gaat het werk zonder opzienbarende ontwikkelingen door, hoewel de gebruikelijke fricties niet ontbreken. Dan echter breekt de tijd aan van het verlof voor Josué Honoré en zijn gezin, een verlof waarop hij reeds lang recht had. In Brussel overweegt het bestuur van de SBMP of dat niet tevens een goed moment zou zijn om het werk in Remera over te dragen aan de veel kapitaalkrachtiger *Ruanda Mission* van de anglicaanse *Church Missionary Society* (CMS). Dat idee moet men echter laten varen; het ontmoet sterke weerstand van de zijde van de Belgische zendingsarbeiders in Rwanda. Er blijft slechts één oplossing over om te voorzien in de leiding van de zendingspost tijdens de afwezigheid van Honoré: Géraldine Gérard zal voor die periode de leiding over Remera worden toevertrouwd. Dat is een zware beslissing: kan een vrouw alleen, ongehuwd (Géraldine is dan 42 jaar oud) in een sterk geïsoleerde positie, deze taak aan? Er is echter geen andere mogelijkheid, en de zendingszuster zelf gaat akkoord. Géraldine komt in september 1935 aan het hoofd van de zendingspost. Zij krijgt de bevoegdheid de sacramenten te bedienen. Uit haar eerste brieven in die periode blijkt dat het haar niet gemakkelijk valt, overal alleen voor te staan, maar dat toch alles buiten verwachting goed gaat, zonder veel schokken. Dan echter arriveert het Oostafrikaanse réveil in Remera, en alle rust is verdwenen. Het zal 'soeur Géraldine' raken tot in de fundamenten van haar bestaan.

De opwekkingsbeweging die onder de naam van Oostafrikaans réveil in de geschiedenis te boek staat, ontstond in de jaren dertig in Uganda, in het midden van de (anglicaanse) *Church of Uganda*, die zich in die jaren op de viering van haar 60-jarig bestaan voorbereidde. In Centraal-Afrika had een grote droogte geheerst aan het eind van de twintiger jaren, die veel slachtoffers had geëist; het had een schokeffect gehad op het leven en samenleven en de mensen geopend voor nieuwe reflectie over hun bestaan. Binnen die context moest de *Church of Uganda* haar jubileum gestalte gaan geven. De kerk deed dit onder meer door overal in het land evangelisatiebijeenkomsten te houden, die mensen opriepen tot bekering, tot belijdenis van hun zonden en tot een nieuwe levenshouding. De reacties daarop gingen gepaard met uiterlijke vormen voortkomend uit de Afrikaanse cultuur: kreten, dansen, uitingen van verdriet, 'hysterische' verschijnselen.[17] Al snel werd dit door de kerk als *revival* aangeduid.

De kerk van Uganda nu was geestelijk nauw verbonden met de (anglicaanse) kerk van Rwanda: de eerste anglicaanse zendingswerkers in Rwanda waren uit het zuiden van Uganda (zeer tegen de zin van de Belgische machthebbers) het land binnengekomen[18] met als Afrikaanse collega's Ugandezen, of Rwandezen die hun opleiding in Uganda hadden gehad. Het is dan ook geen wonder dat in dezelfde jaren dertig ook in Rwanda een krachtige réveil-beweging opkomt, met als centrum de anglicaanse zendingspost Gahini, in het oosten van het land. Vanaf 1933 zijn er sterk emotionele bijeenkomsten, waarin de Geest vaardig wordt over de mensen. De leiding van deze beweging was evenzeer 'zwart' als 'blank' — één van de opvallende trekken van dit réveil was dat het, zeker in die tijd grote, onderscheid tussen die twee groepen naar de achtergrond verdween, zeker als het om geestelijk leiderschap ging. Afrikanen als Yosiya Kinuka, Kosiya Shalita en Blasio Kigozi, met sterke Ugandese bindingen, stonden zowel in Uganda als in Rwanda aan de wieg van het réveil en trokken de gehele regio door met hun oproep tot berouw en bekering.[19] Velen gaven aan die oproep gehoor, wisten zich nieuwe mensen en sloten zich — zonder uit de kerk te treden — aaneen in nieuwe gemeenschappen: de *balokole* of geredden.

Ook blanke zendingswerkers werden geraakt door de boodschap van het réveil; de *Ruanda Mission CMS*, die vooral steunde op het werk van vrome zendingsartsen, zag haar medewerkers practisch *en bloc* deelnemen in de réveil-beweging, of het gebied verlaten. Vooraanstaande namen onder deze zendingsartsen waren die van Joe Church en Stanley Smith, de eerste werkzaam in Gahini, de tweede in het zuid-westen van het land, in Kigeme. Het leven op de zendingsposten van de anglicanen onderging door het réveil een enorme verandering; de motivatie van de mensen die er woonden of werkten veranderde in positieve zin, zo verloor men bijvoorbeeld veel van de Europese punctualiteit, omdat velen hun roeping tot verkondiging belangrijker vonden dan die tot het volgen van het dienstrooster (...). Dat dit laatste bij enkele zendingswerkers verkeerd overkwam, behoeft geen betoog.

Maar ook buiten de anglicaanse invloedssfeer drong het réveil door en ging het als een golf over het land. De posten van de Belgische zending leken (evenals hun zendelingen) eerst minder gevoelig voor zijn invloed. Dat werd anders toen het réveil in Remera kwam, waar Josué Honoré met zijn wijze van geloven en evangeliseren, zonder het te weten, de grond als het ware ervoor had klaargemaakt.

Het réveil in Remera

Als Géraldine Gérard ongeveer een half jaar alleen de leiding heeft gehad van de zendingspost te Remera, krijgt zij, op haar verzoek, in februari 1936 bezoek van een groep christenen uit Gahini, onder leiding van de zendingsarts Joe Church. Het is het begin van een krachtige opwekkingsbeweging in de regio.

'Au mois de février, il y a eu dans l'Eglise d'Iremera, un réveil religieux qui a eu lieu sans manifestations hystériques ou tapageuses ou désordonnées, sans cris ni éclats extérieurs comme il n'est pas trop souvent le cas dans ce qu'on est convenu d'appeler réveil religieux. Les âmes ici, humblement, simplement, ont pris possession des grandes vérités de l'Evangile leur annoncées depuis longtemps et restées chez la plupart à l'état latent jusqu'ici. Elles ont été amenées à passer par la repentance et la nouvelle naissance en Jésus-Christ... La semence jetée dans le coeur de ces 5 à 600 Indigènes qui se réunirent chez nous pdt ces journées leva particulièrement vite ds. le coeur de 5 personnes de l'assemblée dont je fus la première.

L'Eglise entra alors dans une voie nouvelle par la grâce du Dieu Tout-Puissant... Beaucoup (parmi ceux-ci des moniteurs surtout) regrettèrent les torts commis à l'égard de M. Honoré, ils étaient profondément affligés de l'avoir mal secondés dans son ministère, troublés par la voix de Dieu rappelant toutes les désobéissances depuis longtemps cachées ds le passé, ils n'avaient plus qu'un seul désir: mettre vite la main à la charrue sans regard en arrière.'[20]

De hand aan de ploeg — voor mensen aangeraakt door de réveil-beweging betekent dat in de eerste plaats ruimte geven aan een nieuw missionair élan dat iedereen wil laten delen in het nieuw verworven, bevrijdend inzicht. In Remera houdt dat in dat er evangelisatieteams worden uitgezonden naar de twee andere posten van de Belgische zending in Rwanda, Kirinda en Rubengera. Naar Rubengera vertrekt een groepje onder leiding van Benjamin Ndawingiye[21], woonachtig te Rubengera maar als evangelist tijdelijk gedetacheerd in Remera. Deze Benjamin is een bijzonder man: in 1907 met de eerste Duitse zendelingen uit Usambara (tegenwoordig in Noord-Tanzania) meegekomen als evangelist, is hij in Rwanda getrouwd en tijdens de Eerste Wereldoorlog in Rwanda gebleven, ook toen de Duitsers zich moesten terugtrekken. Dank zij zijn inspanningen kon door de Belgische zending Rubengera in de twintiger jaren weer worden opgebouwd. Hij is één van de grote Afrikaanse zendelingen, waaraan de kerk in Rwanda zoveel te danken heeft.

Naar Kirinda vertrekt een andere groep, onder leiding van twee christenvrouwen afkomstig uit Gahini. In beide plaatsen zijn de Europese collega's van 'soeur Géraldine', ds. Edgard Durand in Rubengera en Marc Huart in Kirinda, niet erg onder de indruk van de nieuwe predikers.

'... rien de nouveau n'apparut dans les prédications de ces indigènes et Monsieur Durand en fit part à Mlle Gérard... Elle envoya à Kirinda une troupe plus nombreuse, composée notamment de deux femmes indigènes de Gahini, et conseillant de les laisser parler à la suite les uns des autres dans le temple, et prônant beaucoup l'excellence de ce procédé...'[22]

De typische réveil-methode van prediken, die een serie van predikers en prediksters naar voren brengt die steeds dezelfde eenvoudige boodschap in verschillende toonaarden weergeven, zichzelf presenteren als levende bewijzen van de waarheid van de boodschap, maakt geen indruk op de Europese zendelingen in Kirinda en Rubengera.

In die tijd gaan de ontwikkelingen in Remera snel, zeker voor Géraldine Gérard. Door een zweer aan haar been moet ze het bed houden; ze laat het réveil daardoor echter niet onderbreken. Tot grote verontwaardiging van haar collega's laat ze *balokole* aan haar bed komen, om hen raad te geven, om met hen te bidden. Het zendingshuis in Remera wordt een compleet actiecentrum. Als later de Honoré's na hun verlof terugkomen constateren ze met afschuw dat hun huis zo gebruikt is.

'... je dois vous dire qu'il nous manque une caisse avec 30 morceaux de savon, il nous manque des chaises de la Mission, tables, des casseroles personnelles, une malle en fer, des rideaux et matelas... Il faut que je vous dise aussi que Mlle Gérard a mis coucher des indigènes dans nos lits, sur nos matelas, il y avait aussi une classe qui se tenait dans notre salle à manger. Notre maison était sale et dégoutante...'[23]

Het toont wel hoezeer een opvallende trek van het réveil in Oost-Afrika, het doorbreken van de sociale scheiding tussen zwart en blank, ook in Remera plaats vond tijdens de jaren 1935-'36.

Voor 'soeur Géraldine' krijgt die doorbraak in de relaties tussen zwart en blank nog veel verderstrekkende gevolgen. Ze krijgt namelijk een visioen, waarvan de inhoud haar beangstigt: God zou van haar vragen met een Rwandese christen uit Remera, een verpleger, te trouwen om een sprekend beeld te geven van het feit dat de scheidsmuur tussen blank en zwart doorbroken is.

'L'ordre de Dieu à mon égard se précisa d'une façon nette et irrévocable et je fus appelée à unir ma vie par le mariage à celle d'un chrétien Indigène de l'Eglise d'Iremera... cet ordre m'effraya très fort: je le pris pour une ruse de l'ennemi... La première chose que je fis donc c'est de prier Dieu d'éloigner de moi tout ce qui ne vient pas de Lui mais les paroles que je reçus en réponse me montrèrent que les voies de Dieu ne sont pas nos voies et ses pensées nos pensées et que telle était bien la volonté divine à mon égard... Je n'en parlais à personne jusqu'au jour où Dieu se chargea Lui-même d'avertir le chrétien mentionné et lui revelant sa volonté qui l'effraya tout comme ce fut le cas pour moi, puis qu'il consentit à accepter après avoir prié sérieusement.'[24]

Op het eerste gezicht lijkt het wel een heel irrationele opdracht die Géraldine Gérard heeft ontvangen. Immers, een gemengd huwelijk, al dan niet op bevel van God, was uitgesloten in de Belgische kolonies en mandaatgebieden, zowel volgens de opvatting van de koloniale overheid en de andere Europeanen, als van de Afrikanen daar. Toch is het voor Géraldine meer dan een emotionele zaak; in de brief waarin ze haar besluit dit visioen, voor haar een goddelijk bevel, te volgen aan de Belgische zending aankondigt, gaat ze gelijk in op de positieve werking die zo'n huwelijk zou hebben. Ze ziet die uitwerking naar drie kanten: naar de plaats van de halfbloedkinderen in de koloniale samenleving, naar de plaats van de vrouw in Afrika, en naar de verhouding tussen de rassen.

> 'M. Smith[25] qui aime les Indigènes, ne peut cependant comprendre les dispensations de Dieu à mon égard, dit-il; du sort particulièrement malheureux des enfants mulâtres. Les coloniaux célibataires vivant dans notre colonie ont pour la plupart un sinon 2 voire 3 enfants avec des femmes Indigènes. Après la naissance très souvent la mère est chassée et retourne à la brousse et l'enfant placé ici ou là, suivi un temps, abandonné ensuite lorsque le père revient marié... Les enfants de la femme libre ne sont pas à mettre au rang de l'adultère... Aucun rapprochement n'est possible entre des enfants nés du commerce d'adultère des coloniaux avec des filles Indigènes et l'ordre saint du Dieu qui hait le péché mais qui ne fait acception de personne, Galates 4/21 à chap 5 v. 2...
>
> C'est ainsi que Dieu qui ne fait acception de personne brise la vieille coutume qui tient ici la femme captive sous l'autorité du mari dont elle reste tte la vie la servante à cause de la dot...
>
> Devant Dieu, pas de distinctions au sujet de la couleur de la peau. Deux races d'hommes sont devant lui les Blancs et les Noirs. Les vrais Noirs devant Dieu sont ceux dont le coeur est tel... Les Blancs devant Dieu sont ceux qui ont passé par le baptême de la repentance, puis qui se sont donnés tout entiers à J. Christ qui les a lavés, purifiés, blanchis... quelque soit la couleur de la peau.'[26]

Géraldine Gérard ziet duidelijk voor ogen hoe een verbintenis tussen haar en een Rwandees verschillende onrechtvaardige verhoudingen in de samenleving van haar dagen kan openbreken.

De beide Europese collega's van Mlle Gérard in Rwanda weten van haar huwelijksplannen niets af. Toch zijn ze door andere berichten uit Remera voldoende ongerust geworden om er een bezoek te brengen. Daar aangekomen schrikken ze erg van de gezondheidstoestand van hun collega, ze stellen haar voor tenminste een rustperiode te nemen in Kirinda. Géraldine stemt daarmee in. Eenmaal in Kirinda, stelt Mlle Gérard haar collega's op de hoogte van wat volgens haar Gods opdracht voor haar leven is: met haar lichaam tonen dat er geen verschil is tussen blank en zwart. De beide heren raken van die mededeling danig in paniek, zeker als ze horen dat de toekomstige echtgenoot van 'soeur Géraldine' al op de hoogte is, en dat ook de belangrijkste ouderling van Remera, één van de Afrikaanse zendelingen van de kerk in Rwanda, Mose Gatorano, bereid is het huwelijk in te zegenen. Mlle Gérard vertelt dat ze vast voornemens is haar plan uit te voeren; elke dag krijgt ze, in en buiten kerkdiensten, nieuwe tekenen dat het zo moet geschieden. Haar besluit staat vast: op de terugweg van Kirinda naar Remera wil ze via Nyanza reizen om de daar zetelende Belgische administrateur, Lenaerts, te vragen welke formaliteiten voor haar huwelijk nodig zijn.

De oppositie van beide Europese collega's tegen de huwelijksplannen helpen niets; dreigementen, van ontslag uit zendingsdienst tot uitzetting uit Rwanda door de overheid, hebben nauwelijks enige uitwerking. Dat laatste dreigement, uitzetting uit Rwanda, brengt haar eerder op een ander idee: ze hoopt dat door haar huwelijk de koloniale autoriteiten hun verzet tegen verbintenissen tussen zwart en blank zullen opgeven, en een regeling zullen treffen voor de plaats en de rechten van halfbloed-kinderen.

Ten einde raad stellen de beide Belgische zendelingen aan hun collega voor, zich tenminste medisch te laten onderzoeken, en wel door de arts Stanley Smith, werkzaam in het zendingshospitaal van de *Ruanda Mission CMS* in het naburige Kigeme. Mlle Gérard stemt daarmee in; het zal haar zeker geholpen hebben te weten dat deze arts ook door de réveil-beweging is aangeraakt en waarschijnlijk zal kunnen begrijpen wat haar bezielt! De dokter is inderdaad eensgeestes met haar, voor zover het haar geestelijke ontwikkeling betreft. Op het punt van het voorgenomen huwelijk echter, deelt hij de mening van de Belgische zendelingen.

'... it is obvious that she has an *idée fixe*, namely that she has been called to demonstrate in her own body the unity of black and white races. She has been driven to this conclusion against her own instinct... There seems to be a good deal in her past history of great griefs nobly borne, which may now be having their repercussion in het present experiences. They would be greatly relieved by the sympathetic analysis of a Christian Psychologist.'[27]

Stanley Smith beveelt aan Géraldine voor een rustperiode naar Europa te halen. Dan kan ze weer helemaal de voortreffelijke zendingsarbeidster worden, die ze in feite is.

'I feel confident that a period of rest in Europe will remove from her the few morbid ideas, that have led her astray, and allow to develope in all its fulness and spiritual power, the character of selfless devotion to Christ and for souls, which makes all who know her love and admire Soeur Geraldine. You have in her a missionary of the highest class.'[28]

Onderwijl treffen haar collega's Durand en Huart de nodige maatregelen om te voorkomen dat Géraldine haar plannen doorzet. Een onderzoek in Remera brengt aan het licht dat het nieuws van Géraldines visioen nog niet verspreid is; bovendien valt het réveil 'mee', er is niet veel veranderd. Mose Gatorano had de zendelinge reeds gewaarschuwd dat '... les Européens allaient venir la lier et la conduire en prison' als zij van het huwelijk zouden horen![29]

Gezien de beperkte 'schade', die de Belgische zendelingen in Remera constateren, besluiten ze Mlle Gérard haar werk daar te laten voortzetten, maar de toekomstige echtgenoot voor alle zekerheid mee te nemen naar Kirinda... Verder komt men overeen om het bestuur van de Belgische zending in Brussel in te lichten, en wel van beide kanten. De mannelijke zendelingen doen dat in een uitvoerige brief die uitloopt op een aanbeveling hun collega zo spoedig mogelijk naar Europa terug te roepen; Géraldine in een niet korter schrijven waarin ze tenslotte toestemming vraagt aan de SBMP voor haar huwelijk, en, zo die niet wordt verleend, voor haar ontslag. Voor alle zekerheid voegt ze nog een schriftelijk rapport bij van de Belgische administrateur Lenaerts over de situatie in Remera; hij was daar onlangs op bezoek geweest en was vol lof voor de kwaliteit van het werk van de zendingszuster.[30]

Eind augustus van hetzelfde jaar schrijft Géraldine opnieuw een brief naar huis, waarin ze evenwel met geen woord rept over haar huwelijksplannen, behalve dan dat ze uitziet naar een beslissing van het bestuur in Brussel. Wèl doet ze uitvoerig verslag van de doorwerking van het réveil in haar regio. De kerk groeit enorm; gezworen vijanden vanuit oude stammentegenstellingen erkennen elkaar als broeders en zusters.

'... nous avons... près de la ville de Kigali une annexe nouvelle qui compte à l'heure actuelle 150 élèves, qui paient leur moniteur, veulent construire, ont leur infirmier soignant les malades, font 2 h 1/2 de marche le dimanche pour venir au culte et rendent un émouvant témoignage à la multiplication des pains. Avec le peu que nous avons ds notre extrême pauvreté Dieu renouvelle les miracles...
Et que vous dire de notre poignée de Chefs... Deux d'entre eux sont devenus nos précieux collaborateurs. Ils sont à nos côtés une preuve vivante de l'Esprit de l'humilité. Plus de distinction de classe ds l'Eglise d'Iremera. Chef mututsi, muhutu, mutwa tous frères, tous unis, devant le Sauveur crucifié, ressuscité, glorifié.'[31]

Bijgesloten bij deze brief is de vertaling van een briefje van Mose Gatorano, de Afrikaanse steunpilaar van de kerk in Remera, aan de SBMP, met het dringende verzoek 'soeur Géraldine' in Remera te laten, tenminste tot het echtpaar Honoré terug is.

'Maintenant, j'ai appris que tu désires que Soeur Géraldine quitte le Rwanda pour venir se reposer en Europe. Je te supplie d'attendre dans la patience jusqu'à ce que Monsieur Honoré soit arrivé à Remera. Tu sais qu'un travailleur s'habitue au travail et que quelqu'un qui est habitué de travailler sait mieux se rendre compte si quelqu'un est bien ou mal. Tous les gens sont étonnés de ce qui se passe chez nous et comme l'Eglise marche...
Maintenant je loue encore Soeur Géraldine, elle est en bonne santé, elle n'est pas malade, c'est un homme, ce n'est pas une jeune fille.'[32]

Dat advies wordt kennelijk opgevolgd: tot de terugkomst van Josué Honoré, eind oktober 1936, gaat Mlle Gérard door met haar werk, dat, onder invloed van de réveil-beweging, ongekende resultaten heeft. De kerk in Remera is te klein, de toeloop van nieuwe christenen overweldigend.

Alles verandert echter als Honoré en zijn vrouw terugkeren in Remera; ze schrikken geweldig van alle veranderingen. Honoré grijpt direct zeer actief in in de huwelijksplannen van zijn collega. Binnen enkele dagen na zijn retour in Rwanda brengt hij een bezoek aan de Belgische administrateur in Nyanza om met hem te overleggen wat er te doen staat, vooral nu Mlle Gérard zich niet wil laten overtuigen van haar voornemen af te zien. Samen besluiten de beide heren voor alle zekerheid de 'verloofde' van Mlle Gérard in de nacht te ontvoeren en in verzekerde bewaring te stellen in Nyanza. Géraldine wordt daarover niet ingelicht en zoekt tevergeefs waar de man is gebleven. Uiteindelijk heeft ook zij een onderhoud met de Belgische administrateur van het gebied; na een lang gesprek belooft ze hem naar Europa terug te keren. Terug in Remera stelt ze haar vertrek echter uit, totdat er brieven met dreigementen uit Nyanza komen. Dan pakt ze haar koffers en vertrekt via Kampala naar Mombasa. Honoré schildert haar aftocht in schrille kleuren:

'Le camionneur qui a conduit Mlle Gérard à Kampala a beaucoup souffert en cour de route, subissant les attaques de la pauvre. Il a dû la menacer de réclamer 5.000 frs de dommages et intérêts à la Mission parce qu'elle ne voulait pas continuer son voyage.'[33]

In Kampala verblijft ze enige dagen in het ziekenhuis van de CMS alvorens haar reis te vervolgen.

Het verhaal dat Géraldine Gérard zélf geeft over haar terugreis ziet er wat anders uit dan het verslag van haar collega's. Voor haar vertrek ziet ze kans de gehele financiële situatie van Remera helder op papier te zetten en zo aan Honoré over te dragen.[34] Eenmaal aangekomen in Kampala schrijft ze een kort briefje aan Henri Anet, directeur van de Belgische zending in Brussel, waarin ze verslag doet over een reis van Kigali naar de Ugandese hoofdstad: in een vrachtwagen, naast haar bagage, over 650 km. Afrikaanse wegen. Uit latere correspondentie blijkt, dat vanuit Rwanda haar ziekenhuisopname in Kampala was geregeld, en wel voor de hele periode tussen het moment van haar aankomst uit Kigali en het uur van vertrek van de trein naar Mombasa!

'Là, les instructions qui m'avaient précédées ont eu pour effet de me garder sous une étroite surveillance et de ne rien me remettre du tout, ce qui fut exécuté à la lettre.'[35]

Voor haar reis was op minimale wijze gezorgd: een treinbiljet Kampala-Mombasa werd 'voorgeschoten' door de CMS, voor de bootreis Mombasa-Marseille was er slechts een biljet 3e klas beschikbaar. Alle verdere verblijfkosten en het vervoer van de bagage moest Mlle Gérard zelf regelen. Het gevolg was, dat ze, een wel zeer pover betaald zendingsarbeider, zelf de som van bijna 3000 frs. moest fourneren! De indruk wordt gewekt dat haar collega's slechts geïnteresseerd waren in haar verwijdering; de wijze waarop leek er minder toe te doen.

Eenmaal in België aangekomen, ondergaat Géraldine Gérard een medisch onderzoek en heeft ze al spoedig een ontmoeting met vertegenwoordigers van de zending. Het bestuur van de zending valt daarbij van de ene verbazing in de andere: was het voorbereid op een ontmoeting met een psychiatrische patiënt, het wordt een inspirerende bijeenkomst over het zendingswerk in Rwanda.

'Alors que les lettres de MM. Durand, Huart & Honoré nous l'avaient présentée comme étant dans un état mental tout à fait alarmant, nous avons été très étonnés de la trouver si calme, si pleine de bon sens et si intéressante dans ses récits de la Mission. Y a-t-il eu forte exagération tendencieuse au Rwanda, ou bien le voyage a-t-il opéré une cure radicale? Mystère! En tout cas, le docteur Mattlet vient de l'examiner et de la déclarer dans un état physique parfait et estime que cette personne d'une valeur remarquable pourrait retourner en Afrique immédiatement, malgré les cinq année, très remplies, qu'elle y a passé.'[36]

Het is te begrijpen dat men zich wat schaamt over de slechte regeling van de terugreis van Mlle Gérard, ook al is dat in de eerste plaats voor de verantwoordelijkheid van de Belgische zendingswerkers in Rwanda.

'Soeur Géraldine' maakt vervolgens een tournée door verschillende kerkelijke gemeenten in België, waar ze geen andere indruk maakt dan die welke het bestuur van de SBMP ook al had: een van een bijzonder bekwame en zeer geïnspireerde missionaire zuster. Toch lijkt het het bestuur raadzaam om Mlle

Gérard voor een periode in observatie te laten opnemen in een gespecialiseerde kliniek; men vindt een plaats voor haar in huize 'Béthanie' in Saint-Jean-aux-Bois, bij Compiègne, Frankrijk, een huis dat onder leiding staat van de predikant-arts dr. André Hammel. Men weet zelfs een missionaire korting te bedingen!

Maar Géraldine Gérard gaat met dat plan niet akkoord. In april 1937 schrijft ze een lange brief aan de zending in Brussel.[37] Daarin deelt ze eerst mee dat ze heeft afgezien van haar huwelijksplannen; naar haar inzicht staat nu niets meer haar terugkeer naar Rwanda in de weg. Integendeel, ze zet zelfs duidelijk uiteen op welke punten er verandering dient te komen in het werk van de Belgische zending in Rwanda, wil men niet steeds weer dezelfde moeilijkheden beleven. Naar haar inzicht dienen er fundamentele wijzigingen te worden aangebracht in de reglementen van de SBMP, in de salariëring van de Rwandese medewerkers, in de opvang van weeskinderen, in de financiële zendingshuishouding in Rwanda en in de voorwaarden voor de acceptatie van nieuwe kandidaten voor het werk. Een rustperiode in een instituut als 'Béthanie' past zeker niet in dit actieplan! Géraldine Gérard ziet ook niet in waarom dat nodig zou zijn: alle geraadpleegde artsen hebben haar volkomen gezond verklaard, waarom zou ze naar een instituut moeten? Dan neemt ze nog liever ontslag uit de dienst van de Belgische zending.

> '... si la Sté missionaire dont je fais partie me croit atteinte de folie, le Seigneur, comme me disait l'autre jour un pasteur, a encore besoin de beaucoup de fous de mon genre pour son service.'[38]

Het wordt er voor het zendingsbestuur niet eenvoudiger op, als er een brief binnenkomt van de Belgische administrateur in Nyanza, Rwanda, bij wie men inlichtingen heeft gevraagd over de situatie in Remera. Zijn woorden zijn uitermate flatterend voor de zendingszuster.

> 'Ma femme et moi nous avons eu l'occasion de causer avec elle chaque fois que nous passions par la station de Remera. Jamais, dans sa conversation nous n'avons constaté quelque chose d'anormal. Je dois cependant reconnaître que nous la trouvions parfois un peu exaltée quand elle entamait la question religion. C'était une Missionaire qui ne vivait que pour ses chrétiens.'[39]

Toch blijft het bestuur van de Belgische zending bij zijn voorwaarde van een observatieperiode in de kliniek van dr. Hammel. De kwestie blijft in deze patstelling steken; eind november 1937 wordt de betaling van het verlofsalaris van de zendingszuster beëindigd en wordt haar kandidatuur om weer uit te gaan tot nader order aangehouden. Nog enkele malen probeert Géraldine Gérard via de Belgische zending naar Rwanda terug te keren, de laatste keer in 1939, als haar vriendin Ruth Starck naar dat land uitgaat. Géraldine deelt de zending mee dat Mlle Starck niet zonder haar wil vertrekken.[40] Het mag niet baten. De tweede wereldoorlog maakt een definitief einde aan haar pogingen om terug te keren naar Rwanda, naar Remera: de nieuwe, jonge groep Belgische zendingswerkers die in 1949 naar Afrika vertrekt, luidt een nieuwe periode voor de

Belgische zending in, waarin voor de dan ruim 50-jarige Mlle Gérard geen plaats lijkt te zijn.

Missionair en visionair

In een poging tot analyse van wat in de geschiedenis van Géraldine Gérard ons duidelijk wordt over de réveil-beweging in Afrika, en speciaal in Oost-Afrika, is de eerste vraag uiteraard: betreft het hier een 'visionair' die volgens een lange en heilige traditie dromen droomde, of gaat het om iemand die 'goed gek' was? Ongetwijfeld zijn er in het gedrag van deze zendelinge aspecten van een psychose te onderscheiden, zoals grootheidsideeën (die zich ook wel in nederigheid laten vertalen!), oncontroleerbare gedrevenheid, egocentriciteit.[41] Men kan de zaak afdoen als erotische betrekkingswaan van een oude jongejuffrouw. Maar daarmee doet men geen recht, noch aan de persoon, noch aan het verschijnsel psychose, noch aan de invloed van een réveil. Volgens bepaalde opvattingen over psychosen, is het namelijk goed mogelijk dat in zo'n periode heel existentiële waarden van het leven naar voren treden, zij het in wat onhandelbare vorm voor de omgeving. Dat is kennelijk ook het geval geweest bij Géraldine Gérard. In haar zendingswerk is ze gestoten op een aantal praktijken in het koloniale Rwanda, het koloniale Afrika van die dagen, die ze maar moeilijk kon rijmen met wat ze had gehoord uit het Woord. De sociale verhoudingen van haar tijd (zij, een ongehuwde vrouw, tegenover gehuwde, soms zelfs gewijde mannen) lieten niet toe die wantoestanden binnen haar kring voldoende aan de orde te stellen; er mee leven kon ze uiteindelijk ook niet. In die situatie wordt ze aangeraakt door het Oostafrikaans réveil, dat allereerst oproept tot belijdenis van zonden en tot berouw, maar vervolgens zo krachtig het individu het begrip vergeving en vernieuwing overdraagt, dat er een nieuwe zelfstandigheid, een nieuwe onafhankelijkheid van het individu-in-zijn-gemeenschap ontstaat: een duidelijke ervaring van bevrijding die men zich door niets en niemand meer laat afnemen. Die ervaring heeft Géraldine Gérard doorgemaakt, die bevrijding heeft ze vastgegrepen. Vanuit die vrijheidsbeleving heeft ze gekeken naar de praktijk van kerk en zending in Rwanda, waarvan verschillende aspecten haar al langer dwars zaten. Dit proces vroeg van haar zo'n sterke krachtsontplooiing, dat het, gevoegd bij haar persoonlijke constellatie, haar deed doorschieten naar een psychotische toestand. Dit feit doet echter niets af van de constatering dat de waarden waar het in en buiten de psychose om ging, essentieel en existentieel waren.

Max Warren heeft betoogd dat een waarachtig réveil aan twee fundamentele voorwaarden moet voldoen wil het geen sectarische beweging zijn.[42] De eerste daarvan is die van *continuity*, namelijk met de centrale inhoud van de christelijke boodschap. Maar daarnaast is er een andere fundamentele trek; Warren noemt dat *contiguity*, dat is een levende relatie tussen een réveil en de omgeving waarin het zich afspeelt. Het zou wel eens kunnen zijn dat het woord réveil in onze tijd zo is gedevalueerd omdat de mensen die het propageren juist deze *contiguity* vergeten en meer gericht lijken op het ontwikkelen van een mystieke relatie met gisteren dan een levende relatie met vandaag!

In het Oostafrikaans réveil, zoals dat in Géraldine Gérard een lokale exponent vond, is die levende relatie met de actuele werkelijkheid van het koloniale Afrika van die dagen duidelijk aanwezig; het réveil maakt niet on-aards, regressief of onderworpen, maar betrekt mensen op een nieuwe manier op God, medemens en samenleving. In het leven van Géraldine Gérard wordt juist duidelijk hoe de vastberaden hoop van de christenen dat het anders kan en anders moet in kerk en samenleving, geen barrière schuwt.

Het is goed om nog even op een rijtje te zetten op welke punten dat in de besproken situatie *in concreto* uitkomt.

1. In die *visie op Afrikaanse cultuur* voltrekt zich in de zendingszuster een grote verandering: zij accepteert de Afrikaans-culturele uitingen en bedient zich er zelfs van. Ze kleedt zich als de haar omringende mensen, eet hetzelfde voedsel, slaapt op de grond, en toont in alles dat haar missie er niet een is waar 'civilisatie', lees: 'verwestersing' voorop staat.[43] Het is een trek die bij andere zendingsmensen van de réveil-beweging ook opvallend is.

2. In de *visie op de verhouding tussen de rassen* voltrekt zich in haar ook een grote verandering. Het onbehagelijke gevoel dat er op dat punt toch iets mis was in die dagen, slaat na aanraking met het réveil om in een totale en directe anti-racistische visie, die zelfs zo ver gaat dat ze bereid is de koloniale autoriteiten op dit punt te trotseren. Dit komt niet alleen uit in de psychotische uitwerking die deze visie kreeg in haar huwelijksplannen; ook haar verdediging van de legitieme rechten van halfbloedkinderen staan in dit kader. Ze blijft zich voor die rechten sterk maken bij de SBMP, ook als haar huwelijksplannen al van de baan zijn.[44]

3. Mlle Gérards *visie op economische verhoudingen* ondergaan ook een fundamentele verandering. Zij eist in een brief aan de Belgische zending, als ze al weer terug is in België, dat de salarisstructuur van de Afrikaanse medewerkers van de zending drastisch wordt herzien, evenals de hele verdeling van de zendingsgelden in Afrika.[45] Een ongehoord feit, dat een zendingszuster zich daarmee bemoeit!

4. Tenslotte kan men bij haar een *feministische visie* onderkennen. De gelijkheid van man en vrouw, van zwart en blank lopen als een rode draad door haar verhalen. De bevrijding van de Afrikaanse vrouw uit wat zij ziet als slavernij, is een belangrijk strijdpunt, nà haar aanraking met de réveil-beweging. Deze nieuwe visie was zeker geen gemeengoed in de zending, waar vaak lange discussies gevoerd moesten worden om vrouwelijke medewerksters te laten deelnemen aan zendelingenconferenties!

Als men deze kernpunten, die het leven van Géraldine Gérard na haar 'bekering' door het Oostafrikaans réveil karakteriseren, bij elkaar zet, dan kan men niet anders dan concluderen dat het réveil in Afrika geen beweging is die mensen doet verzanden in een 'mystiek innerlijk', maar een die een nieuwe visie geeft, ook op de samenleving en hoe die samenleving, gezien vanuit het Evangelie, moet veranderen. Dat daar soms ziekelijke afwijkingen bij kunnen ontstaan, maakt het leven van Géraldine Gérard in Rwanda duidelijk. Maar het doet niets af aan het feit dat een echt réveil fundamenteel de mensen niet alleen in een nieuwe relatie zet tot hun God, maar ook tot hun samenleving.

Géraldine Gérard, missionair en visionair. Ze was het beide, op een erg menselijke manier. Maar daarom niet minder duidelijk een beeld van wat er gebeurt als iemand door de Geest wordt geraakt en de wereld, haar wereld intrekt om een revolutionair réveil te preken, te leven, te delen.

Een van haar laatste brieven aan de Belgische zending dateert uit 1965; er zijn dan grote politieke moeilijkheden in het juist weer onafhankelijke Rwanda:

'Je vous remercie pour le dernier communiqué sur la situation financière de la Mission... Afin de prendre ma part des difficultés dans ce domaine, lorsque vous serez à même de faire suivre ma petite pension, veuillez retenir 300 frs. sur les 1800 frs. du dernier trimestre 1965. Je voudrais bien faire davantage matériellement pour aider l'évangélisation de ce cher pays dans ses grands besoins actuels. Je porte ce fardeau avec vous et tous les amis des Missions, devant Dieu qui ne demande qu'à être mis à l'épreuve pour ouvrir sur son oeuvre, les écluses du ciel.'[46]

Misschien is dat wel de bevestiging van de waarachtigheid van een missionair en visionair leven: aan het einde is er geen plaats voor rancune, maar slechts voor de vastberaden hoop die het réveil, ook het réveil in Afrika, kenmerkt.

Noten

1. cf. J. van den Berg, 'P. Hofstede de Groot en het Réveil', in: J. van den Berg e.a. (red.), *Aspecten van het Réveil. Opstellen ter gelegenheid van het vijftigjarig bestaan van de Stichting Het Réveil-Archief*, Kampen 1980, p. 11-34.
2. cf. J. van den Berg, *Zending en civilisatie* (ongepubliceerd collegedictaat 1967/68).
3. O.J. de Jong, *Nederlandse Kerkgeschiedenis*, Nijkerk 1972, p. 313.
4. J. van Butselaar, *Africains, missionaires et colonialistes. Les origines de l'Eglise Presbytérienne du Mozambique (Mission Suisse), 1880-1896*, Leiden 1984, p. 183-184.
5. Een populaire beschrijving van dit réveil in Rwanda is te vinden in P.St. John, *Souffle de vie*, Vevey 1973. Voor een beschrijving van het gehele réveil kan men in verschillende handboeken aanduidingen vinden, zoals bij C.P. Groves, *The Planting of Christianity in Africa*, vol. IV (1914-1954), London 1964², p. 223-225; een theologische evaluatie van dit réveil is te vinden bij M. Warren, *Revival, An Enquiry*, London 1954. Voor een beschrijving 'van binnen uit' kan verwezen worden naar B. Butler, *Hill Ablaze*, London 1976.
6. De biografische gegevens zijn gereconstrueerd met de vriendelijke hulp van de Services Population van de (Belgische) gemeenten Spa en Verviers. Uit deze gegevens blijkt ook dat de voornamen van Mlle Gérard Marie Gérar*d*ine waren; omdat ze echter ook zelf haar brieven tekent met Géra*l*dine, is deze laatste schrijfwijze aangehouden.
7. Dit en andere gegevens over persoon, karakter en leven van Mlle Gérard kwamen beschikbaar door een interview met Mlle Louise Debouny te Brussel, op 21-4-1986.
8. P.V. Comité SBMP, 15-4-20 (zendingsarchief Verenigde Protestantse Kerk van België, Brussel; in het vervolg afgekort als: SBMP).
9. cf. M. Twagirayesu et J. van Butselaar (rédacteurs), *Ce don que nous avons reçu. Histoire de l'Eglise Presbytérienne au Rwanda (1907-1982)*, Kigali 1982, p. 79-81.
10. *Ce don*, p. 85-87.
11. De term 'dependent' is in de laatste tijd opgekomen om de (huwelijks)partner van een ontwikkelings- of zendingswerker aan te duiden met wie geen arbeidscontract bestaat, en die met hem/haar vertrekt naar de werkplek — waaruit blijkt, dat ook nieuwe termen niet altijd

even 'emancipatorisch' zijn!.

12. Zie noot 8.
13. M. Faidherbe, 'Concerne Mademoiselle Gérardine Gérard', 7-6-53 (SBMP 0.103).
14. Franse editie: Genève 1930. Het exemplaar van Mlle Gérard, alsmede haar bijbel, werden me vriendelijk ter inzake gegeven door haar nicht, Mme Thérèse Jérôme te Spa. Zij stelde ook een foto van Mlle Gérard ter beschikking. Zeer nuttige informatie kreeg ik ook van M. en Mme Max de Brito uit Pepinster bij Verviers, die goede vrienden zijn geweest van de zendingszuster.
15. *Ce don*, p. 88.
16. G. Gérard aan M. Faidherbe, 30-12-34 (collectie dr. E.M. Braekman, Brussel).
17. *Souffle de vie*, p. 186.
18. Namelijk gedurende de jaren dat de Belgische autoriteiten een strook land in het Oosten van Rwanda aan de Engelsen hadden afgestaan voor de constructie van de geplande Kaap-Caïro spoorlijn; na teruggave van het gebied bleven de Engelse zendelingen zitten! cf. *Souffle de vie*, p. 55 v.
19. cf. *Souffle de vie*, p. 85 v.
20. G. Gérard aan H. Anet, 24-7-36 (SBMP 101-106).
21. cf. *Ce don*, p. 35, 37, 66, 97.
22. E. Durand aan Comité SBMP, 8-7-36 (SBMP 101-106).
23. J. Honoré aan ds. Schyns, 27-11-36 (SBMP 0-103).
24. Zie noot 20.
25. Het betreft hier de arts Stanley Smith uit Kigeme (zie hieronder).
26. Zie noot 20.
27. S. Smith aan ds. Hoyois, 6-7-36 (SBMP 101-106).
28. *Idem*.
29. Zie noot 22.
30. Het rapport zelf heb ik niet in de archieven kunnen vinden.
31. G. Gérard aan H. Anet, 29-8-36 (SBMP 101-106).
32. M. Gatorano aan H. Anet, 28-8-36 (idem).
33. Zie noot 23.
34. SBMP 0-103.
35. G. Gérard aan H. Anet, 20-1-37 (SBMP 0-103).
36. P.V. Conseil SBMP, 29-1-37 (SBMP).
37. G. Gérard aan H. Anet, 15-4-37 (SBMP 0-103).
38. G. Gérard aan H. Anet, 25-5-37 (SBMP 0-103).
39. Lenaerts aan H. Anet, 26-3-37 (SBMP 0-103); uit de Archives Africaines van het Ministerie van Buitenlandse Zaken te Brussel blijkt ook op geen enkele wijze dat Lenaerts iets over de situatie van G. Gérard heeft gerapporteerd aan de autoriteiten in Brussel.
40. G. Gérard aan H. Anet, 9-2-39 (SBMP 0-103).
41. Prof. Dr. M. Kuilman te Amsterdam was zo vriendelijk zijn mening te geven over de zaak G. Gérard op grond van enkele schriftelijke rapporten. De analyse en conclusie hier gegeven blijven uiteraard voor rekening van de auteur.
42. M. Warren, *Revival*, p. 100 v.
43. Zie noot 7.
44. P.V. Conseil SBMP, 25-6-37 (SBMP); zie ook noot 36.
45. *Idem*.
46. G. Gérard aan A. Vogel, 17-10-65 (SBMP 0-103); G. Gérard is op 22-7-1978 te Spa overleden.

The forgotten Legacy of Edouard Vaucher (1847-1920) to French Protestant Missiology

M.R. Spindler

In his exhaustive survey of *The Study of Missions in Theological Education*[1] O.G. Myklebust devoted some pages to the French Protestant achievements and came to the disappointing conclusion that, in the period 1800-1910, 'no efforts were made by the various theological institutions to confront the students with the world mission of the Church.'[2] Myklebust relied on French informants of course, and it is interesting to note that the information about the theological faculty of Strasbourg was provided by the librarian of the university library, and about the theological faculty of Paris, where the Strasbourg faculty was re-established after the German occupation of Alsace in 1871, by the dean in charge at the time of the inquiry (1950), Maurice Goguel (1880-1955).[3] Interestingly, Maurice Goguel began in 1906[4] his exceptionally long career as a theological teacher as a younger colleague of the man who will be the subject of the present paper, Edouard Vaucher, at the time professor of practical theology. Apparently everybody had forgotten that Edouard Vaucher had made a tremendous contribution to the science of missions in France, already in Strasbourg in 1872 and later in Paris during the whole period of his appointment in the chair of practical theology, beginning in 1879. The purpose of the present paper is to rediscover the forgotten legacy of Edouard Vaucher to French Protestant missiology. Of course an attempt will be made at understanding the reasons why it was forgotten.

Biographical notes

Edouard Vaucher was born in Mulhouse, France, in 1847 in a well-to-do family originating from the canton of Neuchâtel, Switzerland, that settled in Alsace to carry on a trade. He was at first educated in Mulhouse and was brought to a living faith by the local Reformed minister Bernard when he was 16 or 17 years of age.[5] He first considered preparing for the military academy of Saint-Cyr, but finally decided to become a minister after a new religious crisis which brought him from the Reformed to the Lutheran faith. He came to the faculty of Protestant Theology of Strasbourg in 1868. The faculty was then in a sort of heyday and attracted many students, about one hundred or more. Among them we find many names which will become famous in the history of French

Protestantism and French Protestant missions, like Tommy Fallot, the founder of the important Christian social movement called *Christianisme social*[6] and an active member of the board of the Paris Evangelical Missionary Society until his death in 1904; other important names were Alfred Boegner (1851-1912) who became the director of the Paris Evangelical Missionary Society, Hermann Dieterlen, a missionary of the same society, Franz Leenhardt, a theological teacher at Montauban, and others.[7] Most of these French speaking and francophile students left the university of Strasbourg when it became a German university in 1872. Among the famous teachers who shaped Vaucher's thinking we find Edouard Reuss, Charles Schmidt and J.W. Baum who were the examiners of his thesis for the *baccalauréat en théologie*. All three were Alsatians who outlived the change of nationality and were maintained in their chairs by appointment of the German Emperor William II. Other teachers were suspended and later expelled from Alsace, like Auguste Sabatier and Frédéric-Auguste Lichtenberger.[8] The influential Timothée Colani, editor of the theological review of the French faculty[9], also left Strasbourg for good.

Edouard Vaucher defended his thesis on the 7th of August, 1872. Its subject was: *Etude sur les missions évangéliques parmi les peuples non chrétiens*. We shall dwell on it in the next pages, and I just want to make a short remark about the date of the defence. The German university of Strasbourg was inaugurated on the 1st of May, 1872: Vaucher's thesis was probably the last fruit of the French university but it was harvested under German rule!

Edouard Vaucher then settled in Paris where he married the eldest daughter (born 1856) of Eugène Bersier, who was becoming one of the most celebrated preachers of the French Reformed Church, a critical friend of foreign missions and active evangelist, founder of the city parish *Eglise de l'Etoile* in Paris in 1870-1871.[10] Vaucher's love of home missions and his theological views on the matter owe much to the inspiration and example of his father-in-law. Bersier was also active in the Protestant lobby which tried to establish a new theological centre in Paris in order to replace the Faculty of Strasbourg. When finally the French government decided to create a Protestant theological faculty in the university of Paris in 1877, Bersier had enough influence to introduce his son-in-law to the board of the new faculty. Edouard Vaucher had in the meantime prepared and defended two more dissertations for the degree of *Licencié en théologie*, entitled *De Decretis synodi Nicaenae* and *Essai de méthodologie des sciences théologiques* (1878). He was indeed appointed as lecturer and began his teaching in the chair of practical theology in 1879. During the years when organized theological teaching was suspended, the professors from Strasbourg did not stand idly by. Under the strong impulse of F. Lichtenberger they launched an ambitious project: to write a theological encyclopedia that could emulate the great German encyclopedias of the time and perhaps supersede them. The nationalist sentiment is not absent from this great scholarly enterprise.[11] The first volume came out in 1877, the last one in 1882. Thirteen big volumes constitute the collection. Edouard Vaucher contributed several important articles[12] among which we select his very exhaustive article on missions[13], published in 1880. It is the equivalent of a complete textbook on foreign missions which I shall describe below.

The scholarly career of Edouard Vaucher was pursued by the production of a doctoral dissertation which is actually a handbook of practical theology, entitled *De la théologie pratique*.[14] Following the example of former handbooks of the same discipline, Vaucher included here an important chapter on the theory of foreign missions, which is the epitome of his thinking in this matter. We shall pay due attention to it in the next section of the present paper.

After this achievement Edouard Vaucher seems to have progressively switched over to another area of scholarship, namely systematic theology. He was appointed to the chair of Lutheran dogmatics in 1909; already in 1895 he was sounded on the possibility of taking a more systematic teaching assignment, namely in Christian ethics, which he refused. New theological and political conflicts in France consumed much time and energy. The law of 1905 on the separation of Church and State in France meant a severe blow to the material existence of the Faculty of Protestant Theology. Edouard Vaucher was one of the organizers of a new system towards self-support of the faculty, when the state completely withdrew its subsidy in 1906. Vaucher had a sense for fundraising and many students owe to him the chance of getting a scholarship. Just before the war he was elected dean of the faculty, and maintained the faculty during the war when many teachers and students were mobilized. He also served the Lutheran parish of *La Rédemption* in Paris in the absence of the local minister who was called up to the front. His great joy after the victory was a call from the new French theological faculty of Strasbourg to give the first lectures in the chair of dogmatics in 1919. It was his last scholarly achievement.[15] He died in 1920 in Paris.

Etude sur les missions évangéliques[16]

I begin with an analysis of Vaucher's thesis of 1872. It is a well reflected comprehensive theory of Protestant missions, a conscious attempt at drafting a 'science of missions' with a scholarly character. It is the first attempt of this kind in French Protestant theology. Former contributions from French theological students do not have the same comprehensive and systematic intention. A short dissertation by Alexandre Sarradon in 1834 at the French Protestant Faculty of Montauban was entitled *Sur les missions évangéliques*; it is more a historical survey than a theory of missions. At the same faculty in 1868 Samuel Bost defended a thesis entitled *La mission considérée comme la base de l'Eglise*; its promising title, however, covers a largely historical treatment of the subject. At the Faculty of Protestant Theology of Strasbourg we also find several missionary dissertations.[17] None of them has the breadth of Vaucher's contribution. Vaucher is justified in stating: 'Il n'existe pas aujourd'hui de science des missions... Tant que les missions n'auront pas donné naissance à une science, elles ne pourront prétendre à être représentées à l'Université autrement que d'une manière occasionnelle, à propos d'une autre branche de la théologie.'[18]

Vaucher confesses that he was obliged to walk almost without guides on a still lonely way. Actually existing examples of a scholarly treatment of missions were very rare at that time: a few German practical theologians and mission leaders had devoted systematic reflection to the subject. Vaucher paid due attention to their contribution and explicitly quotes Friedrich Fabri[19] and Friedrich Ehrenfeuchter.[20]

Vaucher's *Etude* is made up of seven chapters. These chapters have no title and I shall try to compose adequate titles of my own. I first give the list of chapters.

1. The aim of missions.
2. The subject of missions.
3. The missionary agency.
4. The missionary approach.
5. The language of communication.
6. The indigenous church: its government and discipline.
7. Mission and culture

Vaucher clearly stays in the field of practical theology. This does not mean that he avoids theological discussion, but that he leaves to other fields questions which are not directly relevant to the policy and practice of missions. For instance, we note that historical references which characterized former essays are left out here; we also note that the still vexed question of the (biblical) foundations of mission has not been found worthy of a special treatment. Vaucher, like most mission-minded people in his days, took for granted that foreign missions were based on the Great Commission (Matthew 28:19). The very first sentence of his thesis reads: 'C'est sur un ordre précis du Seigneur que l'Eglise a entrepris la mission.'[21] It is enough.

The aim of missions was a vexed question in the eighteen-sixties. Vaucher mentions three main options: 1. missions aim at obtaining collective conversions of whole nations; 2. missions aim at obtaining individual conversions and forming congregations of the elect; 3. missions aim at giving a disinterested witness to the light.[22] We know from other sources[23] that a controversy was going on between 'pietists' who emphasized individual conversion and 'romanticists' who insisted on peoples' conversions. Fabri advocated individual conversions, whereas Ehrenfeuchter favoured national conversions. As far as the third option is concerned, namely disinterested witness, I have not been able to trace the origin of the idea; Vaucher does not indicate his source. It may have been a feature of another controversy related to the so-called missionary activism, criticized by Johann Tobias Beck (1804-1878) among others at that time. Vaucher refuses to take sides in the controversies. Missions have a threefold aim, witness, peoples' conversions, individual conversions; the main emphasis should be laid according to the opportunity. 'L'état politique, social, religieux du peuple auquel on s'adresse, la nature ou l'étendue des forces dont on dispose doivent déterminer, suivant l'occasion, à adopter l'une ou l'autre méthode.'[24] Still Vaucher manifests a certain preference for the planting of churches which will be self-propagating as soon as possible: 'fonder des communautés partout où se rencontrent les éléments nécessaires. Ces communautés devront servir de base d'opérations à toute action future, dans quelque direction qu'elle s'exerce.'[25]

The subject of missions was also a debated question. Again, Vaucher distinguishes three options: 1. missions should be conducted by the established Churches themselves; 2. missions should be the work of societies; 3. missions ought to be undertaken by independent private Christians. Vaucher does not condemn either of these three possibilities, but here his own option is extremely clear: the whole Church, as Church, is the subject of missions. 'A qui revient le soin de faire la mission? Evidemment à l'Eglise entière; en le remettant d'une manière particulière à ses apôtres, Jésus ne pouvait avoir l'intention d'en faire un monopole à leur profit.'[26] One notes the critical hint at the Roman Catholic position! But Vaucher is even more critical on missionary societies in general and on non-denominational 'evangelical' societies in particular. 'The Church' must be responsible of missions, and this actually means that every 'Church' with its particular confession of faith is also responsible of the confessional shaping of its missions and of the new congregations that will be planted. 'Prêcher le Christ et rien que le Christ, comme il est d'usage de le dire dans les cercles piétistes, n'est évidemment pas la tâche d'une Eglise particulière... Chercher à répandre le christianisme, sans s'inquiéter de la direction que prendront au sein de la chrétienté les communautés nouvelles, c'est faire preuve d'une coupable indifférence pour la foi de son Eglise. Aussi ne croyons-nous pas destinées à un grand avenir les Sociétés de missions fondées en dehors des préoccupations confessionnelles sur une base purement 'évangélique'.'[27] Vaucher clearly advocates Church missionary societies; other forms are a regrettable last resort and should disappear as soon as possible. 'Là où l'Eglise peut faire elle-même la mission, les Sociétés sont inutiles et doivent être rejetées.'[28] This strong confessional position is again affirmed in the eleventh and last proposition attached to the thesis, and extended to all types of 'societies' which sprang into existence with the Evangelical Revival: 'Les Sociétés religieuses (bibliques, de missions, d'évangélisation, etc.), auxquelles le réveil a donné naissance, ne sont légitimes qu'en tant que l'Eglise est empêchée par les circonstances extérieures d'entreprendre directement les oeuvres que ces Sociétés se proposent. Dès que l'Eglise est en état de prendre en main la direction de ces travaux, les Sociétés doivent disparaître.'[29]

The third chapter is devoted to the missionary agency. In theory all Christians have a right and a duty to mission; in fact the work has to be done by specialized persons, ministers and laymen, who must be selected and prepared for their particular tasks. Vaucher pays much attention to the details of the recruitment and training of missionaries. The Christian character of the future missionary is of primary importance, but it is also essential that missionaries receive appropriate education in general knowledge and in theology. Mission seminaries are insufficient, according to Vaucher, and universities should be involved in the preparation of missionaries. 'La fréquentation de l'Université est, à nos yeux, essentielle au missionnaire.'[30] Mission seminaries and universities should cooperate in order to achieve the best possible training of missionaries. Vaucher notes the fact that mission boards feel suspicious of theological faculties which are sometimes the seedbed of doubt and unbelief. But even then, exposure to the fire of criticism will produce well-tempered minds that are highly needed in mission. It will be 'a better school than the pious counsels of a pietist master.'[31] Moreover only universities are able to provide the missionaries with different kinds of scientific knowledge which will be needed for the work, not only in theology, but also in the science of religion, in the science of missions (when it will be established at university level), and in linguistic. 'L'étude d'une langue dont tout est inconnu et qui n'a jamais été l'objet de travaux philologiques, la prédication dans cette langue, la traduction des Saintes-Ecritures et d'autres livres religieux, la composition de cantiques, d'une liturgie, la formation de prédicateurs indigènes, la direction des écoles, tout cela demande un développement que l'on ne peut puiser qu'à l'Université et au séminaire réunis.'[32] Vaucher also insists upon the necessity of additional practical skills in the daily life of a missionary; the mission seminary should provide the appropriate training.

In the same chapter Vaucher approaches the question of the 'native agency' ('travailleurs indigènes').[33] They must be selected from 'the first fruits of the Church' and trained adequately. The missionary must choose among the converts 'des prédicateurs destinés à devenir ses égaux, des catéchistes et des maîtres d'école, pour travailler au-dessous de lui'.[34] Preachers are destined to form 'a native clergy' and should receive appropriate education: theological seminaries should be created in the fields. In some cases students from the fields should be sent to Europe in order to receive the same education as missionaries (except in the subjects where they have 'an immense advantage over Europeans': knowledge of the language, of the religion, of the character and national custom of the heathen[35]).

The fourth chapter tackles vigorously the various problems of the missionary approach. Here Vaucher takes sides theologically. He rejects the distinction between would-be civilized nations and peoples in a natural state, and the missiological consequences attached to this distinction. According to this view, the contents of missionary preaching to civilized nations should be different from the message to the unsophisticated savage tribes. In the first case, christianity should be made attractive through dropping obsolete doctrines and emphasizing enlightened modern religion. In the second case, christianity might be presented in its more traditional orthodox form, admittedly a doctrine 'qui tient le milieu entre le fétichisme et la religion pure des chrétiens libéraux'.[36] Vaucher retorts: 'Il ne s'agit pas d'éclairer les païens, mais de les sauver... Païens avancés dans la civilisation, païens à l'état naturel, ils sont tous dans la même situation avant de connaître l'Evangile; la mort et la résurrection de Christ sont sans effet pour eux, et ils n'ont point de part à la grâce de Dieu. Le but suprême de la mission est de leur apporter cette bonne nouvelle du salut, la même pour tous.'[37] The same concern for the integrity and wholeness of the Gospel preaching leads Vaucher to reject the pietistic reduction of the Christian message: 'Ne prêcher aux païens que Christ et rien que Christ.'[38] 'Tout ce que Dieu a révélé est indispensable au salut,' Vaucher states, and it is unthinkable that revealed truths might be sometimes necessary, sometimes superfluous. The missionary mandate must be fulfilled in its entirety and the 'whole Gospel' must be preached, and this implies, according to Vaucher, confessional missions. He rejects the so-called 'evangelical principle' of mission.[39]

Vaucher is more tractable with regard to the vexed question of the point of departure in missionary preaching. There are four theories: which put respectively the love of Christ, the judgment of God, the law, and the Kingdom of God at the beginning.[40] Circumstances will help the missionaries to decide the appropriate method. Actually the missionary has first to introduce himself before introducing any message; he has the right to introduce himself with authority as messenger and ambassador of God.[41]

Then Vaucher describes the successive phases of the missionary approach: primal evangelism — dialogue[42] — catechizing — baptism. With the baptism of the new Christians, mission properly speaking is completed. Many missionary tasks, however, are still to be fulfilled in order to achieve a stable establishment of the native church. Vaucher expresses doubts with regard to the so-called 'apostolic method' which has repeatedly been advocated in certain missionary circles. 'Parcourir les contrées païennes sans s'établir nulle part aurait tout au plus pour effet de jeter dans la masse des peuples idolâtres quelques idées chrétiennes élémentaires, qui même seraient presque immédiatement dénaturées ou assimilées au paganisme; mais bien certainement ce n'est pas ainsi qu'on fondera des Eglises et qu'on convertira des âmes.'[43]

A whole chapter is devoted to the question of language in missions. The communication of the Gospel should be done in the vernacular. Vaucher mocks English missions which want to evangelize India in English only. 'Nous sommes convaincu que si les païens parlaient anglais, ce serait un grand avantage pour eux... mais les païens ne parlent pas anglais.'[44] More seriously he draws attention to the negative factor of colonization. 'On donne encore davantage au christianisme l'apparence d'être la religion des Anglais, des conquérants, et on repousse ainsi un grand nombre des habitants; car, en tous temps et en tous lieux, ce qui vient des conquérants est odieux.'[45] For Vaucher, the bitter experience of the German conquest of Alsace was very near to his mind. The missionaries must learn the vernacular thoroughly and master it to the point of becoming 'pleasant to listen to'. 'Adresser des appels aux foules demande que l'on ne soit pas un parleur ordinaire, mais un orateur agréable à entendre.'[46] The translation of the Bible (from the original languages!) also demands a mastery of the vernacular. Other translations and original publications depend on the same condition. Moreover thanks to his knowledge of the local languages the missionary (actually many generations of missionaries) will be able to perform various scholarly researches in oral and literary traditions, local custom, geography, and last but not least, pagan religions.[47]

The sixth chapter is dedicated to the organization and discipline of the new churches. It is difficult to apply European systems of church government with their delicate balance of lay and clerical power. The constitution of the new churches cannot be fixed for ever at once. A local church council should be established as soon as possible, and provisions must be made towards the establishment of a future central church authority. 'Chaque Eglise doit tendre à arriver á une autonomie complète, qu'elle est en droit de réclamer dès qu'elle est assez mûre pour cela.'[48] Although Vaucher does not refer to the ideas of Henry Venn and Rufus Anderson, which became popular in mission circles in the eighteen-sixties, he clearly advocates self-government for the younger churches.

The rest of the chapter pertains to church discipline. Vaucher has a moderate view on church discipline; he has doubts about the virtue of excommunication. He tackles the problem of the political role of the missionaries, either over against European colonial administrators, or before national authorities. Missionaries must obey the local civil law and generally abstain from official political involvement. But there may be exceptions to the rule. 'Il peut se présenter tel cas où le missionaire, comme homme privé, croira de son devoir de s'occuper des affaires publiques du pays où Dieu l'a placé.'[49] Vaucher has in mind 'les abus criants et les désordres scandaleux des administrateurs européens'.[50]

Finally Vaucher discusses the well-known social problems of slavery, polygamy and caste. These institutions should disappear before the Gospel, but not by compulsion or revolutionary methods. 'L'action du missionaire sur tous ces points ne doit pas être révolutionnaire, mais transformatrice.'[51] Moral and spiritual transformation will lead to social transformation. In the meantime, however, institutions like pagan marriage and caste are not made null and void; before the law, Vaucher notes, 'les mariages d'un polygame subsistent de droit après sa conversion; mais s'il est véritablement gagné à l'Evangile, ces unions seront suspendues de fait'[52]. With regard to caste, Vaucher adheres to the policy of the Lutheran Leipzig Missionary Society (without quoting its leader Karl Graul) which accepted caste as a civil institution to be separated from the religious idolatrous elements.[53]

The seventh and last chapter of Vaucher's *Etude* briefly deals with the 'civilizing task' of missions. 'Les peuples auxquels les missionaires vont porter le christianisme sont tous plus ou moins des barbares: convient-il que les mêmes hommes qui leur annoncent l'Evangile les fassent également participer aux bienfaits de la civilisation européenne?'[54] It is not obvious at all that the same people preach the Gospel and carry European culture to the heathen. If the civilizing task eclipses the Gospel, it has to be abandoned. Vaucher thinks, however, that it is not the case. 'Civilization' is a legitimate produce of christianity and can contribute to the religious development of the heathen; it can manifest the true social fruits of the Christian faith and procure an antidote against the false 'civilization' brought by 'the corruption and mercantile cupidity of miserable Europeans.'[55] The propagation of European sciences, arts and crafts, industrial and agricultural development by lay missionaries or settlers (Vaucher has in mind the settlements organized by the Herrmannsburg mission of Ludwig Harms) are valuable initiatives, provided that impure motives are avoided.[56]

Eleven propositions are attached to the thesis; they convey the strong Lutheran persuasion of the author with regard to various topics. Only the last one, already quoted, pertains to missions.

Vaucher's *Etude* is very impressive; it relies on a vast body of information about Protestant foreign missions at that time; available theories of mission are clearly and intelligently discussed and systematized whereas a vivid personal touch often embellishes the presentation.

Missions in the *Encyclopédie des Sciences Religieuses*[57]

Vaucher's teachers in Strasbourg and Paris were certainly impressed by his brilliant thesis of 1872 and as a matter of course they asked him to write the article on foreign missions for the *Encyclopédie des Sciences Religieuses*, a huge project launched by professor F. Lichtenberger during the interim period between his expulsion from Strasbourg in 1872[58] and his appointment at the new faculty of Paris in 1877. The question may be asked why the article on foreign missions had to be written by somebody who had never been in the field, not even as a visitor. From the Paris Evangelical Missionary Society and its staff, the *Encyclopédie* got only one article, written by the famous apostle of the Basotho, Eugène Casalis, director of the Society at that time; the article is on the 'Bassoutos', of course. Casalis had certainly something to say regarding the theory of missions, but he was already an old man, and he was too busy with the affairs of the Society and the ecclesiastical conflicts in French Protestantism in those years. Among the scholars belonging to the generation of Vaucher, A. Boegner and F.H. Kruger were not yet available for the task at that time. We find another 'missiological' article in the *Encyclopédie*, namely on Karl Graul, by Charles Pfender, a parish minister in Paris; the same writer contributed an article on Ludwig Harms, which includes a short mention of the Herrmannsburg mission. An anonymous article on Alexander Duff contains biographical and bibliographical notes only.

Vaucher's article on 'Missions' consists of three parts, follwed by a comprehensive bibliography filling four full pages out of the total forty nine pages:

    I. Questions théoriques.

    II. Histoire et statistique des missions catholiques.

    III. Histoire et statistique des missions protestantes.

    Bibliographie.

At once we note the broad 'ecumenical' scope of the article which deals with Protestant as well as Catholic missions, and with the whole range of both. The scholarly, 'scientific' intention, in accordance with the new ideal of 'religious sciences' propagated by the *Encyclopédie des Sciences Religieuses* is very clear in the tremendous effort to give detailed and reliable statistics. Repeatedly, Vaucher emphasizes his honest attempt at surpassing edifying and apologetic accounts of the missionary enterprise in order to achieve a real 'science of missions', that has its marked place in the body of 'religious sciences'; we should not, however, put too much of the more recent discussion on 'religious sciences' into the term used in 1877-1880 in the new Theological Faculty of Paris. For Vaucher and most of his colleagues, religious sciences do not mean irreligion or suspicion of every religious commitment, they include honest confessional theology. The intended 'science of missions' does not lie aside from theology, it is (or should be) an integral part of theology, viz. practical theology in Vaucher's view. At the end of the first chapter of his article, Vaucher pleads for the development of a real science of missions, and he realizes that two kinds of people have to be convinced. On one side, the 'friends of missions', who 'do not go beyond a respectable and blessed, but quite empirical practice'; on the other side, the 'representatives of science', who 'do not deign to leave the field of pure theory, in order to deal with this practice, the effects and results of which they long ignored, but which has conquered in the life of the Church today a place big enough for not allowing any longer the theologian to ignore it or not to take it into account'.[59] Thirty years ago, Vaucher notes, even the possibility of a science of missions was ignored among theologians; (apparently nobody paid attention to the now famous §298 of Schleiermacher's *Kurze Darstellung des theologischen Studiums zum Behuf einleitender Vorlesungen* of 1811 forecasting a theory of missions). In 1880 Vaucher hails the contribution of Duff, Graul, Ehrenfeuchter and Zezschwitz to the science of missions and, more important perhaps, to the integration of this young science into the body of theological disciplines at university level. As a matter of fact, Ehrenfeuchter and Zezschwitz are primarily practical theologians, but they afford considerable space to mission theory in their respective handbooks.[60]

Vaucher begins his article by giving a definition of missions: 'tout ce qui constitue l'activité conquérante de l'Eglise, tous les efforts qu'elle tente pour réaliser le dernier commandement du Seigneur et pour répandre l'Evangile dans le monde'.[61] Missionaries are sent (*missi*) by God in order to have an influence on nations and individuals that until now remained outside of the power of the Gospel. Accordingly, the science of missions can be defined as 'science du développement conquérant de l'Eglise'.[62]

Reading further, we discover that Vaucher's dealing with 'theoretical questions' is not very different from his own *Etude*. The disposition is the same: the aim of missions — the subject of missions — the missionary agency — the missionary approach (missionary methods); many passages are the same word for word. But extensive discussions have been omitted and some sharp statements which fitted in with the style of a young man have been tempered. For instance the picture of a mission board in the *Etude* as 'autocrate tout-puissant, se recrutant lui-même, gardien sévère des traditions et quelquefois des routines, autorité irresponsable aussi respectée en Europe que redoutée dans les pays lointains'[63] has been reduced to a sketch that reads: 'un comité tout-puissant, qui se recrute lui-même'.[64] We also note that developments about the 'native agency' and the perspective of self-governing churches have been left out.

182

Strictly speaking, missionary activity comes to an end when the first converts have been baptized: 'Lorsqu'il jugera la préparation suffisante, le missionnaire recevra dans l'Eglise, par le baptême, ceux qu'il aura instruits. A partir de ce moment, l'Eglise nouvelle sera fondée, et le missionnaire aura à y remplir toutes les fonctions qui, dans les Eglises d'Europe, sont attribuées au pasteur. La mission proprement dite est ainsi achevée, à l'égard des baptisés...'[65] Vaucher restricts himself to giving a list of debated questions such as literary activities of missionaries, organization and discipline of new churches, educational policy of missions, social problems related to slavery, polygamy, caste, which were summarily dealt within the *Etude*. Interestingly the growing search for biblical and theological foundations, which began to take place in Zezschwitz' handbook for instance, is not mentioned.

The extensive chapters on mission history and statistics do not provide us with new missiological insights. They give a dry detailed survey of missionary organizations in the sending countries and of the state of missions or new churches in the mission fields, continent after continent. Generally speaking, Vaucher does not put much confidence in the official reports of missionary societies, with the exception of the Leipzig Missionary Society, the Paris Evangelical Missionary Society, and two missions from Scotland[66] and some others perhaps. In the huge flow of missionary publications only a few have 'une réelle importance scientifique'.[67] Nevertheless Vaucher supplies exhaustive information on protestant as well as Catholic missions. It is remarkable that he has hardly a bias against Catholic missions; he appreciates their work in Africa and can hardly believe that the same Church is at work in the Americas.[68] Vaucher is particularly critical of the far-reaching 'accommodation' practised by the Jesuits: 'on ne se sent pas en présence d'une oeuvre honnêtement conduite'.[69] The policy of the China Inland Mission is criticized for the same reason.[70]

The final bibliography still calls for some comments. It lists the main (relia-ble!) periodicals and apparently all available publications with a scholarly relevance. Vaucher must have come to the conclusion that French authors have very little to afford; only five Protestant and three Catholic titles are listed, besides the *Journal des Missions Evangéliques* and the *Annales de la Propaga-tion de la Foi*. All the rest is in German and English. His own excessive modesty prevents him to quote his important *Etude sur les missions évangéliques*; this might have been one of the reasons why the work finally fell into oblivion.

De la théologie pratique[71]

Vaucher's doctoral dissertation is a well-informed, up-to-date handbook of practical theology. He critically draws upon existing German handbooks, including those by Ehrenfeuchter and Zezschwitz which gave a prominent place to missions.[72] The key to Vaucher's practical theology is the experience of the living Church through the ages; Vaucher rejects speculation as a valid point of departure. The Church is by nature missionary. 'Elle est conquérante par nature. L'Evangile, auquel elle rend témoignage, veut devenir le bien commun de toute l'humanité rachetée. L'Eglise renierait sa mission, si elle ne travaillait à s'incorporer toutes les parties de l'humanité qui lui sont encore étrangères.'[73] The missionary nature of the Church manifests itself in two ways, through home and foreign missions. This view is quite original when compared with other practical theologies. Evangelism and mission belong to the same mandate according to Vaucher. But the crowning achievement of the life of the Church is foreign mission. All nations must be called and conquered for the Lord of the Church. 'Faire oeuvre missionnaire n'est pas un luxe pour l'Eglise; c'est une manifestation nécessaire de sa vie. Une Eglise sans mission serait menacée de dépérir. Si la théologie pratique veut vraiment décrire la vie de l'Eglise, elle ne saurait se passer d'une théorie des missions.'[74] If mission is an integral part of the life of the Church, the science of missions is an integral part of practical theology.

Vaucher's practical theology can be called a functional theology. He distinguishes two big categories of functions. There are preserving functions geared to the inner growth of the Church. And there are conquering functions geared to the external growth of the Church.[75] Significantly Vaucher includes in the second category Christian education (!), home missions and foreign missions. Within the scope of the present paper, I restrict myself to a short review of the last chapter of Vaucher's handbook, on the theory of missions.[76]

These pages breathe forth pedagogical mastery and serenity. An experienced teacher calmly and vigourously explains the essential aspects of his subject. Actually the disposition of the matter is basically the same as in the former *Etude*, but important clarifications are brought. To begin with, Vaucher seems to allude to the already famous idea of the euthanasia of mission: in theory, missions are a temporary function of Church life and they tend to make themselves redundant. 'Leur effort doit tendre à se priver de leur raison d'être.'[77] In fact, however, missions are necessary as long as the whole world is not conquered.

We then meet the familiar sequence of questions: the subject of missions (the Church! 'Le vrai missionnaire, c'est l'Eglise'[78]) — the object of missions ('the non-christians'.[79] Vaucher deals here with the 'aim of missions', namely with the individual vs. collective approach. The 'witnessing' approach has disappeared.) — the purpose of missions (making Christians vs. incorporating people into the Church. Vaucher brings a valuable clarification to his former position.) — the missionary agency (Vaucher is less optimistic than before about the value of scholarship for the training of missionaries. 'Il est bon que le missionnaire soit savant, mais il est indispensable qu'il soit croyant.'[80]) — the native agency ('missionnaires indigènes recrutés parmi les prémices de la mission'[81]) — the missionary approach (extremely summarized in two aspects: 'appel et éducation'[82]).

The organization and government of the new churches and the social problems of missions are not dealt with. By analogy, somehow relevant answers could be drawn from other chapters of the handbook, namely on church government, on church discipline, on church assistance and social action. It must be admitted, however, that the wide scope of the handbook and its primarily French Protestant context have squeezed mission theory into tight limits.

Conclusions

A first conclusion can be drawn: in contradiction with Myklebust, I must observe that missions were very much a vivid concern at the Theological Faculty of Paris in any case since the appointment of Edouard Vaucher in 1879 to the chair of practical theology which he held until 1909. Meanwhile Raoul Allier had been appointed to the faculty in 1889 and his missiological involvement began in 1904 at the latest.[83] Admittedly there was no full professor of missions.

A second conclusion demands recognition. There is no real increase of Vaucher's theoretical interest and knowledge about missions during his teaching appointment. His splendid research of 1872 and his meticulous documentary survey of 1880 did not result in further missionary research. What is evident in 1893, is his deep theological commitment to missions, but hardly fresh study.

A third conclusion follows. We must seek the first cause of oblivion with regard to Vaucher's missiological contribution in Vaucher's attitude itself. He has been too modest about his own *Etude*. Significantly this dissertation was never available in the very library of his faculty! Then Vaucher's switching over to Lutheran dogmatics overshadowed his former teaching assignment.

But there are deeper causes. Vaucher was uprooted from Strasbourg that was becoming a seed-bed of missiological ideas mainly transmitted from Germany and Switzerland and transformed for French needs. The war of 1870 destroyed the movement.

A still deeper cause was the permanent conflict between the 'mission friends' and the 'representatives of science', already observed by Vaucher himself. Vaucher, with all his love for missions, was never accepted by his opposite numbers at the Paris Evangelical Missionary Society, who regarded him primarily as a 'theologian', stained by modern ideas. There was no relationship between the Theological Faculty and the School of Missions. Conversely, Vaucher had strong reservations against the socalled 'evangelical principle' and non-denominational missionary societies like the Paris Evangelical Missionary Society. Vaucher was too much of a scholar, and too much of a confessional churchman, to succeed in the still unfinished task of making missiology at home in France.

Notes

1. O.G. Myklebust, *The Study of Missions in Theological Education*, Volume One *to 1910*, Oslo 1955.
2. *Ibidem*, 108.
3. *Ibidem*, 442f. See also F. Michaëli, 'Vies parallèles: Adolphe Lods et Maurice Goguel', *Etudes*

théologiques et religieuses 52 (1977), 389.

4. D. Robert, 'La Faculté de Théologie de Paris de 1877 à 1906, essai d'apercu général', *Bulletin de la Société de l'Histoire du Protestantisme français* 123 (1977), 598.

5. For these biographical notes I am particularly indebted to R. Allier, Rapport de M. le Doyen Raoul Allier à la séance de rentrée de la Faculté libre de théologie protestante de Paris, le 5 novembre 1920, Paris 1921. About Rev. Henri Bernard, see Ph. Mieg, 'Un siècle de vie paroissiale (1836-1936)' in: *Eglise Réformée de Mulhouse, Centenaire du Temple*, Mulhouse 1936, 16. See also M.-J. Bopp, *Die evangelischen Geistlichen und Theologen in Elsass und Lothringen von der Reformation bis zur Gegenwart*, Neustadt 1960.

6. J. Baubérot, 'Le Christianisme Social français de 1882 à 1940. Evolution et problèmes', *Revue d'histoire et de philosophie religieuses* 67 (1987), 43.

7. F.-Hermann Kruger, later in charge of the school of missions of the Paris Evangelical Missionary Society, could also be mentioned.

8. J. Viénot, *Auguste Sabatier. I. La jeunesse (1839-1879)*, Paris 1927, 341 ff.

9. *Revue de théologie*, better known as the 'Revue de Strasbourg'.

10. See the collection of essays, *Eugène Bersier*, Cahiers de Foi et Vie, Paris 1931.

11. *Encyclopédie des Sciences Religieuses* (abridged as *ESR*), vol.I, vii.

12. The list is given in *ESR*, vol. 13, 310.

13. E. Vaucher, 'Missions', *ESR*, vol. 9, 199-247.

14. E. Vaucher, *De la théologie pratique*, Paris 1893.

15. E. Vaucher, *Introduction psychologique et expérimentale à la dogmatique luthérienne*. Conférences faites à l'Université de Strasbourg du 24 mars au 4 avril 1919, Paris 1921.

16. E. Vaucher, *Etude sur les missions évangéliques parmi les peuples non chrétiens*. Thèse présentée à la Faculté de Théologie protestante de Strasbourg et soutenue publiquement le 7 août 1872... pour obtenir le grade de bachelier en théologie, Strasbourg 1872.

17. See the list in *ESR*, vol. 13, 238-261.

18. E. Vaucher, *Etude*, 28.

19. *Ibid.*, 36.

20. *Ibid.*, 36.

21. *Ibid.*, 5, The discussion on the authenticity of this verse is taken into account in his *De la théologie pratique*, 298.

22. E. Vaucher, *Etude*, 7-11.

23. J.C. Hoekendijk, *Kerk en volk in de Duitse zendingswetenschap*, Amsterdam 1948, 52-67.

24. E. Vaucher, *op.cit.*, 11.

25. *Ibid.*, 11 f.

26. *Ibid.*, 12.

27. *Ibid.*, 15.

28. *Ibid.*, 14.

29. *Ibid.*, 63.

30. *Ibid.*, 23.

31. *Ibid.*, 27.

32. *Ibid.*, 29.

33. *Ibid.*, 30.

34. *Ibid.*, 30.

35. *Ibid.*, 31.

36. *Ibid.*, 32.

37. *Ibid.*, 32f.

38. *Ibid.*, 33.

39. *Ibid.*, 34.

40. *Ibid.*, 34-36.

41. *Ibid.*, 37.

42. *Ibid.*, 38: 'A la forme du discours suivi, qui a été, en théorie du moins, celle du premier message, succède la forme du dialogue.'

43. *Ibid.*, 41.

44. *Ibid.*, 43.

186

45. *Ibid.*, 44f.
46. *Ibid.*, 44.
47. *Ibid.*, 46.
48. *Ibid.*, 48.
49. *Ibid.*, 51.
50. *Ibid.*, 50.
51. *Ibid.*, 51f.
52. *Ibid.*, 55.
53. *Ibid.*, 56.
54. *Ibid.*, 59.
55. *Ibid.*, 59.
56. *Ibid.*, 60.
57. E. Vaucher, 'Missions', *ESR*, vol. 9, Paris 1880, 199-247. This article is preceded by an article on 'Mission Intérieure' by Gustave Meyer, director of the Lutheran Home Mission at that time.
58. J. Viénot, *Auguste Sabatier*, 325.
59. E. Vaucher, 'Missions', 206f.
60. F. Ehrenfeuchter, *Die praktische Theologie*, Band I, Buch II, Göttingen 1859. C.A.G. Zezschwitz, *System der praktischen Theologie*, Leipzig 1876.
61. E. Vaucher, *art.cit.*, 199.
62. *Ibid.*, 206.
63. E. Vaucher, *Etude*, 16.
64. E. Vaucher, 'Missions', 202.
65. *Ibid.*, 205.
66. *Ibid.*, 217.
67. *Ibid.*, 226.
68. *Ibid.*, 213.
69. *Ibid.*, 213.
70. *Ibid.*, 222.
71. E. Vaucher, *De la théologie pratique*, Paris 1893, 318 pages.
72. *Ibid.*, 63f.
73. *Ibid.*, 74.
74. *Ibid.*, 75.
75. *Ibid.*, 78.
76. *Ibid.*, 297-316.
77. *Ibid.*, 297.
78. *Ibid.*, 302.
79. *Ibid.*, 302.
80. *Ibid.*, 310.
81. *Ibid.*, 311.
82. *Ibid.*, 313.
83. See Henri Vidal, *La séparation des Eglises et de l'Etat à Madagascar (1861-1968)*, Paris 1970, 48-50.

Afrika gezien vanuit Het Zoute

Een internationale conferentie over de christelijke zending in Afrika anno 1926

Gerdien Verstraelen-Gilhuis

Terwijl de conferentiegangers op de terrassen van de hen ter beschikking gestelde hotels aan de boulevard hun koffie genoten, passeerden de stoomboten van en naar de Congo. Als zij zich in het zoute water waagden, weerklonken bemoedigingskreten als 'Geen krokodillen hier'.[1] Van de ruim 220 mensen die door de Internationale Zendingsraad (International Missionary Council - IMC) in september 1926 in de Belgische badplaats Le Zoute (Het Zoute) bij elkaar gebracht waren, had menigeen een stuk van zijn leven in Afrika doorgebracht. Aan deze eerste en enige door de IMC georganiseerde 'Internationale Conferentie over de Christelijke Zending in Afrika' is — door de schaduwen van Edinburgh (1910) en Jeruzalem (1928)? — slechts weinig aandacht besteed in de literatuur. Toch geeft deze conferentie een opmerkelijk beeld van de plaats van Afrika in het denken en doen van de missionaire en koloniale wereld van het interbellum. Het verheugt mij deze bijdrage over de IMC Afrika-conferentie van Le Zoute te kunnen publiceren in een *feestbundel* voor Professor Jan van den Berg, die altijd sterk geboeid was door de geschiedenis van zending en oecumene en wiens colleges over David Livingstone en de drie c's — christendom, civilisatie en commercie — indertijd voor mij een diepgaande en blijvende invoering in de geschiedenis van Afrika waren.[2]

1. De conferentie en haar voorgeschiedenis

De conferentie werd met gebed geopend door een Afrikaans christen: Ds. Z.R. Mahabane, president van het African National Congress (ANC) van Zuid-Afrika. De aanwezigheid van ANC-leiders op missionaire en kerkelijke conferenties was in 1926 vanzelfsprekender dan tegenwoordig het geval is.

Veel zwarte gezichten waren er overigens niet in de grote hal van Hotel du Zoute. Door de tropen getaande gezichten van blanke mannen en vrouwen bepaalden het beeld. Alle belangrijke in Afrika werkende en op het IMC netwerk aangesloten zendingsinstanties — uit Amerika, Groot-Brittannië, België, Frankrijk, Scandinavië, Duitsland, Zwitserland en Zuid-Afrika (inclusief de zending van de Nederduitse Gereformeerde Kerk) — waren via zendelingen en secretarissen aanwezig. Zo goed als alle landen van Afrika waren op deze wijze via missionaire werkers vertegenwoordigd. Alleen Noord-Afrika, dat reeds betrokken was geweest bij de in 1924 gehouden IMC conferenties over het

188

Midden-Oosten, bleef buiten vizier. Naast deze afgevaardigden (178) was er een groep van 43 adviseurs (consultant members). Onder de adviseurs bevonden zich prominenten uit de koloniale wereld zoals Lord en Lady Lugard, een voormalige gouverneur van Belgisch Congo, een Colonial Secretary van Kenya, een Portugese consul; vertegenwoordigers van Amerikaanse filantropische fondsen, onderwijsdeskundigen van de Phelps-Stokes Commissies waaronder de voorzitter Dr. Thomas Jesse Jones en de Zuidafrikaan Dr. C.T. Loram; wetenschappers als de linguïst Prof. D. Westermann, de antropoloog Edwin W. Smith en de missioloog Prof. Julius Richter. Ook enkele katholieke deskundigen — Dr. Schmidlin en Fr. Schulien (Africa editor van *Anthropos*) — hadden op de lijst van uit te nodigen personen gestaan maar uiteindelijk was er uit de missie-wereld niemand aanwezig.[3]

Vier Afrikanen waren er onder de adviseurs en afgevaardigden: twee Zuid-Afrikanen[4], de reeds genoemde Ds. Z.R. Mahabane en Ds. John L. Dube, eveneens een bekend ANC leider (nl. de President 1912-1917); een Ghanees predikant (N.T. Clerk) en de Nigeriaanse baptistenleider N.D. Oyerinde. Verder waren er zeker drie Afro-Amerikanen waaronder Dr. John Hope van Atlanta University en Max Yergan, die als secretaris van de YMCA (Young Men's Christian Association) in Zuid-Afrika werkzaam was onder de zwarte studenten van Fort Hare.

Volgens de gehanteerde verdeelsleutel waren er zes plaatsen voor Afrikanen gereserveerd geweest. Ter vergelijking: zeven voor 'andere landen' (d.w.z. landen zonder Afrika-zending zoals Nederland, dat Ds. D. Crommelin en Ds. J. Rauws afvaardigde); voor Amerika en Groot-Britannië ieder 70 plus acht adviseurs. De samenstelling van de conferentie was representatief voor de wijze waarop Afrika inclusief kerk en zending aldaar anno 1926 bestuurd werd. Voor menig bush-zendeling moet de aanwezigheid van uitgesproken zwarte leiders als Mahabane (die in tegenstelling tot zijn eveneens genomineerde landgenoot Ds. Hofmeyr een plaats kreeg in het Business Committee), Dube en Yergan een grote verrassing geweest zijn.

In de voorzittersstoel zat de Schotse zendingssecretaris en voormalige Nyasaland-zendeling Dr. Donald Fraser. Meer op de achtergrond bewaakte IMC-secretaris J.H. Oldham, voorzitter van het Business Committee dat de resoluties voorbereidde, het conferentie-gebeuren. Oldham, wiens boek *Christianity and the Race Problem* in 1924 verschenen was, hield zich in deze jaren intensief met Afrika bezig. Omdat hij prioriteit gaf aan Afrika, heeft hij zelfs de wereldzendingsconferentie van Jeruzalem (1928) niet kunnen bijwonen.[5] Voorafgaande aan Le Zoute had Oldham gedurende vijf maanden Zuid- en Oost Afrika bereisd. Samen met zijn bekwame medewerksters in Edinburgh House, het IMC hoofdkwartier in Londen, een Brits en een Amerikaans voorbereidingscomité als ook gastheer Dr. H. Anet van de Belgische zending had hij het inhoudelijke en organisatorische voorwerk van Le Zoute verzorgd. Twee maanden tevoren had iedere deelnemer een door Oldham en Georgina Gollock samengesteld 'Special Double Africa Number' van de *International Review of Missions (IRM)* ontvangen met daarin een twintig voor de conferentie geschreven bijdragen. Als onderdeel van de strategie moet ook gezien worden dat nog in hetzelfde najaar van 1926 de oogst van de conferentie gedrukt beschikbaar was. Dit geschiedde via een boek — met resoluties, notulen en speeches in bijlagen — *The Christian Mission in Africa* van de hand van zendeling-antropoloog Edwin W. Smith, die voor het Bijbelgenootschap de conferentie had bijgewoond en in die jaren nauw met Oldham samenwerkte.[6] Dit boek, het speciale IRM nummer en andere contemporaine publikaties zijn met het uitvoerig materiaal over Le Zoute en haar voorgeschiedenis in het IMC archief[7] de hoofdbronnen voor deze studie.

Ontstaan in Midden-Afrika

Tijdens de vergadering van het IMC Committee in Atlantic City van januari 1925, kreeg de staf de volmacht de aangesloten nationale organisaties te raadplegen over het houden van een speciale conferentie over 'African education'. Het had enige jaren geduurd voordat J.H. Oldham — die sinds Edinburgh (1910) een grote ervaring in het organiseren van internationale conferenties had opgebouwd — de tijd rijp achtte deze resolutie te laten passeren.

De eerste idee voor het houden van een oecumenische Afrika-consultatie van protestantse zendingsorganisaties werd niet geboren in Edinburgh House in Londen, maar in Afrika zelf in Bolenge, een Amerikaanse zendingsstatie in de Belgische Congo. Hier schreef Dr. Emory Ross in oktober 1919 een artikel 'Suggestions for a Mid-Africa Conference', dat enige maanden later, mede ondertekend door A.F. Hensey verscheen in *Congo Mission News*, het orgaan van de in 1902 opgerichte Algemene Protestantse Zendingsconferentie van de Congo. Ross stuurde zijn artikel vergezeld van een brief en questionnaire rond naar een groot aantal zendingsstaties in Equatoriaal Afrika. De respons van veelal geïsoleerde veldwerkers was groot. Zo schreef een zendeling van de London Missionary Society (LMS) in Kambole (N. Rhodesië):

> 'Zo'n conferentie past helemaal in de moderne internationale geest... Naar zo'n invloedrijke conferentie zal geluisterd worden door koloniale regeringen... Kijk maar wat de juist gehouden Algemene Zendingsconferentie van Noord Rhodesië bereikte (op het gebied van het onderwijs)... Bedenk hoe tienduizenden ponden werden afgepakt van de inheemse bevolking zonder dat er behalve rust en orde ook maar iets voor terugkwam.'[8]

Naar aanleiding van de ontvangen positieve reacties nam de Congo Zendingsconferentie van november 1921 de idee van een Midden-Afrika Conferentie over en benoemde een commissie voor de organisatie. De anglicaanse bisschop van Uganda verklaarde zich reeds bereid de Conferentie in 1925 in Kampala te willen ontvangen.[9]

Een Midden-Afrika Conferentie zoals Emory Ross en andere vooral Amerikaanse zendelingen zich gedacht hadden heeft in Kampala niet plaats gevonden. Het zou een kleine veertig jaar duren voor in datzelfde Kampala Afrikaanse christenen en kerken uit heel Afrika elkaar ontmoetten voor de eerste assemblee van de All Africa Conference of Churches (1963).

Dat het ook voor Afrikaanse christenen belangrijk zou zijn onderling contact te hebben werd in de omvangrijke correspondentie over de Midden-Afrika Conferentie (en vervolgens High Leigh en Le Zoute) slechts eenmaal opgemerkt.[10] Intussen werden de discussies over de eventuele Afrika-conferentie wel opgevangen door de Afrikaanse medewerkers op de missiestatie. Een van de oorzaken van de tweespalt in de christelijke gemeenschap rond Mbereshi (LMS, N. Rhodesië) vloeide voort uit een gerucht dat een oudere evangelist uitverkoren was om met de zendelingen naar een grote conferentie in Europa te gaan.[11]

Toen Ross tijdens zijn verlofjaar (1922-23) zijn Midden-Afrika Conferentie bij de Amerikaanse en Britse zendingsbesturen trachtte te slijten, werd zijn voorstel vooral in Londen nogal koel ontvangen. Was het zoveel tijd en geld waard? Waarom in Afrika en niet in Londen of New York? Deskundigen kon je toch niet drie à vier maanden naar Afrika laten gaan? Voordat Ross zich in Antwerpen weer inscheepte voor de Congo werd hem nog een brief van vijf pagina's van Oldham overhandigd, waarin deze zijn bezwaren uiteenzette en alternatieven aanreikte zoals afvaardigingen naar zendingsconferenties in andere delen van Afrika en — op het thuisfront — conferenties voor zendelingen op verlof; als een conferentie de bestuurderen niet mee heeft, is zij niet respresentatief en zonder effect; doelstelling en mogelijk te bereiken resultaten dienen goed bekeken te zijn; een te algemene agenda verwatert spoedig, aldus luidde de boodschap.[12]

J.H. Oldham en Afrika

In de loop van 1923 raakte J.H. Oldham vanuit een concrete invalshoek zelf overtuigd van de opportuniteit van een Afrika-beraad. Die invalshoek was het onderwijs. In maart 1923, kort na Ross' vertrek, kreeg Oldham van het Colonial Office de onverwachte uitnodiging suggesties voor een Afrikaans onderwijsbeleid op papier te zetten.

Zowel als secretaris van de IMC als van de Conference of British Missionary Societies had Oldham een frequent contact met het Colonial Office. In de loop der jaren werd deze 'man of reason and moderation'[13] daar een vertrouwd adviseur. Betrof zijn bemoeienis eerst het voorkomen van de confiscatie van Duitse zendingsbezittingen in Afrika, daarna vroegen flagrante misstanden in Kenya zijn aandacht. Van 1919-1921 leidde hij een succesvolle publieke campagne tegen de 'forced labour', het onder dwang recruteren van Afrikaanse arbeiders. Na dit 'succes' verzette Oldham de bakens, omdat hij meende via de weg van de interne beïnvloeding politiek meer te kunnen bereiken. Deze andere opstelling werd door de bondgenoten van de genoemde campagne — zoals de Kenya-kenner Dr. Norman Leys — steeds minder begrepen.[14]
Toen voorjaar 1921 opnieuw slecht nieuws uit Kenya binnenkwam, schreef Oldham een vertrouwelijke nota aan de staatssecretaris waarin hij behalve de desbetreffende incidenten de principiële vraag voorlegde: *in wiens belang* worden de Britse kolonies ontwikkeld? Verplicht een waarachtig 'trusteeship' niet tot het ontwikkelen van een goed en vooruitstrevend onderwijsbeleid?[15] De uitnodiging voor advies van maart 1923 kan ook gezien worden als een verlate reactie op Oldham's vraag.

Oldham's onderwijsnota was in hoge mate instrumenteel voor de instelling —

nog in datzelfde jaar 1923 — van een 'Advisory Committee on Native Education in Tropical Africa', waarin naast koloniale bestuurders vertegenwoordigers van zending en missie zitting hadden. Al deze bezinning en activiteit van overheidswege alsook zijn betrokkenheid bij de voorbereidingen van de onderwijstoernee van de 2e Phelps-Stokes Commissie, die januari 1924 naar Oost-Afrika uitzeilde, waren voor Oldham een gerede aanleiding voor bezinning en beleidsbepaling in missionaire kring. De idee van een Afrika conferentie voor bestuurders en zendelingen-op-verlof, meer dan eens genoemd in het overleg over de Midden-Afrika Conferentie, kon nu worden ingezet voor Oldham's eigen werk dat hij voor een bevriende Afrika-koloniaal omschreef als 'to educate missionary societies up to their job'.[16]

Via High Leigh naar Le Zoute

In september 1924 werd op een landgoed in High Leigh (bij Londen) onder auspiciën van de Britse Zendingsraad een conferentie gehouden over het onderwijs in Afrika. Vijf leden van de juist teruggekeerde 2e Phelps-Stokes Commissie — waaronder Jesse Jones en de Afrikaan J.E. Kwegyir Aggrey — brachten hier verslag uit van hun toernee langs scholen in Oost- en Centraal Afrika. De belangstelling voor High Leigh was onverwacht groot. Velen die zich door de zich verspreidende mare over Aggrey op het laatst nog aanmeldden, moesten gezien de beperkte accommodatie (120) worden afgewezen. Er was een tiental plaatsen gereserveerd voor gasten uit het continent — 'voor Afrika belangrijker dan voor enig ander veld', aldus Oldham. Maar High Leigh bleef een Britse aangelegenheid hetgeen in Amerika enige gevoelens creëerde, volgens Oldham niet terecht vanwege het informele karakter.[17] Aan het slot van de geslaagde ontmoeting in High Leigh spraken de deelnemers zich uit voor een herhaling in een representatief internationaal verband. Daarvoor had Congo-zendeling A.F. Hensey nog eenmaal gepoogd de Midden-Afrika Conferentie in Kampala te verkopen. Van de kant van de West-Afrika zendelingen kwam er een geweldige tegenwind, waarna de tijd rijp was voor Oldham om te wijzen op het voordeel van de aanwezigheid van hoge koloniale autoriteiten bij een conferentie in Engeland.[18]

De meer representatieve internationale voortzetting vond evenwel plaats in de Belgische badplaats Le Zoute. De idee van België werd geboren in Amerika, waar na het fiat van de IMC in Atlantic City (1925), de eerste brainstorming over de plaats en agenda plaatsvond.[19] Ook Leiden werd genoemd, maar verdween snel van tafel, vermoedelijk gezien de exclusieve Indonesië-oriëntatie van Leiden en Oegstgeest in die tijd. België was aantrekkelijk voor Amerikaanse zendelingen, die hier voor cursussen en andere praktische zaken op doorreis van en naar de Congo passeerden, en bovendien een zeker tegenwicht tegen te sterke Britse dominantie. Ter voorbereiding op Le Zoute was er in Hartford (Conn.) oktober 1925 nog een Amerikaanse reprise van High Leigh, waar eveneens Jones als spreker optrad en Oldham informeerde over de komende 'world conference' in Le Zoute, waarvoor de zendingsconferenties uit de verschillende delen van Afrika suggesties hadden kunnen indienen.

2. Tijdsbeeld: onder welwillende voogdij

Anno 1926 lag Afrika open voor Europa. Het 'donkere continent' leek zijn geheimen prijsgegeven te hebben. Spoorwegen liepen van Kaapstad naar de mijnen in de Congo. Vrachtwagens en auto's hadden hun entree gemaakt. 'Door het hart van Afrika' kon men 'van Cairo naar Kaapstad' reizen blijkens een advertentie voor een begeleide excursie in de 'Africa Special' van de IRM.

Afrika — met uitzondering van Ethiopië en Liberia — was onder ordentelijk koloniaal bestuur gebracht. De laatste herverkaveling — het verdelen van de Duitse partjes van de koloniale cake — had in Versailles plaats gevonden. De willekeur van op exploitatie gerichte ondernemingen had plaatsgemaakt voor een netwerk van aan Londen, Brussel, Parijs en Lissabon verantwoordelijke bestuursambtenaren. De Europese mogendheden zagen zichzelf als beheerders en voogden van Afrika. *Trusteeship* was het nieuwe koloniale modewoord sinds in het handvest van de Volkenbond (1919) was uitgesproken dat 'het welzijn en de ontwikkeling van volken' die 'binnen de krachtsverhoudingen van de moderne wereld nog niet in staat zijn op eigen benen te staan' gezien moest worden als een 'sacred trust of civilization.' Men was tot het inzicht gekomen dat het heffen van belasting van de Afrikaanse bevolking ook het welzijn van die bevolking moest dienen. Nieuw was verder een zeker besef van het in principe in tijd begrensd zijn van het koloniale bestuur. Nooit hadden koloniale mogendheden een 'zo oprecht altruïstische belangstelling' in hun koloniale onderdanen, aldus de rooskleurige visie van Jesse Jones in Le Zoute.[20]

De rechtmatigheid, laat staan de noodzakelijkheid van het koloniale bestuur werd niet betwijfeld. 'Afrika heeft de leiding van een ander ras nodig,' aldus vatte John Dube de speech van een Belgische koloniale autoriteit in Le Zoute samen.[21] Ook J.H. Oldham verdedigde in zijn *Christianity and the Race Problem* (1924) onder verwijzing naar *The Dual Mandate* (1922) van Lord Lugard de noodzaak van het koloniale bestuur voor: 1. het ontginnen van ongebruikte grondstoffen ten behoeve van de mensheid als geheel en 2. het beschermen van 'zwakke volken' tegen exploitatie, diefstal, geweld en wanordelijkheden door handelaars en avonturiers.[22]

In 1919, het jaar van Versailles en de Volkenbond, werd in Parijs echter ook het eerste *Pan-African Congress* gehouden, samengeroepen door de Amerikaanse Negerleider W.E.B. DuBois. Het Congres wilde de Geallieerde Mogendheden laten zien dat niet slechts blanken belang hadden bij het resultaat van hun overleggingen. Een van de resoluties van het Congres vroeg 'zelfbestuur (self-determination) voor Afrikanen'. Een jaar later weerklonk de klaroenstoot '*Africa for the Africans*' uit de mond van Marcus Garvey en zijn *Universal Negro Improvement Society*. Dit zwarte zelfbewustzijn vond echter in Afrika voor alsnog weinig weerklank. Binnen de kring van het ANC — waarvan vertegenwoordigers in Le Zoute aanwezig waren — werd Garvey's invloed eerst op het eind van de jaren twintig goed merkbaar.[23]

Edwin Smith, de officiële verslaggever van Le Zoute, stak zijn afkeer van Garvey's leuze niet onder stoelen of banken. Hij verdeelde de ontwikkelde Afrikanen in twee groepen: 1. namaak-blanken met minachting voor het eigen erfgoed c.q. een inferioriteitscomplex, waaronder 'de rebellen met de slogan *Africa for the Africans*' en 2. Afrikanen die trots zijn op hun verleden en het waardevolle daarvan in hun huidige kennis weten te integreren.[24]

Er was in deze jaren een opmerkelijke belangstelling voor Afrikaanse talen en culturen, weerspiegeld in de Africa Special van de *IRM* in bijvoorbeeld advertenties voor cursussen in 'Native life' of 'Bantoe religie inclusief voorouderverering en animisme'. Dankzij een missionair initiatief (J.H. Oldham c.s.) was in Londen in juni 1926 het International Institute for African Languages and Cultures (het latere International African Institute met het toon aangevende tijdschrift *Africa*) opgericht, waarvan o.a. directeur werd de Duitse zendelinglinguïst D. Westermann, de grote voorvechter van het geven van voorrang aan Afrikaanse boven koloniale talen in het onderwijs. Edwin Smith bepleitte in de IRM (1924) en zijn befaamde *The Golden Stool* (1926) het nut van antropologische studies voor de zending. In de Britse koloniën bevestigde de bestuursvorm van 'Indirect Rule' tribale instituties; permanente vestiging van Afrikanen in (blanke) stedelijke nederzettingen werd tegengegaan teneinde 'detribalisatie' te voorkomen...

Evenals de koloniale bestuursposten waren de zendings- en missiestaties een onderdeel van het landschap in Afrika geworden. De onzekere pioniersjaren waren voorbij. Er was een missionair zelfvertrouwen gegroeid. Wat tot stand gebracht was, werd door buitenstaanders niet meer afgedaan als een 'irrelevante hobby' van lieden 'die de Afrikanen leren lezen en schrijven en hen doen geloven dat ze even goed zijn als ieder ander,' aldus Smith.[25] Le Zoute was een maatschappelijke bevestiging van de missionaire beweging. Het was een ontmoeting van Afrika's 'twee grote beschermheren (*trustees*)'[26], die symbolisch was voor de gegroeide internationale consensus voor een welwillend paternalistische belangenbehartiging. Volgens Lord Lugard had de Conferentie geen ander doel dan te bespreken 'hoe beschaving, gezondheid, vrijheid en waarheid aan primitieve rassen gebracht kunnen worden.'[27]

3. *Aangepast onderwijs voor Afrika*

Het geheel van de zendingsopdracht in Afrika stond op de agenda van Le Zoute. De hoofdaandacht was evenwel duidelijk op onderwijs en welzijn gericht, waaraan drie van de vijf secties en het leeuwendeel der resoluties gewijd was. Op de in Le Zoute samenkomende lijnen van het debat over 'aangepast Afrikaans onderwijs' willen we deze bijdrage toespitsen. Andere interessante onderwerpen waar Le Zoute haar licht over liet schijnen zoals evangelie en cultuur[28], rassenrelaties, economische vragen kunnen derhalve in dit bestek slechts marginaal aan de orde komen.

Gaf DuBois in een nota voor het Pan-African Congress te kennen, dat de modernisering van Afrika via de scholen zou lopen[29], Oldham was dezelfde

194

mening toegedaan. Voor hem was Le Zoute allereerst een platform om in brede kring bijval te krijgen voor een nieuw missionair onderwijsbeleid, waarvan de wachtwoorden *adaptation* (aanpassing) en *cooperation*, samenwerking tussen koloniaal bestuur en zending waren. Zoals wij zagen had Oldham in Britse koloniale kring deze bijval reeds verkregen. Volgend op de instelling van het Advisory Committee was in 1925 een Memorandum over de beginselen van een Afrikaans onderwijsbeleid aanvaard, dat voorzag in een stelsel van aanvullende subsidie voor missie- en zendingsscholen die aan de kriteria van koloniale inspectie zouden voldoen.

Was de zending bereid en gereed deze handschoen op te pakken? Tot dusver was 90% — en in sommige gebieden 100% — van het onderwijs in Afrika in handen van zending en missie geweest. Het was duidelijk dat voor een adequate ontwikkeling grotere financiele bronnen nodig waren. Naar Oldham's overtuiging was het van vitaal belang voor de toekomst van Afrika dat de christelijke zending haar sleutelrol in het onderwijs zou behouden. Wilde zij echter voor de koloniale inspectie acceptabel zijn, dan diende zij een duidelijk beleid te formuleren en te zorgen voor een professionele aanpak. De school mocht geen opstapje — laat staan vangnet — voor de kerk zijn, maar diende een integraal onderdeel van de missionaire taak te zijn.[30]

Phelps-Stokesism

Het Memorandum van het Britse Colonial Office weerspiegelde de nieuwe onderwijs-filosofie van Thomas Jesse Jones, in de literatuur wel aangeduid als 'Phelps-Stokesism'. Op dringend verzoek van Oldham schreef Jones zijn *Education in East Africa* (1925), het rapport van de 2e Phelps-Stokes Commissie direct na terugkomst in Londen (en niet in New York zoals gepland) terwille van een optimaal effect op het tezelfdertijd in produktie zijnde Memorandum.[31]

Gedurende 1921-22 en 1924 hadden twee 'Phelps-Stokes Commissies' zes respectievelijk negen maanden eerst West- en Zuid- en vervolgens Oost- en Centraal Afrika bereisd. Zij stonden onder de energieke leiding van de in Wales geboren Amerikaanse socioloog Dr. Thomas Jesse Jones, direkteur onderwijs van het Phelps-Stokes Fund, een filantropisch fonds in New York voor 'het onderwijs van Negers zowel in de Verenigde Staten als in Afrika'. Het initiatief voor de eerste Commissie was genomen door het genoemde Fonds en Amerikaanse missionaire instanties; bij de tweede Commissie waren Britse zending en Colonial Office eveneens direct betrokken; via missionaire instanties (Dr. Anet, M. Couve) waren er ook goede contacten met Belgische en Franse koloniale autoriteiten. De resultaten van het onderzoek werden door Jones neergelegd in twee lijvige boekwerken *Education in Africa* (1922, 318 pag.) en *Education in East Africa* (1925, 416 pag.), voorzien van statistieken, illustraties en kaartjes, hetgeen niet naliet indruk te maken in zowel missionaire als koloniale kring. Jones' onderwijs-ideeën waren eerder uiteengezet in zijn *Negro Education* (2 vols., 1917), een in Zwart Amerika omstreden boek, dat hem niettemin bekendheid als expert in Neger-onderwijs gegeven had. Deze studie was door Oldham — samen met het eerste boek van de 'liberale' Zuidafrikaanse onderwijsautoriteit Dr. Charles T. Loram — in de IRM op zeer lovende wijze besproken.[32] Zowel Jones als Loram (betrokken bij de 1e en lid van de 2e Phelps-Stokes Commissie) speelden in Le Zoute een belangrijke rol als spreker (Jones) en voorzitter van de sectie onderwijs (Loram).

Onderwijs-evangelie of pedagogische heresie

Kern van het nieuwe onderwijs-evangelie zoals dat door Jones met Keltisch vuur gepredikt werd, was: onderwijs moet aangepast *(adapted)* zijn aan de behoeften van de leerling en de gemeenschap waar hij deel vanuit maakt. De school moest opleiden voor het leven. Op de *four simples*, vier eenvoudige basis-elementen van het gemeenschapsleven diende het lesrooster afgestemd te zijn nl.: 1. *health and sanitation*, 2. *appreciation and use of the environment*, 3. *the household and the home*, 4. *recreation*. Met 'recreation' bedoelde Jones 're-creation': mentale, morele en spirituele ontwikkeling oftewel religie.[33]

Voor Afrika betekende dit dat er Afrikaans, d.w.z. op de levensomstandigheden van de Afrikaan afgestemd, onderwijs moest zijn en dat op westerse lesroosters afgestemd onderwijs zinloos was. Het was een boodschap die het goed deed bij blanke kolonisten (en derhalve ook geschikt om hun weerstand tegen het bestemmen van meer geld voor 'African education' op te heffen). 'We hebben nooit zo iets zinnigs over Afrikaans onderwijs gehoord als Jesse Jones 'four simples'... Boekenkennis voor de Afrikaan is een verspilling van energie en fondsen,' schreef een koloniale krant na het passeren van de Phelps-Stokes Commissie.[34]

Jones' ideaal was sterk bepaald door de pedagogische traditie van Hampton (Virginia) en Tuskegee (Alabama), twee onderwijsinstituten voor Negers in het Zuiden van de Verenigde Staten, waaraan de namen van Generaal Armstrong en de bekende Negerleider Booker T. Washington verbonden waren. Zowel Hampton als Tuskegee hadden een sterk praktisch gerichte beroepsopleiding met veel aandacht voor landbouw en nijverheid. Tegenhangers van deze traditie waren de 'Negro Liberal Arts Colleges' zoals Atlanta University waar de in Harvard gedoctoreerde Negerleider W.E. Burghardt DuBois doceerde.[35]

In de visie van Booker Washington († 1915) moest de Amerikaanse Neger allereerst via zelf-hulp economisch sterk worden. Zijn jongere collega DuBois werd zich in toenemende mate bewust van de onderliggende gevaren van het onderwijsmodel van Hampton-Tuskegee, dat zozeer in de gunst stond van de blanke filantropische fondsen en na Jones' *Negro Education* (1917) nog van een extra aureool voorzien was. Voor hem was het een 'pedagogische heresie' uitgaande van de politieke premisse dat dit het geschikte onderwijs was voor een volk waarvoor slechts een ondergeschikte maatschappelijke rol weggelegd zou zijn.[36]

De tegenstellingen tussen Washington en DuBois mogen niet overtrokken worden. Na hun befaamde dispuut (1903) gaven zij nog samen een boek uit. R.R. Moton, Washington's

196

opvolger in Tuskegee, nodigde DuBois uit als gastdocent en poseerde met hem voor het daar na Washington's dood opgerichte standbeeld. Tuskegee was niet zo 'politiek veilig' als Jones aan beleidsmakers placht door te geven; studenten en staf waren in de jaren twintig geenszins afgesloten van radicalere zwarte stromingen.[37] Ook in Afrika maakten *beide* Negerleiders — op dezelfde personen — indruk. Zo was John Langalibale Dube, wiens Ohlange Institute in Natal was opgezet naar het model van Tuskegee, een groot bewonderaar van Booker Washington maar de oprichting van het ANC (waarvan Dube de eerste President was) was meer in lijn met DuBois' methode. In zijn verslag van Le Zoute noemt Dube Washington en DuBois beiden in één adem als lichtend voorbeeld.[38]

Jones' onderwijskundige ideeën waren als zodanig niet nieuw. De Zwitserse hoogleraar Bovet verwees in het voorbereidende conferentiemateriaal naar soortgelijke theorieën van francofone pedagogen.[39] Sinds het midden van de 19e eeuw was vanuit zeer verschillende overwegingen gewezen op het nut van landbouw- en nijverheidsonderwijs voor Afrika. Zowel een negatieve als positieve visie op de Afrikaanse mens hebben daarbij een rol gespeeld.[40]

Nieuw was dat Jones zijn pleidooi voor een aan de omgeving aangepast Afrikaans onderwijs via een indrukwekkende hoeveelheid empirisch onderzoeksmateriaal trachtte te onderbouwen. 'Case-studies' waren een nog onbekend fenomeen. Kennisnemend van zowel de rapporten als andere bronnen betreffende de werkwijze van de zich als een wervelwind over Afrika verplaatsende Commissie, komt men spoedig tot de conclusie dat echt onderzoek naar de noden, behoeften en aspiraties van Afrika niet verricht werd. In plaats daarvan werd, zoals ook gebeurd was bij het doorlichten van het Negeronderwijs in Amerika, een vaste meetlat aangelegd om de 'kwaliteit' van een school vast te stellen. Die meetlat bestond uit Jones' 'four simples' of — zoals het in een kritiek op Fort Hare (University College, Zuid-Afrika) verwoord werd: 'gemeenschapsactiviteiten die voor de leiders en leraars van een primitief volk nodig zijn'. Dat betekende een slecht rapport voor een op hoger onderwijs gericht instituut als Livingstonia (Nyasaland) en uitmuntende cijfers voor een Nederduits Gereformeerde zendingsstatie in hetzelfde land met veel nadruk op 'landbouw en eenvoudige dorpsnijverheden'.[41]

Kwegyir Aggrey

Men reisde niet rond met vragen maar met een boodschap die met veel élan op tal van plaatsen voor missionair, koloniaal en Afrikaans publiek vertolkt werd. Veel aandacht trok daarbij het optreden van het Afrikaanse lid van de Commissie Dr. J.E. Kwegyir Aggrey. De betekenis daarvan oversteeg de doelstelling van de Commissie en weersprak indirect haar boodschap.

Een interraciale samenstelling van een 'hoge' internationale Commissie was een novum: het was Oldham die bij Jones de laatste aarzeling over Aggrey's benoeming weggenomen had. Voor het zwarte publiek op de zendingsstaties was het ongehoord en ongezien dat een der hunnen door blanken als gelijke behandeld werd. Aggrey's befaamde parabels over de adelaar in de kippenren, het — gelijkwaardige — samenspel van zwarte en blanke pianotoetsen zijn tot op vandaag in de meest afgelegen dorpen bewaard gebleven. 'Kwegyir Aggrey gaf de zwarte mens een plaats op de academische wereldkaart,' aldus een Ghanese chief een vijftig jaar later.[42]

Aggrey (1875-1927) werd op 23-jarige leeftijd door een Zwart-Amerikaanse (AME Zion) bisschop uit de Goudkust naar Amerika gehaald, alwaar hij zich academische graden (Livingstone College, Columbia University) en een Afro-Amerikaanse vrouw verwierf. Na zijn werk voor de Phelps-Stokes Commissies zette hij zich in zijn geboorteland in voor de oprichting van Achimota College. Aggrey's eruditie, onvermoeibare welsprekendheid en innemende persoonlijkheid maakten op zwart en blank in Afrika grote indruk. Niettegenstaande zijn spreken over landbouw, handenarbeid etc. was zijn hele optreden de meest overtuigende illustratie van de voordelen van hoger onderwijs. Hij verbeeldde wat een Afrikaan in de wereld kòn zijn.

King tekent Aggrey als 'collaborateur, nationalist en Pan-Afrikaan'.[43] Collaborateur slaat op zijn samenwerking met Jones. Aggrey stond onmiskenbaar onder diens invloed. Juist de dubbele werking van zijn soms enigmatische uitspraken verhinderen echter hem als een zwarte legitimator van Jones te zien. Inzichtgevend is o.i. wat Aggrey juist terug uit Afrika in High Leigh, de voorloper van Le Zoute naar voren bracht:

> 'De leider moet de beste opleiding ontvangen, hij heeft een betere opleiding nodig dan mensen hier (in Europa), daar hij met grote problemen te kampen heeft. En als hij theoloog is, moet hij de bestmogelijke opleiding volgen omdat Afrika een bijdrage heeft te geven aan het christelijke denken.'[44]

Bevestiging in Le Zoute

Le Zoute heeft zich in grote lijnen in Jones' onderwijsmodel kunnen vinden. 'Adapatation' en 'co-operation' waren sleutelwoorden van vrijwel iedere speech. De enige kritische kanttekening betrof een duidelijker invulling van de christelijke doelstelling. 'Where does religion come into the four essentials of education?', verwoordde Oldham de gevoelens van veel deelnemers. Jones' 'four simples' werden overgenomen maar de religieuze component werd aangescherpt en van de laatste naar de eerste plaats gehaald: 'Karakter ontwikkeling op basis van religie moet iedere onderwijs-activiteit kleuren'.[45]

Ook ten aanzien van de verregaande samenwerking met het koloniale bestuur was er wel enige aarzeling. Was dit geen compromis dat de religieuze waarde van de scholen zou doen dalen? Was de school een dienstmaagd van de kerk geweest, zou de kerk nu niet een dienares van de school worden? Een vraag die menig zendeling — gebukt gaande onder de zware boekhoudkundige en administratieve lasten van de koloniale inspectie — later herhaald heeft.

'We kunnen niet zeggen: dat is een taak van het bestuur en laten wij ons nu maar met het eigenlijke werk van prediking en evangelisatie bezig houden', aldus Oldham in zijn toespraak. 'Dan laten we ons wegdrukken in een achterafbeekje, terwijl de hoofdstroom van Afrika's leven en ontwikkeling zich beweegt in kanalen buiten ons bereik.'[46] Oldham's beleid werd voluit gesanctioneerd. Men had subsidie nodig en de in iedere kolonie op te richten 'Advisory

Board on Native Education' — met vertegenwoordigers van bestuur, zending/missie, kolonisten en (slechts in enkele kolonies toegepast) Afrikanen — leek voldoende mogelijkheden voor missionaire inspraak te geven. De gedachte van negatieve beeldvorming ten gevolge van een te nauwe associatie met de *boma* (het bestuur) kwam niet op.[47]

Aandacht werd ook gevraagd voor het onderwijs voor Afrikaanse *vrouwen* en meisjes. De in Le Zoute aanwezige blanke vrouwen (42 — dat is 20% van de aanwezigen — waaronder diverse artsen en onderwijsdeskundigen) dienden daarnaast nog een extra-resolutie in waarin de urgentie van het opleiden (inclusief taal, gewoonten en religie) van nieuwe zendingsarbeidsters onder Afrikaanse vrouwen onderstreept werd. Onder het hoofd 'taal en literatuur' werd o.a. aanbevolen een boek over het leven van Afrikaanse vrouwen te produceren. De nieuwe trend van op gemeenschapsbehoeften georiënteerd onderwijs bood een goede gelegenheid op de achterstand van de Afrikaanse vrouw te attenderen.[48]

Contemporaine en hedendaagse kritiek

Vlak voordat Jones' onderwijs-evangelie in Le Zoute bevestigd werd, verscheen in *The Gold Coast Leader* (Accra) een artikel waarin gezegd werd dat het door Jones voorgestane onderwijs beoogde 'de Afrikaan in te passen in het Europese plan van uitbuiting en overheersing van Afrika'. Het was een weergave van een eerder in Amerika gepubliceerde kritiek van DuBois. Vanuit Accra stuurde Aggrey dit knipsel naar Jones en liet daarbij weten teleurgesteld te zijn over het feit dat hij voor Le Zoute niet uitgenodigd was. Ook in de Britse pers verschenen er najaar 1926 soortgelijke kritische artikelen over Le Zoute van de hand van de Kenya-activist en lezer van DuBois' blad *Crisis* Norman Leys.[49]

Fundamentele kritiek op de grondslagen van het Phelps-Stokesism leverde de studie *The School in the Bush* (1929) van de in Selly Oak docerende onderwijsdeskundige A. Victor Murray, die in 1927 een eigen onderzoeksreis langs Afrikaanse scholen maakte. Murray's kritiek betrof het statische maatschappij-model in het denken van Jones. 'Het dorp noch de Europese fabriek is het vertrekpunt van de school in Afrika, maar de plaats waar beide elkaar treffen.' Ook ondergroef hij de axioma's betreffende Hampton-Tuskegee en de idee dat wat goed is voor Amerika ook goed is voor Afrika. Tenslotte stelde Murray — onder verwijzing naar de gevoerde strijd voor vrouwen-onderwijs in Engeland — dat we niet over verschillen tussen blank en zwart kunnen spreken voordat er eerst gelijkheid is. Is dat niet het geval, dan glijdt differentiatie gemakkelijk af naar minderwaardigheid. Het spreken van een blanke over 'handenarbeid' in het kader van een geëigende opleiding voor de Afrikaan 'along his own lines' wordt gemakkelijk gezien als een eufemistische vertaling van de wil 'to keep the African in his place.'[50]

Liet A.V. Murray Jones zelf in dezen uitdrukkelijk vrijuit gaan, een recente studie van de historicus Kenneth J. King heeft veel materiaal op tafel gelegd waaruit blijkt dat Jones' denken en handelen niet vrij was van raciaal vooroordeel. Zijn vroegste — onbekend gebleven publikaties geven blijk van een door sociaal-Darwinistische categorieën bepaalde kijk op het rassenvraagstuk. In de latere, voor een breder en kritisch publiek geschreven geschriften, werd het theoretische argument vervangen door een beroep op statistische gegevens.[51] Ook andere onderzoekers hebben zich kritisch over het Phelps-Stokesism uitgelaten. Foster stelt dat dit onderwijssysteem eerder reactionair dan modern genoemd kan worden. Challis, een Zimbaweaans historicus concludeert: 'Afrikaans onderwijs werd aangepast aan de ideeën die de Commissieleden over de ontwikkelingsbehoeften van Afrika hadden.'[52] De Amerikaan Hunt Davis komt tot de conclusie dat C.T. Loram, de Zuidafrikaanse exponent van het Phelps-Stokesism, niettegenstaande zijn geweldige inspanningen voor uitbreiding van onderwijs-faciliteiten voor Afrikanen en het daarop gevolgde ontslag door de Herzog-regering, uiteindelijk toch voor de Afrikanen werkte terwille van de blanken. Loram's onderwijstheorie ging zijns inziens uit van de vooronderstelling dat blanken zwarten zouden blijven overheersen, en dat zwarten hooguit 'junior partners' in het bedrijf konden zijn.[53]

Oldham's bredere motivatie

King beschrijft Oldham veelszins als Jones' compagnon. Oldham's relaties gaven Jones de gelegenheid de vleugels uit te slaan.[54] Men kan zich niet aan de indruk onttrekken dat King onvoldoende oog heeft voor Oldham's bredere motivatie, het voorkomen van de secularisatie van het onderwijs in Afrika: 'If the Christian view is to prevail against the purely secular, the issue must be joined in the school.'[55] Oldham had Jones' elan en inzet nodig om de verschillende partijen bij elkaar te brengen en tot aktie te bewegen in een situatie waarin nog geen enkele onderwijsplanning aanwezig was en iedere millimeter voor uitbreiding van de voorzieningen voor 'African education' bevochten moest worden.[56]

King ziet wel dat de ambigue term 'adaptation' voor Oldham een puur onderwijskundige betekenis had zonder politieke connotaties. Ook signaleert hij dat Jones en Oldham na 1928 — in welk jaar laatstgenoemde opnieuw geconfronteerd werd met Kenya en het onveranderde gedrag van de kolonisten daar — langzaam elkaars gezelschap verlaten. Over Zuid-Afrika dachten zij niet gelijk. Jones was het niet eens met Oldham's felle reactie op de Rhodes lezingen van Generaal Smuts (1930). Nog vóór Smuts lezingen, waarin gepleit werd voor een blanke gordel tussen Kenya en Zuid-Afrika gepubliceerd waren, had Oldham een contra-boekje gepubliceerd.[57]

Publiekelijk heeft Oldham zich nooit van Jones gedistancieerd. Toch waren zekere aanknopingspunten voor die 'blanke gordel' ook in Jones' boeken te vinden. Was er in Edinburgh House geen antenne voor de kritiek van DuBois op Jones? Blijkens *Christianity and the Race Problem* (1924) was Oldham niet geheel onbekend met DuBois; eenmaal citeert hij diens *Souls of Black Folks* (1903). Duidelijke sporen van kritiek op Jones zijn te vinden bij Oldham's medewerksters Georgina Gollock (die reeds in 1925 signaleerde dat Jones weinig kritisch was t.a.v. blanke kolonialen) en Betty D. Gibson, die opmerkte dat Jones' onderwijsprincipes de kansen voor de hele gemeenschap afsneden: omdat het een boerengemeenschap is zal niemand iets anders dan boer worden.[58]

In de afsluitende publikatie van Oldham en zijn collega Betty D. Gibson over deze periode *The Remaking of Man in Africa* (1931) wordt Jones niet genoemd (wel een veelheid van andere auteurs waaronder A.V. Murray) en over de Phelps-Stokes Commissie is er de kritische aantekening dat het verschil tussen Amerika en Afrika onvoldoende verdisconteerd werd. Opvallend is ook dat in dit vijf jaar later geschreven boek van de onderwijs-resoluties van Le Zoute gezegd wordt, dat de focus te eng op het lager onderwijs gericht was. 'Middelbaar onderwijs staat wel ergens in het rijtje, maar het wordt nergens uitgewerkt.' Je zou er — aldus Oldham/Gibson — uit kunnen afleiden dat hoger onderwijs buiten de aandacht van de zending ligt. 'De kerk kan niet verwachten het secularisme te bestrijden, noch de christelijke leiders die Afrika nodig heeft voortbrengen als zij zich terugtrekt van het terrein van het hoger onderwijs.' Het desbetreffende hoofdstuk eindigt met een pleidooi voor een tien-jarenplan voor het oprichten van University Colleges à la Fort Hare in alle territoria van Afrika. Ook besteden Oldham en Gibson, onder verwijzing naar de gewenste 'intellectual comradeship' uitvoerig aandacht aan het creëren van onderwijsvoorzieningen voor vrouwen boven het niveau van de dorpsschool. Aan Afrika's aspiraties moet tegemoet gekomen worden. Zo niet dan wordt de indruk gewekt 'dat zendelingen, niettegenstaande hun protesten, in hun hart toch de overtuiging toegedaan zijn dat ,,de Afrikaan op zijn plaats moet blijven''.'[59]

Als Le Zoute en Oldham's eerdere publicaties in dezen wat impliciet waren, *The Remaking of Man in Africa* — dat door King onvoldoende benut is — maakt duidelijk dat Oldham alle onderwijsdeuren voor Afrika open wilde zetten. Gemeenschaps-gericht onderwijs (dat hij ook in dit boek blijft benadrukken) mag nooit betekenen dat die gemeenschap gefixeerd wordt op de plaats waar zij zich bevindt. Het heeft als doelstelling 'uniting Africa with the whole world of men.'[60]

Cultureel pluralisme en racisme

Men kan zich afvragen of de kritiek op het Phelps-Stokesisme van de jaren twintig niet wat overtrokken is. Was de aandacht voor Afrikaanse taal en cultuur en een aan de situatie aangepast onderwijs niet een legitieme zaak? Een correctief op een eerdere periode die probleemloos de westerse beschaving exporteerde?

Ook de huidige Afrikaanse staten worstelen met het probleem van passend onderwijs voor allen. 'Education with production'-experimenten worden uitgevoerd in Zimbabwe en Botswana. Zijn de antwoorden van de koloniale tijd verworpen, het probleem van de verdeling van hoofd- en handarbeid is niet opgelost.

Om bovengenoemde vragen te kunnen beantwoorden moeten we ons verdiepen in de wortels van de 'Afrikaanse mode' van de jaren twintig. Wat zat er achter het voortdurend hameren op 'detribalisatie' als het grote gevaar voor Afrika, het overaccentueren van tribale instellingen (via het beleid van 'Indirect Rule'), het tot vervelens toe afgeven op Afrikanen die 'namaak-blanken' of 'pseudo-Europeanen' zouden zijn. Ook de toespraken en documenten van Le Zoute staan er vol van. 'I fear the Gospel that denationalizes' was volgens Smith een sleutelzin die de discussie over evangelie en cultuur goed samenvatte.[61]

Was het een schuldbesef van de westerse mens over de door zijn entree in Afrika aangerichte 'verwoesting?' Was er — door de voor de Europese beschaving schokkende ervaring van de Wereldoorlog — een beginnend cultureel relativisme en pluralisme, een besef van het feit dat de westerse cultuur niet de enig zaligmakende was? Oldham verwees in het debat over het 'aangepaste Afrikaanse onderwijs' vaak naar de kritiek van Aziatische leiders op het door missionarissen geïntroduceerde westerse onderwijsmodel.

Of was er ook een andere wortel die terugging tot het midden van de 19de eeuw en eerder blijk gaf van arrogantie of cultureel racisme dan cultureel pluralisme? In die tijd werd door Darwin, H. Spencer, R. Knox e.a. een wetenschappelijke fundering gegeven aan bestaande vooroordelen ten opzichte van de zwarte mens. Het spreken over de 'Child-races' werd intellectueel en moreel aanvaardbaar gemaakt. Het in de jaren twintig toegepast beleid van 'Indirect Rule' — met zijn overaccentueren van tribale autoriteiten en instituties — was in belangrijke mate geïnspireerd door de evolutietheorie, volgens Lyons.[62] Dezelfde — soms onbewuste — inspiratie kan aanwezig geweest zijn bij supporters van het Phelps-Stokesism die zich inzetten voor een aangepast onderwijs voor Afrika en afgaven op iedere Afrikaan die zich Europees gedroeg oftewel de natuurlijke grenzen van het evolutionistisch schema overschreed.

Met name door oppositie van Afrikanen zelf is er van het Phelps-Stokesisme in de praktijk weinig terecht gekomen. Allerwegen was de pressie — van onderop — voor invoering van Engels etc. groot. Onderwijs moest toegang geven tot (de welvaart van) een wijdere wereld. Op eigen tijd en wijze wilde men de westerse kennis gebruiken voor de wording van een nieuwe Afrikaanse cultuur.

4. Evaluaties: Het Zoute gezien vanuit Afrika

'Wij willen een type zendeling vol van liefde voor God en de mensheid, die meeleeft met de zwarte mens in al zijn aspiraties', aldus de Zuidafrikaanse ANC president Ds. Mahabane in Le Zoute.[63] Hij en zijn collega's waren in dit opzicht niet zonder verwachting. De conferentie had deze gevoelens bevestigd. 'Afrika's problemen zijn in de handen van haar vrienden,' schreef Ds. John L. Dube in een persoonlijke impressie ter afsluiting van zijn rapport over Le Zoute.[64] Alle hoofdrolspelers — Oldham, Fraser, Loram, Jones — worden hier met waardering genoemd. Releverend zijn de dankwoorden die Dube vervolgens uitspreekt jegens een der zij-figuren die hem opgevallen is: Mademoiselle Homburger, een Franse afgevaardigde (met ervaring in Kameroen, Guinee en

Soedan). Zij heeft gezegd dat het woord 'colourbar' niet te vertalen is in het Frans en dat er onder de Latijnse volken geen 'colour-bar' bestaat. 'Zij sprak weloverwogen en krachtig,' aldus Dube.

Te zelfder tijd realiseerde Dube zich dat zijn land, Zuid-Afrika, door een 'ordeal of suffering' heenging, veel groter dan zijn gefortuneerde conferentie-vrienden zich konden voorstellen. Met verbazing hadden deze zijn verhalen aangehoord over 'de machten die ons opjagen en de teugels vasthouden en ons — soms op zeer wrede en pijnlijke wijze — onder controle houden'. Zijn gedachten werden daarbij beheerst door de kort voor het vertrek naar de conferentie in zijn land als wet aanvaarde industriële 'colour-bar'. Dube, Mahabane en andere politiek bewuste Afrikanen rond het ANC hadden in deze jaren hoge verwachtingen van de christelijke kerk en meenden dat deze een voorhoederol zou spelen op de weg naar een maatschappij van gelijke kansen voor allen (*equality of opportunity*). 'Onze laatste hoop is gericht op de kerk en het effect van haar hogere ethische normen op de leiders van Zuid-Afrika die menen dat toepassing van christelijke beginselen op de economie zelfmoord is,' schreef Prof. Jabavu van Fort Hare in een voorbereidende paper voor Le Zoute.[65]

Ook andere deelnemers waren zeer content over de in Le Zoute ontvangen bemoediging en werkbevestiging. Dit gold niet in de laatste plaats de Belgische zending: men was verheugd over de aandacht van de katholieke en neutrale pers en de lof van koloniale autoriteiten; het had een goede sfeer gecreëerd voor het treffen van een regeling voor de vestiging van de anglicaanse zending in het onder Belgisch mandaat staande Rwanda.[66]

Afrika was bekeken vanuit Het Zoute. Het was een conferentie geweest aan de Noordzee, aan deze kant van het zoute water. 'Wat kunnen wij voor Afrika doen?' was de inzet van menige discussie aan de tafeltjes op de boulevardterras-sen, noteerde Smith. Hij droeg zijn boek over de conferentie op aan 'de wegbereiders die het spoor uitgezet hadden: een galerij van de meest uiteenlopende exponenten van de westerse expansie in Afrika. Ramon Lull, Vasco da Gama en Jan van Riebeeck openen de rij die via o.a. Wilberforce, Crowther, Livingstone, Lavigerie en Rhodes tenslotte uitkomt bij Frederick Lugard en Thomas Jesse Jones...[67]

Afrika's eigen vragen waren nog nauwelijks doorgedrongen. Een Congo-zendeling had er Oldham een paar doorgeseind (met daarbij de opmerking dat het wel te moeilijk zou zijn deze vragen aan 'zo'n grote vergadering' te presenteren): 'Waarom is de blanke in ons land? Sommigen komen om God te onderwijzen. Anderen komen verkopen en kopen. Weer anderen heersen over ons... De dingen die wij van de blanken kopen zijn zeer hoog in prijs, wat we daarentegen verkopen zeer laag. We begrijpen niet waarom.'[68] Op deze directe wijze kwam de westerse exploitatie van Afrika niet aan de orde. Er was een sectie over economische vragen waar gesproken werd over 'land and labour': al het 'native land' moest nauwkeurig beschreven en beschermd worden; er diende voldoende land voor de 'Native community' te zijn; een onderzoek moest ingesteld worden naar de trekarbeid en de desintegrerende werking daarvan op de 'Native society' etc. Het waren resoluties die uitgingen van de feitelijke situatie; sommige deelnemers hadden gewenst dat de eerste rechten van de Afrikanen op het land expliciet vermeld waren geweest.[69] Het is duidelijk, dat — zoals in een der resoluties ook vermeld staat — niet het ideaal weerspiegeld wordt, maar de 'volgende stap' die haalbaar geacht werd.

Vanuit het meerdere dat gezegd werd, de gemeenschap die ervaren werd en de stimulerende verhalen over de prestaties van Zwarte Amerikanen, verliet John L. Dube Le Zoute niet zonder hoop. Hij schreef in zijn rapport: 'Zij zien het kwaad dat zij ons aangedaan hebben en beginnen de zonden van het onrecht ons aangedaan te belijden voor de Almachtige God. Ik ben tenvolle overtuigd dat er spoedig een keer zal komen in onze situatie.'[70] Het was een geloof dat nog zwaar beproefd zou worden in de voortgaande geschiedenis van Afrika en de zendingen en kerken van het Westen.

Noten

1. Edwin W. Smith, *The Christian Mission in Africa*. A Study based on the work of the International Conference at Le Zoute, Belgium, September 14th to 21th 1926, IMC London 1926, 25; *IRM* 16 (1927), 44.
2. Cf. J. van den Berg, Een open pad voor handel en christendom, in *Christus prediking in de wereld*. Studiën gewijd aan de nagedachtenis van Prof.Dr. J.H. Bavinck, Kampen 1965, 63-90.
3. Minutes British Committee 5/6, 2/10/1925, 2/6/1926. Ook besprak Oldham in Zuid-Afrika met een Marianhill Father het sturen van een afgevaardigde, hetgeen doorgegeven werd aan Londen met de boodschap: 'Vermeld het niet in de correspondentie met het Continent', J.H. Oldham, 16-2-1926, IMC/CBMS Box 217. De afwezigheid van de missie kan wellicht ook verklaard worden uit het feit dat Rome het bijstellen van het onderwijsbeleid eerst later ter hand nam (de tournee van Mgr Hinsley langs de Afrikaanse missies van 1929-1930).
4. Vanuit Zuid-Afrika schreef Oldham (16-2-1926) dat er naast Dube — zijn eerste keus — beslist een tweede zwarte Zuid-Afrikaan moest komen. Juni 1926 hadden zowel Dube, Mahabane als Selope Tema een uitnodiging aanvaard; Prof. Jabavu stond op de reservelijst.
5. Jan-juli 1928 vertoefde Oldham als lid van de Hilton-Young Commission van het Colonial Office in Oost-Afrika, een — eervolle — missie die door hem gezien werd als praktische invulling van het punt 'rassenrelaties' van de Jeruzalem agenda, Oldham aan Members IMC, 12-9-1927, IMC Archives Geneve, Box 261.001.
6. IRM 15(1926), 323-623. Voor Smith's boek: zie noot 1.
7. Het IMC/CBMS Archief ging van Edinburgh House naar de University of London en is door IDC, Leiden op microfiche gezet; een ander deel van het IMC archief (uit New York) ging naar de Wereldraad in Geneve en wordt eveneens door IDC gemicroficheerd.
8. James A. Ross, Kambole aan District Committee 16-12-1922, collectie Kashinda Mission, Mporokoso, Zambia. Hier werden ook de door termieten aangevreten circulaires van Emory Ross aangetroffen, beter bewaard in IMC/CBMS Box 216.
9. Resoluties Congo General Conference nov. 1921, mei 1923, IMC/CBMS 216.
10. Congo-zendeling A.S. Stonelake aan J.H. Oldham, 25-9-1923, *Ibid.*.
11. Interviews in Mbereshi en Mporokoso, sept.-okt. 1975, beschreven in ongepubliceerd mss betreffende mijn onderzoek naar LMS, N. Rhodesië.
12. Notulen overleg Ross/Roome, London 13-3-1923; J.H. Oldham aan Ross, passagiersschip Ambersville, Antwerpen, 14-3-1923, IMC/CBMS 216.
13. George Bennett, Paramountcy to partnership: J.H. Oldham and Africa, in *Africa* 30 (1960) 357.
14. Zie de correspondentie over 1918-1926 tussen Norman Leys en J.H. Oldham — exemplarisch voor wederzijdse bevruchting alsook frustrerende spanningen tussen christelijk geëngageerde

actievoerders en kerkelijke en missionaire bestuurders — gepubliceerd in John W. Cell (ed), *By Kenya possessed*, Chicago 1976.

15. R. Oliver, *The Missionary Factor in East Africa*, London 1965², 256-57.
16. Oldham aan T.S. Thomas, The New University Club, 8-7-1924, IMC/CBMS 216.
17. Oldham aan Garfield Williams 9-5-1924, aan Warnshuis 7-5-1924, *ibid.*.
18. 'Confidential Notes' van discussie 12-9-1924, High Leigh, *ibid.* Voor de lezingen van D. Westermann en G.H. Williams: zie IRM 14 (1925) 3-44.
19. Notes meeting New York 6-2-1925, IMC/CBMS 217.
20. Smith, *op.cit.*, 129. Speech Jones geciteerd in Smith *op.cit.*, 129.
21. J.L. Dube, Report, 22, IMC/CBMS 217; cf. Smith 137, en Oldham, *IRM* 17 (1927)27.
22. J.H. Oldham, *Christianity and the Race Problem*, London 1924, 97-99. De door Gort gesignaleerde koloniale vooronderstellingen in Jeruzalem's verklaring over rassenrelaties zijn anders dan deze suggereert óók aanwezig in Oldham's boek. Zie J.D. Gort, Jeruzalem 1928, in *IRM* 67 (1978) 294.
23. R.D. Ralston, Africa and the New World, in *General History of Africa* VII, UNESCO Paris etc. 1985, 770; Peter Walshe, *The Rise of African Nationalism. The African National Congress 1912-1952*, London/Berkeley 1970, 1982², 92, 168f.
24. Smith, *op.cit.*, 22-23.
25. *Ibid.*, 18.
26. Impressions of Le Zoute (van Colonial Secr. Denham?), *IRM* 16 (1927), 45.
27. Speech Sir Frederick Lugard, in Smith, *op.cit.*, 48.
28. Cf. G. Verstraelen-Gilhuis, *From Dutch Mission Church to Reformed Church in Zambia*, Franeker 1982, 181 f, alsook 'Wisselwerking tussen evangelie en cultuur in Afrika', in *Wereld en Zending*, 15 (1986) 246-249.
29. Geciteerd door R.J. MacDonald in *Education for What? British Policy versus Local Initiative*, Eastern African Studies 13, Syracuse 1973.
30. Voor Oldham's visie zie zijn bijdrage voor *CMS Review* na High Leigh 1924, IMC/CBMS 216; *IRM* 14 (1925) 173-187, 421-427 en het boek genoemd in noot 55.
31. Telegram Oldham aan Dr. Anson Phelps Stokes, New York, 8-9-1924, IMC/CBMS 216.
32. 'Christian Missions and the Education of the Negro', *IRM* 7 (1918) 242-47.
33. Cf. de samenvatting in Smith, *op. cit.*, 62.
34. *East African Standard* 1-3-1924, geciteerd door Kenneth J. King, *Pan-Africanism and Education. A Study of Race Philanthropy and Education in the Southern States of America and East Africa*, Oxford 1971, 126.
35. Voor meer informatie zie King, *op.cit.*, 1-57. Edinburgh wees reeds op het belang van Hampton, zie *Report Commission III*, 302, 277, 313; cf. ook het enthousiaste verhaal van Oldham's zwager Fraser in *IRM* 1 (1912) 704-713.
36. King, *op.cit.*, 11f., 26, 37 e.a.
37. *Ibid.*, 222, 215, Cf. voor de dubbele strategie van B.T. Washington ook Theo Witvliet, *De weg van de zwarte messias*, Baarn 1984, 233.
38. P. Walshe, *op.cit.*, 13; Report Dube, 28, IMC/CBMS 217.
39. Pierre Bovet in *IRM* 15 (1926) 483-492.
40. Cf. voor het eerste een Colonial Office document (1847) geciteerd door Ph. Foster, *Education and change in Ghana*, Chicago 1965, 54-55; voor het laatste het werk van de filantroop T. Fowell Buxton (1840) besproken in Van den Berg *art.cit.*, 74-75, 78.
41. T.J. Jones, *Education in Africa*, New York 1922, 205 en het materiaal geciteerd in Verstraelen-Gilhuis, *op.cit.* 139-140, 116.
42. Kofi A. Opoku, in *Christianity in Independent Africa*, London 1978, 115; voor de in Oost- en Noord Zambia aangetroffen sporen zie Verstraelen-Gilhuis *op.cit.* 116, 128, 150.
43. K.J. King in *Canadian Journal of African Studies* 3 (1970) 511-530. De beste bron is de biografie van E.W. Smith, *Aggrey of Africa. A study of Black and White*, London 1929.
44. 'Confidential Notes' van discussie High Leigh, 12-9-1924, IMC/CBMS 216.
45. J.L. Dube, Report, 9, IMC/CBMS 217; Smith *op.cit.* 1926, 92, 63, 112.
46. Smith, *op.cit.*, 58, 165 (speech Oldham in Le Zoute).
47. Daarom zag de anglicaanse zendeling Cripps — binnen de context van Z. Rhodesië — als

eenling van subsidie af.
48. Smith *op.cit.* 112-113, 125, 117.
49. Smith, *Aggrey* (nt 43), 255-257; Cell, *op.cit.* 276 f.; cf. King, *op.cit.* 144.
50. A.V. Murray, *The School in the Bush. A Critical Study of the Theory and Practice of Native Education in Africa*, London 1929, 1-2, 330-31, 305-06.
51. King, *op.cit.* 23-28, 34, 134, 144; voor zijn handelen zie o.a. 82-84.
52. Ph. Foster, *op.cit.*, 162; R.J. Challis, Phelps-Stokesism in Zimbabwe, in *Zambezia*, 11 (1983) 2.
53. R. Hunt Davis, Charles T. Loram and the American Model for African Education in South Africa, in P. Kallaway (ed), *Apartheid and Education*, Johannesburg 1984, 108-126. Volgens het mildere en minder anachronistisch overkomende oordeel van een ander onderzoeker bleef Loram een representant van het blanke liberale denken van zijn tijd, een denken dat gebaseerd was op de vooronderstelling dat niet-zwarten het beste konden bevroeden wat goed was voor zwarte mensen (Richard D. Heyman, C.T. Loram: A South African liberal in race relations, *The International Journal of African Historical Studies,* 5 (1972), 41-50).
54. King, *op.cit.* 144, e.a.; cf. idem de voorstudie in *Journal of African history* 10 (1969) 659-677.
55. J.H. Oldham/B.D. Gibson, *The Remaking of Man in Africa*, London 1931, 25.
56. Cf. voor Noord Rhodesië Verstraelen-Gilhuis, *op.cit.* 119.
57. King, *op.cit.* 146; J.H. Oldham, *White and Black in Africa*. A critical examination of the Rhodes Lectures of General Smuts, London 1930.
58. T.J. Jones, *Education in East Africa*, 82 f., cf. Jones speech in Le Zoute, in Smith *op.cit.* 132; Oldham, *Race Problem*, 81,169; voor Gollock en Gibson zie King, *op.cit.* 138, 207.
59. J.H. Oldham/B.D. Gibson, *op.cit.* 59, 87-88, 96, 104, 25.
60. Slotparagraaf onderwijsresoluties Le Zoute, in Smith, *op.cit.* 115.
61. *Ibid.* 48.
62. C.H. Lyons, Evolutionary ideas and policy for British Africa 1859-1914, in *Education for What?* (zie nt 29), 1-23.
63. Geciteerd in Smith, *op.cit.* 38, curs. GVG.
64. Report by John L. Dube (*uMafukezela*) in IMC/CBMS 217, 48 p.; na een zakelijk registrerend verslag (1-22), persoonlijke impressies (23-29) en tenslotte de Le Zoute resoluties (30-48). De volgende citaten zijn uit 23-27.
65. Walshe, *op.cit.* 160; D.D.T. Jabavu, in *IRM* 15 (1926) 386.
66. H. Anet aan J.H. Oldham, 24-9-1926, IMC/CBMS 217.
67. Smith, *op.cit.* 92 alsook de opdracht (p. III).
68. Herbert Smith, Lotumbe (Congo-Belge), aan J.H. Oldham, 3-4-1926, IMC/CBMS 217.
69. Smith, *op.cit.* 121-22,89.
70. John L. Dube, Report, 27-28, IMC/CBMS 217.

De Kerk, de kerken en de Wereldraad van Kerken

Grondlijnen in de ecclesiologie van Willem Adolf Visser 't Hooft (1900-1985)

P.N. Holtrop

Onder degenen die sinds de jaren vijftig ertoe bijgedragen hebben dat de Gereformeerde Kerken in Nederland uit hun isolement traden, neemt Jan van den Berg een eervolle plaats in. Zijn aandeel betrof niet zozeer de meningsvorming van een groter publiek — Van den Berg is geen man van wervende statements in opiniebladen of op synodevergaderingen — als wel het onderwijs aan studenten, medewerkers en predikanten, waarin hij hen vertrouwd maakte met de oecumenische diepte- en breedtedimensie van de Kerk. Hij deed — en doet — dat op zijn eigen zorgvuldige wijze: niet normatief (de beoefenaar van de geschiedenis van kerk en oecumene heeft geen criteria om vast te stellen of een bepaalde kerk beantwoordt aan de criteria van 'de' kerk in het Nieuwe Testament), maar beschrijvend, in de hoop dat het aangereikte materiaal een goed uitgangspunt biedt voor de vragen van beoefenaars van andere (theologische) disciplines.[1] Een dergelijke opvatting is een pleidooi voor een bepaalde — historische — methode, niet voor koele afstandelijkheid. De onderwerpen die Van den Berg koos voor zijn wetenschappelijk werk verraden waar zijn belangstelling ligt. In zijn aandacht voor de geschiedenis van de kerk was hij vaak bezig met de toekomst van de kerk. In dat opzicht voelde hij zich verwant met het denken van de ethische richting, waarin een diepe aandacht leefde voor de 'kerk der toekomst' een ten opzichte van de bestaande institutionele kerkvormen kritische, eschatologische werkelijkheid.[2]

Een zelfde aandacht voor de 'kerk van de toekomst' treft men in het denken van Dr. W.A. Visser 't Hooft (1900-1985)[3], zij het dat de laatste op grond van zijn visie op 'de kerk' van het Nieuwe Testament veel 'normatiever' dacht. Hij zag een spanningsvolle relatie tussen de Kerk, waarvan hij de contouren aflas in het Nieuwe Testament, en de kerken in hun historische verschijningsvorm. De Wereldraad van Kerken was voor hem de plek waar die spanning zichtbaar werd, — zou moeten worden — en tot vernieuwing van de kerken zou moeten leiden. Deze drie: de Kerk, de kerken en de Wereldraad van Kerken[4] in hun onderlinge samenhang bepalen het ecclesiologische denken van Visser 't Hooft en daarover gaat deze bijdrage.[5]

Bij verschillende gelegenheden heeft Visser 't Hooft zich rekenschap gegeven van wezen en drijfveren van de oecumenische beweging. Altijd weer wees hij op de hernieuwde aandacht sinds het derde decennium van deze eeuw voor de Kerk, de 'ontdekking van de kerk als Kerk'.[6] Het 'verschoten' negentiende eeuwse denken over de kerk, dat hij met algemene typeringen aanduidde als: individualistisch, democratisch en atomistisch[7], maakte plaats voor nieuwe ecclesiologische inzichten. Hij zag wat dat betreft een samenhang met de opkomst van de 'Bijbelse theologie' met haar belangrijke vertegenwoordigers E. Hoskyns en C.H. Dodd in Engeland en O. Cullmann, J. Schniewind en K.L. Schmidt in het duitse taalgebied. Het *Theologisches Wörterbuch* van Kittel waarvan in 1933 het eerste deel verscheen, vormde het middelpunt van deze 'theologie'.[8] Kenmerkend was de nadruk die gelegd werd op de eenheid in de visie der bijbelschrijvers. Met haar heilshistorische, christocentrische visie: Jezus Christus als centrum en doel van de Bijbel, verschafte zij de oecumenische beweging het materiaal voor haar 'bijbels' model voor de-ene-kerk.

In 1937 vatte Visser 't Hooft de eerste resultaten van de Bijbelse theologie voor het denken over de kerk samen in de voorbereidende studie voor de conferentie van Life and Work te Oxford.[9] Het is een interessante studie omdat hij daarin zijn gedachten over de onderlinge verhouding van de Kerk, de kerken en de oecumenische beweging — op dat moment toegespitst op de Oxford-conferentie — voor de eerste maal op min of meer systematische wijze onder woorden bracht. De groeiende overeenstemming onder de vertegenwoordigers van de Bijbelse theologie verschafte hem in ruwe trekken een beeld van 'de Kerk' in het Nieuwe Testament, 'the Church Universal'. De Kerk, schrijft hij, heeft van het begin af aan behoord tot het vroegchristelijk *kerugma*, zij werd in het kerugma gepreekt als een gave, als een *nieuwe schepping van God* (en niet slechts als een nieuwe religieuze organisatie), als *lichaam van Christus*, dat wil zeggen als de 'vormgeving' van de in haar wonende Geest van Christus. Tot het wezen van de nieuw-testamentische kerk behoorde volgens 't Hooft voorts dat zij van het begin af aan één is geweest en dat de delen het geheel weerspiegelden: 'The One Universal Church is primary, the local society expresses the life and unity of the whole.'[10]

Een comparatief onderzoek — waarin de bovengenoemde essentialia als 'zoekontwerp' een rol speelden — van de ecclesiologie van de bij de oecumenische beweging betrokken kerken, zoals die in leerstellige uitspraken is uitgedrukt en in het historisch optreden der verschillende kerken naar voren komt, schonk hem de overtuiging dat er in ecclesiologisch opzicht tussen de kerken op drie punten overeenstemming bestond:
1. 'All consider that the Church is not merely a human organization, but a community of which Jesus Christ is the Lord, and in which He is at work. In other words, all conceive of the Church as an object of *faith*.
2. All agree that there is essentially only *one* Church, since there is only one Lord. As a reality of faith, the word Church had no plural.
3. All agree that the Church in which they believe is not exhaustively expressed in any given Church body.'[11]

Visser 't Hooft kende grote waarde toe aan deze overeenstemming, maar zag scherp dat de interpretatie ervan binnen de afzonderlijke geloofstradities ver uiteenliep. Van een oecumenische ecclesiologische consensus was geen sprake. 'The difficult reality is that there is no 'oecumenical' conception of the Church which can be accepted by all the Churches or even by a large majority.'[12] De impasse waarin de kerken in dat opzicht verkeerden was 'that we believe together that there is a Church in the Churches, but that we cannot say together how and where it exists, or how and where it functions... It is therefore, humanly speaking, impossible to discover how (...) we may come to one common conviction as to what the Church in the Churches really is, and how it should be concretely expressed in oecumenical form.

There is no 'way out' of this situation... We are therefore obliged to recognize the fact of our *disagreement* as to the *nature* of the Church as well as the fact of our *agreement* as to the *reality* of the Church.'[13]

De laatste woorden zijn typerend voor Visser 't Hooft: De Kerk in de kerken als een (geloofs)realiteit. Hij beschouwde haar als 'the great critical principle in the life of all the Churches', terwijl de betekenis van de oecumenische beweging was gelegen in het feit 'that by its very existence it reminds us of the challenge of that criticism'.[14] Maar er viel voor zijn besef meer te zeggen over de ecclesiologische betekenis van de oecumenische beweging. Met grote omzichtigheid — zich bewust van het feit dat er nog geen taal was voor dit novum in de geschiedenis: de oecumenische beweging — en met behulp van dialectische methoden, zocht hij naar een formulering die uit zou kunnen komen boven een opvatting als zou de oecumenische beweging, in casu de conferentie te Oxford, niet méér zijn dan een studieproces, waarin de kerken en christenen geholpen worden hun taak in de wereld te verstaan, maar die niet zover zou gaan te beweren dat de beweging officieel, namens de kerken spreekt. Uitgaande van twee fundamentele gegevens in de oecumenische situatie: het feit dat alle betrokken kerken geloven in de Kerk als een realiteit die alle bestaande kerken te boven gaat, de Kerk die tot aanzijn wordt geroepen door God en niet door mensen, en het feit dat diezelfde kerken op dat moment niet in één verenigde Kerk bijeengebracht kunnen worden, stelde Visser 't Hooft voor dat de Oxfordconferentie de vraag zou openlaten of en hoe zij de Kerk representeert, maar zich gereed zou houden *gebruikt te worden als* kerk van God, *te spreken namens* de Kerk van God en *te getuigen van* de werkelijkheid van het Koninkrijk Gods, dat in Jezus Christus in de wereld is gekomen. 'Thus the Conference would not only speak *about* the Church, but (*Deo volente*) would manifest the living actuality of the Church, and its relevance to the world.'[15] Op een andere plaats spreekt hij zich nog sterker uit: 'Over against false conceptions of state and community, the Church needs to affirm the existence of a God-given community which transcends all human divisions, and that *as a reality*, and not merely as an ideal. This implies that the Conference (...) is obliged to affirm that it is itself an expression of that community.'[16]

Wie na vijftig jaar deze visie tot zich laat doordringen komt onder de indruk van de helderheid en de dynamische verbeeldingskracht waarmee de toen nog jonge Visser 't Hooft Kerk, kerken en de oecumenische beweging in een spanningsvolle driehoeksverhouding bijeenzag: de Kerk die als realiteit, maar tegelijk als geloofswerkelijkheid de werkelijkheid transcenderend, de kerken in een nieuwe, convergerende beweging betrekt, en de oecumenische beweging als een eerste voorlopige gestalte van een 'God-given community'. De zwakke punten in deze 'wervende' visie zouden geleidelijk zichtbaar worden: zijn opvatting van 'de Kerk' met name de niet nader ingevulde 'eenheid' die hij haar toeschreef en zijn analyse van de ecclesiologieën van de verschillende kerken. Was het zijn overtuiging dat alle kerken het erover eens zijn dat de Kerk waarin zij geloven niet volmaakt is uitgedrukt in een bepaalde kerk, het betekende niet dat alle kerken bereid waren ten aanzien van de andere kerken te spreken van 'The Church in the churches'.

De discussie over wezen en grenzen van de Wereldraad in de naoorlogse jaren, die uitliep op de Toronto Statement van 1950, heeft dat pijnlijk aan het licht gebracht. Het is interessant de negen nota's te vergelijken die Visser 't Hooft in de periode 1946-1950 schreef over de ecclesiologische betekenis van de Wereldraad.[17] De eerste twee, van september 1945 en maart 1947 — op eigen gezag geschreven, waarbij de laatste bedoeld was als een voorbereidende nota voor commissie één van de eerste Assemblee in Amsterdam —, weerspiegelen nog geheel 't Hoofts denken zoals hierboven uiteengezet, terwijl in de laatste nota's in de Toronto Statement de spanningsvolle verhouding tussen Una Sancta en Wereldraad bijna geheel is opgelost. Het idee dat de Wereldraad zichzelf zou dienen te beschouwen als een lichaam waarin en waardoor — wanneer het God behaagt — de Una Sancta zichtbaar wordt[18] en de gedachte dat de Wereldraad de Una Sancta zou kunnen worden heeft dan plaats gemaakt voor de gedachte dat de oecumenische beweging (in casu de Wereldraad) de plaats is waar de kerken de 'fellowship with all those who, while not members of the same visible body, belong together as members of the mystical body'[19] zoeken en ontdekken. En wat de 'Kerk in de kerken' betreft merkt 'Toronto' op: 'The member churches of the World Council consider the relationship of other churches to the Holy Catholic Church which the Creeds profess as a subject for mutual consideration. Nevertheless, membership does not imply that each church must regard the other member churches as churches in the true and full sense of the word'[20] en dat was wel iets zuiniger dan Visser 't Hooft aanvankelijk voor ogen zweefde. De ondertitel van de Toronto Statement zegt op de keper beschouwd zelfs nog te veel, omdat de Wereldraad volgens de Statement geen eigen specifieke ecclesiologische betekenis had.[21] Realiseert men zich dat Visser 't Hooft in het opstellen van de Toronto Statement een belangrijk aandeel heeft gehad en dat de voorzichtige formuleringen van 'Toronto' ingegeven werden door de wens de deur open te houden voor katholieken en orthodoxen, dan lijkt de conclusie gewettigd dat Visser 't Hooft, 'de visionair', daar en toen plaatsgemaakt heeft voor 'de diplomaat' Visser 't Hooft.

De weerbarstige praktijk van het oecumenisch bedrijf heeft intussen in plaats van Visser 't Hooft te ontmoedigen, hem eerder gestimuleerd zijn gedachten over de Kerk nader uit te werken en de relatie tussen de Kerk, de kerken en de Wereldraad dieper te doordenken. Ook al heeft hij nooit een omvattend werk

210

geschreven waarin wij zijn ecclesiologische inzichten bijeen vinden, toch heeft hij in een aantal lezingen, telkens vanuit een andere invalshoek reagerend op wat hij als de behoefte van het moment voelde, zijn opvattingen geformuleerd. In 1947 hield hij in Princeton de 'Stonelectures' die spoedig daarna het licht zagen onder de titel: *The Kingship of Christ*[22]; in 1955 gaf hij in Oxford de 'Dalelectures', gedrukt als *The Renewal of the Church*[23] en in 1959 publiceerde hij *The Pressure of our Common Calling*[24], de tekst van zijn in 1957 gehouden 'Taylorlectures' in Yale.

In *The Kingship of Christ* plaatst Visser 't Hooft de kerk in een *heilshistorisch* kader. Het doel van de geschiedenis is het Koninkrijk Gods. Dit Rijk wordt in het Nieuwe Testament niet alleen verkondigd, het wordt ook ingewijd. De van God Gezalfde, de Messias-Koning is gekomen om in naam van God te regeren. 'We must, therefore, say that since the resurrection and the ascension we live in the dispensation of the Reign of Christ. This *basileia* of Christ is not to be confused with the *basileia* of God. God's Kingdom has been among us in Christ, but it remains nevertheless a promised, a future reality. Christ's Reign is here and now. This is explicitly stated in Colossians 1, 13. God has rescued us 'from the power of the Darkness' and transferred us 'to the realm' (or Kingdom) 'of his beloved Son.' And in 1 Corinthians XV, 24-28 Paul distinguishes clearly between the present dispensation in which Christ 'must reign' and the ultimate hour of history when Christ will hand over his royal power to God the Father' (54).

De tussentijd wordt bepaald door het 'reeds' en het 'nog niet' van Christus' koningschap, de 'parenthesis in which the Church realises that it lives between the old world, defeated but still terribly agressive, and the world to come, already present in the resurrection of Jesus but still veiled and hidden to the eyes of man' (56). Een juist verstaan van de bijbelse leer over het koningschap van Christus hangt volgens Visser 't Hooft af van een juist inzicht in de saamhorigheid van deze twee aeonen. Alle beslissingen over de kerk en haar functie in de wereld hangen ervan af. Eenzijdige nadruk op het toekomstig karakter van Christus' koningschap kan leiden tot een twee-rijkenleer waarbij de wereld de wereld gelaten wordt: het terrein van de overste dezer wereld, waarbij de kerk slechts de taak heeft mensen *uit* de wereld te redden. Uitsluitende nadruk op de overwinning van Christus kan leiden tot een 'social gospel' waarbij de macht van de kerk (als samenvallend gedacht met het Koninkrijk Gods) geleidelijk in de wereld doordringt; van waakzaamheid waartoe Jezus zijn leerlingen oproept hoeft dan geen sprake te zijn. Het misverstand van de 'gerealiseerde eschatologie' is dat haar aanhangers niet onderscheiden tussen het Koninkrijk van Christus en het Koninkrijk Gods.[25] De spanning tussen het 'reeds' en 'nog niet' komt naar zijn mening het scherpst naar voren in het boek der Openbaringen. 'There is no more futuristic book. But there is no book, either, in which the present universal Lordship of Christ is taught more explicitly. We are confronted with the great events which are to come. But we are not left in doubt that the central figure of this cosmic history is the King of kings and Lord of lords who has already been enthroned and controls the world situation. At the very outset

He is described as the one who *is* and who is *to come*. He has already made his people kings and priests but He *will* manifest His power so that the whole world will have to acknowledge His victory' (59v.).

In dit heilshistorisch-eschatologische kader plaatst Visser 't Hooft de kerk, of liever dit kader bepaalt zijn gedachten over de kerk. De grondlijnen ervan vindt men reeds in zijn *The Kingship of Christ*. Een eerste lijn is die van een 'corporatieve' ecclesiologie, een lijn die men ook aantreft in het rapport van de Conferentie van Faith and Order te Lund in 1952, 'Christ and his Church'[26], en nader uitgewerkt — op grond van een nieuwe bezinning op het somabegrip van de Efezebrief — in het Faith and Order-rapport uit 1960: *One Lord, One Baptism*[27]. 'The revolutionary change which has taken place in the realm of ecclesiology, schrijft Visser 't Hooft, is based on a very simple discovery — namely, that the King-Messiah and the people of God belong together.'[28] Op grond van de nieuw-testamentische uitdrukkingen 'in Christus' en 'lichaam van Christus' komt Visser 't Hooft dan tot de conclusie: 'The Church is the concrete, visible manifestation of the crucified and risen Christ in the world'. (64) en 'the Church, according to the teaching of the New Testament, is so related to Christ that He is embodied in it. The risen Lord continues to work in the world, and the way in which He is present in and through the Church. To be 'in Christ' or to be a member of the body is to be drawn into the sphere of His action, which is no less than the re-creation of the world'(65). Het 'hoogkerke-lijk' spreken over de kerk als Lichaam van Christus betekende voor Visser 't Hooft evenwel niet dat de kerk met Christus vereenzelvigd zou mogen worden. Nadrukkelijk schermde hij zijn opvatting af tegen Congar's gedachten over de kerk als 'de uitbreiding van het leven van God... Gods leven zelf' (67). Zulk spreken wiste naar zijn mening het onderscheid uit tussen kerk en koninkrijk. Het corporatief spreken over de kerk als Lichaam van Christus staat bij Visser 't Hooft in een *eschatologische* context. Mag zij als Lichaam van Christus een 'eschatological fact' genoemd worden, — de plek waar de goede tijding dat Christus zijn regering reeds aangevangen heeft, bekend is en verkondigd wordt, de plek waar het grote mysterie gekend wordt, dat een mens het uiteindelijke doel reeds heeft bereikt en dat in en door Hem de mogelijkheid bestaat, deel te hebben aan de vernieuwing van mensheid en wereld — zij *is* niet het Koninkrijk. Met verwijzing naar Brunner zegt Visser 't Hooft: 'The Church can therefore not be an end in itself; it aims at that which comes afterwards, the Kingdom of God, of which it is only the earthly, historical, hidden aspect in the form of a servant' (67). De scopus van Visser 't Hooft, wanneer hij spreekt over de kerk als Lichaam van Christus, is *missionair*: 'The only *raison d'être* and function of the Church is precisely to be the faithful instrument of God's plan in the period *until* the Lord comes' (66).

Daarmee raken wij een tweede lijn in Visser 't Hooft's denken over de kerk: het 'instrumentele' of zo men wil: 'functionele' aspect in zijn ecclesiologie. In zijn *The Pressure*[29] *of our Common Calling* gaat hij uitvoerig in op de vraag op welke wijze de kerk dienstbaar kan zijn aan het heilsplan van God. Hij verbindt de roeping van de kerk nauw aan het werk van Christus dat hij omschrijft als

212

getuigenis, bestuur en dienst, als eredienst, dienst of getuigenis of als een koninklijk, priesterlijk en profetisch ambt. Om de zending van de kerk te omschrijven kiest Visser 't Hooft voor de drieslag: marturia, diakonia en koinonia op grond van Mc. 3:14-15: 'Hij stelde er twaalf aan, opdat zij met Hem zouden zijn (koinonia) en opdat hij hen zou uitzenden om te prediken (marturia) en om macht te hebben boze geesten uit te drijven (diakonia).' In deze drie woorden wordt de gehele zending der kerk tot uitdrukking gebracht. Zending is voor hem niet slechts één aspect van de roeping der kerk, maar een aanduiding van de gehele roeping der kerk, 'the comprehensive expression for the whole work of Christ and of His Church in the world.'[30] Elk der drie genoemde woorden kan gebruikt worden om het gehele leven en werken van de kerk te omschrijven, maar zij kunnen ook betrekking hebben op één bijzondere taak van de kerk. Dienst en gemeenschap zijn aspecten van het getuigend karakter van de kerk aan de wereld.

In zijn artikel 'Tweeërlei ekklesiologie'[31] heeft Berkhof zich kritisch uitgelaten over wat hij een 'functionele ekklesiologie' noemde. Zijn kritiek was terecht. Zou men het wezen van de kerk laten opgaan in haar functies dan zou men aan een aantal fundamentele uitspraken van het Nieuwe Testament tekort doen. Bij Visser 't Hooft lag het anders. De roeping van de kerk, in de drie bovengenoemde aspecten uiteengelegd, hangt samen met — en vloeit voort uit — het wezen der kerk als Lichaam van Christus, terwijl omgekeerd de gemeenschappelijke roeping christenen samenbindt in het Ene Lichaam. Op Visser 't Hooft's visie is van toepassing wat Lesslie Newbigin in 1958 schreef: 'It has become customary to speak of fellowship, service and witness as the three dimensions of the Church's mission. I believe that careful reflection will show that this is a mistake. The basic reality is the creation of a new being through the presence of the Holy Spirit... This new reality (...) is the primary witness, anterior to all specific acts whether of service or of preaching. These different acts have their relation to one another not in any logical scheme, but in the fact that they spring out of the one new reality.'[32]

Deze missionair-eschatologische grondlijnen vormen het kader waarbinnen Visser 't Hooft een aantal andere aspecten van de Kerk ter sprake bracht. Het ligt voor de hand dat het aspect der eenheid in talloze publicaties door hem aan de orde werd gesteld. De eenheid der kerk hangt samen met Christus' koningschap. Een Kerk die ernst maakt met Christus' koningschap is een kerk, die de eenheid van Christus' Kerk tracht te herstellen: 'If there is only one King, if salvation means to be part of the one Body, no Church can accept the fact that the people of God are scattered and that the Body is broken. It is not for the sake of greater efficiency in its practical tasks, not for the sake of a common front against common enemies, it is for the sake of keeping faith with the King, whose Kingdom cannot be divided against itself, that the Churches must enter upon the difficult pilgrimage toward visible and tangible unity.'[33] Behoort eenheid tot het *wezen* der kerk, gefundeerd in het ene koningschap van Christus, zij is ook 'instrument' in de missionaire opdracht van de kerk. 'The unity', schrijft Visser 't Hooft in *The Pressure*, 'that reflects the union of the Father and the Son must become manifest on earth in the actual life of the Church, in its message and in its outward order, in the mutual relations of its members and its united action in the world... In other words the great common mission entrusted to the Church creates unity, and that unity itself becomes a powerful missionary force' (83v). Het behoorde tot de vaste overtuiging van Visser 't Hooft dat de uitbreiding der kerk in de apostolische tijd te danken was aan het feit dat de kerk in de nieuw-testamentische periode één was.

Een ander aspect dat in het denken van Visser 't Hooft over de kerk sterke nadruk ontvangt, is de tweede der notae ecclesiae: de heiligheid der kerk. Ook dit kenmerk van de Una Sancta benaderde hij vanuit de —eschatologische — nieuwheid van het volk Gods en ook dit aspect zag hij in een missionaire belichting. De noodzaak tot vernieuwing van de Kerk, schreef hij in *The Renewal of the Church*, wordt niet ingegeven door de wens tot innovatie of door een behoefte tot aanpassing aan de nieuwere trends, maar 'its point of reference is the newness of the new age inaugurated by the coming of Christ' (12). Evenmin gaat het bij de vernieuwing van de kerk om vervanging van de kerk zoals zij op Pinksterdag is geboren, maar om de vernieuwing van de kerk zoals zij zich in de geschiedenis manifesteert. 'This historical Church as it exists in the form of the churches, needs renewal because an unrenewed Church obscures and denies the faith that the Body belongs to the living Christ, who is the Head' (t.a.p.).

Niet alleen attendeerde hij op wegen waarlangs vernieuwing binnen de kerken haar beslag zou kunnen krijgen, ook wees hij op het intrinsiek verband tussen *vernieuwing* van de kerk en haar *eenheid* en poogde hij aldus een brug te slaan tussen diegenen die alle nadruk op het *Sancta* van de Una Sancta legden en hen die de integriteit van de kerk als de *Una* Sancta voorop stelden. Vernieuwing en eenheid, schreef Visser 't Hooft, laten zich niet tegen elkaar uitspelen maar 'they are considered as interdependent, as two aspects of the work of God in and for his people. Thus the 'gathering' of the people, the reconstitution of their unity (...) is far more than their being reassembled in the same place. It has always the overtone of the beginning of new life... The unity of the people under the coming messianic king, who will be their one shepherd, will be a unity in the observation of the statutes of the Lord (Ezek. 37:24)... Unity in the biblical sense is God-given unity which implies new life' (119).

Zijn leven lang heeft Visser 't Hooft nagedacht over de Kerk en heeft hij, in het bijzonder in zijn ambtsperiode van secretaris-generaal van de Wereldraad (1948-1966), geprobeerd op grond van zijn visie op de Una Sancta als dynamische en dynamiserende geloofsrealiteit de historische kerken te betrekken in een vernieuwingsbeweging. De betekenis van de Wereldraad in dit proces van vernieuwing en eenwording sloeg hij hoog aan. Wat dat betreft bleef hij trouw aan zijn verwachting dat de Wereldraad 'would manifest the living actuality of the Church' en dat de Wereldraad zou worden een 'expression of that — Godgiven — community.' Ook al wees hij elke gedachte over de Wereldraad als 'superkerk' van de hand, toch meende hij dat er binnen het geheel van de Wereldraad iets zichtbaar werd van wat tot het wezen van de Una Sancta behoort. Verschillende malen heeft hij geprobeerd de Wereldraad boven het 'ecclesiologisch minimum' van 'Toronto' uit te tillen.

In 1963 leek de tijd rijp. Op de Faith and Order-conferentie te Montreal in juli 1963 was de vraag naar een nadere definitie van het karakter van de raad en van het lidmaatschap daarvan aan de orde gesteld.[34] Velen hadden het gevoel dat er in de afgelopen jaren sinds 'Toronto' in het samenleven der kerken veel was gebeurd, dat er een groei van de gemeenschap viel te constateren en dat de raad een dieper en ruimer begrip van zichzelf had gekregen dan 'Toronto' had geformuleerd. Velen neigden er toe de Wereldraad, in ecclesiologische termen, als een 'réalité ecclésiale' te beschouwen. De conferentie bleek verdeeld. Ook al waren er velen die toegaven dat de raad eigenschappen vertoont die aan de Kerk van Christus eigen zijn, de meesten wilden niet verder gaan dan die uitspraak, terwijl anderen op een nadere definiëring aandrongen, waarin zou worden omschreven in hoeverre de raad de eenheid, de heiligheid en de apostoliciteit der Kerk manifesteert en op welke wijze de gemeenschap der kerken in de Wereldraad een werkelijkheid openbaarde die tot het wezen der Kerk behoort.

'Montreal' kwam door het optreden van vertegenwoordigers van de Orthodoxe kerken evenwel niet verder dan de erkenning dat de raad in zijn ononderbroken gemeenschap een nieuwe ervaring had ontvangen — gemeenschappelijke trouw aan de ene Heer, vorderingen op de weg naar een gemeenschappelijk leven etc. — maar dat een nadere omschrijving van die ervaring niet mogelijk was, zij het dat die ervaring wel een nieuwe dimensie in de raad betekende.[35] In zijn rede voor de vergadering van het Centraal Comité van de Wereldraad in Rochester (VS) in augustus 1963 probeerde Visser 't Hooft iets méér te zeggen over de ecclesiologische betekenis van de Wereldraad. Voorzichtig bakende hij de vraagstelling af: het gaat om een oecumenische ervaring die een novum betekent in de kerkgeschiedenis en waarvoor de kerken nog geen adequate denkcategorieën hebben ontwikkeld, het gaat om een gebeuren waarvan het nog maar de vraag is of het in institutionele begrippen kan worden omschreven en het gaat erom ecclesiologische begrippen te vinden waarin niet tevens impliciet uitgedrukt wordt dat de raad toch in zekere zin de Kerk is en dat het lidmaatschap van de raad iets zou toevoegen aan de ecclesiologische realiteit van de kerken (137). De richting die hij wees bewijst opnieuw zijn diplomatieke gaven. Hij bracht een onderscheid aan tussen de nieuwe werkelijkheid die ontstaan was in het leven van de raad door het met elkaar leven, spreken en handelen van de kerken, en de Wereldraad zelf die als instrument tot dit resultaat bijgedragen had.[36] De nieuwe werkelijkheid beschreef hij aldus: 'that we receive together spiritual gifts which are signs of that oneness which was at the beginning when 'the company of those who believed were of one heart and soul' (Acts 4:32) and a first fruit of that oneness which will come into existence when all who bear the name of Christ will have been fully gathered together by the Lord of the Church' (138). De betekenis van de raad achtte hij dat door hem of althans grotendeels door hem 'many have come to realise dimensions of the life of the Church of which they had beforehand mainly theoretical knowledge' (138). Zo te onderscheiden tussen een oecumenische werkelijkheid en de raad betekende voor hem niet dat de poging om het karakter van de Wereldraad te definiëren moest worden opgegeven. Het betekent, zei hij, 'that we must first seek to express more clearly what is happening to us all in the ecumenical encounter and then in the light of a new awareness of the total ecumenical event define more clearly just what the rôle of the World Council is. It will then become clear in how far the World Council can be described in ecclesiological terms, that is in ecclesiological terms which do not make it appear as anything different from what it has always intended to be: namely a servant and an instrument' (138).

De vraag kan gesteld worden of Visser 't Hooft met deze formuleringen boven 'Toronto' is uitgekomen. Het antwoord op die vraag is niet eenvoudig te geven. Men kan erop wijzen dat Visser 't Hooft de nieuwe oecumenische werkelijkheid volop ecclesiale betekenis toekent ('eerstelingsgave') en de raad daarin doet delen ('er gebeurt iets in zijn leven...'), anderzijds zou men kunnen zeggen dat wat Visser 't Hooft in deze rede naar voren brengt, ook reeds in de slotwoorden van de Toronto Statement doorklinkt: 'a very real unity has been discovered in ecumenical meetings which is, to all who collaborate in the World Council, the most precious element of its life. It exists and we receive it again and again as an unmerited gift from the Lord. We praise God for this foretaste of the unity of his people (...) For the Council exists to serve the churches as they prepare to meet their Lord who knows only one flock.'[37] Hoe het zij, de discussie die de lezing van Visser 't Hooft opriep, bewees dat zelfs een voorzichtige poging iets meer te zeggen over de ecclesiologische betekenis van de Wereldraad dan 'Toronto' deed, tot mislukken gedoemd was. Berkhof had gelijk toen hij tijdens de discussie te Rochester opmerkte: 'we can live beyond Toronto and I hope we do, but we cannot formulate beyond Toronto'.[38]

Hoe teleurstellend de discussie te Rochester ook geweest moet zijn voor Visser 't Hooft, het was een 'nederlaag' op kerkpolitiek niveau; het raakte niet de grondstructuur van zijn denken over de Kerk. Maar ook die bleef niet buiten schot. De tot in de jaren zestig binnen de Wereldraad gangbare, eenheidsscheppende 'bijbelse theologie', vastgelegd in het 'Wadham-rapport' van 1947, de theologie die de 'onderbouw' leverde voor Visser 't Hoofts denken over de 'ene kerk', maakte plaats voor een andere benadering van de Bijbel waarin sterk de nadruk gelegd werd op de pluraliteit en zelfs tegenstrijdigheid van geloofsgetuigenissen in het Nieuwe Testament.[39] De consequenties van deze nieuwe benadering voor het denken over de 'ene' kerk kwamen in 1963 op de Faith and Order-conferentie in Montreal aan het licht. De Tübingse nieuwtestamenticus E. Käsemann hield er een lezing over 'Einheit und Vielfalt in der neutestamentlichen Lehre von der Kirche.'[40] Met behulp van de methode der historische en literaire kritiek toonde hij aan dat er in het Nieuwe Testament niet één maar verschillende ecclesiologieën aan te wijzen zijn. 'Kein romantisches Postulat, wie heilsgeschichtlich es eingekleidet sei, darf die nüchterne Feststellung relativieren, dass der Historiker nicht von einer ungebrochenen Einheit neutestamentlicher Ekklesiologie sprechen kann. Er gewahrt dort das Modell unserer eigenen Situation mit ihren Differenzen, Verlegenheiten und Gegensätzen,

216

bestenfalls eine antik-ökumenische Konföderation ohne Ökumenischen Rat.' En wat de eenheid der kerk betrof, merkte hij op: 'Die Einheit der Kirche war, ist und bleibt primär ein eschatologischer Sachverhalt, den man nie anders hat, als indem man ihn sich schenken lässt. Einheit der Kirche wird allein vom Glauben ergriffen, der die Stimme des einen Hirten hört, sich von ihr zur einen Herde, seiner Herde rufen lässt. Die eine Kirche liegt hinter uns immer nur dann, wenn wir im Exodus des wandernden Gottesvolkes aus den alten Lagern zum regnum Christi stehen. Denn Kirche ist das regnum Christi auf Erden, und dieses regnum bleibt unseren irdischen Organisationen, Theologien und frommen Praktiken immer voraus.'

Het valt te begrijpen dat Visser 't Hooft geschokt reageerde op Käsemanns lezing.[41] Hij was van mening dat een dergelijke visie het einde zou betekenen van elke poging om de eenheid van de kerk te bereiken. Van *de* bijbelse boodschap over *de*, ene, kerk zou niet meer gesproken kunnen worden. Hoezeer hij Käsemanns opvatting als een bedreiging van de fundamenten onder het (zijn) eenheidsconcept van de kerk beschouwde, blijkt uit zijn 'laatste' rapport aan het Central Committee van de Wereldraad, in februari 1966, anderhalf jaar na 'Montreal'. Daarin bracht hij de samenbindende betekenis van de Bijbel in de oecumenische beweging ter sprake. 'It is interesting to note that the first to draw the obvious consequence that common bible study should therefore have its regular place in ecumenical meetings were the youth movements. The World Christian Youth Conference of 1939 is especially memorable for this. And we have seen in many later meetings that the Bible is and remains the reliable link between us and the force that obliges us to enter into deeper unity with each other. So when in New Delhi we added the words 'according to the Scriptures' to our Basis we were not simply making a pious gesture, we were recognising with gratitude what we owe in fact to the Bible in our common life.

I believe that we have every reason to keep this experience in mind. For we have entered into a period in which what seemed to be abiding results of biblical scholarship are radically questioned and in which there is deep division of opinion among biblical scholars, very often of scholars belonging to one and the same confession. One of the basic issues has again become whether there is any really substantial unity in the biblical message.

Now it is quite normal that each generation raises new questions and that it has to work out its own consensus, but when we find that one of our most central common convictions is challenged we cannot remain indifferent. We have to say clearly whether we stand by that conviction. Can the words 'according to the Scriptures' mean anything else than 'according to the Scriptures conceived as a coherent whole and speaking with a common voice?' Much is at stake. To deny the unity of the Bible is to deny the necessity of the unity of the Church. A Bible interpreted as a collection of miscellaneous christologies and ecclesiologies can hardly be the foundation of our calling to unity. Our movement can only be a dynamic movement toward greater unity, if we listen together to the one voice which gives us our marching orders. Fortunately the

Word of God has its own way of breaking through human misunderstandings.'[42]

Hoe streng en afwijzend Visser 't Hooft ook stond tegenover de inzichten van de nieuwere exegetische methoden en de theologische implicaties ervan — de hierboven geciteerde slotzin moet zelfs unfair genoemd worden, hoe begrijpelijk een dergelijke emotionele uitlating ook was —, de zorgvuldige wijze waarop de Commissie voor Geloof en Kerkorde inging op de 'betekenis van het hermeneutische probleem voor de oecumenische beweging'[43] en het daaruit voortvloeiend dieper inzicht in de aard van de eenheid van de Kerk (conciliaire gemeenschap) heeft niet nagelaten invloed uit te oefenen op Visser 't Hoofts denken. Hij hield zijn bezwaren tegen opvattingen als die van Käsemann — hij verwierp de gedachte van elkaar tegensprekende ecclesiologieën in het Nieuwe Testament — maar ook hij raakte onder de indruk van de grote diversiteit in het Nieuwe Testament, groter dan een van de confessionele tradities ooit voor mogelijk heeft gehouden of willen houden. Volle nadruk legde hij echter erop dat deze uiteenlopende tradities in het Nieuwe Testament op elkaar betrokken zijn en in al hun variëteit één geheel vormen.[44] De 'schok' van 'Montreal' bracht hem ook tot een nadere bezinning op de inhoud van het begrip eenheid. 'Wir sprechen,' zei hij in een referaat in 1964[45], 'so viel von Einheit. Es ist aber merkwürdig, dass das Wort Einheit im Neuen Testament ein seltenes Wort ist. Dort wird vielmehr von Koinonia, von Gemeinschaft gesprochen. Und es scheint mir, dass, weil das Wort Einheit zu so viel Missverständnissen Anlass gegeben hat, es besser ist, neu zu durchdenken, was die neutestamentliche Koinonia eigentlich für das Leben in unseren Kirchen und für das Zusammenleben der Kirchen bedeutet. Wir wollen den Begriff Einheit nicht fallen lassen, sondern ihn interpretieren im Licht des noch bedeutungsreicheren Begriffes der Gemeinschaft' (207). En na een tour d'horizon langs het 'bijbelse' begrip van gemeenschap, concludeert Visser 't Hooft vervolgens: 'Wir tun (...) als ob die volle Gemeinschaft der Kirchen zur moralischen Vollkommenheit der Kirchen gehöre, zu ihrem bene esse. Biblisch gesehen gehört sie aber zum esse. Einheit ist nicht Idealzustand der Kirche. Sie ist ein Kennzeichen der Kirche (...) Dast ist so selbstverständlich, dass im Neuen Testament nicht sehr oft gesagt wird, dass es nur eine Kirche geben kann. Professor Menoud hat in überzeugender Weise erklärt, warum bei den 'Einheiten' in Epheser 4 nicht die 'eine Kirche' zu finden ist: weil kein Mensch bezweifelte, dass es nur eine Kirche geben kann' (214).

Wie deze woorden overweegt zal tot de conclusie komen dat Visser 't Hoofts ecclesiologische inzichten verrijkt, maar niet wezenlijk veranderd zijn: wat kerk-zijn inhoudt valt met behulp van de 'bijbelse theologie' af te lezen uit 'de' Bijbel. Het blijkt ook uit een lezing voor studenten in Bossey in 1983, waarin hij de betekenis van de Bijbel voor de oecumenische beweging ter sprake bracht: 'The Bible's significance for the World Council is that it provides the member churches with a common family history of the 'Familia Dei', with a common spiritual language, with a common source from which the contents of worship is enriched, with the appeal for the common renewal of the Church and with the unescapable demand to manifest the unity of the people of God.'[46]

Men mag deze woorden beschouwen als een samenvatting van Visser 't Hoofts ecclesiologische denken. Zij zijn — nog steeds, of opnieuw[47] — actueel en bevatten een appel om ondanks het afgaand tij der oecumene en ondanks de moeizame weg naar een gemeenschappelijk inzicht in de aard van de eenheid, kerken te beschouwen in het licht van de Kerk en de Wereldraad als een oefenschool daartoe.

Noten

1. Zie: J. van den Berg, 'Normatieve kerkgeschiedenis?', in: *Zending op weg naar de toekomst*, Essays aangeboden aan Prof. Dr. J. Verkuyl, Kampen 1978, p. 211. Zie voor Van den Berg's visie op de 'oecumenische' mogelijkheden van de G.K.N. in de jaren vijftig: J. van den Berg, 'De Gereformeerde Kerken en de Oecumenische Beweging', in: *Oecumene in 't vizier*. Feestbundel voor Dr. W.A. Visser 't Hooft, Amsterdam 1960, p. 9-22.

2. Zie voor de eschatologische oriëntering van de ecclesiologie van de ethische richting: J. van den Berg, 'Oplossing der kerk in de maatschappij? Modernen, ethischen en de toekomstvisie van Richard Röthe', in: T. Baarda e.a., *Ad interim*. Opstellen over Eschatologie, Apocalyptiek en Ethiek, aangeboden aan Prof. Dr. R. Schippers, Kampen 1975, p. 151-167.

3. Zie voor Visser 't Hooft: W.A. Visser 't Hooft, *Memoirs*, London 1973. Een nederlandse vertaling van het in het engels geschreven manuscript verscheen reeds in 1971 (Amsterdam/ Brussel, Kampen); A. Freudenberg und H.H. Harms, 'Willem A. Visser 't Hooft. Sein Leben ,,Unter dem einen Ruf'' ', in: G. Gloede (Hrsg.), *Oekumenische Profile II*, Stuttgart 1963, p. 336-344; H. Berkhof, 'Herdenking van Willem Adolf Visser 't Hooft (20 september 1900 - 4 juli 1985' in: *Jaarboek Kon. Ned. Ak. van Wetenschappen 1986*, Amsterdam 1986, p. 217-221 en de grotere handboeken betreffende de oecumenische beweging. Zie voor Visser 't Hoofts theologische inzichten: H. Berkhof, in: *Öekumenische Rundschau* 29 (1980) p. 409-416; D.C. Mulder, 'None Other Gods' — 'No other Name', in: *The Ecumenical Review* 38 (1986) p. 209-215.
Zie voor Visser 't Hoofts ecclesiologie: J. Snijders, *Kerk en Oecumene in de theologie van Dr. Willem A. Visser 't Hooft*, doctoraalscriptie theologie, Nijmegen s.a. (1968); B. Duvenage, *Die religieuse grondmotief van die konsepsies van Visser 't Hooft met betrekking tot die Wereldraad van Kerken*, (diss. 1969), Braamfontein 1971; F.C. Gérard, *The future of the Church*. The theology of renewal of Willem Adolf Visser 't Hooft, Pittsburgh 1974.

4. De woorden, in deze volgorde, zijn ontleend aan de titel van de bekende 'Toronto Statement' van 1950: *'The Church, the churches and the World Council of Churches.' The ecclesiological significance of the World Council of Churches*. Visser 't Hooft mag beschouwd worden als de 'architect' van deze statement.

5. Het oeuvre van Visser 't Hooft is omvangrijk. De bibliografie (over de jaren 1918-1983) in: J. Robert Nelson en W. Pannenberg, *Um Einheit und Heil der Menschheit*, Frankfurt a.M. 1976², p. 269-338 (nrs. 1 (1918) - 1184 (1975)) en in: *Archief Visser 't Hooft* in Geneve (WCC) (nrs. 1185 (1976) - 1274 (1983), omvat tot dusver 1274 nummers.
Bij het schrijven van dit artikel maakte ik gebruik van een aantal niet gedrukte rapporten en lezingen van Visser 't Hooft (uit de periode 1945-1950), die zich in het archief van de Wereldraad te Geneve bevinden, van een aantal in boekvorm verschenen rapporten en lezingen, en van de tweedelige uitgave van verspreide lezingen en artikelen van Visser 't Hooft: W.A. Visser 't Hooft, *Die ganze Kirche für die ganze Welt* en *Oekumenischer Aufbruch*, Hauptschriften Band 1 und 2, Berlijn 1967. De nederlandse uitgave van een aantal van Visser 't Hoofts lezingen en artikelen (*Heel de kerk voor heel de wereld*, Utrecht/Baarn 1968) bevat niet alle in de Duitse uitgave verschenen artikelen. Bij aanhalingen volg ik de tekst in de taal die Visser 't Hooft bij het schrijven of uitspreken hiervan gebruikte.

6. De nieuwe bezinning op de kerk binnen de oecumenische beweging kreeg vooral door de Life and Work-conferentie in Oxford in 1937 krachtige impulsen. Het 'wachtwoord' van de conferentie was Oldhams uitspraak: 'Let the Church be the Church'. Vgl. J.A. Mackay,

Ecumenics: The Science of the Church Universal, New Jersey 1964, p. 3-6.
7. W.A. Visser 't Hooft, 'The Church and the Churches', in: W.A. Visser 't Hooft en J.H. Oldham, *The Church and its Function in Society*, Londen 1937, p. 23.
8. De term 'Bijbelse theologie' is eigenlijk onjuist. Beter ware het te spreken van de bloeiperiode van de bijbelse theologie. Vgl. H. Berkhof, 'Bijbelse theologie', in: *Inleiding tot de theologische studie*, Groningen 1965, p. 72-75. Zie voor de betekenis van deze 'theologie' binnen de Wereldraad: E. Flesseman-van Leer, *Schriftgezag in de oecumene*, Kampen 1982, p. 11 s., 29-33.
9. Zie het bij ann. 7 genoemde werk.
10. Op. cit., p. 24.
11. Op. cit., p. 89.
12. Op. cit., p. 92.
13. Op. cit., p. 94 s.
14. Op. cit., p. 95.
15. Op. cit., p. 99.
16. Op. cit., p. 97.
17. De nota's bevinden zich, zij het op verschillende plaatsen, in het archief van de Wereldraad. De titels luiden: 1. The World Council of Churches. Its Nature; its Limits (sept. 1945). 2. idem (mrt. 1947). 3. The Significance of the World Council of Churches (okt. 1947). 4. idem (okt. 1948). 5. Introduction to meeting with R.C. Ecumenists (sept. 1949). 6. The Ecclesiological Significance of the WCC (9 okt. 1949). 7. idem (mei 1950). 8. idem (begin juli 1950). 9. The Church, the Churches and the World Council of Churches. The Ecclesiological Significance of the WCC (14 juli 1950), idem (= Toronto Statement, gedrukt in: *Minutes* Central Committee Toronto 1950. Zie voor het proces dat geleid heeft tot de Toronto-Statement: W.A. Visser 't Hooft, *The Genesis and Formation of the World Council of Churches*, Genève 1982, p. 70-85.
18. 'The World Council must (...) not pretend that it represents the *Una Sancta*, but it may and it must claim that it is a body in which and through which, when it pleases God, the *Una Sancta* becomes manifest... From a horizontal viewpoint it remains a loose federation of dissimilar churches which disagree about fundamental matters of faith, order and ethics. But from a vertical viewpoint, it is the place where the *koinonia* in the one faith may become (and has become) at least partly visible. When that happens, when the 'organisation' called World Council of Churches becomes the *Una Sancta*, then... (nota 2, p. 19 s.).
19. *Toronto-Statement*, IV, 3.
20. Loc. cit., IV, 4.
21. Constatering van Visser 't Hooft in: *The Genesis*, p. 29; vgl. p. 80 s.Zie voor een analyse van de betekenis van Toronto voorts: U. Duchrow, *Konflikt um die Ökumene*, München 1980, p. 261-269; H.J. Urban, H. Wagner (Hrsg.), *Handbuch der Ökumenik II*, Paderborn 1986, p. 66-70 (art. van Manfred Krüger).
22. *Kingship of Christ*. An Interpretation of Recent European Theology, London 1948, Ned. vert., 's Gravenhage 1947.
23. Londen 1956. Ned. vert.; 's Gravenhage 1958.
24. Londen 1959. Ned. vert.: Nijkerk s.a.
25. Cf. p. 57-60.
26. O.S. Tomkins (ed.), *The Third World Conference on Faith and Order held at Lund*, Londen 1952, p. 17-22.
27. Londen 1960, speciaal p. 22-26. Zie voor een typering van corporatieve ecclesiologie: H. Berkhof, 'Tweeërlei ekklesiologie', in: *Kerk en Theologie* 13 (1962) p. 149 s. Hij typeert haar als een 'profetisch-exemplarische ekklesiologie'.
28. *Kingship*, p. 61.
29. *Pressure*, p. 29.
30. Op. cit.. p. 29, ann. 26.
31. Zie ann. 27.
32. Lesslie Newbigin, *One Body one Gospel one World*, Londen/New York 1958, p. 20, geciteerd bij Berkhof, loc. cit., p. 153.
33. *Kingship*, p. 77.

34. Zie: P.C. Rodger, L. Vischer (eds.), *The Fourth World Conference on Faith and Order. Montreal 1963*, Londen 1964, p. 41-49 (48), 21-23. Vgl. W.A. Visser 't Hooft, 'What can we say together about the Meaning of Membership in the World Council of Churches?' in: *Minutes and Reports of the seventeenth meeting of the Central Committee Rochester 1963*, p. 134-138 (Vert. in: *Heel de Kerk*, p. 356-364). Vgl. voorts: H. Berkhof, *Herinnering en Verantwoording*. Berkelbach-lectures 1975, Utrecht (IIMO) 1975, p. 13-16.

35. *Montreal report*, p. 49.

36. Met dit onderscheid volgde Visser 't Hooft een nieuwe trend binnen de kring van Faith and Order. 'Montreal' had een soortgelijk begrippenpaar ('event' en 'institution') geïntroduceerd. Zie: *Report Montreal*, p. 45. Vgl. Urban/Wagner, *Handbuch*, p. 43.

37. *Toronto Statement*, IV, 8, slot.

38. *Minutes Rochester*, p. 17.

39. Zie voor deze andere benadering: Flesseman-van Leer, *op.cit.*, p. 11-28.

40. Ook gedrukt in: E. Käsemann, *Exegetische Versuche und Besinnungen* II, Göttingen 1964, p. 262-267. De aanhalingen in de tekst op p. 265 v. De in deze lezing voorgedragen opvatting was niet nieuw; reeds in 1951 schreef Käsemann dat de eenheid der kerk niet uit de nieuwtestamentische kanon kon worden afgeleid. Vgl. Berkhof, *Herinnering*, p. 21.

41. Berkhof (*loc.cit.*) schrijft: 'Ik was niet in Montreal, ik kwam later een doodongelukkige Visser 't Hooft tegen, die zei: Het is verschrikkelijk, zo'n man als Käsemann maakt eigenlijk een eind aan mijn levenswerk.' Het *Report Montreal* geeft weinig inzicht in de discussie die op Käsemanns lezing volgde, maar misschien had Paul Minear gelijk toen hij tijdens de discussie in sectie 1 (The Church in the purpose of God) opmerkte dat 'biblical theology' has been more easily accepted in the ecumenical movement than the actual findings of biblical scholars' (*Report Montreal*), p. 22).

42. *Minutes and Reports of the nineteenth meeting of the Central Committee Geneva 1966*, p. 86v. De rede is ook in *Heel de Kerk* opgenomen, onder de titel: 'Na de expansie: verdieping' (p. 382-390). In 1972 herhaalt Visser 't Hooft de woorden in: *Heeft de oecumenische beweging toekomst?* Berkelbach van der Sprenkel lezingen te Utrecht, 17 en 18 mei 1972, Kampen 1973, p. 24.

43. Zie: *New Directions in Faith and Order, Bristol 1967*, Geneve 1968, p. 32-41. Vgl. Flesseman-van Leer, *op. cit.*, p. 16-21, 26; Berkhof, *Herinnering*, p. 22-26.

44. Aldus Visser 't Hooft in *Bible and Ecumenical Movement*, manuscript, ongedateerd (± 1968), in: Archief Visser 't Hooft (archief Wereldraad).

45. Hij hield het referaat voor predikanten in Schaffhausen en in de Kirchliche Hochschule te Berlijn. Het is opgenomen onder de titel 'Bilanz' in: *Oekumenischer Aufbruch*, p. 204-215 (vert. in: *Heel de Kerk*, p. 412-424).

46. 'Questions about the Future of the World Council of Churches', Bossey 1983, p. 4. Ms. in: Archief Visser 't Hooft.

47. Het is interessant te zien hoe aan het eind der jaren zeventig binnen de kringen van de Wereldraad opnieuw aandacht ontstaat voor de eenheid van de Bijbel in de pluraliteit der bijbelse getuigenissen. Zie: Flesseman-van Leer, *op. cit.*, p. 24 s., 99 s.

Terugblik

J. van den Berg

Terugzien op eigen levensontwikkeling is een riskante zaak. Iedere historicus is er zich van bewust dat autobiografieën veelal zeer onbetrouwbaar zijn: ook wie denkt objectief te zijn is maar al te vaak bezig het eigen verleden vanuit meer recente levenservaring te interpreteren. Ik zal proberen op mijn hoede te zijn; niettemin zij de lezer bij voorbaat gewaarschuwd.

Dat ik het er, alle risico's ten spijt, tóch op waag vloeit voort uit het feit dat de vraag, mij door de redactie van deze bundel voorgelegd: 'Waarom ben je theologie gaan studeren, en waarom is in het bijzonder de kerkgeschiedenis je zo gaan boeien?' mij niet losliet. Leven is: kiezen. Sommige keuzen worden zeer bewust gemaakt, andere daarentegen komen soms als vanzelfsprekend, zonder een overmaat aan bewuste reflectie tot stand. Dat wil niet zeggen dat de laatste categorie oppervlakkiger is, minder existentiële diepgang heeft dan de eerstgenoemde. Een keus die 'als vanzelf' tot stand komt kán het resultaat zijn van een gemakzuchtige adaptatie aan wat de omgeving van je verwacht. Maar het is ook mogelijk dat de 'vanzelfsprekendheid' van een bepaalde keuze haar achtergrond heeft in het totaal van je levensvisie en het daarmee samenhangend levenspatroon.

'Levensvisie' is een groot woord, dat ik daarom liever weer laat vallen om mij te concentreren op het levenspatroon waarbinnen ik opgroeide. Ik ben niet afkomstig uit een domineesgezin of uit een geslacht waarin de theologische studie tot de traditie behoorde. Mijn vader was werkzaam in een Rotterdams scheepvaartbedrijf. Dat was een open en dynamische wereld; op de muur van zijn werkkamer in het kantoor aan de Veerhaven was een grote reliëfkaart aangebracht, waarop dagelijks de bewegingen van de schepen van de maatschappij in alle continenten werden aangegeven. Het was ook een wereld met eigen voorkeuren. Ik herinner me dat, toen ik als jongen staande voor vaders boekenkast geïntrigeerd werd door de titel *The Wealth of Nations* en vroeg wat de betekenis was van dat boek, vader antwoordde dat aan het boek van Adam Smith Europa zijn welvaart te danken had. Mij boeide de (nu helaas bijna geheel verdwenen) romantiek van de scheepvaart, maar toch heb ik mij nooit geroepen gevoeld om maatschappelijk in de voetstappen van mijn vader te treden. Het zou, naar ik vrees, ook niet bepaald een succes geworden zijn.

Of ik dat destijds al door had, weet ik niet. Ik denk dat de gang van mijn leven eerder bepaald is geworden door het feit dat 'kerk' en 'geloof' in mijn ouderlijk huis een wel zeer dominante plaats innamen. Mijn ouders behoorden tot de Gereformeerde Kerk. Zij waren beiden afkomstig uit 'afgescheiden' kring, uit de kring van hen die zich in of in de jaren na 1834 van de Hervormde Kerk hadden losgemaakt. Uit de vereniging van de grote meerderheid van de afge-scheidenen met de 'dolerenden', de volgelingen van Abraham Kuyper die in de Doleantie van 1886 zich van de Hervormde Kerk losmaakten, zijn de 'Gerefor-meerde Kerken in Nederland' ontstaan. De nieuwe kerkengroep was in sterke mate door het optreden en de inzichten van Kuyper gestempeld, maar in de kring van hen die uit de Afscheiding voortkwamen bestond hiertegen toch een zekere weerstand, bij sommigen gepaard gaande met een iets groter affiniteit met de gevoelsvroomheid van het negentiende-eeuwse 'Réveil' dan bij de meeste 'dolerenden' gevonden werd. Misschien mede daardoor blijft het Réveil mij interesseren.

Voor de nazaten van de Afscheiding had de Theologische (Hoge)school te Kampen, in 1854 gesticht, duidelijk een symboolfunctie; een zeker wantrou-wen jegens wat men beschouwde als het machtsstreven van de Vrije Univer-siteit was hiervan de keerzijde. En al waren mijn ouders, zoals vrijwel alle Gereformeerden in die tijd, anti-revolutionair, toch stonden in de persoon-lijke waardering de papieren van De Savornin Lohman hoger genoteerd dan die van Kuyper. Overigens was in de tijd waarin ik opgroeide de oude tegenstelling tussen 'afgescheidenen' en 'dolerenden' al vervaagd. Naar bui-ten toe vertoonden de Gereformeerde Kerken een duidelijke eenheid. De demarcatielijnen met wat aan de andere kant van de kerkelijke grenzen lag werden scherp getrokken.

Het is moeilijk, het klimaat dat in de Gereformeerde Kerken van de jaren dertig heerste, in enkele zinnen te kenschetsen. De schaduwzijden zijn genoeg-zaam bekend. De levensstijl had nog puriteinse trekken (al moet men zich daar geen overdreven voorstelling van maken) en de onderlinge discipline was strak en soms intolerant. Wie zich kritisch opstelde kreeg het zwaar te verduren: dat hebben in 1926 J.G. Geelkerken en de zijnen, die in theologisch opzicht iets meer ruimte zochten, op pijnlijke wijze ervaren — voor een historisch-kritische benadering van de bijbel, hoe voorzichtig ook toegepast, was geen enkele ruimte. Met dit alles ging een zekere zelfgenoegzaamheid onmiskenbaar ge-paard, een triumfalisme dat buitenstaanders soms uitermate irriteerde. Maar er waren ook andere aspecten: bij velen werd een grote toewijding gevonden, een sterke persoonlijke inzet, een soms verbazingwekkende 'offervaardigheid'. En achter de enigszins grimmige buitenmuur kon toch vaak een warm en mild geloofsleven opbloeien.

Dat laatste heb ik ook in mijn ouderlijk huis leren kennen. Juist ook in tijden van moeite en tegenwind heb ik gezien wat het geloof voor mijn ouders betekende. En wat het kerkelijk aspect betreft kan ik zeggen dat ik ondanks de (zij het niet onkritische) verbondenheid van mijn ouders met hun eigen kerk niet in een anti-Hervormde geest ben opgevoed. Met grote waardering hoorde ik mijn vader meer dan eens spreken over de preken van ethische predikanten die hij in zijn jonge tijd in Rotterdam beluisterd had. En ik herinner mij dat hij eens, als ouderling thuiskomend van een huisbezoek, opmerkte dat de Gereformeerden hun zaken alleen zo strak op orde konden houden dankzij het feit dat er nog een Hervormde Kerk was, waar mensen een tehuis konden vinden voor wie het gereformeerde kader te eng was — een uitspraak, die mij veel te denken gaf.

Welnu, in deze sfeer groeide ik op, in verbondenheid met de kerk en met respect voor het predikantswerk, dat ik mede dankzij de vriendschap van mijn ouders met enkele toegewijde grotestadsdominees van een sympathieke kant leerde kennen. Het leek me fijn, dominee te kunnen zijn, iets voor anderen te kunnen betekenen, en dagelijks bezig te kunnen zijn met dingen die mij boeiden, zonder dat ik goed besefte hoe zwaar het domineeswerk toen al was en later, in de tijd van de voortgaande secularisatie, nog te meer zou worden. En ik realiseerde mij evenmin hoe moeilijk het is een boodschap door te moeten geven, die onze kleine maten zo ver te boven gaat en die ons in haar vreemdheid telkens weer aan de rand van de twijfel brengt, zo niet over die rand heen. Ik kende nog niet de diepzinnige dichtregels van Boutens, bestemd voor het Utrechtse Academiegebouw maar in een tijd van groter zekerheden dan wij nu kennen door de theologische faculteit aldaar afgewezen: 'Wij lichten bij met mens'lijke verklaring het duister voetspoor van Gods openbaring.'

Er was wel enige aarzeling. In mijn gymnasiumtijd, waar ik met het grootste plezier aan terugdenk, boeide op een gegeven moment de studie van de klassieken mij zó, dat ik er nog even over gedacht heb 'oude talen' te gaan studeren. Maar uiteindelijk werd het toch de theologie.

Dat woord had voor de Gereformeerden van die tijd een vertrouwde klank. Er werd in gereformeerde kring heel wat getheologiseerd. Het godsdienstonderwijs op de scholen, de catechisatie, het jeugdwerk: het had alles een zware theologische component. Met grote interesse volgde het 'kerkvolk' de theologische discussies die — soms over onwaarschijnlijke onderwerpen, die nu ver buiten onze horizon liggen — in de kerkelijke bladen gevoerd werden. Theologische literatuur werd graag gelezen: nog zie ik mijn vader verdiept in H. Bavinck's vierdelige *Gereformeerde Dogmatiek* — een werk van klassieke allure, al valt mij vandaag bij herlezing op hoezeer het in vele opzichten nog geworteld was in de gereformeerde orthodoxie van de zeventiende eeuw. Voorts was er in gereformeerde kring vrij veel populaire kerkhistorische literatuur aanwezig: ik denk hier met name aan de werken van J.C. Rullmann, in een wel zeer apologetische geest geschreven, die voor tal van Gereformeerden het beeld van de kerkhistorische ontwikkeling in het Nederland van de negentiende eeuw hebben bepaald.

Maar goed — de belangstelling was door een en ander gewekt; ik kon haar nu gaan uitleven in Kampen, want dat werd gezien mijn achtergrond de voor de hand liggende keus. In 1941 kwam ik in Kampen aan. De druk van de bezetting deed zich toen al vrij zwaar voelen. De hoogleraren waren één in hun principiële verzet tegen het nationaal-socialisme — enkelen van hen hebben daarvoor ook gevangenschap of internering moeten verduren —, maar ten aanzien van binnenkerkelijke zaken waren zij onderling zeer verdeeld. Onder de studenten had K. Schilder veel invloed — een markante figuur met een scherp intellect en een niet minder scherpe pen, die de traditionele 'Kuyperiaanse' posities om zo te zeggen vanuit de rechterflank van het gereformeerde kerkelijke en theologische bestel attaqueerde. Dat gaf aan zijn optreden iets ambivalents: er school in zijn benadering een vernieuwend element, maar die vernieuwing betekende nog geen verruiming — in sommige opzichten was zijn positiekeuze zelfs ultra-orthodox. Het ene betekende dat verschillende traditioneel-denkenden (vooral in de kring van de leerlingen en volgelingen van Abraham Kuyper) hem niet accepteerden; het andere, dat diegenen die verlangden naar meer theologische en oecumenische ruimte (men vond hen vooral in de kring die door de Nederlandse Christen-Studenten Vereniging was gevormd) zich door zijn absolutisme voelden afgestoten.

Het zal duidelijk zijn dat het klimaat in Kampen niet in alle opzichten aantrekkelijk was. Zelf was ik er toen nog niet aan toe om duidelijk positie te kiezen, maar de fanatieke sfeer die in de kring van Schilders volgelingen ontstond lag mij allerminst: ik herkende er enkele voor mij bepaald onsympathieke trekken van het gereformeerde leven in. Misschien heeft mij dat in die tijd zelfs belemmerd het theologisch formaat dat Schilder onmiskenbaar had ten volle te waarderen. Intussen nam het conflict, ondanks de benarde situatie waarin land en kerk zich bevonden, steeds groter vormen aan. Het zou tegen het einde van de oorlog zelfs leiden tot een scheuring binnen de Gereformeerde Kerken, waarbij de volgelingen van Schilder, de 'vrijgemaakten', zich van het oude kerkverband losmaakten. Voor Gereformeerden van mijn generatie is het evenzeer als voor wie het niet zelf hebben meegemaakt raadselachtig hoe dit alles in die tijd gebeuren kon, in een gemeenschap nog wel die zich toch in het verzet bepaald niet onbetuigd liet. Je kunt proberen de feiten die je zelf van dichtbij hebt meegemaakt opnieuw te inventariseren en te analyseren; maar te meer merk je dan, hoe moeilijk het is, aan de weet te komen 'was eigentlich geschehen ist'.

Natuurlijk zet dit alles wel een domper op je liefde voor de kerk. Toen het kerkelijk conflict zich ging toespitsen nam ik innerlijk het besluit om, zo het tot een scheuring in de Gereformeerde Kerken zou komen, Hervormd te worden. Uiteindelijk heb ik dat tóch niet gedaan. In de periode na de kerkscheuring bleven de Gereformeerde Kerken tamelijk ontredderd achter: dat roept ondanks alles gevoelens van loyaliteit wakker. Daar kwam bij dat één van de meest onaangename gereformeerde karaktertrekken, het triumfalisme, ten gevolge van de scheuring een stevige knauw had gekregen: er kwam enige ruimte voor relativering, iets van een mogelijkheid tot nieuwe openheid. Ik moet daar nuchter aan toevoegen dat het toen ook zonder zulke overwegingen in de praktijk niet makkelijk zou zijn geweest de overstap te maken. Maar door al het gebeurde nam mijn sympathie toch toe voor de Hervormde Kerk, die bij alle verschillen de nodige ademruimte wist te bieden en die in het eerste decennium na de oorlog zo'n jaloersmakend (en vandaag tot enige nostalgie stemmend) élan ontplooide.

Mijn eerste verblijf ik Kampen was maar kort: de bezetter maakte het al spoedig onmogelijk, daar verder te studeren. In Rotterdam werd ik, met enkele andere theologiestudenten, ingeschakeld als predikantsassistent: dat gaf enige praktische vorming en misschien ook nog een beetje bescherming. We liepen rond met een mooie band om de arm, waarop 'hulppredikant' stond aangegeven. Ik werd te werk gesteld in een Rotterdamse volksbuurt; toen merkte ik pas, hoe moeilijk het predikantswerk is. Gelukkig bleef er nog tijd voor studie. Voor een deel moesten we onze eigen weg vinden; tot op zekere hoogte is mijn generatie theologisch autodidact. Ik begon Barth te lezen; nog herinner ik mij tot in details het moment waarop, midden in een periode van twijfel en onzekerheid, de pas-begonnen lectuur van Barth mij, om met Marsman (toen onze meest bewonderde dichter) te spreken, een 'gloorstreep van hoop' gaf. Ook verschillende Nederlandse Barthianen hadden mij veel te zeggen, door hun geschriften en door hun preken. Ik denk hier met name aan de preken van de Rotterdamse predikant J.J. Stam; wanneer hij voorging deed zich 'queue-vorming' voor bij de kerk — nu althans in ons land (afgezien van de Kerstnacht-diensten) een ongekend fenomeen. Na de oorlog kreeg ik, nog al liefst als huwelijkscadeau, van een oudere vriend alle toen verschenen delen van Barth's *Kirchliche Dogmatik* ten geschenke. Ik lees nog vaak in de *K.D.* — bij voorkeur dan toch de kleine letters. En kostelijke lectuur vind ik de brieven van Barth — wat een krachtige persoonlijkheid, wat een levend mens!

Toch ben ik geen echte Barthiaan geworden. Tijdens mijn theologische speurtocht in de oorlogstijd werd ik bijna evenzeer gefascineerd door de Groningse hoogleraar G. van der Leeuw. Wat mij bij hem zo boeide was, dat hij een brug probeerde te slaan tussen theologie en cultuur. Daarin stond hij in de ethische traditie, die ik in haar oorsprong pas later goed leerde kennen. In mijn boekenkast staat Van der Leeuw's exemplaar van de vijf jaargangen van het negentiende-eeuwse tijdschrift *Ernst en Vrede*. Het werd volgeschreven door D. Chantepie de la Saussaye, op zijn beurt een bewonderaar van Schleiermacher. Barth en Schleiermacher — 'entre ces deux mon coeur balance', met nu toch wel een duidelijke overhelling naar Schleiermacher, die op zo creatieve wijze openbaring en religieus gevoel aan elkaar relateerde, en daardoor meer nadruk legde op de betekenis van de menselijke ervaring dan bij Barth het geval is. Maar dat betekent nog geen afscheid van Barth; in dit verband doet het mij goed, dat Henk Berkhof in het boeiende beeld van de theologische ontwikkelingen in de laatste eeuwen, door hem in 1985 in *200 Jahre Theologie. Ein Reisebericht* gegeven, beiden dichter bij elkaar heeft geplaatst dan men een tijd lang voor mogelijk hield.

Maar dat inzicht had ik nog niet toen ik na de oorlog mijn studie in Kampen hervatte. Ik was nog aan het zoeken en tasten — dat blijft trouwens je leven lang doorgaan; het enige verschil is, dat je geleidelijk de oriëntatiepunten beter leert kennen. Mijn dogmatiek moest ik onder meer bestuderen uit het *Handboek* van de vroegere Kamper hoogleraar A.G. Honig, een binnen de gereformeerde kaders irenische figuur, die een synthese tussen de inzichten van Kuyper en Bavinck tot stand trachtte te brengen. Duidelijker nog dan in de brede uiteenzettingen van Kuyper en Bavinck kwam in zijn werk het schema van de scholastieke theologie aan het licht. Het maakte op mij een onwerkelijke indruk, die mij, indien ik Bavinck en vooral ook Barth niet gelezen had (de reeks dogmatische studiëen van Berkouwer kwam pas later), de smaak voor dogmatiek voorlopig wel zou hebben bedorven.

Overigens was het na-oorlogse Kampen anders, opener, dan het Kampen dat ik in eerste instantie had leren kennen. Het was ook in de studentenkring alles niet meer zo krampachtig als voorheen. In de kleine gemeenschap, die Kampen vormde, bestond een vrij intensief contact tussen hoogleraren en studenten. Zonder aan de betekenis van anderen te kort te doen zou ik toch wel in het bijzonder willen wijzen op de betekenis, die J.H. Bavinck voor mij heeft gehad. Johan Bavinck, neef van de dogmaticus Bavinck, was een man van een geheel eigen spiritualiteit. Hij wist je uit te tillen boven de 'petite histoire' van de kerkelijke spanningen en conflicten. In zijn colleges over andere godsdiensten wist hij een voor ons verre wereld zeer dichtbij te brengen. Na zijn heengaan kreeg ik van zijn weduwe zijn exemplaar van Schleiermacher's *Reden über die Religion*, van vele aanstrepingen voorzien. Achteraf herken ik in de subtiliteit van zijn benadering iets van de geest van Schleiermacher.

Intussen was mijn favoriete vak toen al de kerkgeschiedenis. In Kampen werd dat vak gedoceerd door G.M. den Hartogh, wiens belangstelling vooral uitging naar de vroege geschiedenis van de Gereformeerde Kerken en de geschiedenis van het Réveil; hij kon daar met warme congenialiteit college over geven. Ook de liefde voor de kerkgeschiedenis is als vanzelf bij mij gegroeid. Historische interesse had ik van huis uit meegekregen. Misschien had de belangstelling voor 'het verleden' ook iets te maken met een romantisch trekje in mijn karakter. Litteratuur op het terrein van de geschiedenis heeft me al vroeg geboeid. Dat alles groeide geleidelijk, en ook wat dit betreft als vanzelfsprekend. Steeds meer ging ik beseffen dat je je eigen bestaan, je eigen tijd, de wereld waarin we leven pas goed leert kennen wanneer we ons individuele of collectieve achterland althans enigermate hebben geëxploreerd. Aanvankelijk breng je dat nog niet expliciet op formule, maar de vraag naar de historische wortels van onze cultuur is me meer en meer gaan boeien. Het is waarschijnlijk een gebrek aan fantasie dat ik me niet kan voorstellen dat iemand zich niet voor geschiedenis interesseert.

De 'vaderlandse kerkgeschiedenis' moesten we bestuderen uit 'Reitsma-Lindeboom' — een handboek, dat een goed tegenwicht gaf tegen de min of meer hagiografische litteratuur over het gereformeerde verleden die ik voordien gelezen had. Voor 'algemene kerkgeschiedenis' stond 'Heussi' op het programma, een werk van grote faam. Het verhaal gaat, dat Helmut Thielicke, toen hij aan Karl Heussi werd voorgesteld, opmerkte: 'Ach, Herr Heussi, ich meinte Sie wären ein Buch.' Didactisch zat het goed in elkaar, maar de smaak kreeg ik pas echt te pakken toen ik het (toen nog tweedelige) *Handboek der Kerkgeschiedenis* van J.N. Bakhuizen van den Brink en J. Lindeboom las — niet vermoedend dat ik later nog aan een nieuwe druk ervan zou meewerken. Ter aanvulling las ik nog andere kerkhistorische werken. A.A. van Schelven's *Het Calvinisme gedurende zijn bloeitijd*, hoe moeizaam ook geschreven (en achteraf zeg ik: hoe onproblematisch in zijn benadering van 'het' Calvinisme), hielp mij toch, de kerkgeschiedenis in haar culturele en politieke context te zien. In één adem las ik voorts H. Lietzmann's *Geschichte der alten Kirche* uit. Met de herinnering daaraan denk ik soms: wanneer ik nog een tweede leven kreeg zou ik dat willen wijden aan de studie van de vroege kerk — maar ik vrees, dat ik zelfs dán niet klaar zou komen met alles wat ik nog in 'mijn' tijdvak zou willen doen. Wat is het jammer voor de huidige studentengeneratie, dat de curricula zo weinig tijd meer bieden voor eigen lectuur naast de verplichte tentamenstof. Zoals een kerkgebouw zijn esthetische waarde mede ontvangt dankzij de 'overtollige' ruimte, krijgt de universitaire studie een meerwaarde wanneer zij althans enige ruimte biedt om nog wat eruditie op te doen. Maar in het huidige 'no-nonsense'-klimaat hebben de 'regelgevers' daar kennelijk geen weet meer van.

Toen er na de oorlog weer vrijheid van bewegen kwam, werd de tijd overigens niet alleen tussen de boeken doorgebracht. Na een periode van inperking en beklemming, waarin we noodgedwongen binnen enge grenzen moesten leven, ging de wereld voor ons open. Ook in het gereformeerde leven, dat in recente tijd eerder de zwakheid dan de kracht van het isolement ervaren had, groeide het verlangen, de grenzen wijder open te zetten dan vroeger het geval was. Oecumenisch streven is soms de keerzijde van kerkelijke claustrophobie. Het was alles nog heel pril, en enkele oecumenische zwaluwen maakten nog geen zomer, maar tóch zat er iets van klimaatsverandering in de lucht. We merkten dat terdege in ons Kamper studentenwereldje. Een concrete stap in dit opzicht was de toetreding van het studentencorps tot de oecumenische jeugdraad. In dit verband bezocht ik in 1946 een oecumenische jeugdconferentie in Versailles, die op mij een blikverruimende invloed had. Het meest helder staan mij de bijbelstudies voor de geest: het was een ervaring, te beleven hoe je, komend uit zeer verschillende achtergrond, je toch één kunt weten in het luisteren naar de boodschap van de bijbel. Het kreeg nog te sterker accent, omdat je voortdurend met je neus gedrukt werd op de realiteit van een verscheurd en gehavend Europa. Dat dempte ons jeugdig enthousiasme niet — integendeel, we ervoeren deze ervaring als een stimulans in het streven naar groter eenheid. Het lijkt vandaag of dat oude élan verdwenen is. Misschien zijn we door schade en schande heen wat 'sadder' geworden met betrekking tot het oecumenisch ideaal. Of we daardoor ook 'wiser' geworden zijn is nog de vraag.

In Versailles leerde ik Marcel Krop kennen, die later studentenpredikant in Groningen zou worden; een even markante figuur (zij het ook op een heel andere manier) als zijn vader, de Rotterdamse Hervormde predikant F.J. Krop. De oecumenische context, waarbinnen we elkaar ontmoetten, leidde ertoe dat we intensief met elkaar spraken over de mogelijkheid van toenadering tussen Hervormden en Gereformeerden. Daaruit ontstond een correspondentie, in 1948 door Marcel gepubliceerd onder de titel *Brieven van en aan mijn Gereformeerde vriend*.

Oecumenisch contact was er ook in het kader van de N.C.S.V., die een zo belangrijke rol heeft gespeeld bij de totstandkoming van een meer oecumenisch klimaat. In de periode, waarin ik mij thuis voorbereidde op het candidaatsexamen, was ik lid van een bijbelkring van economie-studenten. Er bestond, in de 'na-oorlogse' tijd, in Rotterdam meer dan één goedbezochte N.C.S.V.-bijbelstudiekring. Aan elk daarvan werd een theologisch student toegevoegd, die het consigne kreeg: 'Je bek pas opendoen, wanneer je iets gevraagd wordt' — voor theologen een heilzame raad.

Een ontmoetingspunt voor theologen van verschillende richting en achtergrond werd gevormd door de Vereniging van Studenten aan Theologische Faculteiten. Binnen die kring vond meer dan eens over en weer de 'schok der herkenning' plaats, die op zijn beurt de katalysator kon worden voor een gemeenschappelijk bezig zijn met de grote vragen van de theologie. Het Leidse V.S.T.F.-congres, in januari 1947 gehouden — voor het eerst kwam ik daar in aanraking met de Leidse theologische wereld, mij nu zo vertrouwd — werd door de organisatoren als een 'praeparatio oecumenica' aangeduid. Het orgaan van de V.S.T.F. was het goede *Vox Theologica*, thans helaas ter ziele. Enige tijd zat ik in de redactie; met veel plezier herinner ik me nog de redactievergaderingen in 'De Poort van Cleef' te Amsterdam. Al bladerend stuitte ik op één van mijn eerste pennevruchten, een nogal retorisch 'Woord tot de ,,eerstejaars'' ', met enige onderwaardering van de theologie aan de ene kant — 'ons theologisch huis is stoffig en oud' —, een niet geringe overschatting van haar functie anderzijds — 'het oude huis der theologie wordt belangrijker als centrum voor de reconstructie dan de meest perfecte laboratoria' (*V.Th.* 18 (1947-48), 3). Misschien ben ik in dit opzicht toch wel iets 'sadder' èn 'wiser' geworden. Het ontbrak ons in die tijd ook in andere opzichten niet aan overmoed: zo stelden we onder de lezers een enquête in over een veelheid van uiterst moeilijke theologische onderwerpen, die door verschillenden niet minder overmoedig beantwoord werd. Maar er was in ieder geval leven in de brouwerij!

Heel belangrijk werd voor mij een studieverblijf van enkele maanden in Schotland, aan 'New College', de theologische faculteit van de Universiteit van Edinburgh. Het 'soortelijk gewicht' van dit buitenlands studieverblijf is in het geheel van mijn leven zwaarder dan de korte duur ervan zou doen vermoeden. Het betekende, dat ik enige tijd intensief kennis maakte met een wereld die aan de mijne verwant was, en toch ook in theologisch opzicht net iets anders. Het is na zoveel jaren moeilijk, precies onder woorden te brengen wat dat andere was. Wat ik daar te horen kreeg was bepaald niet schokkend: men zou de toenmalige Edinburghse faculteit zeker niet van radicalisme hebben kunnen betichten. Maar er was een theologische openheid en onbevangenheid, die ik (uitzonderingen daargelaten) in de theologiebeoefening in gereformeerde kring toch had gemist. Met name manifesteerde zich dat op het terrein van de historische kritiek. Ik had de bijbel nooit historisch-kritisch leren lezen: daarvoor rustte de schaduw van de synode van Assen (1926), die Geelkerken veroordeeld had en een fundamentalistische benadering van de bijbel verbindend had gesteld, nog te zwaar op het gereformeerde leven. Na de oorlog begon dat anders te worden: Herman Ridderbos bracht ons in zijn boeiende colleges tot aan de grens van de historische kritiek, maar nog niet er over heen. In Edinburgh merkte ik pas goed, hoe verrijkend het kan zijn de bijbel te lezen met onbevangen gebruikmaking van de historisch-kritische methode. Ook in andere opzichten verruimde het verblijf in Schotland mijn blik; het werkte relativerend ten aanzien van de eigen situatie. En — last but not least —: tijdens een college van de kerkhistori-

cus Hugh Watt over de aanvang van de zendingsgedachte in het achttiende-
eeuwse Schotland zag ik, zij het nog slechts in zeer vage contouren, het onderwerp van mijn toekomstige dissertatie voor mij. Ik vond het dan ook een
belevenis, een kwart eeuw later in New College een gastcollege te mogen geven
over hetzelfde onderwerp.

Het jaar 1947 was voor mijn vrouw en mij wel heel bijzonder: we traden in het
najaar in het huwelijk en betrokken de pastorie van het idyllische Ottoland,
verscholen in het Hollandse poldergebied. Tien jaar geleden verscheen de
dissertatie van J. Verrips, *En boven de polder de hemel. Een antropologische
studie van een Nederlands dorp 1850-1971*, waarin een interessante dwars-
doorsnede wordt gegeven van het leven in Ottoland in het betreffende tijdvak.
Verschillende spanningen in kerkelijke kring worden in dit boek behandeld,
maar in de tijd van ons verblijf in Ottoland was er niets waarop het zoeklicht
speciaal moest worden gericht: blijkbaar was er toen althans in figuurlijke zin
weinig beweging in het Ottolandse water. Of dat laatste vóór dan wel tegen mijn
activiteiten als dominee pleit, laat ik nu maar in het midden.

In Ottoland leerde ik de 'Nadere Reformatie', ook wel met een enigszins
anachronistische term als 'gereformeerd piëtisme' aangeduid, als het ware in
reincultuur kennen. Smytegeld werd er nog gelezen naast Thomas à Kempis, en
over wat in dit klimaat wel wordt aangeduid als 'bekering' en 'bevinding'
(ervaring, zij het niet dezelfde als bij Schleiermacher) werd nog veel gesproken.
Er was, zij het ook in hervormde meer dan in gereformeerde kring, iets van een
huiver om aan het Avondmaal te gaan. De zondag werd zeer streng gevierd,
naar puriteins patroon. Merkwaardig is overigens, dat het laatste in zijn alge-
meenheid van vrij recente datum was: ouderen wisten mij te vertellen, dat het in
hun jeugd althans bij een deel van de bevolking anders placht toe te gaan. De
kennismaking met de Nadere Reformatie in deze vorm was een boeiende en
leerzame ervaring. Het bracht mij er toe, de beweging in haar historische
ontwikkeling vanaf de zeventiende eeuw nader te bestuderen, en daar ook haar
Engelse parallel, het Puritanisme, bij te betrekken. Er is in ons land op dit
ogenblik weer vrij wat aandacht voor de Nadere Reformatie. Het is een fenomeen dat de moeite van de bestudering ten volle waard is, uit historisch zowel
als uit theologisch oogpunt. De beweging op grond van haar negatieve aspecten
te caricaturiseren is niet moeilijk, maar men houdt dan geen rekening met de
existentiële diepgang die haar in haar beste uitingen kenmerkt. Wel zou het
goed zijn, indien een bredere en meer gevarieerde kring van onderzoekers zich
met haar bezig zou houden, zoals in Engeland ten aanzien van het Puritanisme
het geval is. De studie zou dan in een ruimere context komen te staan.

Intussen moest in Ottoland ook het 'doctoraal' gedaan worden. De omstandigheden brachten met zich mee, dat de doctoraalstudie geheel vanuit de
pastorie moest worden verricht. Hoofdvak werd niet de kerkgeschiedenis, maar
de zendingswetenschap, al kwam daarin als vanzelf het zwaartepunt te liggen
bij de geschiedenis van de zending, terwijl het pakket ook een flinke portie
kerkgeschiedenis bevatte. Dat ik zendingswetenschap als hoofdvak koos, hangt
samen met het feit dat mijn vrouw en ik het plan hadden om te eniger tijd in

zendingsdienst naar Indonesië te gaan. Achteraf is het moeilijk de motieven die daarbij werkzaam waren te analyseren — moeilijker nog dan een analyse te geven van de collectieve zendingsmotieven in de achttiende eeuw, zoals ik in mijn proefschrift zou proberen te doen. 'Zending' was voor onze generatie een zeer positief begrip. We associeerden het met de wijdheid van de wereld, met de ontmoeting met andere culturen, met de uitdaging het Evangelie te vertalen in heel andere categorieën dan waar we mee vertrouwd waren. De zending hielp ons, zicht te krijgen op de geestelijke bewegingen op de wereldkaart. Bovendien was ten gevolge van de na-oorlogse politieke ontwikkelingen onze aandacht sterk op Indonesië gericht; de positieve houding die de 'zendingsmensen' innamen tegenover het dekolonisatieproces gaf ons (en dat niet ten onrechte) de gedachte dat in hun kring een bevrijdende openheid aanwezig was. Misschien school er in die kijk op de zending bij alle idealisme ook een flink stuk romantiek — maar toen stuwde het mij toch, ook in mijn studie, in een bepaalde richting. Jaren later, na mijn promotie, leek zich de mogelijkheid voor te doen, een functie als docent te aanvaarden aan de Theologische School van Makassar (het huidige Ujung Pandang). Uiteindelijk ging het niet door, ten gevolge van externe omstandigheden. Later is mijn medewerker aan de Vrije Universiteit Pieter Holtrop, die nu Johan Bavinck's oude zendingsleerstoel in Kampen bezet, er een tijdlang docent geweest; helaas kwam het er niet van, de Holtrops daar te bezoeken.

Voor kerkgeschiedenis moest ik onder andere een scriptie maken over de Leidse predikant Nicolaas Schotsman. Mijn eerste archiefonderzoek deed ik in verband hiermee in het archief van de Hervormde Gemeente te Leiden, dat zich toen in de Pieterskerk bevond. Telkens wanneer ik bij academische plechtigheden het poortje passeer dat vroeger toegang gaf tot het archief, moet ik denken aan mijn 'eerste schreden' op het pad van het archiefonderzoek — een bezigheid die mij (zo ze maar ergens toe leidt) nog steeds intens veel genoegen verschaft.

Het doctoraal examen werd in 1952 in Kampen afgelegd. Een jaar later (kort na de watersnood, die ook Ottoland trof) vond de verhuizing naar Zutphen plaats, waar ik inmiddels beroepen was. In de mooie oude Hanzestad aan de IJssel hebben we een bijzonder plezierige tijd gehad. Het predikantswerk in een kleine stad is zeer gevarieerd en biedt vele mogelijkheden tot contact. In Zutphen leerde ik de vrijzinnigheid van dichtbij kennen — een ontmoeting, die mijn theologische horizon verder heeft verruimd. Het feit dat ik samen met een vrijzinnige hervormde collega een bijbelkring ging leiden betekende een klein doorbraakje; ik moet daaraan toevoegen, dat het gereformeerde klimaat in de Achterhoek misschien een beetje conservatief, maar beslist niet 'scherpslijperig' was. Het was er goed werken.

Ook hier bleef nog tijd voor studie over — die ik trouwens hard nodig had: er moest nog een dissertatie geschreven worden. In 1956 promoveerde ik in Kampen bij Johan Bavinck op een proefschrift, getiteld: *Constrained by Jesus' love. An inquiry into the motives of the missionary awakening in Great Britain in the period between 1698 and 1815*. Het onderzoek bracht mij op de terreinen van de Engelse kerkgeschiedenis en de studie van de achttiende eeuw; twee velden, die met name in hun onderlinge verwevenheid mij nog steeds uitermate boeien. Wat mij vooral bezig hield was de vraag naar de drijvende krachten achter de bekende feiten; in dit geval naar de motieven die mensen ertoe brachten de zendingstaak als roeping van de christenheid te poneren en metterdaad op zich te nemen. Bij de beantwoording (of het pogen daartoe) bleek steeds duidelijker hoe moeilijk het is, te onderscheiden tussen theologische en niet-theologische, geestelijke en seculaire motieven; voorts ook dat, hoe zorgvuldig je ook analyseert, er een diepgelegen veld overblijft waar je als historicus niet de hand op kunt leggen. Indien ik het over zou kunnen doen, zou ik mij misschien al in de analyse, en zeker in de theologische evaluatie, meer terughoudend opstellen.

Mijn dissertatie bracht mij in aanraking met de Engelse missioloog Max Warren, toen algemeen secretaris van de Church Missionary Society, later Canon van Westminster — een man van groot formaat, die een opvallende sensitiviteit voor de geestelijke factoren in de eigentijdse ontwikkeling paarde aan een helder inzicht in de historische achtergronden. De vriendschap bleef voortduren tot zijn heengaan in 1977. Hij introduceerde mij in de kring van de Anglicana, en het huis in 'Little Cloister', een plek van rust in het hart van een wereldstad, bood mij tijdens studieverblijven een in dankbaarheid genoten 'pied à terre'.

In 1959 ging ik naar de Vrije Universiteit, om daar als lector de ethiek te doceren; in feite had ik aan ethiek heel weinig gedaan, maar ik zag er een wetenschappelijke uitdaging in. Vandaag komen 'credietbenoemingen' zoals deze niet meer voor — en dat is misschien ook maar goed, zoals ik nu makkelijk zeggen kan. Als vanzelf trok ik mijn onderzoek op het terrein van de ethiek sterk in historische richting. In 1959 hield ik mijn 'openbare les' over John Wesley's ethiek. Twee jaar later (in 1961 werd ik hoogleraar en in die tijd werden de rituelen nog streng gehandhaafd) hield ik een oratie, waarin ik nog verder terugging in de geschiedenis: zij handelde over Luther's twee-rijken-leer, een voor de ethiek fundamenteel probleem. Al in de titel ('Twee rijken, één Heer') probeerde ik tot uitdrukking te brengen dat ik de tweeheid wilde honoreren èn relativeren. Een van mijn promovendi, Bert Schuurman, zou later het onderwerp op eigen wijze uitwerken in zijn dissertatie *Confusio regnorum* (1965). Zelf gaf ik enkele kleinere studies op het terrein van de historische ethiek, over 'het puriteinse ethos en zijn bronnen' en (mijn enige uitstap op het terrein van de vroege kerk) 'de oude kerk en het oorlogsvraagstuk'. In die studies herken ik mijzelf beter dan in die over meer praktische vraagstukken op het terrein van de ethiek, die nu soms ver van mij af staan.

Mijn taak verbreedde zich in 1961: ik kreeg toen naast de ethiek de zendingsgeschiedenis als opdracht — zeer tot mijn genoegen, omdat ik nu ook rechtstreeks historisch bezig kon zijn. Vanaf 1958 doceerde ik trouwens reeds de zendingsgeschiedenis aan het Zendingsseminarie van de Gereformeerde Kerken in Baarn. Mijn ethische en zendingshistorische interessen combineerden zich in een studie over David Livingstone's streven om in Afrika een weg te banen voor de introductie van 'commerce and Christianity'. Het onderwerp fascineerde me. Het was de tijd, waarin de 'wind of change' in Afrika op ging steken, en me verdiepend in het onderwerp merkte ik eens te meer hoe goed het is het historisch perspectief niet uit het oog te verliezen. En tegelijk merkte ik opnieuw, dat hoezeer het ook nodig is aandacht te geven aan de structurele aspecten van het verleden, concentratie op de levende mens en zijn functioneren binnen de structuren geboden blijft: het bewaart ons voor een abstracte geschiedschrijving, die aan het verleden niet wezenlijk recht doet. Ik verdiepte mij zó in de hoofdfiguur dat ik eens, de telefoon opnemend, zei 'Met Livingstone'. Helaas was aan de andere kant van de lijn geen Stanley aanwezig — maar in zekere zin is alle historisch onderzoek toch: in gesprek zijn met de mens van het verleden, en voor zover dat mogelijk is over de tijdsafstand heen iets van 'gelijktijdigheid' ervaren. Intussen was mijn reactie aan de telefoon niet helemaal onbedenkelijk: historisch onderzoek kan alleen gedijen in de dialectische spanning tussen een sympathetische benadering en een kritische distantie. Wie het ene of het andere verwaarloost, vervalt in hagiografie of in 'debunking'.

Enkele promovendi hebben zich breder en dieper met Afrika bezig gehouden. In 1967 promoveerde Peter Bolink op een proefschrift *Towards Church Union in Zambia*. In een latere fase, toen ik al in Leiden was, promoveerde Gerdien Verstraelen-Gilhuis, mijn vroegere medewerker aan de Vrije Universiteit, aldaar op het onderwerp: *From Dutch Mission to Reformed Church in Zambia*, terwijl in 1984 Jan van Butselaar in Leiden de doctorsgraad verwierf op een proefschrift over de zending in Mozambique: *Africains, missionaires et colonistes*. Meer op het veld van mijn dissertatie lagen de proefschriften van Sidney Rooy (1965: *The Theology of Missions in the Puritan Tradition*) en van James de Jong (1970: *As the Waters cover the Sea*, over chiliastische verwachtingen in de vroege Amerikaanse zending).

In 1967 verwisselde ik de ethiek (waarvoor nu Harry Kuitert aantrad) voor het kerkrecht. Vanaf 1968 luidde mijn leeropdracht: vaderlandse kerkgeschiedenis, algemene kerkgeschiedenis na 1650 en kerkrecht; het was een deel van de leeropdracht van de in 1968 geëmeriteerde kerkhistoricus D. Nauta, man van groot vakmanschap en brede historische kennis — op zijn terrein ook nu nog steeds actief. Het andere deel van Nauta's leeropdracht werd overgenomen door Kees Augustijn. Het was een vreugde, met een zo kundig collega in goede collegialiteit te mogen samenwerken.

Het kerkrecht vond ik met name interessant, omdat het een goed inzicht geeft in de kerkelijke structuren. De keerzijde van dit deel van de opdracht was, dat ik hierdoor als prae-adviseur van de generale synode voor kerkrechtelijke aangelegenheden wel zeer sterk bij het kerkelijk bedrijf betrokken werd. Bij het voortdurend toenemen van de synodale werkzaamheden moest tenslotte vanuit het oogpunt van de wetenschappelijke verplichtingen bezien onproportioneel, ja onverantwoord veel tijd in kerkelijke zaken worden gestoken. Voor onderzoek op het gebied van het kerkrecht — in ons land op het ogenblik vooral aan protestantse kant vrijwel braakliggend terrein — bleef geen ruimte, wilde ik althans de rest van mijn leeropdracht niet in het gedrang laten komen. Participatie aan het werk van de synode was niet alleen tijdrovend — ik was soms een hele maand uit mijn universitaire werk, tenslotte wel zeer terugverlangend naar mijn studeerkamer —, maar soms ook emotionerend. De Gereformeerde Kerken bevonden zich op de grens tussen oude geslotenheid en nieuwe openheid. Dat dit zijn spanningen en problemen met zich mee bracht, was onvermijdelijk. Verwante kerken, zoals in Schotland de vroegere United Free Church en in Amerika de Presbyterian Church in the U.S.A., hadden analoge spanningen al veel eerder doorgemaakt en waren er heelhuids of althans zonder al te grote schade doorheen gekomen. Een duidelijk teken van openheid was, dat de Gereformeerde Kerken steeds meer oog kregen voor het oecumenisch ideaal; tenslotte resulteerde dit in aansluiting bij de Wereldraad van Kerken en in aanvankelijk nog schuchtere, later meer concrete toenaderingspogingen tot de Hervormde Kerk. Maar zo nu en dan wierp de oude situatie nog haar schaduw over het kerkelijk leven, met name wanneer de synode zich bezig hield met klachten tegen sommige van onzuiverheid in de leer verdachte theologen. Gelukkig leidde het ditmaal niet, zoals vroeger, tot kerkelijke vonnissen: alleen al de herinnering aan 1926 en 1944 werkte in dit opzicht prohibitief. Moeizaam leerde men, in dezen een nieuwe weg te gaan. Soms was de atmosfeer echter tamelijk geladen; het deed in mij nog te meer het verlangen groeien naar een kerkelijk klimaat, dat door een vanuit een positieve achtergrond beleefde tolerantie gekenmerkt zou zijn. Dat, voor zover ik kan zien, zulk een klimaat nu steeds meer het gereformeerde leven bepaalt, is een goede zaak; een onmisbare voorwaarde ook om met de Hervormden 'samen op weg' te gaan.

Er bleef overigens temidden van alles nog tijd over voor kerkhistorisch onderzoek, hoezeer die ook op andere zaken bevochten moest worden: ook binnen de universiteit kenden de organisatorische beslommeringen een explosieve groei. 'On revient toujours à ses premières amours': dat geldt bij mij voor de studie van de kerkgeschiedenis in het algemeen, voor die van de achttiende eeuw in het bijzonder. Mijn oude liefde voor Wesley vatte ik weer op in een studie over zijn contacten met Nederland, die mij eens te meer deed beseffen hoe stimulerend het is, de kerkgeschiedenis in internationaal perspectief te beoefenen. Enerzijds werkt het relativerend; wat binnen de muren van een Hollands binnenhuisje heel gewichtig lijkt, blijkt in breder verband bezien soms iets van zijn gewicht te verliezen of, zo het al belangrijk is, toch minder specifiek te zijn. Maar aan de andere kant kan het bepaalde aspecten van de eigen geschiedenis, die in het traditionele onderzoek in de schaduw bleven, ineens verrassend doen oplichten.

Door min of meer toevallige omstandigheden (een verzoek om inlichtingen betreffende vertalingen in het Nederlands van de Engelse theoloog Doddridge) kwam ik in contact met de Engelse kerkhistoricus Geoffrey Nuttall, met wie ik de liefde voor meer dan één aandachtsveld deelde. Het leidde tot een vruchtbare samenwerking, die uiteindelijk resulteerde in een gezamenlijk geschreven werk over Philip Doddridge en zijn contacten met Nederland. Tijdens Nuttall's 'presidency' van de 'Ecclesiastical History Society' hield ik in 1972 op de 'zomerconferentie' in Cambridge een lezing over 'Orthodoxy, rationalism and the world in eighteenth century Holland'. Het onderzoek versterkte mijn belangstelling voor het fenomeen van de protestantse Verlichting (een term, die ik prefereer boven de aanduiding 'reformatorische Verlichting') en haar relatie tot het Piëtisme en het Methodisme. Het heeft mij sindsdien niet meer losgelaten. Historisch is het onderwerp van cruciaal belang voor het verstaan van de ontwikkeling van het Protestantisme (en in zekere zin ook het Katholicisme, al heb ik mij daar helaas nooit zo intensief mee kunnen bezighouden) in de achttiende en negentiende eeuw. Bovendien is het ook van belang voor de doorlichting van onze eigen situatie: wanneer het waar is dat wij niet meer achter de Verlichting terugkunnen is het de moeite waard na te gaan, hoe vorige generaties hebben getracht het christelijk geloof met bepaalde verworvenheden van de Verlichting 'in rapport' te brengen. In dit verband ligt het voor de hand, aandacht te schenken aan de overgang van de achttiende naar de negentiende eeuw. Aan die periode is voor wat ons land betreft van kerkhistorische zijde nog maar weinig gedaan. Te meer vond ik het waardevol, dat Pieter Holtrop in zijn dissertatie over de 'Deutsche Christentumsgesellschaft' en Nederland (1975: *Tussen Piëtisme en Réveil*) zich met dit terrein bezig hield. In dezelfde periode, zij het in de tijd iets later, speelt de Leidse dissertatie van Paul Estié over het ontstaan van het Algemeen Reglement van de Evangelisch-Lutherse Kerk (1982: *De stichting van een kerkgenootschap*). Dit jaar was ik in Groningen betrokken bij de promotie van Jan Boneschansker, *Het Nederlandsch Zendeling Genootschap in zijn eerste periode*. Langzaam gaat een witte plek zich vullen.

Een nieuw veld opende zich voor mij, toen ik gevraagd werd een deeltje te schrijven in de reeks *Verkenning en Bezinning* — een reeks, gewijd aan de verhouding tussen de kerk en het Joodse volk. Het werd een studie over de verhouding tussen Joden en Christenen in Nederland in de zeventiende eeuw; een eerste verkenning (inderdaad) op een terrein waarop ik mij nog steeds met grote belangstelling beweeg. In deze context kwam het chiliasme, dat mij bij de voorbereiding van mijn dissertatie al had bezig gehouden, op een nieuwe wijze voor mij aan de orde — een verschijnsel, dat een tijdlang als marginaal werd beschouwd, maar dat nu weer in het middelpunt van de belangstelling staat.

In mijn onderzoek lag het zwaartepunt duidelijk bij de latere zeventiende en de achttiende eeuw. Daarnaast gaf ik in de colleges veel aandacht aan de negentiende eeuw, in bijzondere zin ons geestelijk achterland. Bij de bestudering van de Nederlandse kerkgeschiedenis kwam ik steeds meer onder de indruk van de figuur van D. Chantepie de la Saussaye en diens houding in de kerkelijke strijd van zijn dagen. Het werd me duidelijk hoezeer de Gereformeerden (vooral onder invloed van Kuyper) zichzelf te kort hadden gedaan door voorbij te gaan aan de betekenis van de ethische theologie: 'hinc illae lacrimae', vandaar, zo komt het mij voor, de trieste afloop van de conflicten rondom Geelkerken en Schilder. La Saussaye had in zijn tijd al laten zien, hoezeer een juridische en confessionalistische handhaving van de leer onvermijdelijk tot doorgaande splitsing leidt. Aan La Saussaye wijdde ik in de loop van de tijd enkele kleinere studies. Een bredere studie wacht nog op voltooiing.

In 1976 liep mijn tijd aan de Vrije Universiteit ten einde. Het was in vele opzichten een goede tijd. Toen ik in 1959 samen met Guus Meuleman (met wie ik vele gesprekken gevoerd heb over de theologie van de negentiende eeuw) aantrad, was de faculteit nog klein en zeer overzichtelijk. Ik voelde me erg jong ('gezegend jong', zei Johan Bavinck) en nam niet zonder enige verlegenheid de taak over van mijn voorganger in de ethiek Rein Schippers, die ik vroeger in Rotterdam nog als predikant had meegemaakt. We gaven college in het oude gebouw aan de Keizersgracht, zo vol historische associaties; ik kan (dit terzijde) nog steeds niet begrijpen, dat de V.U. later dit gebouw van de hand heeft gedaan. Administratieve en organisatorische beslommeringen waren in die tijd nog vrijwel nihil — nu een onvoorstelbare situatie! Maar er waren in de faculteit interessante dingen aan de gang; van bijzonder belang was in dezen de manier waarop Gerrit Berkouwer bezig was de dogmatische horizon te verbreden. Later verhuisden we naar Buitenveldert; het markeerde een nieuwe fase in de geschiedenis van de faculteit. Maar ook toen zij breder geworden was en in het docentencorps een nieuwe generatie aantrad bleef de cohesie bestaan — waarschijnlijk zelfs nog versterkt door de druk van kerkelijke zijde waaraan sommige collega's waren blootgesteld.

Toen de uitnodiging kwam, naar Leiden over te gaan, heb ik haar niet zonder enige aarzeling (ik was sterk met de V.U. verbonden geraakt), maar toch positief en met vreugde aanvaard: om 'Leiden' als zodanig, vanwege de kans ook om in het leven nog eens een nieuwe start te maken, en tenslotte om, gevrijwaard van toch wel zeer drukkende synodale beslommeringen, de handen meer vrij te hebben voor het wetenschappelijk werk. In Amsterdam nam ik in besloten kring van de faculteit afscheid met een college over 'de uitdaging van het historisch-kritisch onderzoek'. Voor de gelegenheid hadden de medewerkers de oude katheder van Kuyper, waarop ik aan de Keizersgracht nog college had gegeven, uit een duistere schuilhoek te voorschijn gehaald; ik betwijfel of Kuyper dit gebruik van zijn katheder zou hebben geapprecieerd. Het onderwerp was significant voor mijn eigen theologische ontwikkeling.

In Leiden hield ik mijn oratie over een onderwerp, dat niet alleen in mijn wetenschappelijke, maar ook in mijn persoonlijke belangstellingswereld diepe wortels had: de tolerantie. *Een Leids pleidooi voor verdraagzaamheid* handelde over de strijd, die J.J. Schultens voerde ten gunste van de van onrechtzinnigheid verdachte predikant A. van der Os. Het onderwerp zette mij op meer dan één spoor. De familie Schultens bleef mij bezig houden (inzonderheid haar contacten met Engeland). Dankzij een uitlating van J.J. Schultens kwam de protestantse Verlichting in Zwitserland binnen mijn blikveld, en haar invloed op Nederland. Het gaf, direct dan wel indirect, stof voor enkele publicaties. Ik ben met het onderwerp nog niet klaar: er staan nog enige bezoeken aan de Zwitserse archieven op het programma. En tenslotte leidde de stof van mijn oratie ertoe, dat ik mij ging interesseren in de geschiedenis van de Leidse theologische faculteit in de achttiende eeuw. Er verschenen al enkele deelpublicaties; een groter werk staat op stapel.

Een van mijn eerste publicaties na de Leidse oratie was een artikel in Geoffrey Nuttall's afscheidsbundel over de Engelse Quaker William Ames en de Nederlandse chiliast Petrus Serrarius, waarin ik de draad van de chiliasme-studie weer opnam. Ik werkte eraan met Ernestine van der Wall, toen assistent in de vakgroep, die voor mij de biografie van Serrarius uitzocht. Ik liep in die tijd met het vage plan rond, nog eens een bredere studie over het zeventiende-eeuwse chiliasme te schrijven — tegelijk beseffend, dat in het korte leven niet àlles kan. Maar het is ook niet meer nodig: dit jaar promoveerde zij op *De mystieke chiliast Petrus Serrarius (1600-1669) en zijn wereld*. Ruim acht jaar werkte ik in de vakgroep met haar samen; ook andere publicaties van mijn hand werden samen met haar voorbereid en uitgewerkt. Nu neemt zij mijn taak over in de faculteit; het chiliasme en de joods-christelijke relaties zullen zeker niet van het programma verdwijnen! Dankzij Serrarius kwam een intensief contact tot stand met de Amerikaanse filosoof en historicus Richard Popkin, wiens interesse en deskundigheid op dit veld voor mij nieuwe perspectieven hebben geopend. Op een in 1985 in Tel Aviv en Jeruzalem gehouden conferentie over Menasseh ben Israel, door hem georganiseerd, sprak ik over de inzichten van Menasseh ben Israel, Henry More en Johannes Hoornbeeck betreffende de leer van de preëxistentie van de ziel. Het maakte dat de Cambridge Platonists, bij wie ik al eerder had stilgestaan, nog meer binnen de cirkel van mijn belangstelling kwamen.

De kring van onderwerpen, waarmee ik mij bezig hield en houd, heeft zich in de loop van de tijd steeds meer verwijd. Het heeft voor mijn besef niet tot fragmentarisering van mijn interessen geleid. Ik heb veeleer het gevoel, dat in mijn onderzoek de verbreding een cumulatieve invloed heeft gehad, die de samenhang allerminst heeft geschaad. Natuurlijk zijn er altijd enkele studies die los staan van het grote geheel; zulke studies vormen soms een verfrissend contrapunt, dat je van tijd tot tijd nodig hebt om even afstand te kunnen nemen. Voorts is het onmiskenbaar, dat in je interesse zich accentverschuivingen voordoen: wetenschap is een levende zaak. Maar de grote thema's die me steeds meer zijn gaan bezig houden komen toch alle op de een of andere wijze terug in het geheel van mijn onderzoek. Zo komt telkens weer de grote vraag aan de orde naar de verhouding tussen het Protestantisme en de opkomende en zich doorzettende Verlichting. Voor de beantwoording van die vraag is zorgvuldig detailonderzoek nodig. Het is altijd weer een feest, in het archief of met de oude geschriften om je heen met zulk onderzoek bezig te zijn. Maar bij dit alles mag de brede horizon niet uit het oog verloren worden. En hoe sterk de subjectieve betrokkenheid bij bepaalde onderwerpen ook mag zijn, ik blijf mijn best doen om niet te ver te blijven beneden de maat van de in zijn absoluutheid onvervulbare en toch in zijn strengheid onopgeefbare eis van objectiviteit.

Mijn Leidse tijd loopt althans in institutionele zin nu ten einde. Van meet af aan heb ik mij in Leiden als een vis in het water gevoeld. In de vakgroep deelden we het enthousiasme voor ons goede vak. Mijn collega proximus, Hans Posthumus Meyjes, belichaamt als het ware die internationale oriëntatie in de beoefening van het vak, die aan de bestudering ervan een heel eigen dimensie geeft. Marc Spindler weet een gedegen kennis van de eigentijdse mondiale situatie met een grote historische interesse te verbinden. En Egenhard Meijering laat ons telkens weer zien, van hoe groot belang de studie van de vroege kerk voor ons inzicht in de latere ontwikkeling is. In de faculteit boeide mij de variatie, die deed zien hoe vruchtbaar geestelijke en wetenschappelijke complementariteit is. Verrijkend waren de contacten met de voorgangers in de kerkgeschiedenis: J.N. Bakhuizen van den Brink en C.C. de Bruin, beiden nog op zo hartverwarmende wijze op de zaak betrokken. Nieuwe vrienden werden gemaakt, met oude de banden opnieuw aangehaald. In de universiteit groeiden vele dwarsverbindingen: ik denk hier inzonderheid aan de goede contacten met verschillende historici en aan de activiteiten binnen het Sir Thomas Browne Institute (Werkgroep Engels-Nederlandse Betrekkingen), waarbij de ons zo voortijdig ontvallen Jan van Dorsten, man van brede eruditie, mij destijds betrok. In nog breder kring was er een goed, vriendschappelijk contact met collega's aan andere universiteiten, zowel in het kader van het *Kerkhistorisch Gezelschap* en de *Werkgemeenschap voor Kerkgeschiedenis* alsook daarbuiten. Een organisch gegroeid samenspel, zoals wij dat hier kennen, zet wetenschappelijk meer zoden aan de dijk dan van bovenaf opgelegde samenwerkingsstructuren die niet in een wezenlijk contact geworteld zijn. Samenspel was er ook, in toenemende mate en voor mij vaak zeer stimulerend, met collega's in het buitenland, van wie enkele reeds werden genoemd.

Op de kerkgeschiedenis raak je nooit uitgekeken. Het is een voorrecht, bezig te mogen zijn met dat vreemde gebeuren: de gang van het christendom door de eeuwen heen; soms zo ver beneden eigen hoge maat, zozeer al-te-menselijk, en toch in zijn kern een 'mysterium fascinans'. Ik hoop er nog veel mee bezig te kunnen zijn. Het college-geven en het levend contact met telkens weer nieuwe generaties studenten zal ik missen. Maar wat blijft, is de mogelijkheid tot voortgaand onderzoek. Ik verlaat de universiteit op een tijdstip, waarop vooral voor de 'humaniora' het klimaat ongunstig is. Doorgaande bezuinigingen en schier ongetemperde Haagse regelzucht vormen een dubbele bedreiging. Met een variant op Adam Smith zou ik willen opmerken, dat de welvaart van de universiteit samenhangt met de mate van creatieve wetenschappelijke vrijheid die in haar midden gevonden wordt — een vrijheid, die allerminst schade hoeft te ondervinden van een verantwoorde, in het wetenschappelijk bedrijf gewortelde 'planning' en organisatie, maar die niet kan gedijen in een sfeer van bureaucratische betutteling en structurele omklemming. Van terzijde zal ik het wel en wee van de universiteit met grote interesse blijven volgen. Ik hoop van de vrijheid, mij nu in meer dan één zin geschonken, ook op wetenschappelijk gebied nog een goed gebruik te kunnen maken. Van mijn keus voor de kerkgeschiedenis heb ik in ieder geval geen spijt gehad: de liefde heeft zich (zo gaat dat met echte liefde) alleen maar verdiept!

In dank opgedragen aan mijn vrouw: zonder haar had deze 'Terugblik' niet zó geschreven kunnen zijn.

Bibliografie J. van den Berg

1947
'Theoretisch of practisch? Woord tot de ,,eerstejaars'' ', *Vox Theologica* 18 (1947-48), 1-3
'Voortgezet gesprek', *Vox Theologica* 18 (1947-48), 57-62

1948
'Het gesprek tussen ,,rechts'' en ,,links'' ', *Vox Theologica* 19 (1948-49), 13-15

1950
'Calvin's Missionary Message', *The Evangelical Quarterly* 22 (1950), 174-187

1952
'De Gereformeerden en de I.C.C.C.', *Oecumenische Vragen* (Mededelingenblad van het Gereformeerd Studieverband voor Oecumenische Vragen) 31 (1952), 1-6

1956
Constrained by Jesus' Love. An Inquiry into the Motives of the Missionary Awakening in the Period between 1698 and 1815 (diss. Johannes Calvijn-Academie Kampen), Kampen 1956

1957
'1961', *Eltheto* 99 (1957), 5-8

1958
'Tragedie op de kust van Brazilië', *De Heerbaan* 11 (1958), 179-184

1959
Waarom zending?, Kampen 1959
'Calvin and Missions', in: J.T. Hoogstra (ed.), *John Calvin Contemporary Prophet*, Grand Rapids 1959, 169-183
Het christelijk leven naar de opvatting van John Wesley (Openbare les Vrije Universiteit Amsterdam), Kampen 1959

1960
'Corpus christianum en zending', *De Heerbaan* 13 (1960), 159-178
'Rondom het begrip ascese', *Bezinning* 15 (1960), 155-165

'De Gereformeerde Kerken en de oecumenische beweging', in: W.F. Golter-
man en J.C. Hoekendijk (red.), *Oecumene in 't vizier, aangeboden aan Dr.
W.A. Visser 't Hooft,* Amsterdam 1960, 9-22

1961
Twee regimenten, één Heer (inaugurele oratie Vrije Universiteit Amsterdam),
Kampen 1961
'Sociale ethiek', *Sola Fide* 14 (1961), 19-24
'Enkele aspecten van de Nederlandse zending in de zeventiende eeuw', *Vox
Theologica* 32 (1961-62), 33-42
'Verantwoorde gezinsvorming. Het theologisch-ethisch aspect', *Bezinning* 16
(1961), 123-130

1963
'Gods wet op de straten der wereld. Bespreking van G.Th. Rothuizen, *Primus
usus legis', Gereformeerd Theologisch Tijdschrift* 63 (1963), 123-130
'Luther en Picasso. Een beschouwing naar aanleiding van de dissertatie van
G.Th. Rothuizen, *Primus usus legis', Sola Fide* 16 (1963), 15-18
'Tussen Troeltsch en Barth: enkele inleidende opmerkingen over het leven en
het werk van de Amerikaanse theoloog H. Richard Niebuhr', *Gereformeerd
Theologisch Tijdschrift* 63 (1963), 161-175
'Het puriteinse ethos en zijn bronnen (1)', *Vox Theologica* 33 (1962-63), 161-
171
'Het puriteinse ethos en zijn bronnen (2)', *Vox Theologica* 34 (1963-64), 1-8
'Responsible Parenthood', *Free University Quarterly* 9 (1963), 1-9

1964
'De betekenis van de professor dr. G. Brillenburg Wurth voor de beoefening
der ethiek', in: G. Brillenburg Wurth, *Conservatief of revolutionair?,* Kampen
(1964), 29-37
'Nieuwe theologische litteratuur op het terrein van huwelijk en sexualiteit',
Gereformeerd Theologisch Tijdschrift 64 (1964), 163-174
'Het christendom in het technocratische tijdperk'. Bespreking van A.Th. van
Leeuwen, *Christianity in World History, Gereformeerd Theologisch Tijd-
schrift* 65 (1965), 37-50
'De wetenschappelijke arbeid van Professor dr. Johan Herman Bavinck', in: J.
van den Berg e.a., *Christusprediking in de wereld (Studiën... gewijd aan de
nagedachtenis van Prof. dr. J.H. Bavinck*), Kampen 1965, 27-42
'Een open pad voor handel en christendom. David Livingstone's inzichten
betreffende de introductie van ,,commerce'' and ,,Christianity'' in Afrika', in:
J. van den Berg e.a., *Christusprediking in de wereld,* 63-90

1966
Gestalte der barmhartigheid. Eudokia tussen 1890 en 1965, Rotterdam 1966
'Het ambt in discussie' (n.a.v. R. Boon, *Apostolisch ambt en reformatie,* en

A.A. van Ruler, *Reformatorische opmerkingen in de ontmoeting met Rome*), *De Protestant* (1966), 4-8
'De oude kerk en het oorlogsvraagstuk', in: J. van den Berg e.a., *Christendom en oorlog. Gereformeerde stemmen over het oorlogsvraagstuk*, Kampen 1966, 67-94
'Rooms-katholieke en reformatorische huwelijksethiek', *De Weg* 9 (1966), 4-7
'Zending in brede samenhang' (n.a.v. Max Warren, *The Missionary Movement from Britain in Modern History*), *De Heerbaan* 29 (1966), 86-94

1967
'De wetsprediking in historisch perspectief', in: J. van den Berg e.a., *De Thora in de Thora* I, Aalten 1967, 34-52
'De jonge Kerken op het Zendingsveld', in: *Geschiedenis van de Kerk* (2e herz. druk; bewerking van bijdrage van J.H. Bavinck), Kampen 1967, 5-84
'Theologie van de stad', *Gereformeerd Theologisch Tijdschrift* 67 (1967), 109-124
'Hoe te spreken over de reformatie in Engeland?', *Rondom het Woord* 9 (1967), 373-384
'Theoloog en theologie', *Vox Theologica* 37 (1967), 72-86

1968
'Kroniek', *Gereformeerd Theologisch Tijdschrift* 68 (1968), 298-303
'Een opwekking te Nijkerk in 1821', *Nederlands Archief voor Kerkgeschiedenis* 48 (1968), 293-312

1969
'Theology in the Reformed Churches in the Netherlands', *Bulletin of the Department of Theology of the World Council of Churches and the World Presbyterian Alliance* 9 (1969), 13-14
'Kroniek', *Gereformeerd Theologisch Tijdschrift* 69 (1969), 109-116
Joden en christenen in Nederland gedurende de zeventiende eeuw, Kampen 1969
'Theologische terreinverkenning', in: H.R. Wijngaarden e.a., *Chaos rond Eros?* (2de herz. druk), Nijkerk 1969, 45-68

1970
'Kroniek', *Gereformeerd Theologisch Tijdschrift* 70 (1970), 38-44, 168-175
'Eschatological Expectations Concerning the Conversion of the Jews in the Netherlands during the Seventeenth Century', in: P. Toon (ed.), *Puritans, the Millennium and the Future of Israel: Puritan Eschatology 1600-1660*, Cambridge and London 1970, 137-153

1971
'Een nieuwe Avondmaalsliturgie in de 'Church of England', *Ministerium* 5 (1971), 216-223

'John Wesley's contacten met Nederland', *Nederlands Archief voor Kerkgeschiedenis* 52 (1971), 36-96
'Kroniek', *Gereformeerd Theologisch Tijdschrift* 71 (1971), 38-45, 180-187

1972
'Kroniek', *Gereformeerd Theologisch Tijdschrift* 72 (1972), 39-46, 178-186
'Church and State Relations in the Netherlands', in: J.A. Hebly (ed.), *Lowland Highlights. Church and Oecumene in the Netherlands*, Kampen 1972, 32-39
'Een geheel andere Waardemeter'. Beschouwingen van Prof. dr. J.H. Bavinck over het rassenvraagstuk en Zuid-Afrika, Amsterdam [1972]

1973
'Kroniek', *Gereformeerd Theologisch Tijdschrift* 73 (1973), 95-102, 229-237
'Orthodoxy, Rationalism and the World in Eighteenth Century Holland', in: D. Baker (ed.), *Sanctity and Secularity: The Church and the World (Studies in Church History* 10), Oxford 1973, 173-192

1974
'Daniel Chantepie de la Saussaye (1818-1874)', *Rondom het Woord* 16 (1974), 61-72

1975
'Oplossing der Kerk in de maatschappij? Modernen, ethischen en de toekomstvisie van Richard Rothe', in: T. Baarda e.a., *Ad Interim. Opstellen...
aangeboden aan Prof. dr. R. Schippers*, Kampen 1975, 151-167

1976
'Philosemitisme', *Rondom het Woord* 18 (1976), 43-53
Een Leids pleidooi voor verdraagzaamheid. Het optreden van Jan Jacob Schultens in de zaak - Van der Os (oratie Rijksuniversiteit Leiden), Leiden 1976
'De ,,Calviniaanse Sociëteit'' ', *Kerkhistorische Studiën* (Feestbundel S.S.S.), Leiden 1976
'De uitdaging van het historisch-kritisch onderzoek', *Gereformeerd Theologisch Tijdschrift* 77 (1977), 239-259
'Groen en de Nederlandse Hervormde Kerk', in: D. Bremmer en M.G.N. Kool (red.), *Een staatsman ter navolging. Groen van Prinsterer herdacht (1876-1976)*, ('s-Gravenhage 1976)

1977
'Quaker and Chiliast: the ,,Contrary Thoughts'' of William Ames and Petrus Serrarius', in: R. Buick Knox (ed.), *Reformation, Conformity and Dissent. Essays in Honour of Geoffrey Nuttall*, London 1977, 180-198

1978
'Kroniek', *Gereformeerd Theologisch Tijdschrift* 78 (1978), 252-258

'Die pluralistische Gestalt des kirchlichen Lebens in den Niederlanden 1574-1974', in: J. van den Berg u. J.P. van Dooren (Hrsg.), *Pietismus und Réveil*, Leiden 1978
'Normatieve kerkgeschiedenis', in: J.M. van der Linde e.a., *Zending op weg naar de toekomst (Essays aangeboden aan Prof. dr. J. Verkuyl)*, Kampen 1978, 203-213

1980
'Godsdienstig leven binnen het protestantisme in de 18de eeuw', in: *Algemene Geschiedenis der Nederlanden* 9, Haarlem 1980, 331-344
'P. Hofstede de Groot en het Réveil', in: J. van den Berg e.a., *Aspecten van het Réveil*, Kampen 1980, 11-34
',,Letterkennis'' en ,,geestelijke kennis''.' Een theologenstrijd in de achttiende eeuw over de verstaanbaarheid van de Schrift', *Nederlands Archief voor Kerkgeschiedenis* 60 (1980), 236-263

1981
'Tussen ideaal en realiteit. De Engelse jurist Goodricke in discussie met de Nederlandse theologen Bonnet en Van der Kemp over de grenzen van de kerk en de binding aan de belijdenis', *Gereformeerd Theologisch Tijdschrift* 81 (1981), 217-250

1982
'Sir Thomas Browne and the Synod of Dort', in: J.A. van Dorsten (ed.), *Sir Thomas Browne M.D. and the Anatomy of Man*, Leiden 1982, 19-24
'The Schultens Family and Their Contacts with British Scholars', *Durham University Journal* 75 (1982), 1-14

1983
'Le vray Piétisme: die aufgeklärte Frömmigkeit des Basler Pfarrers Pierre Roques', *Zwingliana* 16 (1983), 35-53
'The Legacy of Johan Herman Bavinck', *International Bulletin of Missionary Research* 7 (1983), 171-175
'De ,,Calviniaanse Sociëteit'' en het kerkelijk leven in Nederland omstreeks het midden van de achttiende eeuw', *Nederlands Archief voor Kerkgeschiedenis* 63 (1983), 205-218
'Daniel Chantepie de la Saussaye', in: *Biografisch lexicon voor de geschiedenis van het Nederlandse protestantisme* 2 (1983), 118-121
'Petrus Hofstede de Groot', in: *Biografisch lexicon voor de geschiedenis van het Nederlandse protestantisme* 2 (1983), 248-251

1985
'Willem Bentinck (1707-1774) en de theologische faculteit te Leiden', in: S. Groenveld, M.E.H.N. Mout en I. Schöffer (red.), *Bestuurders en Geleerden. Opstellen... aangeboden aan Prof. dr. J.J. Woltjer*, Amsterdam-Dieren 1985,

169-177

Met J.N. Bakhuizen van den Brink: *Handboek der kerkgeschiedenis* IV (4de herz. druk), Leeuwarden 1985

'Theologiebeoefening te Franeker en te Leiden in de achttiende eeuw', *It Beaken* 47 (1985), 181-194

'De Engelse Puritein Francis Rous (1579-1659) en de vertaling van enkele van zijn geschriften in het Nederlands', *De zeventiende eeuw* 1 (1985), 48-66

1986

'De plaats van de kerkgeschiedenis in het geheel van de geschiedbeoefening', *De zeventiende eeuw* 2 (1986), 75-85

'Dutch Revival Movements in the Eighteenth and Nineteenth Centuries: Some Considerations with regard to Possible Roots and Connections', in: U. Gäbler u. P. Schram (Hrsg.), *Erweckung am Beginn des 19.Jahrhunderts,* Amsterdam 1986, 205-222

'The Pre-existence of the Soul of Christ: an Argument in the Controversy between Arian and Orthodox in the Eighteenth Century', in: J.W. van Henten a.o. (eds.), *Tradition and Re-interpretation in Jewish and early Christian literature. Essays in Honour of Jürgen C.H. Lebram*, Leiden 1986, 284-295

1987

Met G.F. Nuttall: *Philip Doddridge (1702-1751) and the Netherlands*, Leiden 1987

'„Polemische sympathie": Daniel Chantepie de la Saussaye (1818-1874) en Allard Pierson (1831-1896) in hun onderlinge verhouding', *Nederlands Archief voor Kerkgeschiedenis* 66 (1986), 241-252

'De theologische en kerkelijke relaties tussen Engeland en het Europese vasteland, met nadruk op de zestiende eeuw', in: *William Tyndale 1536-1986 (Jaarboek* 6 Heemkundige Kring Hertog Hendrik I), Vilvoorde 1987, 63-71

'Roessingh als geschiedschrijver van het modernisme', in: H.J. Adriaanse e.a., *Karel Henrik Roessingh, theoloog op het breekpunt van de tijd,* Utrecht 1987, 43-59

'Kenterend getij: Leidse theologen en Remonstrantisme, met name in de achttiende eeuw', in: E.K. Grootes en J. den Haan (red.), *Geschiedenis, godsdienst, letterkunde. Opstellen aangeboden aan Dr. S.B.J. Zilverberg,* Uitgeest 1987

Voorts:
Verschillende bijdragen in *Uitzicht* (o.a. 'Kroniek-Buitenland', 1955-1961), *Horizon, Gereformeerd Weekblad, Trouw* etc.

Recensies in *Uitzicht, De Heerbaan, Gereformeerd Theologisch Tijdschrift, Nederlands Archief voor Kerkgeschiedenis*

Artikelen in de *Christelijke Encyclopedie* V en VI, Kampen 1960-61² (ethiek en zendingsgeschiedenis); *Grote Winkler Prins Encyclopedie*, Amsterdam-Brussel

1966-1976[7] (zending en jonge kerken); *Concise Dictionary of the Christian World Mission*, London 1970

Preken in de serie *Menigerlei Genade*

'Jaaroverzicht', in: *Jaarboek (ten dienste) van de Gereformeerde Kerken in Nederland* 43 (1960) - 50 (1967)

Register

247